MÉMOIRES

SUR

MADAME DE MAINTENON.

MÉMOIRES

SUR

MADAME DE MAINTENON.

Poissy. Impr. d'Olivier-Fulgence et Comp.

MÉMOIRES

SUR

MADAME DE MAINTENON

RECUEILLIS PAR LES DAMES DE SAINT-CYR.

PARIS,

OLIVIER-FULGENCE, ÉDITEUR.

LIBRAIRIE FRANÇAISE ET ÉTRANGÈRE, RUE DE SÈZE, N° 24.

1846.

MÉMOIRES

SUR

MADAME DE MAINTENON.

Madame de Maintenon étoit petite-fille de Théodore Agrippa d'Aubigné, gouverneur de Maillezais et vice-amiral de Guyenne, connu d'ailleurs par ses écrits et par son zèle pour la religion protestante dans laquelle il avoit été nourri. Il étoit fils de Jean d'Aubigné, seigneur de Brie, en Saintonge, et de Catherine de l'Étang qui mourut en couches de lui, ce qui fut cause qu'on donna à son fils le nom d'Agrippa, qui signifie venu au monde avec beaucoup de peines et de difficultés Jean d'Aubigné contracta un second mariage peu de temps après la mort de sa femme, et mourut enfin à Amboise, d'une blessure qu'il avoit reçue à Orléans, à la suite du prince de Condé lorsqu'il surprit cette ville. Pour Agrippa d'Aubigné, qui n'étoit encore qu'un enfant lorsque son père mourut, on ne sait rien de sa jeunesse ni de son éducation; on sait seulement qu'il fut donné au roi de Navarre, qui fut ensuite Henri IV, roi de France. Agrippa d'Aubigné étoit alors homme fait; et on dit au roi qu'on lui conseilloit de se l'attacher parce que c'étoit un homme d'un esprit, d'un courage et d'un savoir prodigieux; cela est constant: car c'est M. d'Aubigné qui le dit lui-même dans sa vie qu'il a composée, et qui est en manuscrit dans plusieurs bibliothèques. Il fut, comme nous l'avons dit, très-zélé pour la religion protestante; mais ce qui le rendit plus recommandable fut une sincérité peu ordinaire auprès des grands, et qu'il appelle lui-même dans un de ses écrits une rude probité. Il eut l'honneur de suivre Henri IV dans toutes les guerres que ce roi eut à soutenir. Comme il étoit bel-esprit et savant, le roi lui dit un jour : Que n'écrivez-vous mon histoire ? Il lui répondit : Faites, sire, et puis j'écrirai.

On remarque encore que quand le roi vouloit faire quelque chose qui ne lui paroissoit pas à lui-même trop bien, il disoit à M. d'Aubigné : Que direz-vous de cela, Monsieur, avec votre rude probité?

On lui apporta un jour des papiers avec lesquels il pouvoit faire des choses fort avantageuses pour lui, soit pour recouvrer des biens ou gagner des procès, peut-être contre la justice; mais quoi qu'il en soit, il les jeta au feu en disant : J'aime mieux brûler ces papiers qu'ils ne me brûlent.

Son zèle pour la religion et son attachement pour son maître lui firent tenir un discours, après l'assassinat de

Châtel, que les protestants ont bien relevé depuis, et qui lui ont fait un grand honneur dans le parti. Vous n'avez, dit-il à Henri IV, renoncé Jésus-Christ que de bouche, vous avez été blessé à la bouche; mais quand vous l'aurez renoncé de cœur, vous serez frappé au cœur. Heureux si ces paroles avoient été mieux appliquées!

Après la conversion du roi, il se retira dans sa maison de Murçay, dont il fait la description dans le *Baron de Féneste*; il s'y occupa à écrire l'histoire universelle de son temps, et il appelle Henri IV, dans la préface de ce livre, le conquérant du sien; louange qui renferme en peu de mots la justice de sa cause et toute la gloire des autres conquérants.

Théodore Agrippa d'Aubigné, épousa Susanne de Lésag, de la maison de Lusignan, dont il eut un fils et deux filles. Une épousa M. de Villette, et l'autre M. de Caumont Dade. Le fils fut malheureux et mérita ses malheurs. Il épousa, étant prisonnier dans le Château-Trompette, de Bordeaux, Jeanne de Cardillac, fille de Pierre de Cardillac, lieutenant de M. le duc d'Épernon, et gouverneur du Château-Trompette. Cette femme ne l'abandonna jamais depuis dans ses malheurs, qui le firent prisonnier plus d'une fois; ce qui fut cause que, s'étant renfermée avec lui dans la conciergerie de Niort, elle y accoucha de Françoise d'Aubigné, qui fut depuis madame Scarron, et ensuite madame de Maintenon. Les parents de M. d'Aubigné, mécontents de sa conduite, l'avoient abandonné, et madame de Villette, sa sœur, fut la seule qui le vint visiter; elle fut touchée de l'état où elle le trouva, manquant des choses les plus nécessaires, ce qui l'engagea à pourvoir à ses besoins et à ceux de sa femme avec bien de la générosité.

Dès que madame d'Aubigné fut accouchée, elle eut grand soin de faire baptiser sa fille dans une église catholique, car elle l'étoit, quoique son mari fût huguenot. Elle fut tenue sur les fonts le 28 novembre 1633, par François de la Rochefoucault, fils de Benjamin de la Rochefoucault, et sa marraine, demoiselle Suzanne de Baudéan, fille de haut et puissant seigneur Charles de Baudéan, baron de Neuillant. Nous avons ici l'acte baptistaire qui nous fut envoyé par Monseigneur de la Poipe de Vertrieux, évêque de Poitiers. Madame de Villette prit soin des couches de sa belle-sœur, emmena avec elle la petite qui venoit de naître, avec ses deux frères, qu'elle éleva dans la religion protestante à Murçay. L'aîné y fut noyé malheureusement ; les autres y furent élevés jusqu'à sept ou huit ans. On donna à Françoise d'Aubigné la même nourrice qu'avoit eu le père de madame de Caylus, mais d'un autre lait.

Madame d'Aubigné, étant rétablie de ses couches, fit un voyage à Paris, et obtint la liberté de son mari, avec lequel elle alla à la Martinique, et y mena ses enfants. On ne sait ce qu'ils y demeurèrent ; on croit qu'ils y ont fait deux voyages. En y allant la première fois, Françoise d'Aubigné fut si mal qu'on la crut morte. On étoit prêt à la jeter dans la mer ; mais madame d'Aubigné, sa mère, par un mouvement de tendresse naturelle, voulut la voir avant qu'on la jetât ; elle sentit que l'artère battoit encore et dit : Ma fille n'est pas morte ; ce qui la sauva. On doutoit si peu de sa mort que le canon étoit prêt à tirer pour quand on la jetteroit à la mer. Madame de Maintenon racontant cela dans la suite en présence de Monseigneur l'évêque de Metz, il dit : Madame, on ne revient pas de là pour rien. Madame d'Aubigné avoit soin de former de bonne heure l'esprit de ses enfants, et pendant qu'ils étoient à la Martinique, elle les occupoit quelquefois à écrire. Allez, leur disoit-elle, écrire en France sur tel sujet. Françoise d'Aubigné faisoit fort aisément ses lettres, mais son frère étoit fort paresseux ; il lui disoit : Ma sœur, faites mes lettres, je vous irai chercher des oranges pendant ce temps-là. Comme j'aimois les oranges, dit madame de Maintenon, et que je n'osois sortir comme mon frère ; j'étois ravie, je faisois vite ses lettres ; il y a tant d'oranges dans cette île qu'on les ramasse dans les allées pour s'y pouvoir promener.

Madame d'Aubigné faisoit apprendre à lire à ses enfants dans Plutarque.

Elle vouloit qu'ils fussent élevés fort durement, et ne vouloit pas qu'ils se plaignissent.

Le feu ayant pris un jour à la maison, madame d'Aubigné ne songea qu'à sauver ses livres ; et voyant sa fille qui pleuroit, elle lui dit : Quoi! ma fille pleure une maison? Hélas, dit madame de Maintenon qui nous contoit ces petits traits, je pleurois ma poupée, que je venois de coucher sur un petit lit en lui faisant un pavillon de ma coëffe, et je voyois le feu gagner cet endroit-là.

Elle ne se souvenoit d'avoir été embrassée de sa mère que deux fois, et la baisa seulement au front, cela après une séparation assez longue.

Elle donna pour maxime à ses enfants de ne jamais faire ce qu'ils n'oseroient faire devant des gens de respect.

Un jour madame d'Aubigné voyant un de ses enfants badiner à la chandelle et se brûler le bout du doigt, elle le retira ; l'enfant quoique brûlé y retourna : Ah! dit madame d'Aubigné, il sera incorrigible. On mit un jour Françoise d'Aubigné sur le bord de la mer, et, voyant les étoiles qui brilloient dedans, elle n'osoit demander ce que c'étoit ; mais, à force de réflexions, je m'imaginai, dit-elle, que c'étoient des diamants, parce qu'elle avoit ouï dire qu'on en trouvoit quelquefois dans la mer.

Son père l'aimoit avec tendresse, et on a vu dans une

lettre où il parle d'elle, et où il décrit ses malheurs, qu'il n'a nulle consolation hors sa petite innocente. Cette enfant parlant une fois de l'enfer avec son frère, il lui dit : Ma sœur, je crois que Dieu se ravisera, et qu'il ne laissera pas les damnés éternellement dans les flammes.

M. d'Aubigné, après avoir été quelque temps à la Martinique, repassa en France seul, et laissa sa femme et ses enfants dans ce pays étranger; mais y étant retourné une seconde fois, il y mourut. Madame d'Aubigné, après avoir donné quelque temps à la douleur, repassa en France avec son fils et sa fille, dont le premier a été M. le comte d'Aubigné, père de madame la duchesse de Noailles, et l'autre Françoise d'Aubigné, qui fut depuis madame de Maintenon. Nous lui avons ouï dire que le vaisseau dans lequel elle étoit avec ses enfants pensa être pris par des corsaires. Comme c'étoit une femme d'un esprit ferme et bonne catholique, elle ne s'émut point, mais après s'être recommandée à Dieu, elle mit un grand chapelet à sa ceinture, selon qu'elle avoit coutume de le porter, ne craignant pas de marquer par là sa religion; elle habilla ses enfants de ce qu'ils avoient de plus beau, dans la pensée qu'ils en pourroient être mieux traités des corsaires, s'ils étoient pris avec ces marques de distinction. Mais Dieu permit que le vaisseau passa outre sans rien entreprendre. Ils arrivèrent à La Rochelle, d'où ils prirent le chemin du Poitou, et revinrent trouver madame de Villette, tante de ces deux enfants, et qui avoit pris tant de soin de la petite d'Aubigné, qui les reçut tendrement. Madame d'Aubigné trouva le bien de son mari vendu et dissipé par les créanciers ou par l'injustice de quelques-uns de ses parents; elle obtint quelques grâces de la cour, soit gratification ou pension. Madame de Villette, femme de mérite et de vertu, prit encore soin de cette famille malheureuse, et surtout de

Françoise d'Aubigné, qu'elle élevoit avec le même soin et la même tendresse qu'elle avoit pour ses propres enfants. Elle la garda longtemps avec elle, et l'éleva par conséquent dans la religion prétendue réformée; elle la faisoit instruire par des ministres et la menoit au prêche. Toutes les fois que madame de Villette faisoit faire l'aumône, elle avoit soin que ce fût par sa nièce; elle la mettoit au bout du pont-levis et la lui faisoit donner aux pauvres. Cette petite demoiselle prit beaucoup de goût pour la religion prétendue réformée, ce qui fut cause que madame de Neuillant, mère de madame la maréchale de Navailles, parente de mademoiselle d'Aubigné, obtint un ordre de la reine-mère Anne d'Autriche pour retirer cette enfant des mains de monsieur et de madame de Villette. Madame de Neuillant la mit pensionnaire aux Ursulines de Niort, où elle fut quelque temps; mais étant fort avaricieuse, elle s'ennuya bientôt de se voir chargée d'une demoiselle sans bien; et quoique sa parente, elle voulut s'en défaire à quelque prix que ce fût. C'est dans ce dessein qu'elle la mena à Paris; et comme, malgré ce défaut, elle avoit de la religion, elle voulut commencer par la faire instruire de la catholique; apparemment qu'on n'en avoit pas eu le temps aux Ursulines de Niort, ou par quelque autre raison que nous ne savons pas. Madame de Maintenon nous a dit seulement, qu'étant dans cette maison, elle s'attacha fort à la maîtresse des pensionnaires, et à lui aider en ce qu'elle pouvoit dans les fonctions de sa classe, pour lui donner le temps de s'occuper à autre chose qui paroissoit plus du goût de cette dame; qu'en son absence elle faisoit aller la classe comme si la maîtresse y eût été, faisant lire, écrire, travailler, et ayant soin de tenir ses compagnes propres, surtout les fêtes et les dimanches, qui sont des jours où les parents viennent plus ordinairement voir les pensionnaires. Il falloit qu'elle eût déjà bien de l'intelligence, car elle n'avoit guère plus de dix à onze ans. Elle conserva toujours beaucoup d'amitié pour cette maîtresse, à qui elle nous a dit que depuis qu'elle fut sortie des Ursulines de Niort, elle écrivoit à toutes les postes, jusqu'à la mort de cette religieuse, madame de Neuillant étant donc venue à Paris la mena avec elle et la mit aux Ursulines de la rue Saint-Jacques. Nous lui avons ouï dire qu'étant aux pensionnaires, elle y trouva une maîtresse fort habile qui d'abord ne voulut point la gêner pour sa religion; elle la laissoit libre de manger gras les jours maigres, et ne l'obligeoit point d'aller à la messe. Par ses manières sages, prudentes et gracieuses, elle s'insinua dans son esprit et gagna sa confiance; ensuite elle l'instruisit adroitement de la vérité de notre sainte religion, et lui en donna assez d'estime pour lui faire desirer de s'en éclaircir à fond; car elle ne vouloit point se rendre qu'elle ne fût convaincue, par des preuves solides, que la religion catholique étoit la seule sûre. Elle n'avoit pourtant alors que douze ou treize ans, mais sa raison et son discernement étoient déjà bien avancés. Pour ne rien faire qu'avec mûre délibération et assurer sa conscience, elle voulut voir disputer devant elle un docteur catholique avec un ministre; ils vinrent au parloir des religieuses, mademoiselle d'Aubigné s'y trouva avec sa maîtresse, et fit mettre devant elle la sainte Bible, pour lire de son côté les passages sur lesquels ces docteurs appuieroient leurs raisons. Ces conférences durèrent plusieurs jours, pendant lesquels des religieuses moins éclairées et moins solides que sa maîtresse lui venoient dire : Ma petite, si vous vous convertissez, je vous donnerai une image. Elle nous a dit qu'elle méprisoit dans son cœur ces puériles propositions, et qu'elle rioit de la simplicité de ces bonnes religieuses, qui s'imaginoient qu'elle auroit pu changer de religion pour l'espérance d'une image ; elle avoit l'esprit plus fait que cela ; mais il est vrai qu'il étoit surprenant qu'à son âge on pensât aussi juste qu'elle faisoit. D'un autre côté, les huguenots qui savoient qu'on l'instruisoit, et qui craignoient qu'elle ne quittât leur parti, lui faisoient de plus puissantes sollicitations, et lui jetoient des billets par dessus le mur du couvent, où ils l'exhortoient de ne se point rendre, et de se souvenir qu'elle étoit petite-fille du grand Théodore Agrippa, qui étoit toujours demeuré si ferme dans leur religion que rien n'avoit été capable de l'ébranler. C'étoit bien son dessein d'abord, mais ensuite elle s'aperçut, durant les conférences, que le ministre tronquoit quelques passages de la Bible ; par exemple dans celui-ci : « Vous ne ferez aucune image taillée », il supprimoit, « pour les adorer », et inféroit de ces premières paroles que Dieu défendoit la vénération des saints et de leurs images ; le docteur catholique soutenoit et prouvoit que cette défense ne tomboit que sur les simulacres des idoles que les païens adoroient. Ces raisons et d'autres semblables qui réfutoient parfaitement bien celles du ministre, convainquoient la jeune demoiselle, qui trouva, étant éclairée sans doute intérieurement, que la vérité devoit être du côté où il y avoit plus de droiture. C'est ce qui la détermina à embrasser le parti catholique après une assez longue résistance, et assez honorable pour son âge ; ensuite elle fit son abjuration ; et elle nous nous a dit qu'auparavant, s'étant rendue sur des articles principaux de la religion, elle fut quelque temps à ne vouloir se convertir qu'à condition qu'on ne l'obligeroit pas de croire que sa tante, madame de Villette, qui étoit morte dans ce temps-là, fût damnée ; tant elle conservoit d'amitié pour elle et de reconnoissance des obligations qu'elle lui avoit. Quelque temps après son abjuration, elle sortit des Ursulines ; elle alla demeurer avec madame sa mère, qui avoit loué une maison à Paris vis-à-vis celle de M. Scarron, ce qui donna à celui-ci occasion de la voir ; et même madame de Neuillant l'avoit menée chez lui avec madame sa mère. Il lui trouva beaucoup d'esprit ; il parut ravi de la voir ; il voulut même un jour, quoiqu'il ne fût pas riche et qu'il ne songeât pas alors à l'épouser, lui donner une somme d'argent considérable, sachant le mauvais état des affaires de sa mère et des siennes : elle la refusa avec beaucoup de hauteur. Voici une lettre qu'il lui écrivit quelque temps avant de l'épouser.

« Mademoiselle,

« Je m'étois bien douté que cette fille que je vis entrer il y a six mois dans ma chambre étoit aussi spirituelle qu'elle en avoit la mine. La lettre que vous avez écrite à mademoiselle de St.-Hermant est si pleine d'esprit que je suis mal content du mien de ne m'avoir pas fait connoître assez fort le mérite du vôtre. Pour vous dire vrai, je n'eusse jamais cru que dans les îles de l'Amérique ou chez les religieuses de Niort, on apprît à faire de belles lettres, et je ne puis bien m'imaginer par quelle raison vous avez apporté autant de soin à cacher votre esprit que chacun en a à montrer le sien. A cette heure que vous êtes découverte, vous ne devez point faire de difficultés de m'écrire aussi bien qu'à mademoiselle de St.-Hermant : je ferai tout ce que je pourrai pour faire voir une aussi bonne lettre que la vôtre, et vous aurez le plaisir de voir qu'il s'en faut bien que j'aie autant d'esprit que vous. Tel que je suis je serai, toute ma vie, Mademoiselle, votre très-humble, etc. »

Il conçut tant d'estime pour elle qu'il la demanda en mariage, elle n'avoit alors que quatorze ans, il l'obtint deux ans après ; on ne sait si madame d'Aubigné étoit morte, mais on sait que, soit qu'elle fût en vie ou non, madame de Neuillant, qui craignait d'en être chargée, pressa ce mariage. M. Scarron est trop connu par ses ouvrages, pour qu'il soit nécessaire d'en rien dire davantage ; elle vécut avec lui d'une manière fort douce et fort honnête, lui rendant les assiduités et les complaisances qu'une femme doit à son mari ; il avoit de quoi vivre assez bien par des pensions que lui faisoit la reine-mère, ainsi elle ne manqua de rien tandis qu'elle fut avec lui. Une des causes qui l'engagea à se marier fut la mauvaise disposition où il se trouvoit contre sa famille, qui l'avoit plaidé injustement ; et madame de Neuillant en profita pour établir Mademoiselle d'Aubigné sans trop se soucier de ce qu'elle deviendroit à l'avenir, s'en croyant par là déchargée. Comme M. Scarron étoit un bel-esprit, il voyoit chez lui bonne compagnie, et sa maison étoit presque toujours remplie de beaucoup d'hommes et même de jeunes gens. C'étoient cependant des personnes distinguées, mais la plupart peu consciencieuses ; elles mangoient gras en carême à la table de M. Scarron qui le faisoit, lui, par nécessité ; parce qu'il étoit fort infirme. Madame Scarron au milieu de tout cela, faisoit maigre avec exactitude, ne mangeant que du hareng, du beurre et de la salade, les jours que ces messieurs mangeoient chez elle. Elle leur imprima par ses manières honnêtes et modestes tant de respect qu'aucun n'osa jamais prononcer devant elle une parole à double entente. Elle se retiroit aussitôt après le dîner dans sa chambre, ayant compris à cet âge, qui étoit environ seize ans, qu'une conduite moins austère rendroit la licence de cette jeunesse préjudiciable à sa réputation ; c'est le témoignage que lui ont rendu messieurs d'Albret, de Beuvron, de Villette, son cousin germain, et autres qui étoient souvent chez son mari en ce temps-là. Quelqu'un d'eux a raconté qu'étant un jour obligée d'aller parler à M. Fouquet, pour lors intendant des finances, elle affecta d'y aller dans un si grand négligé que ses amis étoient honteux de l'y mener; et c'étoit parce qu'on sait assez ce qu'étoit M. Fouquet en ce temps-là.

Une dame qui demeuroit peu éloignée du logis de M. Scarron, voyant cette jeune personne dans une maison où il abondoit tant d'hommes, demanda à l'un d'eux comment elle se comportoit, étant si jeune, très-jolie, et bien faite; cet homme lui répondit : Elle se comporte de manière que si, pour ainsi dire, il me falloit faire quelque chose de trop libre et hors des bornes du respect à la reine ou à elle, j'aimerois mieux le faire à l'égard de la reine.

Elle étoit encore assez jeune quand M. Scarron mourut. Comme ses revenus étoient attachés à sa vie, madame sa femme perdit tout en le perdant, et se trouva dans le même état où elle étoit avant de l'épouser. La juste admiration qu'avoit causée sa conduite durant que son mari vivoit parvint jusqu'à la reine Anne d'Autriche; le baron de La Garde lui en parla le premier, et, soutenu de M. le maréchal de Villeroy, dépeignit si bien son état, que la reine touchée de la vertu et des malheurs d'une fille de condition réduite dans une si grande pauvreté, lui donna une pension de deux mille livres, avec laquelle elle se mit dans un couvent, et ce fut aux Hospitalières de la place Royale. Elle y vit la meilleure compagnie de ce temps-là, et avec cette modique pension, elle gouverna si bien ses affaires qu'elle étoit toujours honnêtement vêtue, quoique simplement; car ses habits n'étoient que d'étamine du Lude; avec cette grisette du linge uni, bien chaussée et de beaux jupons: chose qu'on lui a entendu dire, sa pension, celle de sa femme de chambre,

et ses gages payés, elle avoit encore de l'argent de reste;
et elle disoit qu'elle n'avoit jamais passé de temps plus
heureux. Ce fut là qu'elle commença l'amitié qu'elle a toujours conservée pour une religieuse nommée madame de
Saint-Basile, en faveur de laquelle elle a fait plusieurs
choses pour sa satisfaction. Car elle avoit l'âme grande et
reconnoissante, et dans sa grande fortune elle s'est toujours
souvenue de ses anciens amis et des personnes auxquelles
elle avoit eue autrefois obligation; témoin ce qu'elle a fait
pour M. de Villette et pour madame de Ste.-Hermine, enfants de cette tante dont nous avons parlé, quand le changement de religion leva l'obstacle qui s'opposoit à l'envie
qu'elle avoit de leur faire plaisir. Mais il faut l'aller retrouver aux Hospitalières; elle en sortoit assez souvent pour
aller à l'hôtel d'Albret. M. le maréchal de ce nom, qu'elle
avoit connu chez M. Scarron l'avoit liée d'amitié avec madame sa femme : preuve certaine de la vertu qu'il avoit re-
connue en elle; car les maris de ce temps-là, quelque galants
qu'ils fussent, n'aimoient pas que leurs femmes en vissent
d'autres dont la réputation eût été entamée. Madame la
maréchale d'Albret étoit une femme de mérite, sans avoir
beaucoup d'esprit; mais madame Scarron dont le bon sens
ne l'égara jamais, crut, dans un âge aussi peu avancé que
le sien, qu'il valoit mieux s'ennuyer avec des femmes de
ce caractère, que de se divertir avec d'autres. La maréchale
d'Albret la prit en si grande amitié qu'elle fit son possible pour l'engager à venir demeurer chez elle, ce qu'elle
refusa; mais elle y alloit souvent dîner, et on la retenoit
quelquefois à coucher.

C'est sans doute à peu près dans ce même temps qu'une
des princesses de Nemours devint reine de Portugal, et que
les amis de madame Scarron lui inspirèrent un grand desir
de l'emmener avec elle. Cette occasion paroissoit avantageuse pour elle; mais d'un autre côté, il étoit bien triste de

quitter son pays, et de renoncer à une vie aussi douce que celle qu'elle menoit; et les raisons qu'elle trouvoit pour et contre la tinrent quelque temps en balance. Mais enfin son étoile l'emporta, et elle refusa les offres de la reine de Portugal, qui étoient de la tenir auprès d'elle, dans un rang fort distingué. M. le maréchal d'Albret avoit deux parentes qui demeuroient avec madame sa femme, toutes deux aimables, mais de caractère différent; l'une étoit mademoiselle de Pons, et l'autre mademoiselle de Martel. Ces deux filles n'étoient pas toujours entre elles de même sentiment, et elles ne s'accordoient guère, que sur le goût qu'elles avoient pour madame Scarron. Madame de Montespan se joignit à cette société ; elle étoit aussi parente de M. le maréchal d'Albret, et c'est là qu'elle connut madame de Maintenon. Son esprit lui plut, et le sien fit le même effet sur cette dame. Madame la princesse des Ursins, alors madame de Chalais, faisoit de fréquentes visites à l'hôtel d'Albret ; elle a dit elle-même qu'elle souffroit assez impatiemment que M. le maréchal d'Albret et les autres seigneurs un peu importants, eussent toujours des secrets à dire à madame Scarron, pendant qu'on la laissoit avec la jeunesse; croyant sans doute ou qu'elle n'étoit pas capable de garder un secret ou de parler sérieusement. Madame Scarron avouoit avec la même sincérité qu'elle ne s'ennuyoit pas moins de ces confidences que madame des Ursins les envioit, et qu'elle auroit beaucoup mieux aimé se divertir avec la jeunesse que d'écouter les discours et les projets de ce temps-là, qui lui importoient fort peu. Cet échantillon marque le caractère de ces deux femmes, qui depuis ont joué de si grands rôles ; car il est vrai que madame de Maintenon n'étoit pas née pour les affaires : la droiture de son cœur et la justesse de son esprit l'éloignoient des intrigues, et lui en faisoient trop voir le faux pour ne les pas craindre.

Elle avoit encore pour amie madame de Monchevreuil femme de mérite et qui étoit très-pieuse ; madame la duchesse de Richelieu fut aussi du nombre de celles qui lui témoignèrent le plus d'amitié dans le temps dont je parle. Comme les commencements de la faveur de madame de Maintenon ont une grande liaison avec madame de Montespan, on ne peut présentement parler de l'une sans y faire entrer l'autre. On a ouï dire à madame de Maintenon que rien n'étoit plus aimable que madame de Montespan lorsqu'elle la connut chez madame la maréchale d'Albret. Ses sentiments étoient honnêtes et sa conduite réglée; elle devint peu à peu dame du palais de la reine, par la faveur de Monsieur ; et dans ces commencements le roi ne fit aucune attention à sa beauté, toute sa faveur se bornoit à la reine sa maîtresse, qu'elle amusoit à son coucher qui duroit longtemps, parce que la reine attendoit toujours le roi pour se mettre au lit. Mais enfin madame de Montespan plut au roi et en eut des enfants ; il fut question de les mettre entre les mains d'une personne qui sût et les bien élever, et les bien cacher ; car d'abord on vouloit du secret. Madame de Montespan dont le jugement étoit très-sain, et qui n'a jamais manqué de le faire paroître hors l'article de sa conduite avec le roi, se souvint de madame de Maintenon, et lui fit proposer de prendre ses enfants, à quoi madame de Maintenon répondit : que pour les enfants de madame de Montespan elle ne s'en chargeroit pas; mais que si le roi lui ordonnoit d'avoir soin des siens, elle lui obéiroit. Le roi l'en pria, et elle les prit avec elle. Si ce fut pour madame de Maintenon le commencement d'une fortune singulière, ce fut aussi le commencement de ses peines et de ses contraintes. Il fallut s'éloigner de ses amis, renoncer au plaisir de la société pour laquelle elle sembloit être née, et il le fallut sans pouvoir en donner de bonnes raisons aux gens de sa connoissance. Elle se retira dans une maison particulière, et comme il n'étoit pas possible d'empêcher que quelques-uns de ses amis ne l'y vinssent voir, et qu'il étoit aisé de surprendre une nourrice, d'entendre crier un enfant et tout le reste, elle prit pour prétexte la petite d'Heudicourt, et la demanda à madame sa mère qui la lui donna sans peine, par l'amitié qui étoit entre elles, et par le goût qu'elle lui connoissoit pour les enfants. Madame d'Heudicourt étoit cette demoiselle de Pons, parente de M. le maréchal d'Albret, dont nous avons parlé; et cette petite fille fut depuis madame de Mongont, dame du palais de madame la Dauphine de Savoie. On envoyoit chercher madame de Maintenon, quand les premières douleurs pour accoucher prenoient à madame de Montespan; elle emportoit l'enfant, le mettoit sous son écharpe, se cachoit elle-même sous un masque; et, prenant un fiacre, revenoit ainsi à Paris. Ce n'étoit pas sans frayeur que cet enfant ne criât; nous lui avons ouï dire qu'elle avoit une peine extrême toutes les fois qu'elle voyoit madame de Montespan grosse; qu'elle ne pouvoit s'empêcher de le lui témoigner ou par son air, ou par ses paroles; et que madame de Montespan, qui la craignoit sur cela, lui mandant un jour de la venir voir lui disoit : Mais ne jetez pas vos grands yeux sur moi; parce qu'alors elle étoit en cet état.

Madame de Maintenon nous a dit que cette dame fut si pénétrée de douleur au premier enfant qu'elle eut, que sa beauté s'en ressentit. Elle devint maigre, jaune, et si changée qu'on ne la reconnoissoit pas. Loin d'être née vicieuse, son caractère étoit naturellement éloigné de la galanterie et porté à la vertu. Son projet avoit été de gouverner le roi par l'ascendant de son esprit; elle s'étoit flattée non-seulement d'être absolument maîtresse de lui, mais de l'être aussi de la passion du roi, croyant qu'elle lui feroit toujours désirer ce qu'elle avoit résolu de ne lui pas accorder; la suite fut plus naturelle. Cependant on continua à cacher les enfants, dont pourtant elle paroissoit publiquement grosse. L'aîné mourut à l'âge de trois ans; madame de Maintenon en fut touchée comme une mère la plus tendre. Elle nous a dit que c'étoit la plus jolie créature et la plus aimable qu'on puisse voir; il comprenoit qu'on ne vouloit pas le montrer, et se cachoit lui-même dès qu'il voyoit quelqu'un qui n'avoit pas coutume de venir au logis, ce que faisoient aussi les autres enfants, tant ils se sentoient portés à faire ce qu'ils voyoient bien qui contentoit leur gouvernante, qui se faisoit beaucoup aimer d'eux. Un jour qu'elle étoit en carrosse avec cet ainé, quelqu'un de sa connoissance qui n'étoit pas du secret, approcha pour l'aborder. Dès qu'elle s'en aperçut, elle mit l'enfant derrière elle sous sa robe, il y demeura très-longtemps, pendant la conversation qu'elle eut avec cette personne, et qui monta pour cela dans le carrosse, sans que l'enfant remuât ni donnât le moindre signe qu'il étoit là.

Le roi ayant cessé de vouloir tenir secrète la naissance de ces enfants, les fit reconnoître. Alors madame de Maintenon alla à la cour avec eux, et s'attacha particulièrement à M. le duc du Maine, dont l'esprit promettoit beaucoup. Il étoit né droit et bien fait, et le fut jusqu'à l'âge de trois ans, que les grosses dents lui percèrent, et lui causèrent des convulsions si terribles, qu'une de ses jambes se retira beaucoup plus que l'autre. On essaya en vain tous les remèdes de la faculté de Paris, après lesquels on le mena à Anvers pour le faire voir à un homme dont on vantoit le savoir et les remèdes. Mais comme on ne voulut pas que M. le duc du Maine fût connu pour ce qu'il étoit, madame de Maintenon fit le voyage sous le nom supposé d'une femme de condition du Poitou, qui menoit son fils à cet empirique, dont les remèdes étoient apparemment bien violents, puisqu'il alongea cette malheureuse jambe beaucoup plus que l'autre ; mais il ne la fortifia pas ; et les douleurs extrêmes que l'enfant souffrit, ne servirent qu'à la lui faire traîner toute la vie. Malgré ce mauvais succès, M. du Maine ne laissa pas encore de faire deux voyages à Barèges, aussi inutilement que le reste. Comme il étoit alors connu en France pour être fils du roi, on lui rendit dans tous les lieux où il passa, des honneurs qu'on auroit à peine rendus à M. le Dauphin. Madame de Maintenon fut bien aise en passant par le Poitou et la Saintonge de revoir sa patrie, sa famille et ses connoisances. M. d'Aubigné son frère, en ce temps-là gouverneur de Cognac, reçut M. le duc du Maine avec une magnificence qui devoit lui plaire ; mais le plus grand plaisir qu'elle eut dans ces différents voyages, fut de n'être pas à la cour, n'y ayant jamais été par goût. Elle en trouva encore un autre dans la conversation de M. Fagon, alors médecin de M. le duc du Maine ; c'est là que se forma entre eux cette estime et cette amitié qui ne s'est point démentie. Plus M. Fagon vit madame de Maintenon de près, plus il admira sa vertu, et goûta son esprit ; on le cite comme un bon juge. Au retour de ses voyages, la faveur de madame de Maintenon commença, et celle de madame de Montespan diminua. Ce fut peu après ce temps-là que le roi acheta pour elle la terre de Maintenon ; voici ce qu'elle en écrivit à M. l'abbé Gobelin, son confesseur.

« Monsieur,

«J'avais plus d'impatience de vous dire des nouvelles de Maintenon que vous n'en sauriez avoir d'en apprendre ; j'y ai été trois jours, qui, sans exagération, m'ont paru un moment ; c'est une assez belle maison, un peu trop grande pour le train que j'y destine, dans une agréable situation, et qui a de fort beaux endroits; enfin j'en suis très-satisfaite et je voudrois y être; il est vrai que le roi m'a nommée madame de Maintenon, et que j'aurois de plus grandes complaisances pour lui que celle de porter le nom d'une terre qu'il m'a donnée. »

Comme elle ne prévoyoit pas jusqu'où sa faveur devoit la conduire, elle pensoit sérieusement à se retirer de la cour, ne desirant que la tranquilité et le repos de sa première vie, nous le savons par des lettres écrites de sa main, et adressés au même abbé ci-dessus nommé; (il étoit docteur en Sorbonne, et quand Madame voulut établir sa communauté, elle l'en fit nommer supérieur). Son étoile singulière ne lui permit pas d'accomplir son projet de retraite, tout l'acheminoit au grand personnage qu'elle a fait depuis.

On voit encore dans ces mêmes lettres de M. l'abbé Gobelin qu'on avoit voulu la marier au vieux duc de Villars, et peut-être que la pensée en étoit venue à madame de Montespan pour s'en défaire plus honnêtement : quoi qu'il en soit, elle refusa ce mariage. Sa faveur faisoit toujours de nouveaux progrès, quoiqu'il soit vrai, comme nous l'avons entendu dire à quelques personnes bien instruites de ce qui ce passoit, que le roi eût dans les commencements plus d'éloignement que de goût pour madame de Maintenon : il la regardoit comme un bel-esprit et la craignoit comme une prude sévère, et il ne l'appeloit en parlant d'elle à madame de Montespan, que : « votre bel-esprit »; mais dans les occasions qu'il eut de s'entretenir avec elle, il s'accoutuma à ce bel-esprit, et conçut si bien qu'il y avoit du plaisir dans sa conversation, qu'il ne pouvoit plus s'en passer. Il trouva dans cette dame, une femme d'une humeur toujours égale, maîtresse d'elle-même, modeste, raisonnable, et qui joignoit à des qualités si rares, les agréments de l'esprit et de la conversation. Madame de Montespan, voyant les progrès de cette faveur en fut chagrine, et en fit souffrir madame de Maintenon ; mais cela ne dura pas. Avant ce temps-là, il y avoit eu une rupture, entre le roi et madame de Montespan, à l'occasion d'un jubilé. Le roi avoit un fond de religion, qui paroissoit même dans ses plus grandes galanteries ; car il n'eut jamais que cette foiblesse. Il étoit né sage, et si régulier dans sa conduite, qu'il ne manqua jamais d'entendre la messe tous les jours, que deux fois dans toute sa vie, et c'étoit à l'armée. Les grandes fêtes lui causoient des remords ; il étoit également troublé de ne pas faire ses dévotions, ou de les faire mal. Madame de Montespan avoit les mêmes sentiments ; et ce n'étoit pas seulement pour se conformer à ceux du roi qu'elle les faisoit paroître ; elle avoit été parfaitement bien élevée, par une mère d'une grande piété, qui avoit jeté dans son cœur des semences de religion dès sa plus tendre enfance, dont elle ne se départit jamais. Elle les fit voir comme le roi, en mille occasions ; et madame de Maintenon nous a raconté que, vivant comme elle faisoit, elle jeûnoit si austèrement les carêmes qu'elle faisoit peser son pain. Un jour madame la duchesse d'Uzès étonnée de ses scrupules ne put s'empêcher de lui en dire un mot: Eh ! quoi, madame, reprit madame de Montespan, faut-il parce que je fais un mal, faire tous les autres? Enfin ce jubilé dont nous venons de parler arriva ; le roi et elle, pressés par leur conscience, se séparèrent de bonne foi, ou du moins ils le crurent. Madame de Montespan vint à Paris, visita les églises, jeûna, pria et pleura ses péchés. Le roi de son côté fit tout ce qu'un bon chrétien doit faire. Le jubilé fini, il fut question de savoir si madame de Montespan reviendroit à la cour. Pourquoi non? disoient ses parents et ses amis les plus vertueux ; madame de Montespan par sa naissance et par sa charge doit y être, elle peut y vivre aussi chrétiennement qu'ailleurs. Il restoit cependant une difficulté : Madame de Montespan, ajoutoit-on, paroîtra-t-elle devant le roi sans préparation ; il faudroit qu'ils se vissent, avant de se rencontrer en public, pour éviter les inconvénients de la surprise. Sur ce principe, il fut conclu que le roi viendroit chez madame de Montespan, mais pour ne pas donner à la médisance le moindre sujet de mordre, on convint que des dames respectables, et les plus graves de la cour, seroient présentes à cette entrevue, et que le roi ne verroit madame de Montespan qu'avec elles. Il vint donc chez elle, comme il avoit été décidé, mais insensiblement il la tira dans une fenêtre ; ils se parlèrent bas assez longtemps, pleurèrent et renouèrent leur amitié comme auparavant : tant il est vrai qu'il n'y a rien de si dangereux que de se mettre dans l'occasion, et qu'il est rare qu'on y garde ses bonnes résolutions. Les dames qui avoient assisté à cette entrevue, furent contraintes de se retirer, bien consternées de n'avoir servi qu'à être témoins de leur raccommodement, qui dura encore quelques années, au bout desquelles madame de Maintenon commença à être goûtée du roi, comme nous avons dit. Alors la faveur de madame de Montespan qui n'avoit pas des fondements si solides, alla toujours en diminuant. On ne sait si elle s'en aperçut promptement, ou si prévoyant les suites qu'auroit ce commencement de goût du roi pour madame de Maintenon, son humeur en devint plus aigre, ou si ce fut seulement d'abord en elle un pressentiment ; quoi qu'il en soit, ils eurent de la brouillerie ensemble, et il n'étoit plus possible à madame de Maintenon de demeurer chez madame de Montespan, comme elle avoit fait tandis qu'elle avoit été chargée des enfants du roi, qui avoient leur appartement dans celui de madame de Montespan. Il étoit plus aisé alors à madame de Maintenon de changer de demeure, parce qu'elle avoit remis M. le duc du Maine entre les mains des hommes. Ce prince avoit dix ans ; elle l'avoit gardé plus longtemps qu'il n'est ordinaire, parce qu'il avoit été très-mal sain depuis son enfance, et qu'il ne commençoit qu'à se mieux porter en ce temps-là ; ses maux n'avoient pas empêché qu'on ne lui eût donné une très-belle éducation, et qui faisoit beaucoup d'honneur à madame de Maintenon; car elle avoit assidûment cultivé l'esprit de ce prince, qui l'avoit naturellement beau, et propre à recevoir toutes les impressions louables qu'elle étoit bien capable de lui donner.

La mauvaise humeur de madame de Montespan continuant, il arriva un jour que madame de Maintenon étant seule avec elle, elles eurent une prise ensemble assez considérable. Le roi les surprit dans ce moment et les voyant toutes deux fort échauffées, il demanda ce qu'il y avoit ; madame de Maintenon prit la parole d'un grand sang-froid et dit au roi : Si Votre Majesté veut passer dans cette autre chambre, j'aurai l'honneur de le lui dire. Le roi y alla, madame de Maintenon le suivit, et madame de Montespan demeura seule ; sa tranquillité en cette occasion est surprenante, et on auroit peine à le croire, s'il étoit permis d'en douter après le savoir d'original; quand madame de Maintenon se vit tête à tête avec le roi, elle ne dissimula rien, et lui dit d'une manière vive les sujets qu'elle avoit de se plaindre de madame de Montespan ; lui faisant voir tout ce qu'elle avoit lieu d'en appréhender pour l'avenir. La plupart des faits qu'elle citoit, n'étoient pas inconnus au roi; mais comme il aimoit encore madame de Montespan, il voulut adoucir madame de Maintenon, il essaya donc de justifier madame de Montespan, et pour lui faire voir qu'elle n'avoit pas l'âme dure. Ne vous êtes-vous pas aperçue, lui dit-il, que les beaux yeux de madame de Montespan se remplissent de larmes lorsqu'on lui raconte quelque action généreuse et touchante? Avec cette disposition, il est à présumer que si madame de Montespan avoit voulu surmonter son humeur, dont elle faisoit assez souvent souffrir le roi, elle auroit peut-être encore longtemps gouverné ce prince. Mais Dieu le permettoit ainsi pour le détacher, et lui susciter une autre dame plus propre à lui aider à rentrer dans les voies du salut. Ce fut madame de Maintenon qu'il semble que Dieu avoit choisie pour ce dessein. Le mariage de M. le Dauphin avec la princesse de Bavière lui fit trouver une place fort honorable, pour se soustraire de madame de Montespan; elle eut la charge de dame d'atour, c'est-à-dire en second, car madame la maréchale de Rochefort avoit cette charge en premier; et quoique ce ne soit pas la coutume d'avoir deux dames d'atour, le roi voulut que cela fût ainsi pour attacher madame de Maintenon à la cour dont elle vouloit se retirer. Mais comme il étoit fort attentif et plein de considérations, il eut la politesse de demander à la maréchale de Rochefort si cette compagne ne lui feroit point de peine, en l'assurant en même temps qu'elle ne se mêleroit point de la garderobe. La conduite de madame de Maintenon ne démentit point ces assurances; sa faveur qui augmenta beaucoup alors occupoit tout son temps, et son caractère encore plus que sa faveur, ne lui permettoit pas d'agir d'une autre manière.

Ce fut en 1680 que Monsieur le Dauphin se maria et que madame de Maintenon entrant en charge n'eut plus rien à démêler avec madame de Montespan. Elles ne se voyoient plus l'une chez l'autre; mais partout où elles se rencontroient, elles se parloient fort cordialement. La vérité doit obliger de convenir, d'après madame de Maintenon, que si madame de Montespan avoit des défauts, elle avoit aussi de très-grandes qualités : beaucoup d'esprit, un agrément infini dans la conversation, très-sensible à la bonne gloire, excepté l'article que tout le monde sait, un grand discernement, de l'habileté pour le succès des affaires qu'elle entreprenoit, aumônière, ayant toute sa vie fait des œuvres de charité ; on la vit travailler pour vêtir les pauvres, avoir un pot au feu dans sa chambre pour leur faire du potage, et cela dans les temps mêmes qu'elle étoit le plus en faveur ; c'est elle qui a soutenu les filles de saint Joseph à Paris, et qui a établi les Ursulines de Saint-Germain ; et après qu'elle fut retirée de la cour, on sait qu'elle a porté la haire, et qu'elle a fait plusieurs bonnes actions qui marquoient son esprit de pénitence, comme de se priver de plusieurs choses qui lui auroient fait plaisir ; par exemple, elle évitoit de voir les princes, ses enfants, et s'enfermoit souvent dans la retraite, choses qui étoient fort contraires à son inclination. Outre ce que nous avons dit de ses grandes qualités, elle avoit encore de la grandeur d'âme et de l'élévation dans l'esprit ; elle le fit voir dans la part qu'elle eut au choix que le roi fit des personnes qui devoient travailler à l'éducation de M. le Dauphin : elle voulut que ce choix fût applaudi, non-seulement pour le temps présent, mais pour la postérité. Et en effet si on considère le plan de cette éducation par les vertus et le mérite de M. de Montausier, et par les ouvrages des précepteurs, et surtout par ceux de M. de Meaux, quelle haute idée ne devroit-on pas avoir du roi qui fit élever son fils d'une manière aussi digne de lui, et du Dauphin, qu'on pouvoit croire avoir été savant parce qu'il le devoit être ayant eu de si habiles maîtres. Mais il faut avouer que la manière sévère avec laquelle on le forçoit d'étudier lui donna un si grand dégoût pour la science et les livres, qu'il prit la résolution de n'en jamais ouvrir quand il seroit son maître, et il tint parole ; mais comme il étoit bien né, et qu'il avoit un bon modèle devant les yeux en la personne du roi son père qu'il admiroit et qu'il aimoit, son règne, selon les apparences, auroit été heureux et tranquille; je dis tranquille, parce que la paix étant une fois faite, et sachant que le roi n'auroit pas eu envie de recommencer la guerre, il n'y auroit lui-même pensé de longtemps, et jamais qu'avec justice ; il auroit suivi le même plan de gouvernement, et il y a lieu de croire qu'il n'auroit changé que le lieu de son séjour qu'il auroit partagé entre Paris et Meudon.

Madame de Montespan dans les mêmes vues de la gloire du roi, fit faire choix de M. Racine et de M. Despréaux pour en écrire l'histoire. Si ce fut une flatterie, comme on le pourroit croire, il faut convenir qu'elle n'est pas d'une femme commune, ni d'une maîtresse ordinaire. Mais retournons à madame de Maintenon que nous avons laissée dame d'atour de madame la Dauphine. Elle eut beaucoup de part au choix que le roi fit de madame la duchesse de Richelieu, pour être dame d'honneur; elle avoit témoigné tant d'amitié à madame de Maintenon dans le temps de son peu de fortune, qu'elle s'y étoit sincèrement attachée ; et son premier soin dans sa faveur fut de lui marquer sa reconnoissance. Elle plaça aussi dans la maison de madame la Dauphine, madame la marquise de Monchevreuil que nous avons vue être encore une de ses amies; c'étoit une personne sure dans le commerce, et secrète jusqu'au mystère. Il étoit en quelque façon nécessaire à madame de Maintenon d'avoir à la cour une amie de ce caractère, et qui avoit pour elle un attachement et une admiration, dont il étoit impossible qu'elle ne fût pas touchée. Madame de Monchevreuil étoit d'une condition à devoir occuper une des principales places; cependant elle ne fut que gouvernante des filles d'honneur de madame la Dauphine, charge qui ne laisse pourtant pas d'être considérable; pour la rendre encore davantage, on y attacha en faveur de madame de Monchevreuil, des distinctions qui n'y avoient jamais été jointes. Non-seulement on lui donna les entrées dans les carrosses ; mais elle suivoit et servoit madame la Dauphine au défaut de la dame d'honneur et de la dame d'atour ; et la chambre des filles d'honneur fut établie sur un pied différent de celles des filles de la reine : le nombre aussi en fut moins grand, puisque celle de la reine avoit été composée de douze, et qu'il n'y en avoit que six pour celle-ci.

M. de Monchevreuil qui étoit autant ami de madame de Maintenon, que madame sa femme, fut fait gouverneur de M. le duc du Maine, et ensuite de Saint-Germain ; et ce fut aussi par la même faveur ; car madame de Maintenon eut grande attention à faire plaisir à tous ceux qui lui avoient témoigné de l'amitié avant son élévation. Peu de temps après le mariage de madame la Dauphine, la reine Marie-Thérèse tomba malade, et mourut en peu de jours. Sa maladie ne parut pas d'abord considérable, et une saignée qui fit rentrer l'humeur d'un clou dont à peine s'étoit-on aperçu, lui causa, à ce qu'on croit, la mort qui arriva justement dans le temps que les années et la piété avoient ramené le roi à son devoir. Il avoit pour elle alors des attentions et des soins auxquels elle n'étoit pas accoutumée, et qui la rendoient plus heureuse qu'elle n'avoit jamais été. Comme elle attribuoit la conduite différente du roi à son égard aux conseils de madame de Maintenon, elle l'aimoit et la considéroit extrêmement, et disoit même quelle n'avoit jamais été si bien avec le roi que depuis qu'il la voyoit, aussi cette dame lui étoit-elle fort attachée. La reine aima toujours passionément le roi qui, malgré l'estime et même l'amitié qu'il avoit pour elle, ne laissa pas, par ses galanteries, d'exercer sa vertu ! Mais elle avoit d'ailleurs tout ce qu'il faut pour être heureuse ;

car le roi ne manqua jamais à la considération qu'il lui devoit, et nous avons ouï dire à madame de Maintenon qu'il ne souffroit pas que ses maîtresses en parlassent devant lui qu'avec respect. Il y en eut une un jour qui en voulut faire quelques railleries ; il l'en reprit fort sérieusement et lui dit : C'est votre maîtresse ; vous ne devez pas manquer à ce que vous lui devez. La mort de la reine donna à la cour un spectacle touchant : le roi en fut affligé, madame de Maintenon le fut aussi très-sensiblement, et sa douleur parut des plus vives. Nous lui avons entendu dire qu'elle avoit pleuré cette mort très-amèrement, parcequ'elle aimoit véritablement la reine. Dès que cette princesse fut morte, madame de Maintenon prit sa route pour s'en venir chez elle ; mais M. de la Rochefoucault la prit par le bras avec assez de violence, la conduisit chez le roi et lui dit : Ce n'est pas le temps, madame, de quitter le roi, il a besoin de vous. Ce mouvement de M. de la Rochefoucault étoit plus un effet de son zèle et de son attachement pour son maître que de l'intérêt qu'il prenoit à madame de Maintenon. Elle ne fut qu'un moment avec le roi et revint chez elle, conduite par M. de Louvois ; le roi alla à Saint-Cloud ; il y fut depuis le vendredi que la reine mourut jusqu'au lundi qu'il en partit pour Fontainebleau. Madame la Dauphine partit aussi avec lui ; et madame de Maintenon qui avoit l'honneur de la suivre, parut aux yeux du roi dans un si grand deuil et d'un air si triste qu'il en fut surpris : les princes n'étant pas accoutumés à garder leur douleur, passé les premiers jours. On auroit pu lui dire, en cette occasion, ce que M. le maréchal de Grammont répondit à une vieille femme nommée madame Hérault, qui avoit soin de la ménagerie. Elle perdit son mari ; et comme M. le maréchal de Grammont étoit un bon courtisan, et que cette femme dans son espèce, étoit fort bien à la cour, il prit un air fort triste pour lui témoigner la part qu'il prenoit à sa douleur ; elle lui répondit : Hélas ! monsieur, le pauvre homme a bien fait de mourir pour se délivrer des maux qu'il souffroit. A quoi le maréchal répondit à son tour : Le prenez-vous par là, madame Hérault ? ma foi, je ne m'en soucie guère. Cette réponse passa depuis en proverbe à la cour.

Pendant le voyage de Fontainebleau, la faveur de madame de Maintenon devint encore plus grande ; et le roi ne pouvant se passer d'elle, la fit loger dans l'appartement de la reine ; les conseils se tenoient dans sa chambre, et le roi y faisoit une grande partie de ses affaires, sur lesquelles il la consultoit souvent.

Elle se fit un plan de vie très-chrétienne ; se levoit matin pour prier Dieu, alloit à la messe de bonne heure, y faisoit souvent ses dévotions, et revenoit s'habiller pour être toute prête lorsque le roi venoit chez elle, ou pour d'autres occupations utiles à la gloire de Dieu, ou au bien du prochain. Elle faisoit dans la journée quelques lectures spirituelles, et sur le soir elle prioit encore ou chez elle ou à l'Église. C'est ainsi qu'elle tâchoit de se tenir près de Dieu pour être plus en état de servir au salut du roi ; car elle étoit persuadée que c'étoit pour cela que Dieu avoit conduit les choses au point où elles étoient. Et en effet, elle y travailla avec tant de zèle, de prudence, et d'adresse, que depuis qu'elle eut la confiance du roi, il changea tout à fait, et se détacha si bien des foiblesses qu'il avoit eues auparavant, qu'on ne remarqua rien dans sa conduite qui ne fût pieux et édifiant. On ne lui entendoit jamais nommer le nom des dames qu'il avoit aimées ; et quand on en parloit devant lui, cela venant quelquefois à propos dans la conversation, il ne disoit pas un mot, ou détournoit le discours ; ce qui marquoit bien son véritable repentir, et qu'il vouloit éloigner de lui tous les souvenirs et les moindres pensées des objets qu'il devoit oublier.

Quoiqu'il n'y ait rien d'apparent qui puisse prouver juridiquement qu'elle ait été mariée au roi, l'intime confiance avec laquelle elle vivoit avec lui, et d'ailleurs sa conduite si pieuse et si édifiante ne permettent pas d'en douter ; elle a toujours gardé sur cela un secret inviolable. Cependant, un jour que j'avois l'honneur d'être avec elle, elle me dit, en parlant de madame de Montespan et des autres maîtresses du roi, qu'il y avoit bien de la différence de l'amitié du roi pour elle et de celle qu'il avoit eue pour ces dames ; que c'étoient des liens sacrés. M. le maréchal de Villeroy nous dit un jour qu'il étoit aussi vrai que le roi avoit épousé madame de Maintenon qu'il étoit vrai qu'il avoit été marié avec sa femme.

La reine de Pologne étant ici, il y eut une de ses dames qui parla mal de madame de Maintenon, comme si elle eût cru que son union avec le roi n'eût pas été légitime. Nous dîmes à la reine notre sentiment sur ces indiscrets propos ; elle en parut fort étonnée et choquée contre cette dame, et nous dit : Le feu roi avoit épousé madame de Maintenon aussi véritablement que j'ai épousé le roi mon mari.

Madame de Maintenon prit pour amies mesdames de Chevreuse et de Beauvilliers. Outre beaucoup de mérite personnel, elles avoient encore celui de n'avoir jamais voulu faire leur cour à madame de Montespan, malgré l'alliance que M. de Colbert, leur père, avoit faite de sa troisième fille avec M. le duc de Mortemart, neveu de madame de Montespan et fils de M. le maréchal de Vivonne. Il en coûta au roi pour ce mariage quatorze cent mille francs ; huit cent mille francs pour payer les dettes de la maison de Mortemart, et six cent mille francs pour la dot de mademoiselle de Colbert.

2.

Malgré cette alliance et le goût que ces dames avoient naturellement pour la cour, jamais elles ne la voulurent faire à madame de Montespan ; mais elles furent bien aises de trouver dans madame de Maintenon une porte plus honnête pour se rapprocher du roi; d'autant plus qu'elles s'en trouvoient fort éloignées par la mort de la reine, dont elles étoient dames du palais. Cette liaison devint intime, et dura jusqu'à la disgrâce de M. de Cambray, auquel elles étoient fort attachées.

Si ces dames recherchèrent l'amitié de madame de Maintenon, elle, de son côté, ne fut pas fâchée de faire voir, par leur empressement, la différence qu'elles mettoient entre madame de Montespan et elle. A ces dames se joignirent madame de Montchevreuil, cette ancienne amie dont j'ai déjà parlé, madame la princesse d'Harcourt et madame la comtesse de Grammont : madame d'Heudicourt fut aussi de ce nombre, mais elle ne vint à la cour que quelque temps après.

Madame la princesse d'Harcourt étoit fille de M. de Brancas, chevalier d'honneur de la reine, connu particulièrement par ses fameuses distractions. Madame la comtesse de Grammont étoit angloise, et avoit épousé M. le comte de Grammont ; elle étoit d'une figure fort agréable et avoit beaucoup d'esprit ; le roi la goûtoit fort, et c'est ce qui engagea madame de Maintenon à lui faire amitié. Mais ce qui l'y porta davantage, ce fut le desir de contribuer à sa conversion ; car elle étoit fort du monde et peu fondée en la religion. Madame de Maintenon prit beaucoup de soin d'elle, et l'adressa à M. l'abbé de Fénelon, précepteur des enfants de France, et par conséquent à la cour ; afin que par un tel secours et ceux qu'elle lui procureroit encore d'ailleurs, elle pût revenir parfaitement à Dieu ; et il a paru qu'elle avoit eu le bonheur d'y réussir, par la vie chrétienne que cette dame mena depuis, et qui la fit même travailler au salut de son mari, qu'elle disposa à une mort chrétienne.

Madame d'Heudicourt étoit cette demoiselle de Pons, parente de M. le maréchal d'Albret, dont j'ai parlé au commencement ; elle fut toujours amie de madame de Maintenon depuis qu'elles s'étoient connues chez ce maréchal, et elle travailla aussi à la mettre dans la piété, et plusieurs autres dames de la cour qui, pour plaire au roi, s'approchoient d'elle le plus qu'elles pouvoient à cause de sa grande faveur. Madame de Maintenon voyoit bien leur motif, mais elle ne laissoit pas de s'en servir pour les gagner à Dieu, ce qu'elle faisoit d'une manière si prudente qu'il ne paroissoit pas qu'elle eût autre dessein que de se plaire dans leur conversation.

Si elle étoit si zélée pour le salut des personnes qui ne lui étoient rien, elle ne pouvoit manquer de l'être encore davantage pour ses proches, qui avoient le malheur, pour la plupart, d'être engagés dans l'hérésie. C'est ce qu'elle fit pour M. de Villette, fils de sa tante, auprès de qui elle avoit été élevée dans son enfance.

Au temps dont je parle, le roi crut qu'il ne manquoit à sa gloire que l'extirpation d'une hérésie qui avoit fait tant de ravages dans son royaume. Les moyens que l'on prit furent un peu rigoureux, auxquels madame de Maintenon n'eut nulle part, quoique les huguenots se soient imaginé le contraire : car en desirant de tout son cœur leur réunion à l'Église, elle auroit voulu que c'eût été plutôt par la voie de la persuasion et de la douceur que par la rigueur ; et elle nous a dit que le roi, qui avoit beaucoup de zèle, auroit voulu la voir plus animée qu'elle ne lui paroissoit, et lui disoit, à cause de cela : Je crains, madame, que le ménagement que vous voudriez que l'on eût pour les huguenots ne vienne de quelque reste de prévention pour votre ancienne religion.

Elle en étoit bien éloignée, car on peut dire que personne ne pouvoit être plus ferme qu'elle dans les sentiments de la foi catholique, et qu'elle avoit une extrême aversion de tout ce qui lui étoit contraire. Nous en avons vu plusieurs fois des exemples que j'ai marqués dans ce qui regarde notre établissement; mais à l'égard de la persécution que l'on faisoit aux huguenots, elle eût souhaité plus de modération, pensant que ç'auroit été un moyen plus conforme à l'esprit de Dieu pour les ramener. Le roi, par ses dispositions naturelles, étoit assez porté à la douceur, mais on lui avoit fait entendre que pour extirper cette hérésie il falloit de la violence; et qu'après tout si cette violence ne faisoit pas de bons catholiques, elle feroit au moins que les enfants des pères que l'on auroit ainsi forcés le deviendroient de bonne foi. Il consentit donc que l'on fît passer dans les villes les plus huguenotes un régiment de dragons; l'ayant assuré que la seule vue de ces troupes, sans qu'elles fissent rien de plus que de se montrer, porteroit les esprits à écouter plus volontiers la voix des pasteurs qu'on leur enverroit. On passa ses ordres; on fit à son insu des cruautés qu'il auroit punies si elles étoient venues à sa connoissance; mais avant cela, il fit de son mieux pour gagner par ses bienfaits les gens les plus considérables d'entre les huguenots, et il avoit déclaré qu'aucuns ne seroient admis dans les charges, et n'avanceroient dans les armées, soit de terre soit de mer, que les catholiques. Madame de Maintenon voulut, à son exemple, travailler à la conversion de sa propre famille; et voici ce que madame de Caylus en a rapporté. Elle étoit fille de M. de Villette, cousin-germain de madame de Maintenon dont j'ai parlé ci-dessus. Comme madame de Maintenon, dit cette dame, désespéra de gagner mon père, après l'avoir tenté plusieurs fois, elle prit la résolution, avec M. de Seignelay, qui étoit alors amiral de France, de lui faire faire un voyage de long cours sur mer pour avoir le temps de disposer plus facilement de ses enfants, car il faut savoir que M. de Villette étoit capitaine de vaisseau. J'avois deux frères, continue madame de Caylus, qui, quoique fort jeunes, avoient déjà fait plusieurs campagnes; et l'aîné, à neuf ans, s'étoit trouvé et fut blessé légèrement à ce combat fameux de Messine, où Ruyter, brave amiral hollandois, fut tué. La singularité et le courage que cet enfant avoit témoignés le firent faire enseigne.

Après le combat et la campagne finie, mon père vint à la cour et y amena mon frère. L'action qu'il avoit vue, sa légère blessure et une jolie figure qu'il avoit en ce temps-là, le firent beaucoup caresser. Si mon père avoit voulu consentir à le laisser à la cour et à se faire lui-même catholique, il s'en seroit mieux trouvé pour sa fortune; mais il résista à tout, soit pour lui, soit pour son fils, et madame de Maintenon se trouva contrainte de le laisser aller sans avoir rien gagné sur son esprit. On fit servir mon frère aîné avec M. de Châteaurenaud, laissant seulement à mon père le cadet qui n'étoit pas entré moins jeune dans la marine. A peine mon père fut-il rembarqué pour ce voyage de long cours, dont j'ai dit le sujet, qu'une de mes tantes qui s'entendoit avec madame de Maintenon pria ma mère de la venir voir à Niort et de m'amener avec elle. Ma mère comptoit s'en retourner le même jour, car nous demeurions près de la ville, mais lorsqu'elle voulut s'en revenir, ma tante lui fit tant d'instances de me laisser au moins chez elle jusqu'au lendemain, qu'elle y consentit avec peine; car quoiqu'elle fût catholique, elle n'étoit nullement dans la confidence des desseins qu'on avoit sur moi, parce qu'on vouloit la ménager par rapport à mon père. A peine ma mère fut-elle partie de Niort, que ma tante partit de son côté, et me mena à Paris. Nous trouvâmes sur la route M. de Sainte-Hermine, une de ses sœurs, et mademoiselle de Caumont, tous aussi étonnés qu'affligés de me voir, se doutant bien de ce qu'on vouloit faire de moi. Pour moi je ne l'étois de rien, contente d'aller sans savoir où l'on me menoit; mais comme les autres étoient des personnes faites, on avoit conclu dans le conseil des huguenots que la famille devoit avoir la complaisance, pour madame de Maintenon qui les avoit demandées, de les lui envoyer; puisque d'ailleurs on n'avoit rien à craindre de leur légèreté : c'étoit avec raison, et la résistance que ces jeunes personnes firent à la cour fut très-glorieuse pour le calvinisme. Nous arrivâmes ensemble à Paris, où madame de Maintenon vint me chercher aussitôt, et me mena seule à Saint-Germain, où la cour demeuroit en ce temps-là. Je pleurai d'abord beaucoup, mais je trouvai le lendemain la messe du roi si belle que je consentis à me faire catholique à condition que je l'entendrois tous les jours et que l'on me garantiroit du fouet. Ce fut là toute la controverse qu'on employa et la seule abjuration que je fis. (Il est à remarquer que madame de Caylus n'avoit alors que cinq ou six ans). Quelque temps après, M. de Châteaurenaud eut ordre, continue-t-elle, d'envoyer mon frère à la cour, et il y arriva bientôt après, où il fit de son côté assez de résistance; mais enfin il se rendit. On lui fit quitter la marine et on le mit à l'académie. Mon père fut très-surpris, au retour de sa campagne, d'apprendre tout ce qui s'étoit passé pendant son absence ; il en fit des plaintes amères dans les lettres qu'il écrivit à madame de Maintenon, l'accusa d'ingratitude, et lui reprocha que c'étoit mal reconnoître les obligations qu'elle avoit à ma grand'mère ; mais comme elle étoit soutenue de l'autorité du roi, il fallut céder à la force; tout ce qu'on lui put accorder fut de lui promettre de ne pas contraindre ses enfants en cas qu'ils ne voulussent pas se faire catholiques, mais ils se rendirent l'un et l'autre, comme on le devoit attendre de leur âge. On fit l'aîné cornette des chevau-légers au sortir des mousquetaires; charge qu'il vendit, quand la guerre recommença, pour acheter le régiment Dauphin; le cadet, qu'on fit venir aussi à la cour, et qui se rendit comme l'aîné, eut le régiment de la reine-dragon, à la tête duquel il fut tué au combat de Steinkerque.

Pour moi on m'élevoit avec un soin dont on ne peut trop louer madame de Maintenon; il ne se passoit rien à la cour sur quoi elle ne me fît faire des réflexions, selon la portée de mon esprit; m'approuvant quand je pensois bien, me redressant quand je pensois mal. Ma journée étoit remplie par des maîtres, la lecture et des amusements honnêtes et reglés. On cultivoit ma mémoire par des vers qu'on me faisoit apprendre par cœur, et la nécessité de rendre compte ou de ma lecture ou d'un sermon, si j'en avois entendu, me forçoit à y donner de l'attention, il falloit encore tous les jours que j'écrivisse une lettre à quelqu'un de ma famille ou à tel autre que je voulois choisir, et que je la portasse les soirs à madame de Maintenon, qui l'approuvoit ou la corrigeoit, selon qu'elle étoit bien ou mal. Enfin elle n'oublia rien de ce qui pouvoit former ma raison et cultiver mon esprit.

Si je suis entrée dans ce détail, ce n'est pas pour en tirer une vaine gloire, mais pour marquer par des faits bien au dessus des louanges, la conduite et le caractère de madame de Maintenon; et il est impossible de faire réflexion au poste qu'elle occupoit, au peu de loisir qu'elle avoit, sans admirer l'attention qu'elle donnoit à un enfant, dont, après tout, elle n'étoit chargée que parce qu'elle l'avoit bien voulu. Mon père après avoir résisté non-seulement aux bontés et aux promesses du roi, et avoir compté pour rien de n'être pas fait chef d'escadre à son rang; après avoir résisté à l'éloquence de M. Bossuet, évêque de Meaux, qu'il aimoit naturellement, s'embarqua de nouveau sur la mer, et fit pendant cette campagne des réflexions qu'il n'avoit pas encore faites; l'Évangile de l'ivraie et du bon grain lui parut alors clair contre le schisme, il vit que ce n'étoit pas aux hommes à les séparer. Ainsi convaincu, mais ne voulant tirer de sa conversion aucun mérite pour sa fortune, il fit à son retour son abjuration entre les mains de son curé, et perdit par là les récompenses temporelles qu'il en auroit pu attendre; si bien même que venant après à la cour, le roi lui ayant fait l'honneur de lui parler avec sa bonté ordinaire sur sa conversion, mon père répondit que c'étoit la seule occasion de sa vie où il n'avoit point eu pour objet l'envie de plaire à sa majesté. Le roi n'en fut que plus assuré de la sincérité de sa conversion, et quelque temps après le fit chef d'escadre, et eut toujours pour lui et pour son fils beaucoup de bonté. Il en témoignoit fort aussi à madame de Caylus, qui étoit élevée, pour ainsi dire, sous ses yeux, auprès de madame de Maintenon. Quand elle fut en âge d'être mariée, il y eut plusieurs partis avantageux de la cour, qui y prétendirent et qui la desiroient, non-seulement parce qu'elle étoit une des plus agréables et des mieux faites de son temps, mais encore plus particulièrement à cause de la faveur de madame de Maintenon, par le moyen de laquelle on espéroit faire une grande fortune, en épousant sa petite nièce. De tous ceux qui se présentèrent, M. le marquis de Caylus fut celui à qui madame de Maintenon la donna, on ne sait par quelle raison, car il le méritoit le moins; et cette dame ne fut pas heureuse avec lui. Il avoit sans doute du bien, et le roi lui en fit encore en faveur de ce mariage, mais je n'en suis pas assez instruite pour en parler. Ce qui est sûr, c'est que madame de Caylus fut à la cour dans un rang distingué et que madame de Maintenon eut toujours pour elle beaucoup d'amitié et d'attention à lui faire plaisir, aussi bien qu'à ses autres parents et anciens amis. Car on peut dire qu'elle avoit l'âme généreuse et reconnoissante, et que dans sa grande fortune elle s'est toujours souvenue des personnes auxquelles elle avoit eu autrefois obligation. Cela se voit par ce qu'elle a fait pour M. de Villette et madame de Sainte-Hermine, quand le changement de religion leva l'obstacle qui s'opposoit à l'envie qu'elle avoit de leur faire du bien. Elle maria mademoiselle de Sainte-Hermine à M. le comte de Mailly, et le roi lui donna un gros mariage. Elle fut ensuite dame d'atour de madame la Dauphine de Savoye, puis de la reine, femme de Louis XV; elle combla de biens M. de Sainte-Hermine son frère. M. de Villette a été sur mer dans les plus grands emplois. M. de Murcé, son fils, épousa, par les soins de madame de Maintenon, la fille de M. Lemoine, lieutenant-général de Chaumont, qui étoit une très-riche héritière. Une des conditions de cette alliance étoit que madame de Maintenon rendroit une visite à l'accordée, ce qu'elle fit, et alla pour cela sur le quai d'Alençon, chez M. Lemoine, qui avoit assemblé tous ses parents pour les rendre témoins de l'honneur qu'il avoit de la recevoir sous son toit. Ses autres parents se sont aussi ressentis de la bonté de son cœur, les ayant tous obligés selon les occasions. C'est elle qui procura à M. l'abbé d'Aubigné de Tigny, l'évêché de Noyon, et ensuite l'archevêché de Rouen; et M. d'Aubigné, neveu de cet archevêque fut, par sa faveur, avancé de bonne heure dans les armées, où il s'est soutenu ensuite par son mérite; elle eut aussi beaucoup de part à son mariage avec Mademoiselle de Villandry, riche héritière en Touraine, qui lui apporta de grands biens, et qui en laissa encore davantage à sa mort, qui arriva quelques années après son mariage, après lui avoir donné deux garçons, qui seront riches du côté de père et de mère, car M. d'Aubigné de Tigny a aussi de belles terres, et selon toutes les apparences ne se remariera pas. Non seulement elle a bien fait à tous ses parents, mais elle s'est aussi souvenue de ses anciens amis. Nous avons déjà vu ce qu'elle fit pour les dames avec qui elle avoit été liée avant sa fortune; en voici encore une d'une autre espèce. C'étoit une religieuse hospitalière de la place royale où elle avoit demeuré, et où elle avoit commencé l'amitié qu'elle a toujours eue pour elle; elle s'appeloit de Saint-Bazile. Elle a toujours eu une grande attention à lui faire plaisir, comme il se peut voir par la lettre suivante qui n'est pourtant qu'un petit indice de ce qu'elle a fait pour elle: cette lettre s'adresse à M. l'abbé Gobelin.

« Je vous supplie autant qu'il vous le pourra permettre de me donner des nouvelles de Sainte-Bazile; je la crois résolue de sortir de Port-Royal; mais je ne sais si les Hospitaliers le sont de la recevoir. Je suis toute prête à la ramener, si vous le jugez à propos ; songez à cette pauvre fille, je vous en supplie, et ayez pitié d'elle. Vous autres saints, vous êtes inhumains sur les maux de cette vie ; cependant ils font quelquefois tourner la tête, et il faut aider notre foiblesse, chacun tour à tour. J'attendrai de vos nouvelles avec impatience, par la pitié que j'ai de l'état où est cette pauvre fille. Nous n'avons point su quelles étoient ses peines ; mais nous l'avons vue passer par ici, où elle demeura quelques jours, pendant lesquels Madame lui fit toutes sortes de bons traitements, et lui donna des marques d'une très-grande amitié; ensuite elle la tira des Hospitaliers de la place Royale, et l'établit supérieure de leur maison de la Roquette, qu'elle sépara pour lors entièrement de celle de la place Royale ».

Madame de Maintenon ne se borna pas seulement à

faire du bien à ses amis et ceux de sa connoissance ; mais comme elle avoit beaucoup de piété, dès qu'elle se vit en état d'assister ceux qui étoient dans le besoin, elle le fit en diverses manières, et principalement prenant de jeunes enfants à la décharge des familles, qu'elle faisoit élever dans des couvents où elle leur payoit pension, car elle a toujours eu une grande inclination pour les enfants, et la dévotion la portoit à les faire élever chrétiennement; elle en avoit aussi beaucoup à assister les pauvres honteux, les vieillards et autres qui ne pouvoient gagner leur vie, les jeunes et belles filles qui, par la pauvreté, pouvoient être exposées. C'est ce fond de piété qui lui inspira le desir d'établir une maison où les pauvres demoiselles pussent être élevées selon leur condition. Pour y réussir, elle en inspira la pensée au roi Louis XIV, de glorieuse mémoire qui, à sa persuasion, fonda la maison de Saint-Cyr, avec une magnificence royale, en la manière que nous le dirons dans les mémoires de la fondation, où l'on verra plus en particulier l'étendue du bon esprit et de la charité de cette dame, et des soins infinis qu'elle donna à cet établissement. Mais avant d'en parler, je crois devoir donner des preuves des vertus naturelles et surnaturelles dont Dieu l'avoit avantagée, qui lui ont mérité la haute estime et l'entière confiance du plus grand des monarques; ce que je vais faire en mettant ici quelques extraits des lettres qu'elle écrivoit à ses directeurs, et de celles qu'ils lui écrivoient ; ce qui doit être d'autant moins suspect qu'ils ne pensoient pas ni les uns ni les autres que cela dût les passer.

EXTRAIT DES LETTRES

DE MADAME DE MAINTENON A M. L'ABBÉ GOBELIN.

I.

J'ai fait le mieux qu'il m'a été possible ce que vous m'avez ordonné pour l'Avent, et ne pouvant avoir aucun mérite devant Dieu par mes prières, j'y aurai du moins celui de l'obéissance. Je dis l'office de la sainte Vierge, et quoique ce soit avec de grandes distractions, c'est toujours un temps passé que l'on a destiné à Dieu; je meurs toujours de langueur ici.

Vous entendrez dire que je vis hier le roi; ne craignez rien; il me semble que je lui parlai en chrétienne et en véritable amie de madame de Montespan.

II.

Vous me ferez très-grand plaisir de me prescrire quelque chose pour cet Avent, et si vous n'en avez pas le temps, envoyez-moi un de vos livres pour la messe, où il y a des exercices pour les grandes fêtes; et je sens de grandes envies de servir Dieu, et il me semble que si je m'éloignois du trouble où je suis ici, je me donnerois tout de bon à lui.

III.

Projet de la conduite que je voudrois tenir si j'étois hors de la cour.

Je voudrois me lever à sept heures en été, et à huit en

hiver, être une heure en prière avant d'appeller mes femmes ; après être habillée, aller à l'Église et n'en revenir que pour dîner ; je destinerois trois jours de la semaine à de bonnes œuvres, un pour visiter les pauvres de ma paroisse, l'autre pour aller à l'Hôtel-Dieu, et l'autre pour les prisonniers, et passer mes soirées, seule, à travailler ou à lire ; les autres jours de la semaine, je sortirois deux fois pour des visites nécessaires, souper chez quelque amie ce jour là, et en revenir à dix heures.

Garder la chambre deux fois la semaine ; donner ces jours là, à dîner et à souper à quelque ami ou amie particulière, se retirer toujours à dix heures, faire la prière avec mes domestiques, me déshabiller et me coucher à onze heures. Ne manquer jamais aux devoirs particuliers de certains temps, être habillée modestement, et ne porter jamais ni or ni argent. Donner la dixième partie de mon revenu aux pauvres.

IV.

Madame de Montespan et moi avons eu une contestation fort vive ; et comme je suis la partie souffrante, j'ai beaucoup pleuré, elle en a rendu compte au roi à sa mode, je vous avoue que j'ai bien de la peine à demeurer dans un état où j'aurai tous les jours de ces aventures là ; j'ai eu mille fois envie d'être religieuse, et la peur de m'en repentir m'a fait passer par dessus des mouvements que mille personnes auroient appelés vocation : je meurs d'envie, il y a sept mois, de me retirer, et la même raison m'a empêché de le faire ; c'est une prudence bien timide et qui me fait consommer ma vie dans d'étranges agitations ; songez-y, devant Dieu, je vous en conjure ; je sais bien que je peux faire mon salut ici ; mais je crois que je le pourrai encore mieux faire ailleurs, et je ne saurois comprendre que la volonté de Dieu soit que je souffre de madame de Montespan. Elle ne sauroit trouver en moi les oppositions qu'elle y trouve sans me haïr ; elle me redonne au roi comme il lui plaît et m'en fait perdre l'estime ; je suis donc avec lui sur le pied d'une bizarre qu'il faut ménager ; je n'ose lui parler directement, parce qu'elle ne me le pardonneroit jamais, et quand je lui parlerois, ce que je dois à madame de Montespan ne me peut permettre de parler contre elle ; ainsi je ne puis jamais mettre aucun remède à ce que je souffre, cependant la mort vient, et vous et moi aurons grand regret à un tel emploi du temps passé.

V.

J'accepte, avec beaucoup de plaisir, la proposition que vous me faites de me voir tous les mois pour parler de quelque chose de bon. Je suis très-convaincue des vérités que vous m'écrivez, et je voudrois de tout mon cœur mener une vie moins dissipée que n'est la mienne ; j'en passerai bientôt une bonne partie à l'Opéra, où je fais quelquefois de bonnes réflexions ; mais où il est ce me semble honteux d'être quand on a près de quarante ans, et que l'on est chrétienne. Priez Dieu qu'il me conduise et vous inspire ce que je dois faire ; je suis toujours dans la même situation et je tâche d'en faire le meilleur usage qu'il m'est possible.

VI.

Madame de Coulange à peu exagéré le mal de M. le duc du Maine ; mais elle n'a pu vous dire toute ma douleur ; je suis troublée ici par toutes sortes d'endroits, et je ne sais comment, étant aussi sensible que je le suis, j'ai la force de le supporter ; je tâche de le prendre en pénitence, mais je songe aussi au remède : je vous suis trèsobligée de la part que vous prenez à mes déplaisirs, ne vous lassez point de m'écrire : vos lettres ne me sont pas inutiles, et elles me font un grand plaisir.

VII.

Il y a longtemps que j'ai envie de vous écrire; mais les jours se passent dans un esclavage qui m'enpêche de faire ce que je voudrois; je suis toujours assez triste, et les choses prennent un air qui ne me convient pas; je n'ai pas assez de pouvoir sur moi pour n'en point souffrir, mais je veux bien souffrir, et c'est quelque progrès que j'ai fait d'avoir ôté l'impatience et de n'avoir plus que la douleur, je fais mon possible pour me consoler avec Dieu, et je suis dans une situation plus douce que je ne l'avois espéré. Je fis hier mes dévotions, n'ayant pu les faire le jour de la Visitation; je me confessai à un homme qui ne m'entendoit point, et qui m'assura que je ne lui disois pas un péché; je suis sûre que vous en auriez jugé autrement.

VIII.

Votre lettre m'a fait un très-grand plaisir : je ne sais ce que je trouverai; mais il est certain que je cherche mon salut en m'éloignant d'un trouble qui y est fort opposé; si je me trompe, ce sera avec le conseil de gens de bien et de bon esprit, vous le savez; demandez à Dieu, je vous supplie, qu'il conduise mon projet pour sa gloire et pour mon salut; je lui fais cette prière tous les jours, et ce qui me met l'esprit en repos, c'est que si quelqu'un de piété et de bons sens me conseilloit de demeurer où je suis, je le ferois malgré ce qui m'en coûteroit; et si de ce côté, ici on me traitoit à ma mode et tout comme je le pourrois desirer, je le quitterois encore si on le vouloit ; cette différence me fait espérer que Dieu me bénira et ne m'abandonnera pas.

IX.

Je n'ai point oublié de faire mes dévotions à la Madeleine : j'en ai eu une assez grande envie; mais soit raison ou tentation, j'ai cru qu'il y avoit une manière d'hypocrisie à communier ici plus souvent que je ne faisois à Paris ; si vous voulez me donner une règle là dessus, vous me ferez plaisir ; dites-moi aussi votre sentiment sur la *médianoche*; je suis bien aise de la faire avec le roi, si vous jugez qu'il n'y ait point de mal ; et s'il y en a, je n'hésiterai pas à ne m'y plus trouver; vous devriez faire un grand scrupule des louanges que vous me donnez et de celles qui me viennent par vous de M. N. L'estime des gens d'aussi bon goût ne sauroit être indifférente et ne flatte que trop la vanité d'une personne pétrie de gloire et d'amour-propre.

X.

Quelque soin que vous preniez pour me faire acheter une terre, je n'en aurai pas si tôt ; on a de la peine à trouver ce qu'on cherche, et les gens de qui je dépends ne me paroissent guère pressés de m'établir ; cependant il faut s'éclaircir de la manière dont ils sont pour moi en leur proposant quelque chose de présent et de solide. Madame la duchesse de Richelieu et madame de Montespan traitent présentement un mariage pour moi, qui pourtant ne s'achèvera pas; c'est un duc assez malhonnête homme et fort gueux, et ce seroit une source de déplaisir et d'embarras qu'il seroit imprudent de s'attirer ; j'en ai déjà assez dans une condition singulière et enviée de tout le monde, sans en aller chercher dans un état qui fait le malheur des trois parts du genre humain.

XI.

Je me suis mal expliquée si vous avez compris que je pense à être religieuse; je suis trop vieille pour changer de condition; et selon le bien que j'aurai, je songerai à m'en établir une pleine de tranquillité. Madame de Richelieu est présentement avec madame de Montespan pour tâcher de la faire expliquer sur ce que je puis espérer. Si par la mauvaise humeur où l'on est pour moi, on se tient exactement aux cent mille francs, je ne crois pas les devoir mettre à une terre : nous verrons ce que nous ferons.

XII.

J'avois une grande impatience de vous apprendre que le roi m'a encore donné cent mille francs, et qu'ainsi en voilà deux cents que j'ai à votre service; je ne sais si vous êtes content de cet établissement; pour moi, je le suis, et je changerai bien de sentiment si jamais je leur demande un sol; il me semble que voilà du bien pour le nécessaire, et que tout le reste n'est plus qu'une avidité qui n'a point de bornes; je suis résolue à acheter une terre auprès de Paris, et j'attends des nouvelles de M. Viette, qui doit en aller visiter.

XIII.

Quand j'ai été mal à la cour, on me conseilloit de ne m'en point séparer en cet état-là, et à cette heure que j'y suis bien, je ne sais par où me prendre pour m'arracher des gens qui me retiennent avec douceur et amitié. Ces chaînes là sont pour moi plus difficiles à rompre que si on l'exigeoit par violence ; mes affaires sont dans un état très-incommode, et il ne me paroît pas que l'on songe à les accommoder ; toutes ces considérations m'agitent, mais elles ne me font point changer ; et il m'est impossible de sacrifier pour toute ma vie ma liberté, ma santé, et mon salut. Je vous parle sincèrement, cependant il n'en est pas temps présentement ; je me sens souvent de grandes envies de servir Dieu et de me préparer à la mort.

XIV.

Je suis dans une assez grande langueur et me repose souvent ; je suis si peu dissipée en desseins et en visites, que me renfermant entre le roi, madame de Montespan et M. du Maine, j'ai du temps pour mon repos ; Dieu connoît le fond de mon cœur, et j'espère qu'il rompra mes chaînes, s'il est nécessaire pour mon salut : je vous supplie de le lui demander pour moi.

XV[1].

Je ne sais point combien je serai ici ; j'y suis venue avec des dispositions soumises qui durent encore, et je suis résolue, puisque vous l'avez voulu, de me laisser conduire comme un enfant, de tâcher d'acquérir une profonde indifférence pour les lieux et pour les genres de vie auxquels on me destinera, de me détacher de tout ce qui trouble mon repos et de chercher Dieu dans tout ce que je ferai ; ce n'est pas que je sois bien propre à une dévotion toute intérieure et toute de contemplation, les actions m'y au-

---

[1] Cela a été écrit au retour du voyage de Barrège, qu'elle revint à la cour avec M. le duc du Maine.

roient peut-être mieux conduite ; mais vous vous souviendrez, s'il vous plaît, que vous voulez que je demeure à la cour, et que je la quitterai dès que vous me le conseillerez.

XVI.

J'arrivai hier de Maintenon, où j'ai passé huit jours dans une douceur et un repos d'esprit qui me fait trouver ceci pis que jamais ; et si je suivois autant mes inclinations que j'ai toujours fait, il n'y a point de moment dans la journée que je ne demandasse à me retirer. Il est impossible que je soutienne longtemps la vie que je mène : je prends trop sur moi pour que le corps ou l'esprit n'y succombe pas, et peut-être tous les deux ; il en arrivera ce qui plaira à Dieu, et quand il en ordonnera ; je lui offre souvent mes souffrances bien ou mal fondées, et si sa volonté m'étoit connue, je la suivrois dans ce qu'il y a de plus opposé à mon humeur.

XVII.

Je vous envoie le mémoire de mes aumônes réglées afin que vous jugiez si elles sont bien appliquées. Outre ce que j'écris, j'en fais quelques autres dans les occasions. Quant à mes habillements, je vais les changer et les prendre pareils à ceux de madame de Richelieu, j'ai une indifférence là dessus qui m'ôte tout scrupule ; j'ai été vêtue d'or quand j'ai passé mes journées avec le roi et madame de Montespan. Je vais être comme princesse ; je serai toujours en robe noire : si j'étois hors de la cour, je serois en tourière ; tous ces changements ne me font nulle peine, du reste j'y fais trop de dépense, parce que je suis naturellement propre et peu portée à l'avarice ; mes journées sont présentement assez réglées et fort solitaires; je prie Dieu un moment en me levant, je vais à deux messes les jours d'obligation, et à une les jours ouvriers; je dis mon office tous les jours, et je lis un chapitre de quelque bon livre : je prie Dieu en me couchant; et quand je m'éveille la nuit, je dis un *Laudate* ou un *Gloria Patri*. Je pense souvent à Dieu dans la journée : je lui offre mes actions ; je le prie de m'ôter d'ici si je n'y fais mon salut, et du reste je ne connois point mes péchés; j'ai une morale et de bonnes inclinations qui font que je ne fais guère de mal, j'ai un desir de plaire et d'être estimée, qui me met sur mes gardes contre toutes mes passions; ainsi, ce ne sont presque jamais des faits que je me puis reprocher, mais des motifs très-humains, une grande vanité, beaucoup de légèreté et de dissipation, une grande liberté dans mes pensées et dans mes jugements, et une contrainte dans mes paroles qui n'est fondée que sur la prudence humaine. Voilà à peu près mon état, ordonnez les remèdes que vous y croirez les plus propres ; je ne puis vraisemblablement envisager bientôt une retraite, il faut donc travailler ici à mon salut : contribuez-y, je vous supplie, autant que vous le pouvez; et comme c'est le plus essentiel de tous les services, comptez aussi sur ma plus entière reconnoissance.

XVIII.

Je suis ravie de ce que le monde loue ce que fait le roi : si la reine avoit un directeur comme vous, il n'y a point de bien que l'on ne dût espérer de l'union de la famille royale, mais on eut toutes les peines du monde à la persuader sur la *médianoche*; son confesseur la conduit par un chemin plus propre selon moi à une carmélite qu'à une reine.

XIX.

Il faudra que vous alliez à Noisy pour aider madame de Brinon à choisir les professes; j'en ai si fort chargé sa conscience qu'elle se trouve fort embarrassée. C'est un endroit qui me passe, dont j'aurois de la peine à me mêler quand même je ne m'en croirois pas incapable; prenez garde, je vous conjure, au choix de vos quatre ou cinq professes, et après cela, établissez que l'on ne fasse plus rien sans leur avis. Faites-leur voir en particulier l'intérêt qu'elles doivent prendre au bien de leur maison, et que ce ne sera pas une excuse devant Dieu de dire qu'elles ont reçu celle-ci ou celle-là par complaisance pour madame de Brinon ou pour madame de Maintenon : je ne leur demande rien là dessus, et elles refuseroient ma sœur que je n'y trouverois rien à redire.

XX.

Il est vrai que j'ai peu de loisir, et que je ne passe guère de jours sans aller à Saint-Cyr au moins une fois. J'espère, s'il plaît à Dieu, commencer la transmigration lundi prochain, et je vous crois averti pour bénir l'Église samedi; ensuite après cela nous aurons un peu plus de tranquillité, et je vous verrai le plus souvent qu'il me sera possible pour profiter de votre conduite et de vos instructions; mais en attendant que je reçoive les vôtres, permettez-moi de vous en donner, et croyez qu'elles ne sont pas moins sincères que celles que j'attends de vous.

Je vous conjure donc de vous défaire d'un style que vous avez avec moi, qui ne m'est point agréable et qui peut m'être nuisible, je ne suis point plus grande dame que j'étois à la rue des Tournelles, que vous me disiez fort bien mes vérités; et si la faveur où je suis met tout le monde à mes pieds, elle ne doit pas faire cet effet là sur un homme chargé de ma conscience, et à qui je demande instamment de me conduire, sans aucun égard, dans le chemin qu'il croit le plus sûr pour mon salut : où trouverai-je la vérité si je ne la trouve en vous ; et à qui puis-je être soumise qu'à vous, ne voyant dans tout ce qui m'approche que respects, adulations et complaisances ; parlez-moi, écrivez-moi sans tour, sans cérémonie, sans insinuations, et surtout, je vous prie, sans respect; ne craignez jamais de m'importuner ; je veux faire mon salut, je vous en charge, et je reconnois que personne au monde n'a tant besoin d'aide que j'en ai ; ne me parlez jamais des obligations que vous m'avez, et regardez-moi comme dépouillée de tout ce qui m'environne, et voulant me donner à Dieu : voilà mes véritables sentiments.

Je ne souhaite point un grand nombre d'années ; mais je voudrois bien que celles qu'il plaît à Dieu de me donner, fussent saintement employées, vous y pouvez contribuer par vos prières et par vos conseils.

Lettre que M. l'abbé Gobelin écrivit à madame de Maintenon dans le temps que le roi alla assiéger Mons.

18 mai 1691.

Il n'y eût jamais, madame, de douleur plus légitime que la vôtre ; tout Paris, qui a les yeux sur vous, en est d'autant plus édifié qu'on est persuadé qu'il n'a tenu qu'à vous de vous en exempter, ce qui fait qu'elle n'est pas regardée comme l'effet d'une tendresse molle et purement naturelle, mais comme l'effort d'une âme toute pleine de courage et de raison. Plût au ciel que je fusse digne de mêler mes larmes avec celles que vous versez, et de joindre mes chétives prières aux vœux que vous poussez aux pieds des autels pour la conservation du premier et du plus grand roi de la terre. Mais que vous êtes merveilleux, ô mon Dieu, dans la manière dont il vous plaît de faire souffrir vos élus! vous ne les affligez pas comme les autres par quelque perte de bien, par l'outrage de quelque calomnie, ni par quelque persécution de ceux qui les haïssent à mort; mais vous les crucifiez par eux-mêmes, et faites de l'objet de leur joie et de leur amour, la cause de leur désolation et de leurs peines! C'est ce qui m'oblige de vous dire, madame, qu'il n'y a rien dans toute l'Ecriture qu'il vous convienne mieux de lui adresser que cette parole de Job : Que la façon, Seigneur, dont vous me tourmentez est extraordinaire et admirable. En effet, qu'est-ce que cette absence que vous pleurez, si non la plus haute et la plus glorieuse expédition que monarque ait jamais entreprise; une expédition qui épouvante toute l'Europe, et ne fait pas seulement pâlir le prince d'Orange, le duc de Brandebourg et celui de Bavière, mais jusqu'au roi d'Espagne et l'Empereur? Le soleil a-t-il vu quelque chose de plus fin et de plus hardi que le siège de Mons; tandis que tout ce que nous avons de puissances ennemies sont assemblées à La Haye, et conspire par une basse jalousie contre une domination qui, par une modération vraiment chrétienne, ne tend qu'à leur paix et à leur repos; enfin qu'est-ce pour tout dire que cette expédition, sinon une planche favorable présentée aux Flamands pour se tirer du naufrage qu'il sont prêts de faire, et quel ravissement ne sera-ce point pour vous de voir revenir Louis le Grand, non-seulement roi de France et de Navarre, mais encore duc de Brabant et comte de Flandre? Que cette pensée adoucisse votre juste déplaisir, qu'elle anime vos exercices de piété, et dissipe les craintes que vous pouvez avoir pour la sacrée personne d'un prince qui ne porte pas avec lui César et sa fortune, mais la justice de ses armes et les plus pressants intérêts de la religion catholique, que le Tout-Puissant conduit lui-même, et qui considère moins, dans les périls où il va s'exposer, sa propre gloire que la sienne. En un mot, madame, priez, jeûnez, faites des aumônes et des communions; que votre communauté de Saint-Louis s'acquitte par vos ordres de ces saints exercices. C'est ainsi que, dans de pareilles occasions, en ont usé les Clotilde, les Bathilde et les Blanche de Castille ; c'est ce que demande la place où la Providence vous met, et en quoi je tâcherai de vous suivre et de vous joindre.

Extrait des lettres de direction que monseigneur Paul de Gaudet-des-Marais, évêque de Chartres, a écrites à madame de Maintenon, qui font voir quelle estime il faisoit de sa piété, et sur quel pied elle étoit avec le roi et à la cour.

I.

Vous êtes, dites-vous, environnée d'aise et des commodités de la vie, et vous ne savez ni la juste mesure que vous y devez garder, ni si vous y êtes attachée : tant que vous en jouirez, est-il en votre pouvoir de vous en défaire? la Providence ne vous a-t-elle pas rendue dépendante de la volonté d'autrui? Tant que vous les craindrez, ces biens qui vous environnent, vous n'y mettrez pas votre cœur; le Saint-Esprit ne dit pas aux riches qu'il a élevés lui-même, et qui ne se sont pas établis par leur injustice. Quittez tous vos biens; mais si vous en avez en abondance, n'y mettez pas votre cœur.

II.

Je conviens que Dieu vous appelle à vous user pour les autres; usez cependant, madame, de discrétion en discernant ce qui est nécessaire d'avec l'inutile et le superflu; Dieu vous a chargée principalement du roi, des choses qui le regardent de plus près et de sa famille royale; autant que vous le pouvez, surmontez votre tristesse, vous n'en avez aucun sujet par rapport à nous et pour ce qui regarde le reste et les affaires générales; vous n'y remédierez pas par la tristesse; au contraire, vous augmenterez le mal, parce que vous deviendrez moins utile et secourable au roi. Dissimulez-donc vos peines; ce qui est charité est, à le bien prendre, vérité; faites-lui aimer la vertu en la rendant aimable; je voudrois qu'il pût comprendre, en vous voyant, qu'il n'y a de joie et de bonheur qu'en elle.

Il n'y viendra que par la complaisance que vous aurez à lui plaire dans les choses innocentes et permises; consolez-vous de ses imperfections par les grandes perfections que Dieu lui a données; il a une grande foi, beaucoup de fermeté pour le bien qu'il connoît; il a beaucoup de conscience selon ses lumières, et un cœur fort droit avec une grande douceur et bien de la sagesse. Ces trésors viennent du ciel et doivent vous réjouir infiniment; car ce sont de grands présages de son salut éternel dans la place qu'il occupe, on ne fait pas le bien qu'on voudroit, et on y tolère des maux qu'on ne voudroit pas : d'ailleurs, Dieu laisse un contre-poids à la grandeur; le roi le sent bien, et cela le tient dans l'humilité; tout homme est imparfait en cette vie, la Religion par votre secours achèvera en lui ce qu'elle a commencé avec la grâce; mais ne croyez pas que cet ouvrage qui est un des plus difficiles dans les grands du monde, et qui trouve dans leur état des obstacles infinis, fasse le progrès sensible qu'on voit chez les carmélites et à Saint-Cyr. Soyez humble, courageuse, douce, compatissante; supportez les foiblesses qu'il faut supporter, corrigez les vices que vous pouvez et devez corriger dans les autres; ayez un grand zèle pour l'Église; ne vous découragez pas par les obstacles; aimez Dieu plus que jamais en Jésus-Christ par dessus toutes choses. Demeurez dans sa paix malgré les troubles de votre état; faites toujours du bien à tout le monde, quand vous le pouvez. Dieu vous a mis à la cour comme un spectacle d'édification, de douceur et de charité, vous ferez plus par ces vertus que les rois ne font par leur puissance et leurs armées; ce n'est qu'en aimant qu'on répand la charité dans le cœur des autres, et qu'en s'humiliant qu'on fait les grandes choses.

III.

Dieu qui vous aime vous a donné un asile de piété à Saint-Cyr, afin de pouvoir renouveler vos forces et d'être vous-même à la cour un asile pour ceux que Dieu veut que vous y sauviez. Que votre cœur s'élargisse tous les jours par la charité; revêtez-vous comme une élue de Dieu, d'entrailles de miséricorde, de bonté, de tendresse, d'humilité, de compassion, de patience. Aimez le roi d'une très-grande charité; soyez-lui soumise comme faisoit Sara, qui obéissoit à Abraham; respectez-le du fond du cœur, et ne l'appelez pas seulement votre seigneur, mais regardez-le comme tel dans l'ordre de Dieu; demandez sans relâche pour lui son salut, et la sagesse dans vous, pour qu'il sache ce qui est agréable à Dieu en tous temps, et qu'il travaille toujours avec lui; ménagez soigneusement son esprit et son amitié; mais plus encore son salut et la gloire de Dieu; déclarez-vous fortement contre la nouveauté, et achevez de voir ce qui se peut faire; nourrissez-vous du pain des élus, qui donne l'immortalité; soyez l'exemple, la joie et la couronne d'Israël, la mère des pauvres, la protectrice des gens de bien, aimez le clergé, Saint-Cyr, servez l'église, l'état, obéissez au roi.

IV.

Il est vrai, madame, que votre état est une énigme; mais c'est Dieu qui l'a fait; il est si singulier, que vous ne l'auriez pas choisi, pas même imaginé; il ne faut pas s'étonner s'il vous a caché des secrets que vous ne connoissez qu'à mesure qu'il se découvre à vous; il en cache aussi bien au public qui le surprendroient si vous le lui disiez comme à moi; c'est le mystère de Dieu : il faut l'adorer dans les voies de sanctification. Ces paroles de David me semblent vous convenir : J'ai paru comme un prodige à plusieurs, mais vous êtes mon puissant protecteur, que ma bouche soit remplie de vos louanges, afin que je chante toujours votre gloire et votre grandeur; ne me rejettez pas dans le temps de ma vieillesse, et maintenant que ma force s'est affoiblie, ne m'abandonnez pas.

Il a fallu que vous fussiez élevée, aimée, considérée, et dans un éclat apparent, afin de sanctifier ceux pour qui vous êtes; mais Dieu vous y tient dénuée en effet et abandonnée afin de vous y sanctifier vous-même. Je crois comme vous, madame, que tout ce que vous me marquez est une disposition de la Providence; c'est une grande grâce de pénétrer ce mystère de Dieu; l'éclat et l'abondance de votre état vous donneroit la mort; les privations où Dieu vous met vous donneront l'abondance et la vie; cette parole de l'Évangile est consolante : Si le grain de froment ne meurt, c'est-à-dire qu'il n'y a point d'autre moyen de le faire fructifier. Dieu conduit tous ceux qu'il aime à cet état de mort par des routes différentes : la vôtre est difficile à comprendre ; c'est Dieu qui l'a faite ; elle si rare que vous êtes peut-être aujourd'hui l'unique. Qu'une carmélite trouve dans son état cette mort sanctifiante qui produit beaucoup de fruit, cela se comprend sans peine ; qu'on rencontre cette privation, cet abandon et cette mort évangélique au comble du crédit, de l'élévation, de l'abondance et de l'empressement de la Cour, c'est le secret de Dieu.

V.

Les bonnes œuvres de votre état sont différentes de celles des autres : vous les pouvez faire étant infirme ; une parole de sagesse pour l'Église, pour l'État, pour la correction des mauvaises mœurs, des scandales, il faut le faire sagement ; mais la sagesse de l'Évangile est souvent opposée à celle du monde ; elle prend les moyens doux, humbles ; elle évite les contre-temps ; elle attend, elle patiente ; mais elle est courageuse, et tend par là efficacement à son but.

J'ai lu le détail que vous me faites de vos prières ; il n'y faut rien changer. Soyez libre comme vous me le marquez : c'est l'affection que Dieu vous demande ; votre santé, vos affaires, le secours des misérables, auxquels une partie de votre temps se trouve partagé, demande de vous une grande liberté touchant le temps, l'ordre et la manière. Ce gémissement et cette tendance à Dieu pour votre salut, pour celui du roi, pour la paix, pour les peuples, pour la pauvre noblesse, pour le progrès de Saint-Cyr est une excellente prière, et elle devient presque continuelle dans votre cœur. Vous pouvez compter un quart d'heure de lecture en la faisant avec les dames, le roi ou la princesse. Le sacrement qui donne les grâces les plus effectives de la persévérance est l'Eucharistie : conseillez au roi de s'en approcher plus souvent.

Méprisez plus que jamais la fausse prudence du siècle, qui s'appuie sur des maximes contraires à la religion; confondez-la, détruisez-la, si vous pouvez, du moins ne vous lassez pas de la combattre; ne la laissez pas dominer dans les conseils du roi : chargez-la, si vous pouvez, d'une telle honte qu'elle n'ose y paroître devant vous : c'est elle qui ruine les États et perd la religion. Dieu l'a dit : Je perdrai la sagesse des sages et la prudence des prudents : je parle de cette prudence criminelle qui combat les maximes de la religion, laquelle chez les chrétiens doit être la souveraine raison. Soutenez, consolez, sanctifiez le roi; procurez la paix, si vous pouvez; continuez à ouvrir votre main sur les pauvres; allez en confiance aux sacrements. Combattez toujours par la foi contre les nouveautés, car sans la foi, il est impossible que la religion subsiste dans l'État, et elle est le fondement de tous les autres biens.

VI.

Il faut bien, madame, que votre état soit de Dieu ; car il y a un étrange combat tous les jours à soutenir, et il vous y protége et vous fortifie visiblement par sa grâce; vous êtes au milieu d'hommes et de femmes terrestres qui ne songent qu'à la vie présente, et vous sentez votre cœur continuellement porté vers les choses du ciel jusqu'à demander souvent de mourir; vous voudriez servir l'Église et l'État, et vous trouvez des obstacles qui paroissent invincibles; vous aimez quelqu'un que vous devez aimer, il devient souvent votre plus rude croix, et vos sentiments sont tout différents ; vous êtes à la place des reines, et vous n'avez pas la liberté d'une petite bourgeoise. Je vous avouerai, madame, que vous m'êtes une preuve bien sensible de la singulière providence de Dieu sur ses serviteurs et sur les justes : dans les états les plus difficiles ; sans cette singulière providence et protection, vous succomberiez sous les traits des ennemis visibles et invisibles de votre salut. Je ne vous dis pas, madame, de ne vous point attrister, mais de ne vous pas affliger comme les personnes qui n'ont pas de confiance en Dieu, ni de soumission à ses ordres, inspirez-en une grande au roi ; obtenez de lui qu'il consulte Dieu un moment dans les affaires sur lesquelles il aura à délibérer. Il est capable de bien entendre ce que la sagesse éternelle dit d'elle-même aux Proverbes : C'est de moi que vient le conseil et l'équité ; c'est de moi que vient la prudence et la force, les rois règnent par moi, et c'est par moi que les législateurs ordonnent ce qui est juste.

Communiez extraordinairement pour lui et pour vous, offrez vous à tout, et à Dieu et à lui pour l'amour de Dieu, qui vous a choisie pour sa consolation et pour lui obéir. Conservez-vous, madame, pour Dieu, pour le roi, pour l'Église, pour Saint-Cyr et pour nous.

VII.

Communiez souvent ; ayez grande confiance au sacrement de pénitence ; et au très-saint et très-auguste sacrement et sacrifice de nos autels ; haïssez toujours le monde où vous demeurez, aimez Saint-Cyr, le roi, l'État, l'Église ; faites pour eux ce que vous pourrez ; qu'ils aient part dans vos prières, sacrifices et communions. On ne peut mal mourir ayant bien vécu ; votre mort sera précieuse devant Dieu ; il ne sauroit vous abandonner tant que vous serez fidèle. Jettez les yeux de temps en temps sur l'état de votre maison; tâchez de la sanctifier autant qu'il est possible à la cour; que votre famille soit une église semblable en sincère piété à ces églises domestiques des premiers siècles.

Soutenez toujours les bons évêques; l'église est soutenue par eux; après que vous aurez tout fait, dites : Je suis une servante inutile; je n'ai fait que ce que je devois.

VIII.

Priez pour le roi; ses dispositions doivent vous consoler et vous donner de grandes espérances; Dieu aide les princes qui se confient en lui et qui se soumettent à sa volonté. Je vous conseille toujours les fréquentes communions; je crois voir que Dieu vous y fait de grands biens; préparez-vous y toujours très-fidèlement.

IX.

J'oubliois ce que vous me marquez, que vous êtes ravie de quitter le monde; que vous ne le voyez plus qu'à Marly; et que vous le haïssez trop. Vous ne ne pouvez trop le haïr; mais vous pouvez le quitter trop; vous ne devez avoir aucune part à ses plaisirs défendus; vous devez vous séparer de ses spectacles, où il se commet tant de péchés, qui sont si capables de porter au péché; vous devez faire tous vos efforts pour vous en séparer, selon cette parole de l'Apocalypse: Fuyez de Babylone, mon peuple, de peur que vous ne participiez à sa corruption, à son péché, et à sa condamnation. Mais quand vous pourrez y faire du bien à l'Eglise, à l'État, au roi, et sans vous trop livrer, aux courtisans, principalement aux princes, ne le quittez pas, sinon pour vous soutenir en vous-même par la prière; car vous devez vous aimer avant les autres pour le salut de votre âme; votre vocation n'est pas celle d'un solitaire; c'est celle-ci: Je vous envoie comme une brebis au milieu des loups; soyez donc prudente comme le serpent et simple comme la colombe; vous êtes un instrument que Dieu a choisi pour porter sa gloire devant les rois et les princes de la terre.

Communiez jeudi, madame; et souvenez-vous que la fête de Pâques est pour vous perpétuelle; je n'ai point à vous inviter au festin de l'Agneau, qui s'est immolé pour nous faire passer de la mort à la vie; je suis persuadé que vous célébrerez toute votre vie cette fête non avec le vieux levain de la malice du péché, mais avec les azymes de la sincérité et de la vérité de l'Evangile; que vous devez pratiquer. J'ai toujours reconnu en vous un caractère de sincérité pour Dieu, qui me donne une ferme espérance que vous ne vous égarerez jamais; je vois avec joie dans votre cœur le même zèle pour l'Eglise, pour l'État, pour la paix, pour le soulagement des peuples, pour le salut du roi; votre place demande un cœur de mère plus grand que nos maux, et plus vaste que les limites du royaume.

X.

Il se pourra faire que le roi sera celui dont Dieu se servira pour vous exercer; je doute fort néanmoins que ce soit en vous attaquant directement et en vous contredisant; il est du moins à souhaiter que cela ne soit que par intervalle et sans votre faute; car il ne faut jamais que vous lui donniez un juste sujet de plainte; vous devez l'aimer, le respecter, lui obéir et le regarder comme votre seigneur et votre maître. Je parle le langage de saint Paul, que vous aimez: s'il vous exerce, il est à souhaiter que ce soit en portant avec lui les peines de la vie; je vous conseille de cacher ou retrancher certaines dévotions qui pourroient le rebuter ou le refroidir à votre égard; il n'en faut montrer que ce qui est à sa portée, et toujours avec une grande complaisance pour tout ce qu'il desire, qui n'est pas mauvais; il est bon; il lui faut faire estimer et aimer la vertu sans l'effrayer et le rebuter.

XI.

J'ai un peu pensé à certaines choses que vous m'avez marquées dans votre dernière lettre, et crois qu'il est de la gloire de Dieu de beaucoup patienter; l'on peut aisément s'avancer quand on a attendu; mais l'on ne peut pas toujours raccommoder ce que l'on a gâté en s'avançant trop; ne croyez pas sans bien délibérer le zèle qui vous porteroit à le chagriner ou à l'embarrasser inutilement. Quand il ne vous consulte pas, soyez simple comme la colombe et prudente comme le serpent: Dieu bénira cette conduite; Dieu bénira son œuvre et sanctifiera l'ouvrière par une longue patience, par la dépendance et par une confiance que nul renversement ne doit ébranler. Je crains pour vos politiques de la cour, cette parole du Saint-Esprit: Je perdrai la sagesse des sages, et je réprouverai la prudence des prudents. Apprenez à notre bon roi à ne pas faire cas de cette fausse sagesse, et à ne suivre jamais dans ses conseils la prudence réprouvée qui s'élève contre l'Évangile. Saint-Jacques dit que cette sagesse est terrestre, animale et diabolique; elle est pleine d'intérêt, de passion, de déguisement, de fausses maximes; elle n'est propre qu'à troubler le sacerdoce et l'empire, et à diviser ces deux puissances que Jésus-Christ a liées dans les empires chrétiens par un nœud indissoluble; elle forme les guerres, ravage l'Eglise, profane le sanctuaire, favorise les méchants, persécute les gens de bien; et sous prétexte de l'intérêt du prince et de l'État, elle entreprend tout, jusqu'à soumettre l'Église à ses lois, jusqu'à vouloir régler les fonctions les plus sacrées de notre saint ministère, jusqu'à craindre la houlette des pasteurs, et du premier des pasteurs; jusqu'à s'élever au dessus de la vraie sagesse, qui, seule, selon l'Écriture, fait régner les rois; ce qui attire sur les États la colère de Dieu; qui est le plus grand de tous les malheurs. C'est à vous, madame, à donner au prince de la défiance de cette fausse sagesse; vous devez demander à Dieu de vous faire discerner les conseils, et la force pour les détourner, pour les combattre; je sais que vous ne pouvez pas tout faire, et que vous ne devez pas même faire toujours ce que vous pouvez. C'est dans les grands intérêts de l'Eglise et de l'État, lorsque vous voyez clairement le bien, qu'il faut employer votre crédit et l'user même au service de Dieu, si la nécessité le demande.

XII.

Je suis charmé, madame, de la piété du roi et de celle de nos princes dans la perte douloureuse que nous avons faite; ce sont des preuves, madame, que votre travail avec la grâce de Dieu n'est pas sans fruit, et que vous avancez même plus qu'il ne paroît. C'est dans les coups imprévus de la Providence que l'on connoît mieux le fond du cœur ; hélas ! que nos prévoyances sont incertaines; nous ne savons véritablement point ce qu'il faut demander touchant les événements de cette vie, et le meilleur parti, le plus sage et le plus sûr pour nous est de charger Dieu de nos intérêts, en nous déchargeant, avec une vraie foi, de toutes nos inquiétudes, dans son sein paternel; parce que par là il est plus engagé à prendre soin de nous. Il ne faut point cesser de lui demander la paix générale, le salut du roi et de nos princes.

XIII.

Laissez, madame, tout simplement ce qui vous fatigue trop; il y en aura toujours assez, pourvu que vous remplissiez la mesure. Ne vous négligez point de manière à faire décrier vos conducteurs; donnez peu pour avoir beaucoup; vous avez à gagner une âme par des choses innocentes, par des manières faciles et par une dévotion gaie; ne lui laissez donc rien voir qui puisse l'effaroucher; souvenez-vous que, selon saint Paul, les austérités corporelles ne sont pas essentielles; mais que la piété sanctifie tout ce qui est permis et innocent; d'ailleurs, ne vous contentez pas d'être gaie et à votre aise au dedans; faites part de votre joie à ceux qui ont droit de vous en demander; faites, madame, que la piété croisse encore en vous, et aimez de tout votre cœur l'Eglise, l'État, le roi et tout le reste dans l'ordre de Dieu.

XIV.

Tenez-vous aux devoirs de votre état; pratiquez soigneusement, fréquemment et promptement toutes les bonnes œuvres, non-seulement commandées, mais encore celles que la Providence vous présentera, et que vous connoîtrez que Dieu demande de vous. Dieu vouloit avoir une âme fidèle, fervente et toute dévouée à son service auprès du roi, qui fît connoître son nom aux princes et qui procurât la gloire dans le lieu où la gloire de ce monde fait tant d'idolâtres; tenez-vous donc là, madame, par soumission; il faut demeurer en contrainte dans une chambre pour y procurer aux autres la liberté des enfants de Dieu; il faut y attendre en foi le succès de la mission; il faut que les mondains apprennent que la vertu est bonne à tout, qu'elle est un trésor de douceur, de patience, de sagesse, d'humilité, de charité; qu'elle vaut mieux que tous les trésors de la terre, parce qu'elle donne la paix et le contentement du cœur, qui vient de Dieu; il faut qu'on apprenne en vous voyant qu'il n'y a de joie et de bonheur solide qu'à servir Dieu; il faut porter le poids des affaires; il faut partager les chagrins du prince, et en les adoucissant, les rendre utiles à son salut; il faut l'amuser, le réjouir, lui complaire en tout ce qui n'est pas mal; supporter son humeur, ses infirmités, ses foiblesses avec une extrême douceur et patience dans les intentions de Dieu, pour le préserver de la compagnie des méchants, et, afin d'arriver par ces moyens à la fin principale qui est son salut, vous arriverez par là à mille autres biens que vous lui ferez faire ou qu'il vous donnera occasion de pratiquer, si vous le gagnez. Ayez courage, madame, tous les saints rois n'arrivent pas tous à la perfection de saint Louis; il y a dans la maison de notre père plusieurs demeures : autre est la clarté du soleil, autre celle de la lune, autre est celle des étoiles; nous portons la grâce dans les vases de terre; et tel est bien terrestre et bien grossier qui, sous une apparence fort méprisable, cache au dedans des grâces très-précieuses. Les princes chrétiens, qui ont dans le cœur la charité dominante, sont quelquefois assujettis encore à de grossières imperfections, leur état doit faire compassion. Quand on les voit soutenir la foi avec zèle, aimant l'Eglise, la justice, respectant les choses de la religion, s'approchant avec humilité et préparation des sacrements, craignant le péché, au moins ceux qui séparent de Dieu, aimant les gens de bien, être en garde contre les méchants, il faut respecter ce fond de grâce, et bénir Dieu des efforts qu'ils font pour conserver ces dispositions; ils marchent dans un chemin glissant sur le bord d'un affreux précipice. Heureuses celles qui leur prêtent la main et qui font auprès d'eux la fonction des anges que Dieu envoie pour le salut des hommes.

Dieu ne veut peut-être pas que vous voyez clairement le progrès de votre mission; faites, madame, comme ceux qui naviguent en pleine mer; ils s'avancent tant qu'ils peuvent, quand les vents sont favorables : ils vont à la bouline, quand ils sont un peu contraires; et tâchent surtout d'éviter les écueils dans les grands orages, étudient plus soigneusement et plus souvent leur boussole.

XV.

Vous m'avez demandé si vous devez faire à Choisy les communions qu'on vous a permis; craignant qu'il n'y parût de l'affectation, faites-le; vous avez besoin de nourriture, et vous n'êtes pas hypocrite : il ne faut pas que nous cessions d'être bons, parce que le monde est mauvais; il sera fâché de votre régularité; ce n'est pas à lui que vous voulez plaire; le roi n'en est pas blessé, cela vous suffit; ne vous relâchez jamais, le bien que Dieu demande de certaines âmes très-saintes, mais retirées en solitude ou en religion, c'est une prière et une mortification continuelles; il demande de vous une moindre mesure de prières et de mortification corporelles, et en même temps il a attaché votre sanctification à une infinité de bonnes œuvres et de grandes œuvres que vous seule pouvez faire, qui demandent une grande pureté d'intention, un grand courage, une grande patience, une grande confiance en Dieu; enfin, un grand amas de vertus, et une reconnaissance vive de la bonté de Dieu de vous avoir fait digne d'un tel ministère. Quelle marque de confiance et de prédilection! Dieu met entre vos mains les intérêts de l'Église, de l'État, le salut d'un grand roi qui tient à tout celui des princes qui doivent régner après lui, et à une infinité d'autres œuvres importantes ; il ne vous traite pas seulement comme sa servante, mais comme son amie, sa confidente et son épouse, puisqu'il vous confie les choses les plus précieuses de son royaume.

XVI.

Tenez-vous, madame, sous le joug de l'obéissance, vous la devez au roi, vous la devez aux ministres de Jésus-Christ, auxquels la Providence vous a soumise pour le salut et la garde de votre âme ; soyez-leur soumise, au premier, comme à votre maître et à votre chef ; aux seconds, comme à vos guides, et aux envoyés de Dieu, qui tiennent sa place pour vous conduire au chemin du salut. Travaillez à la vigne qui vous a été confiée ; donnez-vous tout de nouveau aux peines, aux fatigues, aux embarras de votre état.

Non-seulement votre âme est votre vigne, mais le roi est votre vigne ; la paix de l'État est votre vigne, l'intérêt de l'Église est votre vigne, la princesse est votre vigne, Saint-Cyr est votre vigne, allez donc à votre vigne ; portez le poids du jour et de la chaleur, le maître de la vigne vous promet une grande récompense : ô que la place que vous occupez en le royaume de Dieu est grande ! qu'il vous est aisé de vous avancer, si vous le voulez ! que vous êtes un grand spectacle aux anges et aux hommes ! qu'il vous est facile de vous enrichir selon la grâce, si vous êtes humble, patiente, courageuse, zélée, fervente en tout, douce, charitable, prudente, fidèle à Dieu dans les bonnes œuvres de votre état, invincible aux rebuts, difficultés et contradictions que vous y trouverez ; si vous, qui commandez aux autres, vous êtes ravie d'obéir selon Dieu ; si enfin, au milieu des biens et de la prospérité mondaine, vous brûlez du desir des biens éternels et vivez dans l'attente continuelle de l'avénement de Jésus-Christ. Avec de telles dispositions à tant de bonnes œuvres, communiez, madame, communiez souvent; communiez avec une pleine confiance, faites dans la communion vos provisions de force, et des vertus que vous prévoyez être les plus nécessaires ; que l'autel et la table de Jésus-Christ soient votre asile contre la dissipation du siècle; ayez grande confiance; marchez dans une sainte liberté et dans la joie du Saint-Esprit; répandez-la sur le roi, car il a besoin de goûter la douceur et la liberté de la bonne conscience ; il regarde encore trop la vertu et la perfection de son état, par ce qu'il y a d'austère et de rebutant à la nature. Quand il verra dans la personne qu'il aime et estime davantage une joie et une liberté d'esprit continuelle, dans une continuelle innocence et dans un amour ardent des bonnes œuvres, Dieu lui fera la grâce d'aspirer au même bonheur; la femme fidèle sanctifie l'homme infidèle, dit saint Paul; combien plus l'homme chrétien. Courage donc, madame; allez toujours votre chemin. Dieu a des moments; le cœur des princes est entre ses mains; quand il commence à les renouveler, on doit tout attendre en son temps; il achève à la fin son ouvrage. Quelle joie pour vous de voir un jour le roi comblé de bonnes œuvres partager avec vous dans le ciel la même gloire.

XVII.

Plus je vous approfondis, madame, dans l'état présent des affaires du roi, plus j'admire les voies de Dieu sur vous; il élève les uns pour les perdre, à cause des maux infinis qu'ils font dans les grandes places où ils ne devroient faire que du bien ; il vous a élevée pour vous sanctifier par la voie de la souffrance et de la croix, et par l'abondance des bonnes œuvres dans le lieu des plaisirs. Que feroit le roi, s'il étoit livré à une personne flatteuse et mondaine ; tant que le mépris de ses défauts sera joint à l'amour tendre que vous avez pour lui, et à la compassion qui vous fait partager avec tant de charité, aux dépens de votre repos et de votre santé, les malheurs, les douleurs, et son accablement, il n'y a rien à craindre pour vous; Dieu a formé le lien qui vous unit, soyez seulement attentive à ne vous pas rebuter : il a besoin de vous, et nous avons grand besoin de lui.

XVIII.

Tout ce que je vois aujourd'hui en vous me démontre la main invisible du Tout-Puissant qui vous conduit. Pourquoi vous à la cour, au faîte des grandeurs, pourquoi tant de dégoût au monde et tant de goût pour Dieu ? pourquoi tant de desirs d'une vie parfaitement chrétienne ? pourquoi le prince amusé innocemment et comme lié par la main de Dieu? C'est qu'il le veut hors des piéges du diable; il veut le déprendre, et ensuite le sanctifier ; il le lie et il vous lie, car c'est par vous qu'il veut le sanctifier ; s'il vous échappoit et si vous lui échappiez, son dessein ne s'accompliroit pas ; c'est beaucoup que les liens de l'iniquité soient rompus et qu'il soit délivré; votre chambre est son azile: Dieu l'y conduit hors des piéges du siècle; sans cela, hélas ! où peut-être ne seroit-il pas pris, puisque tout est rempli de piéges : c'est beaucoup qu'il s'accoutume à ne plus donner les jours de la vie à la malignité du siècle ; c'est déjà les rejetter, dans un sens, et l'on peut espérer qu'il sera conduit jusqu'à les remplir de bonnes œuvres.

XIX.

Donnez pour remède à la tristesse du roi une sainte

joie ; qu'il apprenne en vous voyant combien il est doux d'aimer et de servir Dieu, en ne s'appuyant point sur les plaisirs du monde, qui accablent quand ils quittent, et ne remplissent point quand on en jouit ; vous êtes son asile, souvenez-vous-en : votre chambre est l'église domestique où Dieu le retire pour le soutenir et le sanctifier sans qu'il s'en aperçoive ; les anges tutélaires du royaume et le sien avec le vôtre, et le Dieu des anges, y est pour vous y soutenir et sanctifier ensemble ; tolérez ses foiblesses; il sera porté à aimer celui qui lui donne un tel soutien, et qui vous aura inspiré une si grande charité. Votre place, madame, est une place de croix et de patience. Le monde a attendu le Sauveur pendant quatre mille ans; le salut et la perfection des particuliers doivent être opérés avec une attente persévérante ; vous recueillerez avec joie ce que vous semez avec tristesse. Sainte Monique pleura longtemps les égarements de saint Augustin, dont elle obtint enfin la conversion ; il a fait la joie et la gloire de l'Église par la sainteté éminente de sa vie et la perfection de sa charité ; je ne puis croire, madame, qu'un homme de tant de prières, à qui Dieu a donné une amie si fidèle et si chrétienne, comme par un miracle, ne devienne à la fin un homme nouveau, tel que vous ne le reconnoîtrez plus; ne vous découragez donc pas, madame; travaillez en paix avec circonspection, mais sans relâche, à cette excellente œuvre que Dieu vous a confiée.

Mais, pour reprendre nos Mémoires, je dis que le roi devint dévôt en même temps que madame de Maintenon fut tout à fait en faveur. Une dame, amie de madame de Maintenon, lui dit dans ce temps-là : Le bruit court, madame, que le roi quitte les femmes, et que c'est à vous qu'il le doit. Plût à Dieu, dit-elle, que cela fût, et mourir maintenant.

Elle dit un jour, en parlant d'une personne qui avoit été confidente des secrets du roi et de madame de Montespan, qu'elle n'y avoit jamais entré ; ce qui fait voir l'injustice de ceux qui ont dit le contraire. Et c'étoit en parlant là dessus qu'elle ajouta : Il est désagréable de vivre avec des gens de qui l'on n'est point connu, qui n'ont point été témoins de la vie qu'on a menée, de la conduite qu'on a tenue dans tous les temps de sa vie, en un mot, qui sont d'un autre siècle que nous ; et voilà ce que je gagne à vivre si longtemps.

Mademoiselle d'Aumale lui dit un jour, après la mort du roi : Madame, voilà un livre que je destine pour écrire votre vie parce qu'on la fera un jour ; et comme on ne l'écrira pas selon la vérité, vous devriez, madame, l'écrire vous-même. Ma vie est l'ouvrage de Dieu, répondit-elle ; si j'ai fait quelque bien, c'est par lui ; j'aurois bien voulu le faire glorifier en faisant connoître tout ce qu'il a fait pour moi ; mais on ne peut pas tout dire ; ma vie seroit trop ennuyante, elle ne pourroit faire plaisir qu'à ceux qui aiment Dieu et qui veulent le louer, car elle n'est remplie que des effets de sa providence ; il n'y a ni intrigue, ni événements, ni intérêt ; quel plaisir trouverait-on à lire que, dans la faveur, je n'ai jamais songé à moi ; que je n'y étois que pour les autres ; que je songeois à tout mettre dans la paix ; que je donnois un conseil contre mon âme quand c'étoit la gloire de Dieu ; que je faisois donner une grâce à mon ennemi, parce que c'étoit le mieux : tout cela n'est pas réjouissant pour ceux qui cherchent une agréable lecture. Ma vie a été un miracle : quand je pense que je suis née impatiente et que le roi ne s'en est jamais aperçu, quoique, souvent, je me sentisse à bout et prête à tout quitter ; que je suis née franche, et qu'il me falloit toujours dissimuler. Dans les premières années de ma faveur, quelquefois je me fâchois quand le roi ne m'accordoit pas ce que je demandois pour mes parents ou mes amis; mais je rends grâce à Dieu de ce qu'après cela j'ai été vingt-six ans sans dire un mot qui marquât le moindre chagrin : il n'y a que Dieu qui sache ce que j'ai souffert. Souvent, dans ce temps-là, le roi entroit dans ma chambre : il n'y paroissoit pas; j'étois de bonne humeur; je ne songeois qu'à l'amuser, qu'à le retirer des femmes : ce que je n'aurois pas fait s'il ne m'avoit trouvée complaisante et toujours égale; il auroit été chercher son plaisir ailleurs, s'il ne l'avoit trouvé avec moi. Je pensois que Dieu ne m'avoit pas mise où j'étois pour le faire souffrir, mais pour tâcher de le sanctifier; voilà ce qui me fit prendre la résolution de ne plus paroître fâchée quand il me refuseroit quelque chose; si je l'eusse paru un peu, il m'auroit tout accordé; mais ce n'est pas là pour quoi Dieu m'avoit élevée. Voyez, mademoiselle, si tout cela est agréable à lire; il n'y a que les saints qui puissent y prendre plaisir; je n'écrirai point ma vie, car il faudroit ne rien taire des œuvres de Dieu, et encore une fois, je ne veux pas tout dire.

On plaisantoit un jour madame de Maintenon sur ce que la coutume à Saint-Cyr est de ne donner à manger à personne, et que M. le comte d'Aubigné, son frère, ayant un jour amené le père Bourdaloue pour prêcher lui avoit dit : Au moins, mon père, dînez bien, car Saint-Cyr est la maison de Dieu; on n'y boit ni on n'y mange. Il est vrai, dit madame de Maintenon, que nous sommes sur ce pied-là; mais on ne peut faire toute sorte de bien, ajouta-t-elle en riant, notre fort est l'instruction, et notre foible, l'hospitalité.

Voici deux traits qui marquent le soin qu'elle avoit qu'on ne dît rien dans cette maison qui pût leur donner de la vanité et amour-propre. Madame d'Heudicourt étant venue à Saint-Cyr avec elle, elle vit une dame de Saint-

Louis, à qui elle ne put s'empêcher de dire ; qu'elle étoit belle : madame de Maintenon fut cinq ou six ans sans l'y ramener, quoiqu'elle fût son amie, et qu'elle aimât à aller avec elle. Madame d'Heudicourt y étant retournée après ce temps, elle lui dit : Madame, n'ayez point peur que je trouve vos dames belles ; il y a six ans que je fais pénitence de l'avoir dit.

Une fois, elle mit une de ses coiffures à madame de Fontaine, ancienne supérieure de la maison : je la trouvai si belle, dit-elle, qu'à peine eus-je le temps de la voir ; je la lui ôtai bien vite pour éviter la vanité.

M. Dodart, médecin de Saint-Cyr, lui proposa un jour de faire lire aux dames de Saint-Louis les ouvrages de MM. de Port-Royal, disant : Ils sont bien écrits ; cela les divertira ; la plupart sont malades de trop d'application. — Ah ! monsieur, répondit-elle vivement, j'aime mieux qu'elles meurent. Elle porta un jour les preuves à Saint-Cyr, telles qu'on les avoit dressées, lorsque M. d'Aubigné fut fait chevalier de l'ordre ; elle les jeta sur la table comme chose dont elle faisoit peu de cas, disant : Voilà un assez mauvais présent que je vous fais ; j'aimerois mieux des pistoles, car je les pourrois donner, et ceci n'est bon à rien. Elle ne voulut point d'abord prendre à Saint-Cyr la qualité d'institutrice, parce qu'elle en voyoit la signification au dessus de ce qui lui étoit dû ; mais quand elle eût appris que cela vouloit dire avoir donné commencement à la maison : Je pris patience, dit-elle, et je me le laissai donner tant qu'on voulut.

Presque toutes les fois qu'elle venoit à Saint-Cyr, elle alloit aux classes, où elle faisoit des instructions merveilleuses sur toute sorte de sujets ; on les y a toutes recueillies avec soin ; elle les commençoit toujours par un *Veni sancte* : elles sont très-agréables et utiles pour des jeunes personnes; toutes remplies de jolis traits, qu'elle cite pour leur instruction.

Elle a fait aussi des maximes pour elles, courtes et pleines d'instruction. Elle mandoit un jour aux dames de Saint-Louis : Quand me verrai-je à cette grande table, environnée de toutes mes filles, où je me trouve plus à mon aise et avec plus de plaisir que dans le banquet royal.

De tous les vers qu'on a faits à sa louange, elle n'a été touchée que des dernières lignes de ce quatrain :

> Elle voit les honneurs avec indifférence,
> Son cœur de vains desirs n'est jamais combattu;
> Même sa maison de plaisance
> Est une école de vertu.

Elle a dit plusieurs fois : Je voudrois n'être servie que par mes enfants (c'étoit des demoiselles de Saint-Cyr dont elle parloit); mais je ne puis me résoudre à me faire servir par des demoiselles. Elle a toujours voulu avoir avec elle une demoiselle de Saint-Cyr, non pas pour la servir, mais après l'avoir gardée quatre ou cinq ans, elle la marioit avantageusement: elle vouloit qu'on lui donnât celles qui se distinguoient davantage, et dont les maîtresses avoient toujours été contentes.

M. Regnier Desmarets, âgé de quatre-vingts ans, secrétaire perpétuel de l'Académie Française, a composé l'histoire du roi Louis XIV, en vers, et l'a présentée à Sa Majesté, dont elle fut fort contente. Il dépeint Saint-Cyr si agréablement, que je vais extraire cet endroit de l'histoire de Louis XIV.

> Sous des toits chancelants mille nobles familles
> Avec peine élevoient d'aimables jeunes filles.

Et dans ce triste état, voyoient avec douleur,
Du sang de leurs aïeux la honte et le malheur.
Toi, de leur mauvais sort réparant la disgrâce,
Dans le superbe enclos où ta bonté les place ;
Sous de sages regards, loin des yeux des humains
Tu les fais élever par de savantes mains.
Là, chaque jour s'exerce à quelque tâche aisée
La belle et jeune troupe en classes divisée,
On prend soin de former les cœurs et les esprits,
Et pour chaque leçon on propose des prix.
Tel que dans les beaux jours de la saison charmante,
Où la terre est de fleurs parfumée et brillante,
On voit un jeune essaim travailler sur les fleurs,
Que la naissante aurore émaille de ses pleurs ;
Telle voit-on la troupe à l'ouvrage invitée
Et par l'espoir du prix vivement excitée.
Chacune pour l'avoir se surpasse à l'envi,
Tremble que par une autre il ne lui soit ravi,
Et du nom révéré de celle qui le donne
De l'un à l'autre bout tout le salon résonne,
Une honnête rougeur qui se mêle à leurs lis
Rend d'un nouvel éclat tous les teints embellis.
Quand l'âge, dont la fleur est si belle et si chère,
Mais qui vient et qui fuit d'une aile si légère,
Leur fait voir quel parti chacune doit choisir,
Et qu'à son gré chacune a fixé son desir,
Alors soit que son choix aux autels la destine,
Soit qu'au joug de l'hymen un doux penchant l'incline,
On lui fait embrasser l'état qu'elle choisit
Et de sa place vide une autre se saisit.
Celle qui t'inspira de si célestes vues,
Du ciel uniquement doit les avoir reçues :
Ses nobles sentiments et ses soins glorieux,
Font bien voir que sa vie est toute dans les cieux.

Elle a toujours aimé les enfants ; elle en a eu presque toujours avec elle. M. le marquis de Villette lui offroit un jour de lui donner des oiseaux rares : je n'aime aucune bête, lui manda-t-elle ; mais j'aime fort les enfants. Sur cela il lui donna un petit maure, qu'elle fit élever et instruire, et elle le mit ensuite dans les troupes, où il mourut en se souvenant d'elle, et la faisant encore remercier de sa conversion. Ce petit maure, nommé Angola, avoit tant de croyance dans tout ce qu'elle disoit, car il avoit remarqué que jamais elle ne trompoit, pas même les enfants, qu'un jour, qu'elle répondit une badinerie à quelque chose qu'il lui demandoit, il en fut surpris, et dit: Si toi dis sottises, toi passeras pour sotte. Elle mit une jeune Irlandoise en pension dans l'abbaye des Bénédictines de Saint-Cyr; elle la fit élever et instruire: cette demoiselle depuis est retournée en Irlande, où elle a été mariée fort richement; elle le fit savoir à madame de Maintenon, en lui faisant mille remerciements, et lui disant qu'elle lui devoit son bonheur et son instruction. Elle fit une femme carmélite, qui étoit restée sans enfants et qui avoit mené une vie très-libertine; elle disoit: Je mourrai contente si je puis voir finir cette affaire. Elle l'a vue: cette femme fit profession aux Carmélites de Blois avec une grande édification, et madame de Maintenon l'apprit avec une joie extrêmement sensible; cette femme avoit été élevée à Saint-Cyr.

Sa vie est pleine de traits pareils: combien de filles a-t-elle retirées du désordre; combien en a-t-elle fait religieuses. Cela seroit trop long si on vouloit tout dire, outre qu'on n'a pas toujours surtout ce qu'elle faisoit de bonnes œuvres, parce qu'elle cachoit tout ce qu'elle faisoit.

On pourroit faire un grand article de la confiance que tout le monde avoit en elle, et combien on y avoit recours dans tout ce qu'on demandoit ou qu'on vouloit dire au roi, à commencer par tous nos princes et princesses, par le roi et la reine d'Angleterre, par le roi et la reine d'Espagne et presque tous les princes de l'Europe qui lui ont donné des marques d'une estime particulière; des régiments tout entiers, des villes, et même des provinces et des républiques lui écrivoient, dans des temps de calamité, peste ou autres rencontres où l'on avoit besoin d'elle. Les parlements, le sénat de Chambéry et bien d'autres compagnies des plus respectables s'adressoient à elle dans ce qui devoit aller au roi ; et tous les grands du royaume, Cardinaux, Évêques, etc. ; on sait qu'ils ne prenoient point d'autre route. Elle a reçu beaucoup de brefs des Papes, elle donnoit toutes ces lettres à Saint-Cyr, disant : Les autres mettroient tous ces titres dans leurs familles ; mais moi je mets tout à Saint-Cyr comme étant ma famille.

Elle se mit un jour à brûler tout ce qu'elle ne vouloit pas laisser après elle, quantité de lettres du roi pendant le siége de Mons, etc., en disant : Laissons de nous le moins que nous pourrons, et quand tout fut brûlé elle dit : Me voilà hors d'état de prouver que j'ai été bien avec le roi et qu'il me fait l'honneur de m'écrire. Mademoiselle d'Aumale, à qui cela fit de la peine, en sauva quelques-unes et nous en avons aussi sauvé d'autres. On a fait un recueil de toutes ces lettres.

Comme tous les malheureux s'adressoient à elle, les galériens y avoient aussi recours : il y en eut un qui joignit à son placet le plan du château de Maintenon ; il mit une galère sur la rivière d'Eure, qui y passe, et s'y plaça lui-même dans son triste état, joignant les mains, étant à genoux devant le roi et madame de Maintenon, qui se promenoient sur le bord de la rivière : ce mot sortoit de sa bouche : *Grâce.* Il l'obtint : le roi ayant trouvé son idée fort jolie et son crime des moins grands, n'étant que déserteur.

Elle ne vouloit point se servir de son pouvoir pour faire décharger les terres de tailles ; elle écrivoit une fois à un intendant pour le prier d'avoir égard à une de ses paroisses, sans que cela lui en fît surcharger d'autres; un de ses receveurs, à qui elle envoya cette lettre pour la rendre à l'intendant, et qui la lut, lui manda que, pour une dame d'esprit, elle ne savoit guère bien écrire, et qu'elle gâtoit ses affaires par sa discrétion; elle en rit beaucoup, et dit: Mon receveur me trouve peu d'esprit.

Elle ne vouloit point que ses gens demandassent rien au roi, afin qu'il pût être à son aise dans son appartement.

Elle ne pouvoit souffrir qu'on se moquât du prochain ni qu'on en parlât mal. Elle a dit bien des fois à mademoiselle d'Aumale: Je me refuse la consolation de vous parler de certaines choses qui me mettroient pourtant à mon aise; mais la charité m'en empêche. D'autres fois elle lui disoit, étant tentée de lui parler: Retirez-vous, car je crains de succomber à la tentation de vous parler, et je manquerois à la charité. Elle dit un jour, sans se nommer, qu'une femme passoit les jours avec un homme sans savoir comment il étoit mis; c'étoit à elle que le roi demandoit quelquefois: Que dites-vous de mon habit neuf? Ah, disoit-elle en le regardant, il est très-beau, sire, je n'y avois pas bien regardé. M. et madame de Monchevreuil ont été ses amis très-particuliers, même avant sa faveur. Madame de Monchevreuil, voyant les empressements de tous les courtisans depuis sa grande faveur, lui dit: Pour moi, madame, je n'ai point augmenté mon respect.

M. de Barillon avoit toujours passé hautement pour aimer madame de Maintenon avant sa faveur; et la voyant depuis, un jour qu'elle passoit dans la galerie de Versailles, suivie de bien des courtisans, il la montroit disant: J'avois grand tort.

SUR LES PAUVRES.

Toutes les fois qu'elle faisoit un voyage à Fontainebleau ou ailleurs, elle faisoit mettre de la monnaie dans son carrosse, pour distribuer dans le chemin.

Le roi avoit accoutumé, quand il alloit à Fontainebleau, de prendre environ une centaine de louis pour distribuer dans le chemin, et quand il étoit arrivé, madame de Maintenon avoit grand soin de lui demander ce qu'il avoit de reste; elle le montroit avec joie disant : J'ai encore cela pour donner aux pauvres; elle faisoit la même chose quand le roi avoit de l'argent de reste de celui qu'il avoit destiné pour le temps qu'il seroit à Fontainebleau.

Dans l'année 1694, elle vendit un attelage de chevaux et une bague pour les pauvres; et cette année-là, qui étoit une année de stérilité et de famine, elle se priva d'habits et autres choses nécessaires pour pouvoir donner davantage. Elle redoubla ses aumônes en 1709, qui étoit aussi une année de stérilité; elle faisoit distribuer du pain, du potage, des couvertures et des hardes; souvent elle alloit elle-même faire les distributions.

Son carrosse pensa verser un jour qu'elle alloit dans de mauvais chemins pour visiter des pauvres; et ce qui l'inquiéta dans ce moment, fut que si cet accident étoit arrivé, on auroit bien vu que c'est qu'elle alloit faire l'aumône. Elle se cachoit le plus qu'elle pouvoit; quelquefois elle en faisoit faire par des personnes de confiance, et leur recommandoit un grand secret, pour ne pas dire que c'étoit elle; ajoutant : Je suis bien malheureuse, le peu de bien que je fais, est su de tout le monde.

Ses aumônes alloient tous les ans à environ 59 ou 60

mille livres; elle n'a jamais songé à rien amasser; elle se reprochoit toutes les dépenses qu'elle faisoit pour elle, et attendoit à l'extrémité pour se donner un habit, disant: J'ôte cela aux pauvres.

Cette même année de 1709, elle prit un soin particulier de seize pauvres familles de Versailles: elle alloit les voir, et quand ils étoient malades, leur portoit tout ce qui leur étoit nécessaire, des remèdes, hardes, etc., et les recommandoit à M. le curé. Elle disoit toujours après les visites: Que j'ai eu de plaisir! je n'en trouve pas tant même naturellement au milieu des grandeurs de la cour. On l'a vue pleurer plusieurs fois sur la misère des pauvres, surtout pour la noblesse, et elle disoit: La noblesse devroit bien m'aimer, car je l'aime bien, et je souffre extrêmement de la voir réduite où elle est.

Elle a établi des charités et des écoles en bien des paroisses. Elle commença celle d'Avon par la faire approuver à M. le curé; c'est un village près Fontainebleau; ensuite elle fit faire l'élection d'une supérieure de la charité, d'une trésorière des pauvres et d'une garde-meuble; ces officières se prirent dans les femmes les plus raisonnables du village; elle en avoit fait autant dans celui de Saint-Cyr, dont elle se fit la trésorière; elle l'étoit aussi de la charité de Versailles; elle aimoit mieux cette qualité que celle de supérieure, parce qu'elle avoit plus de moyen d'exercer l'envie qu'elle avoit de donner.

Pour commencer la charité d'Avon, elle donna un petit fonds à M. le curé et à la garde-meuble, des matelas, couvertures, draps, layettes, robes d'enfants, etc.; elle en fit autant à Saint-Cyr.

Tout le temps que la cour fut à Fontainebleau, elle alloit très-souvent à Avon; et, quand elle ne pouvoit y aller, elle y envoyoit quelqu'un de confiance pour voir ses pauvres et lui en dire des nouvelles. Ayant su dans un de ses voyages de Fontainebleau que M. l'archevêque de Sens devoit venir confirmer, elle s'appliqua à instruire les enfants pour qu'ils fussent en état d'être confirmés ; et, par ses soins, il y en eut plus de soixante qui le furent, car elle avoit établi une école pour les garçons et une pour les filles ; quand elle pouvoit dérober une matinée, elle alloit elle-même les instruire, et y demeuroit ordinairement deux heures de suite sans se lasser. Quand elle sortoit, elle disoit : Que les œuvres de Dieu sont délicieuses ; il me semble qu'il n'y a qu'un moment que je suis là.

Elle apprit elle-même au maître et à la maîtresse d'école qu'elle avoit établis comment il falloit qu'ils fissent le catéchisme. Pour encourager les paysannes à bien répondre, elle donnoit de l'argent à celles qui apprenoient le mieux ; elle en choisit six des plus habiles qu'elle nommoit ses filles ; elle en prit un soin encore plus particulier, et après les avoir bien instruites, elle les envoyoit instruire les autres. En l'année 1708, que la campagne de Flandre fut si malheureuse, après avoir été plusieurs jours dans une grande tristesse, on lui conseilla de chercher à se dissiper ; elle ne trouva rien de mieux que d'aller à Avon faire le catéchisme et voir les pauvres : son visage devenoit parmi eux d'une gaîté admirable qui changeoit en rentrant à la cour. Elle ne vouloit pas qu'on grondât les écoliers et écolières s'ils n'apprenoient pas bien, disant que ces gens-là n'avoient pas beaucoup de facilité, et que c'étoit une injustice de leur demander autant qu'à d'autres. Elle leur montroit avec une patience au delà ce qu'on pourroit dire, et jamais elle n'en a grondé ni rebuté aucun.

Elle vouloit que toutes ses aumônes passassent par le curé, afin de soutenir son autorité ; elle observoit cela dans toutes les paroisses.

Elle se laissoit entourer quand elle faisoit le catéchisme de tous les enfants qui étoient fort dégoûtants et demi-nus, étant pleins de poux : souvent elle a été obligée de changer d'habits en sortant d'avec eux.

Elle choisit dans l'école des garçons, comme elle avoit fait dans celle des filles, six des plus avancés pour les instruire, afin qu'ils pussent aider au maître d'école : elle fit habiller les garçons et les filles de ces écoles pour l'hiver.

Elle nous parloit de ces écoles avec un grand plaisir : quelques-unes de nous lui demandèrent si elle n'y avoit mené personne avec elle pour leur donner envie de faire de même : Oui, dit-elle ; mais elles le font peut-être mieux que moi ; au moins tout le monde ne le sait pas, et moi, j'ai le malheur de ne pouvoir me cacher.

Elle a quelquefois donné à manger dans sa maison de la ville aux principales femmes d'Avon qui l'avoient priée de leur faire faire un jour bonne chère.

Elle alla un jour se promener en carrosse aux environs d'Avon, et s'arrêta dans une maison de M. le comte de Toulouse ; elle ne voulut pas se promener à pied, disant : Il faut que je garde mes forces pour voir nos pauvres.

Dans les temps d'affliction, elle n'oublia jamais de faire ses bonnes œuvres ordinaires et disoit : Quoique nous soyons affligés, il ne faut pas oublier nos pauvres, donnons le plus que nous pouvons.

Elle étoit obligée de jouer à cause de madame la duchesse de Bourgogne et du monde qui venoit chez elle, outre qu'elle étoit fort aise d'éviter des conversations, où l'on ne manquoit guère de faire des fautes contre la charité. Cependant elle ne laissoit pas d'avoir scrupule de ce jeu, quand elle perdoit, disant : Mon Dieu ! j'aurois donné cette somme aux pauvres. Ces pertes n'alloient pas à quatre ou cinq cents francs par an ; elle regagnoit même ; et dès qu'elle avoit gagné, elle regardoit cet argent comme aux pauvres, et se faisoit un plaisir d'entretenir quelqu'un de son gain.

Elle disoit qu'elle se reprochoit tout ce qu'elle faisoit faire pour elle, pendant que tant de gens manquoient du nécessaire; elle étoit fâchée des voyages de Marly, parce qu'elle n'y pouvoit faire aucune bonne œuvre; ni venir à Saint-Cyr autant qu'elle vouloit. Je n'aime point, disoit-elle, les lieux où je ne puis pas répandre d'argent.

L'assemblée de la charité de Versailles, se faisoit toujours devant elle; et, sur la fin ne pouvant plus aller à la paroisse où on la tenoit, on la fit dans la chambre: toutes les dames y mettoient ordinairement un louis ou deux, et madame de Maintenon pour faire comme les autres en mettoit aussi deux ou trois; mais quand l'assemblée étoit finie, elle donnoit davantage. Quelquefois elle étoit très-malade; mais elle n'auroit jamais voulu la remettre à un autre jour, crainte que les pauvres n'y perdissent. On la nommoit communément à Versailles la mère des pauvres. Elle avoit une troupe de noblesse à Versailles qu'elle appeloit les dames du palais; elle prenoit soin de leurs maris, de leurs enfants, et leur donnoit mille secours, les amenoit l'une après l'autre avec elle à Saint-Cyr pour qu'elles passassent quelques journées agréables et qu'elles fussent bien nourries; il y en avoit qu'elle alloit voir sans qu'on sût que c'étoit elle; cela la ravissoit; elle chargea mademoiselle d'Aumale de les faire manger chez elle de temps en temps, de les aller voir, de les consoler, etc. Cette demoiselle eut un jour le plaisir de la voir entrer chez une veuve dont le mari avoit été major de place. Cette femme ne sachant pas que ce fût madame de Maintenon, quand elle la vit entrer, elle se leva un instant seulement, se rassit les jambes croisées et lui contoit ses malheurs même avec peine, tant elle étoit accablée de tristesse, ayant beaucoup d'enfants. Mademoiselle d'Aumale, voyant qu'elle ne connoissoit pas madame de Maintenon, lui dit : N'avez vous pas été chercher quelque secours auprès de madame de Maintenon? Oui, répondit-elle, un valet de chambre m'a fait espérer qu'il lui donneroit mon placet; on dit que c'est une dame charitable; mais je suis trop incommodée pour l'aller voir, j'ai l'estomac rétréci de ne pas manger. Madame de Maintenon sortit sans se faire connoître, lui donna de grands secours outre ce qu'elle lui donna dans la suite tous les mois; elle la fit aussi assister considérablement par madame la duchesse de Bourgogne. Cette pauvre veuve fut bien étonnée quand on lui dit que c'étoit madame de Maintenon qui avoit été chez elle.

Les détails dans lesquels elle entroit pour soulager les pauvres seroient trop longs à écrire; elle alloit chez eux visiter jusqu'à leurs hardes pour leur donner celles qui leur manquoient, leur portoit du pain, de la viande, du sel, des couvertures, draps etc.; donnoit de l'argent à ceux qui n'avoient pas besoin de ces choses; elle portoit aussi du vin, du sucre aux malades, etc. Elle a toujours eu un grand goût pour faire apprendre des métiers aux pauvres gens qui pouvoient travailler, et à plutôt assister ceux qui cherchoient à s'occuper que les fainéants.

Dans une distribution qu'elle fit de pain et d'argent, où elle fut près de deux heures, allant dans toutes les maisons des pauvres, l'heure de s'en retourner étant venue, elle dit: Le temps m'a passé bien vite, il me semble qu'il n'y a qu'une demi-heure que je suis ici : j'en ai eu un grand plaisir.

Elle a toujours eu une grande compassion des enfants et des vieillards; elle les a toujours assistés; quelquefois elle cherchoit elle-même des nourrices pour les pauvres enfants et les récompensoit quand elles les lui reportoient en bonne santé.

Quelquefois, sur le chemin de Saint-Cyr, elle trouvoit de pauvres femmes qui avoient l'air de se trouver mal, elle les mettoit dans son carrosse, les faisoit manger en arrivant et les renvoyoit avec de l'argent.

Ayant été voir plusieurs pauvres femmes à qui elle donna de l'argent pour avoir du blé, elle dit : Il faut que Dieu soit bien bon de nous récompenser des charités que nous faisons, car pour moi, je suis si aise et j'ai tant de plaisir, que je ne devrois pas avoir d'autres récompenses.

Une femme qu'elle assistoit, étant fort importune et toujours mécontente, ne trouvant pas que madame de Maintenon lui donnoit assez : Elle aura beau m'injurier, dit-elle, je lui ferai toujours du bien ; car c'est pour Dieu et non pas pour l'amour d'elle. Elle a souvent mené avec elle madame de Dangeau quand elle alloit faire le catéchisme, disant : Peut-être que Dieu veut se servir de moi pour lui inspirer de faire de même dans ses terres.

Elle donna un louis et demi à une pauvre fille, qui lui dit : Mais, madame, si les gens que je sers voient cela, ils ne me donneront rien. Madame lui répondit : Il ne faut pas mentir ; je vous donne encore une pièce de seize sous ; montrez-la, et dites que je viens de vous la donner ; ils ne penseront pas que je vous aie donné autre chose.

Elle fit apprendre à mademoiselle d'Aumale à jouer du clavecin, et voyant que l'argent devenoit rare, et que les pauvres augmentoient, elle lui dit : Il faut finir ; j'ai scrupule de mettre de l'argent à cela, pendant que tant de gens manquent de tout.

Des pauvres lui ayant dit qu'ils ne pouvoient avoir de sel, elle en fit acheter et le distribua elle-même.

Elle a relevé plusieurs couvents qui étoient dans une grande misère, entre autres Gohier-Fontaines, qu'elle aimoit fort, parce qu'elle espéroit que Dieu y seroit bien servi, ayant une abbesse qui avoit été élevée à Saint-Cyr; elle y donna, tant en présents qu'en pensions, environ trente mille livres.

Elle a établi et soutenu bien des séminaires, où elle avoit toujours beaucoup de gentilshommes qu'elle faisoit élever.

Elle a empêché les Ursulines de Mantes de se séparer, elle leur a fait de grands biens et leur en a procuré du roi.

Elle a soutenu pendant trente-huit ans les Bénédictins de Moret.

Une femme très-pauvre étant venue à Saint-Cyr pour obtenir quelque chose, elle accoucha à l'hôtellerie, sans avoir rien pour elle ni pour son enfant : madame de Maintenon mit toutes les dames de Saint-Louis à travailler pour faire une layette, qui fut finie en trois heures ; elle la prit avec une joie extrême, disant : Vous venez de faire votre récréation, je vais faire la mienne. Elle descendit où étoit cette femme, fit emmaillotter son enfant, en prit de grands soins et assista la mère.

Elle n'a jamais voulu souffrir des demoiselles pour ses femmes de chambre, ne pouvant voir sans peine qu'elles fussent réduites à cela : ce n'a jamais été que des bourgeoises et même des paysannes.

L'année du grand hiver, 1709, elle retrancha une partie des étrennes de ses domestiques, et leur dit : Vous savez bien que ce n'est pas pour me donner plus de robes et de commodités, mais pour assister les pauvres.

M. le duc de Noailles lui fit un jour présent d'une boîte précieuse au mariage d'une de ses sœurs : Pourquoi, lui dit-elle, me donnez-vous cela? j'aimerois bien mieux de la toile, du blé, une bonne charretée de foin : car j'en ferois un meilleur usage que je ne le puis faire de cette boîte. M. le duc de Noailles entra dans son goût pour plaisanter, et, à un autre mariage, il lui fit présent de serviettes, mais si fines, qu'une tenait dans le creux de la main.

Quand elle envoyoit de l'argent à de pauvres noblesses, c'étoit à condition qu'on ne la remercieroit point : Je suis, disoit-elle, honteuse du peu que je fais, et au désespoir de voir ces gens-là avoir besoin.

Quelquefois elle est rentrée sans écharpe, sans coëffe, les ayant données à de pauvres dames ; elle en faisoit faire autant à la demoiselle qui étoit avec elle.

Étant un jour accablée d'affaires, et partant pour un voyage, elle ne fit entrer dans la chambre qu'une paysanne avec sa fille, qui demandoient à la voir, elle leur dit : Votre visite m'a fait plus de plaisir que celle des gens de la cour que je vais retrouver.

Elle se levoit ordinairement entre six et sept heures, alloit aussitôt à la messe, communioit trois ou quatre fois par semaine. Pendant qu'elle s'habilloit, elle faisoit lire dans le nouveau Testament, ou l'Imitation, ou le Bréviaire, disant : Je profite de tout le temps que j'ai pour ces lectures, car on ne m'en laisse guère d'autre. Le reste de sa journée étoit employé suivant ses affaires. Elle prioit Dieu sur les quatre heures, et faisoit lire encore comme le matin, jusqu'à ce que le roi vînt chez elle.

Avant de se coucher, elle écrivoit les fautes qu'elle avoit faites et l'emploi de sa journée, pour en rendre compte à son directeur, qui étoit M. Godet des Marais, évêque de Chartres, et, depuis sa mort, à M. de la Chétardie, curé de Saint-Sulpice : elle leur envoyoit tous les mois en écrit.

Ses lectures étoient toujours dans le nouveau Testament, l'Imitation, le Bréviaire, les Instructions de monseigneur l'évêque de Chartres, pour sa conduite, et les psaumes : c'est ce qu'elle goûtoit le plus, et dont elle ne s'est jamais lassée. Son confesseur ordinaire a toujours été le supérieur des missionnaires qui sont à Saint-Cyr. Quand elle se confessoit ailleurs, c'étoit toujours ou au curé du lieu, ou au supérieur, si c'étoit dans quelque communauté, disant : Ceux qui sont à la tête doivent être les plus habiles.

SUR DIEU.

Elle a agi dans tout, jusque dans les moindres choses, avec une grande pureté d'intention, disant très-souvent : Y a-t-il quelque bien à aller chez telle personne, à écrire une telle lettre, à faire plaisir à cette autre, etc.; dès qu'elle y voyoit de l'inutilité, elle ne le faisoit pas.

Dans les grands malheurs et les pertes de la France, son recours étoit d'aller à la chapelle, dans la petite tribune que le roi lui avoit fait faire.

Elle étoit ravie quand elle recevoit quelques lettres d'évêques et gens d'église, et qu'ils lui parloient de Dieu; elle les relisoit plusieurs fois, et disoit : Qu'il sied bien à ces gens-là de parler de Dieu, et que cela me fait plaisir !

Elle disoit qu'elle n'avoit aucun mérite à la présence de Dieu, parce qu'elle lui étoit naturelle; que tout la portoit à penser à lui.

Elle dit un jour, à l'occasion d'un crucifix qu'elle portoit dans son oratoire : Il me semble que quand on est dans la sécheresse et dans la peine, et qu'on baise humblement les pieds de notre Seigneur, on y trouve toujours de la consolation.

On parloit devant elle de l'Imitation ; elle dit : Il me

semble que tout le monde trouve que ce qui est commun ne touche point : je ne suis pas de même, car tout ce que je lis me touche, même les choses les plus ordinaires.

Elle ne vouloit point se mêler des bénéfices, crainte d'avoir sa conscience engagée ; elle en a pourtant fait donner quelques-uns ; mais ç'a été après que des prélats ou des gens d'église répondoient de ceux pour qui elle les demandoit.

On lui portoit un carreau à l'église : elle l'ôtoit quand on commençoit la messe ; et, quand elle étoit malade, et qu'elle s'en servoit, elle l'ôtoit à l'élévation jusqu'à la communion.

Écrivant à une dame qui avoit des afflictions, elle lui mandoit : C'est le plus heureux temps de votre vie. L'amitié naturelle que j'ai pour vous me rend bien sensible à vos afflictions ; mais la foi m'apprend à bénir Dieu dans ce temps-là.

On lui dit que les jansénistes défendoient ou n'approuvoient pas le chapelet ; elle dit à mademoiselle d'Aumale : Je n'ai pas accoutumé d'en porter un dans ma poche ; donnez-m'en un, que je montre l'exemple aux timides ; car je serois fâchée de voir abolir cette dévotion à la sainte Vierge.

Allant un jour pour la première fois dans une église, elle dit à mademoiselle d'Aumale que c'étoit pour demander à Dieu trois grâces ; que souvent il en accordoit une ; qu'elle en avoit l'expérience. Cette demoiselle lui dit qu'elle demanderoit les mêmes qu'elle. Demandez donc, répondit Madame, la paix et le repos de la France ; que nos princes reviennent en bonne santé : je crois bien que Dieu veut qu'on lui demande cela ; car de demander seulement la gloire du roi et de nos princes, je sais que cela ne seroit pas selon Dieu.

Ces paroles de l'Évangile du mauvais riche : « Vous avez

eu vos aises en ce monde », la frappoient beaucoup. On ne lui reproche pas des crimes, disoit-elle, mais d'avoir eu ses aises.

Sur ces autres paroles de saint Paul : « Il est terrible de tomber entre les mains du Dieu vivant », elle disoit : celles-là me font toujours de la peine ; car je ne trouve point terrible, mais bien doux de tomber entre les mains de Dieu.

Elle étoit touchée de ce que toute grandeur s'efface devant Dieu, et avoit un singulier plaisir à se mêler avec tout le monde dans les exercices de la religion. J'ai toujours de la joie, disoit-elle, quand je vois tout confondu, et sans nulle différence, ma femme de chambre, etc., communier avec moi, et souvent bien mieux que moi.

Elle alloit quelquefois dîner chez quelques seigneurs ou dames : quand elle rentroit chez elle, elle disoit souvent : Voilà bien du temps perdu.

Elle faisoit bien des visites, écrivoit bien des lettres, dans l'intention que cela fût bon à quelque chose : Je ne me plains pas, disoit-elle, de leur faire à tous la cour, pour qu'ils fassent plaisir à mes protégés ; je n'ai besoin de personne, et on ne peut m'obliger que dans les autres, et surtout dans ce qui regarde Saint-Cyr.

Elle a fait tout ce qu'elle a pu pour s'opposer à la chapelle magnifique que le roi fit faire à Versailles, parce que la misère des peuples étoit grande dans ce temps-là, et qu'elle croyoit aussi que Versailles, dans la suite, ne seroit plus le séjour de la cour.

L'entreprise de la rivière d'Eure lui a toujours fait bien de la peine, et n'a jamais été de son goût.

Un soir qu'elle revenoit de Saint-Cyr, elle dit à mademoiselle d'Aumale : Il me semble que nous n'avons que le corps à la cour, et notre esprit à Saint-Cyr. Une autre fois : Dieu sait bien prendre les créatures par leur sensible : je sais une personne qui aime passionnément la cour, et qu'il en a retirée; et moi, qui ne la peux supporter, il faut que j'y passe ma vie.

Elle ne faisoit pas la moindre chose sans consulter son directeur ou son confesseur, et disoit quelquefois : Vous me voyez bien délibérée; mais j'ai plus besoin que personne d'être rassurée. Avec tout son esprit, elle demandoit conseil dans les choses où la moindre personne n'auroit pas été embarrassée.

Elle étoit obligée d'être vêtue d'une manière convenable à la place qu'elle tenoit; cependant, sur la fin, elle retrancha ce qu'elle put de son ajustement, ôtant l'or de tous ses habits, sous prétexte que cela étoit trop lourd pour les porter; elle retrancha aussi la pâte dont elle se servoit pour laver ses mains et l'essence pour ses cheveux : elle étoit fort fâchée d'être obligée de se servir de ces délicatesses; mais il le falloit à cause du roi.

Jamais on n'a poussé le désintéressement aussi loin qu'elle; il est vrai qu'elle jouissoit de toutes les commodités et honneurs qu'on peut desirer. Madame d'Auzy lui dit un jour : Mais, madame, vous jouissez de tout; cependant rien n'est à vous, ni meubles, ni tapisseries; demandez au roi qu'il vous donne toutes les choses dont vous vous servez. Le roi, qui étoit présent, dit : Madame est la maîtresse de tout; elle n'a qu'à parler. Elle se mit à rire, et cela en demeura là. Elle a eu plusieurs occasions pareilles qu'elle a laissé passer de même; de sorte que, quand elle vint à Saint-Cyr, après la mort du roi, il a fallu qu'on lui laissât du garde-meuble de Versailles ce qu'on lui avoit prêté de tapisseries, parce qu'elle n'en avoit pas.

On lui demandoit un jour pourquoi elle n'avoit point pris d'aumônier ni de pages. Elle répondit : Cela auroit été bon à bien des choses ; mais je n'ai pas voulu me mettre sur ce ton-là : il est au dessus de moi.

Elle faisoit une revue tous les ans, le mercredi saint, pour faire ses pâques le jeudi saint : elle n'y employoit qu'un quart-d'heure ; elle étoit née simple et sans embarras. Elle disoit souvent : Que ne puis-je inspirer à tous mes enfants l'idée que j'ai en me confessant, que c'est à Dieu même que je parle.

Elle faisoit, autant qu'elle pouvoit, un jour de retraite tous les mois.

Elle entendoit fort bien l'espagnol et l'italien, assez bien le latin ; elle savoit beaucoup et avoit beaucoup de lecture ; mais elle étoit extrêmement modeste, disant : Il ne faut pas qu'une femme paroisse savante.

Au mois d'août de l'année 1715, le roi étant tombé malade de la maladie dont il mourut, madame de Maintenon ne le quitta pas. Le roi donna ordre qu'il y eût une chambre accommodée, où elle pût passer la nuit auprès de lui quand elle voudroit : elle y en a passé plusieurs ; et, dans le jour, elle étoit toute occupée de lui faire faire, pour son salut, ce qui étoit nécessaire. Son confesseur ne le quitta pas. Ce fut elle qui pensa la première à lui faire recevoir les sacrements. Il dit que c'étoit de bonne heure, qu'il se sentoit bien ; mais que c'étoit toujours bien faire : il les reçut huit jours avant de mourir ; elle le fit souvenir de plusieurs fautes qu'elle lui avoit vu faire, afin qu'il en demandât pardon à Dieu ; il l'en remercia.

Pendant le jour, quelque attendrie que fût madame de Maintenon, elle ne pleura point devant le roi : elle s'éloignoit quand elle sentoit qu'elle ne pouvoit résister aux larmes. Elle lui aida à visiter toutes ses cassettes : le roi lui dit : Brûlons tels et tels papiers qui pourroient mettre mal ensemble deux ministres. Il regardoit d'autres papiers en riant, comme des listes de Marly, etc., disant à madame de Maintenon : Nous pouvons brûler tout cela; il lui demanda ses poches, et chercha lui-même ce qu'il avait à ôter, et trouvant son chapelet, il le donna à madame de Maintenon, lui disant en souriant : Ce n'est pas comme relique, mais pour souvenir; il lui parla avec toute l'estime et la confiance qu'il avoit toujours eue pour elle. Mademoiselle d'Aumale fut témoin de presque tout ce qu'il lui dit. Madame de Maintenon recueillit précieusement toutes ses paroles, et on les a trouvées écrites de sa main, dans son testament, comme les voilà : Il m'a dit trois fois adieu : la première, en me disant qu'il n'avoit de regret que celui de me quitter, mais que nous nous reverrions bientôt; je le priai de ne plus penser qu'à Dieu. La seconde, il me demanda pardon de n'avoir pas assez bien vécu avec moi; qu'il ne m'avoit pas rendue heureuse; mais qu'il m'avoit toujours aimée et estimée également. Il pleuroit, et me demanda s'il n'y avoit personne; je lui dis que non; il dit : Quand on entendroit que je m'attendris avec vous, personne n'en seroit surpris. Je m'en allai pour ne lui point faire de mal. A la troisième, il me dit : Qu'allez-vous devenir? car vous n'avez rien. Je lui répondis : Je suis un rien; ne vous occupez que de Dieu, et je le quittai. Quand j'eus fait deux pas, je pensai que, dans l'incertitude du traitement que me feroient les princes, je devois demander qu'il demandât à M. le duc d'Orléans d'avoir de la considération pour moi. Il le fit de la manière dont ce prince le publia sur-le-champ : Mon neveu, je vous recommande madame de Maintenon; vous savez la considération et l'estime que j'ai eues pour elle; elle ne m'a donné que de bons conseils, j'aurois bien fait de les suivre; elle m'a été utile en tout; mais surtout pour mon salut. Faites tout ce qu'elle vous demandera, pour elle, pour ses parents, pour ses amis, pour ses alliés, elle n'en abusera pas; qu'elle s'adresse directement à vous pour tout ce qu'elle voudra. Le dernier jour que je le vis, me voyant toujours auprès de lui : J'admire votre courage et votre amitié, d'être toujours là, et à un si triste spectacle. Le roi étant fort malade, et madame de Maintenon n'ayant pas la force de rien faire, elle dit à mademoiselle d'Aumale de voir ce qu'elle avoit marqué, en cas que le roi mourût avant elle, afin de le faire exécuter; elle l'avoit écrit. Ce papier ne se trouva point où elle croyoit l'avoir mis; mais un autre, où elle marquoit ce que cette demoiselle auroit à faire, en cas qu'elle mourût avant le roi; il y avoit : Dès que je serai morte, prenez les clés de ma cassette, et allez porter au roi le mémoire de mes aumônes, afin qu'il ait la bonté de les continuer, et surtout priez-le d'accorder une pension à mademoiselle du Breuillac.

Madame de Maintenon voyant le roi sans connoissance, qu'il ne la demandoit plus, et qu'on n'attendoit que le moment de sa mort, partit, pour venir à Saint-Cyr. Cependant elle voulut que son confesseur, M. Brideray, vît le roi, et l'assurât qu'elle n'avoit plus rien à faire auprès de lui; il le vit, et vint dire à madame de Maintenon : Vous pouvez partir, vous ne lui êtes plus nécessaire. Elle partit de Versailles avant la mort du roi, parce qu'elle appréhendoit extrêmement de n'être pas maîtresse d'elle dans ce triste moment, quelque soumise qu'elle fût à la volonté de Dieu. Elle eut encore une autre appréhension, c'étoit d'être insultée en chemin; car ayant une grande expérience et une très-mauvaise opinion d'elle, elle pensa qu'on pourroit la traiter comme on a souvent fait à d'autres personnes en faveur, après qu'elles ont tout perdu; c'est ce qui lui fit prendre le parti de dire à mademoiselle d'Aumale d'avoir soin de lui faire venir un autre carrosse que le sien quand il seroit temps de l'amener à Saint-Cyr; ce fut celui de M. le maréchal de Villeroy dont les gens l'escortèrent aussi. M. le duc de Villeroy fit metre des gardes, d'espace en espace, sur le chemin de Saint-Cyr; mais elle n'avoit pas besoin de cela, ce fut pour la contenter qu'on le fit; quand elle fut dans le carrosse elle dit: Ma douleur est grande; mais elle est douce et tranquille; je pleurerai souvent; mais ce seront des larmes de tendresse, car je me sens dans le cœur une grande joie de la mort chrétienne du roi, et j'ai déjà dit plusieurs fois le *Te Deum* en action de grâces ; je n'ai jamais demandé sa vie depuis qu'il est malade, mais son salut. Quelque temps après elle dit, en parlant de Saint-Cyr : Cette maison perd son père et sa mère, car je vais leur être bien inutile, après avoir eu tout pouvoir pour elle auprès de celui que nous pleurons. En entrant à Saint-Cyr, ses sanglots redoublèrent ; elle dit : Je ne veux plus que Dieu et mes enfants. Le roi n'étoit pas encore mort, et M. le maréchal de Villeroy lui en mandoit des nouvelles à tout moment. Le 1ᵉʳ septembre 1715, ce malheur étant arrivé, on lui dit que toute la maison étoit en prières à l'église ; elle comprit ce que cela vouloit dire ; elle redoubla ses prières, assista dès ce jour à l'office des morts, et le lendemain au service, après lequel elle vint pleurer avec la communauté.

Le jour qu'elle alla à Saint-Cyr, sentant bien que la vue des demoiselles l'attendriroit, elle voulut les voir dès ce jour-là, afin que tous les sujets qui pouvoient redoubler sa douleur fussent réunis en ce triste jour. Elles passèrent toutes devant elle, et ce défilé fut la plus triste chose du monde; madame de Maintenon fondoit en larmes, les sanglots des demoiselles, et jusqu'aux enfants étoient capables de l'attendrir encore. Elle en fut très-contente et leur dit : J'espère, mes chères enfants, que je vous verrai sans attendrissement dans la suite; mais il n'y a pas moyen aujourd'hui. Quelques heures après elle dit : Il faudra employer le reste de notre vie à leur inspirer cette piété solide qu'avoit celui que nous pleurons. Elle demanda dans sa chambre M. l'archevêque de Rouen et M. l'évêque de Chartres, qui étoient venus pour elle à Saint-Cyr, et M. Brideray, son confesseur. Dès qu'elle vit M. l'évêque de Chartres, elle se mit à genoux pour lui demander sa bénédiction, et lui dit : Je me remets entre vos mains; j'y mourrai apparemment. M. de Chartres se mit à genoux, faisant difficulté de lui donner sa bénédiction, et pria M. de Rouen de le faire. Lui, voyant que madame de Maintenon se tenoit toujours à genoux, dit à M. de Chartres : vous êtes son évêque, donnez-la lui. Il le fit, et madame de Maintenon se releva. M. le chancelier vint la voir le 2 septembre ; et, passant au milieu des demoiselles avec lui, elle dit : Voilà bien des enfants sans père ! Le 6 septembre, M. le régent vint la voir ; elle en fut très-contente. Il eut avec elle cette conversation, qu'elle écrivit sur-le-champ ; on l'a trouvée avec son testament, après sa mort: Le prince m'a dit qu'il venoit m'assurer de toute la considération que je pourrois desirer ; j'ai voulu le remercier; il m'a interrompue, en disant qu'il ne faisoit que son devoir, et que je savois ce qui lui avoit été prescrit; je lui ai dit que je voyois avec plaisir la marque de respect qu'il donnoit au feu roi en me faisant cette visite; il a répliqué qu'il n'avoit garde d'y manquer par cette raison-là, et qu'il la faisoit aussi par son estime pour moi. Il m'a dit qu'il avoit pris des mesures pour qu'on me donnât exactement ce que le roi me donnoit de sa cassette ; j'ai répondu qu'on me l'avoit appris hier au soir, et que je l'en remerciois très-humblement ; que c'étoit trop dans l'état où sont les finances, et que je n'en desirois pas tant ; il a répliqué que c'étoit une bagatelle ; mais qu'il étoit vrai que les finances étoient en mauvais état. J'ai dit que ce qu'il me donnoit seroit employé à des prières pour lui, pour obtenir de Dieu le secours dont il avoit besoin ; il a répondu qu'il sentoit déjà le poids du fardeau qu'il portoit ; je lui ai dit qu'il le sentiroit encore davantage. Il m'a dit qu'il seroit à Versailles le plus souvent qu'il pourroit ; mais que les affaires l'appelleroient souvent à Paris ; qu'il alloit faire son possible pour les rétablir ; que c'étoit là toute son ambition, et qu'il s'estimeroit trop heureux s'il pouvoit, dans quelques années, rendre au jeune roi le royaume en meilleur état qu'il n'étoit ; je lui ai dit que ce projet étoit très-glorieux ; il m'a dit qu'il n'y avoit personne qui eût tant d'intérêt que lui à la conservation du jeune prince ; qu'il avoit présentement toute l'autorité, et qu'il seroit ravi de la lui remettre pour jouir du repos et de l'honneur qu'il se seroit acquis ; je lui ai répondu que, s'il n'avoit point le desir insatiable de régner, dont il avoit toujours été accusé, ce qu'il projetoit étoit cent fois plus glorieux ; il m'a répliqué que, si on perdoit le jeune roi, il ne régneroit pas en repos, et qu'on auroit la guerre avec l'Espagne. Je l'ai prié de ne rien écouter de tout ce qu'on voudroit m'imputer sur son sujet, que je connoissois la malice des hommes, que je n'avois plus rien à dire, que je ne pensois qu'à me renfermer, et que la seule obligation que je lui avois d'un bienfait dont il m'assuroit suffisoit pour m'engager d'honneur à ne jamais rien dire ni rien faire contre lui, qu'on pourroit encore m'accuser de commerce en Espagne, que tout cela seroit faux, et que je ne penserois plus aux affaires que pour prier pour le bonheur de la France. Il m'a redoublé toutes sortes de protestations pour moi et pour Saint-Cyr, et m'a priée de m'adresser à lui directement ; je lui ai répondu que mes plus grandes instances seroient pour achever la fondation de Saint-Cyr.

Il demanda d'aller voir les dames à la communauté ; mademoiselle d'Aumale l'y conduisit. Il leur dit : J'ai demandé à vous voir, mesdames, pour vous assurer de la protection que vous trouverez toujours en moi ; je n'ai rien à vous dire pour vous le persuader ; il suffit que le roi vous ait recommandées. Je connois le mérite de votre maison, si utile à la noblesse et à tout le royaume ; tout ce que vous souhaiterez, mesdames, et que madame de Maintenon desirera, vous pouvez vous adresser à moi ; je serai toujours prêt à vous rendre les services qui seront en mon pouvoir, je viens moi-même vous en assurer. Je me recommande à vos prières, pour que Dieu me donne les forces et la lumière dont j'ai besoin pour soutenir le terrible fardeau dont je suis chargé. Madame la douairière vint le même jour, et lui dit que madame la duchesse de Berry et madame la duchesse d'Orléans l'alloient suivre. Madame de Maintenon fit prier ces princesses de ne lui point faire cet honneur, voulant pleurer et prier en paix ; elle fit dire la même chose aux princes et princesses qui vouloient venir. Tous les seigneurs de la cour vinrent aussi pour lui faire compliment ; mais elle donna ordre qu'on ne lui annonçât personne, afin de n'avoir pas la peine de refuser, excepté les évêques et autres ecclésiastiques qu'elle vouloit voir, espérant qu'ils lui parleroient de Dieu.

La reine d'Angleterre vint le 6 ou le 7 de septembre, et pleura beaucoup avec madame de Maintenon ; elle vint encore plusieurs autres fois la voir jusqu'à sa mort. Cette princesse la regardoit comme une sainte, et avoit en elle une grande confiance. Elle dit après avoir vu M. le régent, qui lui avoit assuré sa pension de 48,000 livres, que si quelque chose pouvoit aider à sa consolation, c'étoit de penser qu'elle pourroit continuer d'assister les pauvres, et surtout la noblesse ; qu'elle ne desiroit du bien que pour eux, et que pour elle, elle en auroit toujours assez. M. le régent fit mettre dans le brevet de sa pension que son désintéressement le lui avoit rendu nécessaire. Une personne lui disant de se conserver, qu'elle étoit nécessaire : A la bonne heure, si je le suis, répondit-elle, sinon, je ne puis trop tôt mourir.

Elle se défit de tous ses domestiques ; leur dit adieu, et les remercia de l'avoir si bien servie. Elle ne garda avec elle que deux femmes de chambre dans le dedans de la maison, et un valet de chambre en dehors. Elle voulut aussi se défaire de son carrosse en même temps ; mais on lui conseilla de ne se point presser, que peut-être elle voudroit sortir quelque jour ; elle consentit à attendre six semaines ; mais elle ne put même aller jusqu'à ce terme ; et, au bout de huit jours, elle fit vendre les chevaux, disant : Je ne puis consentir à nourrir six chevaux dans le temps que tant de pauvre noblesse meurt de faim. Elle se faisoit un grand scrupule de s'abandonner à la tristesse ; elle a dit plusieurs fois qu'elle s'en confessoit, et qu'il ne falloit pas être si peu soumise à la volonté de Dieu ; c'est pourquoi, quand les premiers temps de sa douleur furent passés, elle chercha quelque occupation qui pût la distraire quand elle n'étoit pas en prières, comme aller aux classes instruire les demoiselles, leur voir faire leurs exercices, et quand sa santé ne lui permettoit pas de monter aux classes, elle faisoit venir des demoiselles dans sa chambre, et prenoit elle-même la peine de les faire lire, écrire, travailler, répéter le catéchisme, etc. Elle se réduisit à se servir de tout ce qu'il y avoit de plus simple pour sa nourriture et pour tout le reste de son service. Elle ne vouloit à ses repas qu'une sorte de chose, quoiqu'elle eût été accoutumée à une grande chère; il est vrai aussi qu'elle a toujours été fort sobre. Tout ce qu'elle fit faire pour ses habillements depuis la mort du roi a été très-simple, pour ne pas dire grossier. Il y avoit quelques années qu'elle ne soupoit point, et qu'elle prenoit tous les soirs une petite tasse de chocolat; et le même soir qu'elle vint à Saint-Cyr, elle cessa d'en prendre de crainte d'apporter dans la maison l'usage d'une délicatesse. On vouloit faire venir son tailleur; elle dit : Celui de la maison est encore trop bon pour moi; qu'ai-je à faire d'être si bien mise présentement? Elle retrancha tout ce qu'elle put de ses habillements.

Elle ne voulut dans ses maladies d'autre médecin et chirurgien que ceux de la maison, ayant été cependant accoutumée à ceux du roi.

Elle retrancha aussi la pâte pour se laver les mains et l'essence pour les cheveux, disant: Je n'ai plus celui pour qui je me servois de ces choses. Elle donna tout ce qui lui restoit de hardes un peu propres, envoya à madame de Caylus tout ce qu'elle crut qui lui conviendroit et donna à madame de Fontaines, maîtresse générale, plusieurs garnitures pour qu'elle en fît pour les demoiselles qui sortoient, lui recommandant que cela ne leur fît rien retrancher de ce qu'on leur donnoit ordinairement; elle lui donna encore deux toilettes de mousseline à fleurs; c'est ce qui lui servoit à Versailles; elles étoient très-belles. Elle se réduisit pour sa toilette à une serviette sur la table disant : N'est-ce pas là tout ce qu'il faut? elle envoya à Delisle son maître-d'hôtel sa batterie de cuisine, et à M. Léger, son officier, tout le linge de ses domestiques; en un mot, elle n'apporta à Saint-Cyr que sa vaisselle d'argent et ses hardes.

A mesure qu'elle touchoit sa pension, elle envoyoit

aussitôt de l'argent à tous ceux à qui elle faisoit des pensions. Elle dit plusieurs fois : J'avoue que j'ai eu bien des chagrins; mais il n'y en auroit pas un pareil présentement à celui de me voir obligée de retrancher les pensions que je donne, et le seul plaisir qui me reste est de pouvoir encore donner. Un ancien officier lui écrivit ces paroles après la mort du roi : Vous êtes en droit de mépriser et d'oublier le monde comme chose au dessous de vous; mais le monde, madame, n'est pas en droit de vous oublier. Elle donna à des dames et des demoiselles tout ce qu'elle se crut de hardes inutiles ou trop propres pour elle.

Elle donnoit tout son revenu, à la réserve de très-peu de chose qu'elle gardoit pour son entretien, qui n'étoit jamais que d'habits noirs et de linge très-simple. Elle n'avoit à Saint-Cyr que 64,000 liv.; ses dépenses alloient de 57,942 liv. à 58,945 liv., sur lesquelles il n'y avoit pour elle que quelques robes de chambre et quelques écharpes, et tout le reste en pensions ou aumônes. On lui en a vu faire de très-considérables sous le nom de quelque autre.

SÉJOUR DE MADAME DE MAINTENON A SAINT-CYR.

Voici à peu près l'ordre de sa journée à Saint-Cyr, après la mort du roi :

Elle se levoit ordinairement à six heures, alloit à la Messe, communioit trois ou quatre fois la semaine, comme elle faisoit étant à la cour. Pendant qu'elle s'habilloit, elle faisoit ordinairement lire quelque chose de l'Évangile, des Épîtres, des Psaumes ou du Bréviaire. Elle retournoit à l'église entendre une seconde Messe.

Après son dîner, elle alloit à la récréation avec les dames de la communauté. On l'a vue très-souvent se relever pour aller à la récréation, se coucher après, afin d'être en état de retourner à celle du soir, croyant faire un bien, et disant que souvent, à la récréation, elle y glissoit de certaines choses qui faisoient plus d'impression que dans une instruction sérieuse. Elle regardoit aussi comme une bonne œuvre de contribuer, par sa présence, au plaisir des dames, de leur marquer son amitié, et de leur dire mille choses qui pouvoient leur donner moyen d'être plus éclairées que les autres religieuses, et d'être par là plus propres à instruire les demoiselles. L'après-dîner étoit employé à travailler, lire, écrire, instruire des demoiselles ou autres personnes de la communauté. Elle alloit prier Dieu à quatre heures et demie, entendoit les vêpres et ne revenoit qu'à six heures; elle alloit encore à la récréation des dames le soir, puis, faisoit sa prière du soir avec elles, rentroit chez elle à huit heures et demie, afin qu'on pût fermer les portes de l'église, parce que c'étoit l'heure. Quand elle n'alloit pas à la récréation avec les dames, elle en envoyoit chercher quelques-unes pour causer et travailler avec elle. Le soir, comme elle n'étoit pas accoutumée de se retirer de si bonne heure, la mère de Glapion et mademoiselle d'Aumale avoient l'honneur de demeurer avec elle jusqu'à neuf heures et demie pour lire et causer devant elle. Elle se contraignoit encore là dessus, car elle auroit bien voulu les faire demeurer plus longtemps; mais elle craignoit qu'on ne trouvât que la mère de Glapion se couchoit trop tard.

Elle fit exactement la retraite de tous les mois, et lisoit ce jour la *Préparation à la mort*, de M. Bossuet, évêque de Meaux. Jamais aucune fièvre ne l'a empêchée d'aller à la Messe; elle s'y faisoit porter quand elle ne pouvoit pas y aller. On l'y a vue souvent le lendemain d'une grosse fièvre ; elle disoit pour raison : J'y vais si commodément que cela ne sauroit me faire de mal. Non-seulement elle alloit à la Messe pendant qu'elle étoit malade, mais elle retournoit à l'église dans tous les temps qu'elle avoit coutume d'y aller. Dans les plus grands froids comme dans le plus beau temps, M. Fagon vouloit toujours l'empêcher d'aller à la Messe quand elle avoit eu et qu'elle avoit encore la fièvre ; son médecin à Saint-Cyr faisoit de même ; ce qui lui fit dire une fois en riant : Je ne sais pourquoi les médecins ont la Messe en aversion ; mais ils aiment à me la défendre et à se prendre à cela de tous mes maux. Dans les heures qu'elle ne donnoit pas à la prière ou à la lecture, elle s'occupoit, quand elle le pouvoit, de l'instruction des demoiselles ; elle en faisoit venir dans sa chambre, les faisoit lire, écrire devant elle, corrigeoit leur orthographe, leur donnoit elle-même des exemples, leur apprenoit même à jouer avec esprit les petits jeux qui sont en usage dans la maison ; elle a toujours fort aimé les enfants et à les voir dans leur naturel ; et les enfants sentoient si fort cette bonté qu'ils étoient plus libres avec elle qu'avec personne. Elle n'étoit jamais importunée des demoiselles ni de leur bruit, ni de leurs jeux, etc. ; et quand elles faisoient quelque désordre dans sa chambre, elle ne vouloit pas que ses femmes de chambre les grondassent. Quand il y avoit quelque demoiselle malade, et qui avoit peine à revenir, elle la faisoit manger avec elle pour qu'elle fût mieux nourrie, et demandoit ce jour-là quelque chose de meilleur au cuisinier. Le dernier carême avant sa mort, elle donna ordre qu'on lui envoyât tous les jours une de celles qui faisoient gras pour manger avec elle. Mademoiselle de la Tour, étant venue à Saint-Cyr fort jeune, et paroissant beaucoup plus délicate que ne doit être une enfant de sept ans, elle en prit des soins au delà de tout ce qu'on pourroit dire : elle la prit dans son appartement, et l'empêcha d'aller à la classe où elle auroit eu trop froid ; elle lui faisoit faire ses exercices, et lui apprenoit à prier Dieu. Cette enfant sentoit tout cela avec une reconnoissance au dessus de son âge. Elle plut tant à madame de Maintenon, qu'elle l'a toujours gardée auprès d'elle jusqu'à sa mort ; et, dans son testament, elle la recommanda très-particulièrement à la supérieure et à toute la communauté. Elle donna un jour à cette petite fille un ménage d'argent pour la faire jouer ; elle dit à mademoiselle d'Aumale : J'ai quelque scrupule de mettre de l'argent au plaisir de cette enfant ; mais, dans le fond, je regarde cela comme une charité, car c'est de l'argenterie qui pourra lui servir dans la suite. Le zèle qu'elle a toujours eu pour l'éducation de la jeunesse est marqué d'une manière bien vive dans ses écrits aux dames de Saint-Louis.

Elle ne cessoit de s'intéresser et de prier pour les affaires de l'Église, dont elle desiroit fort la paix, aussi bien que la tranquillité de l'État. Elle auroit voulu ignorer, tout ce qui se passoit et goûter la paix de sa retraite ; mais en même temps elle disoit : Il m'est impossible d'être indifférente à ce qui se passe, ayant vu les choses d'aussi près que je les ai vues. Elle aimoit fort l'ouvrage, et dès que sa santé le lui permettoit, elle n'avoit pas de plus grand plaisir que de travailler. Elle a été près de sept mois à se lever dès quatre heures du matin, prenoit son ouvrage, et travailloit sans appeler ses femmes jusqu'au moment qu'elles devoient entrer dans sa chambre : c'étoit de la tapisserie qu'elle faisoit dans ce temps-là.

Elle fut quelque temps après la mort du roi sans voir personne ; et dans la suite, elle vit sa famille, mais rarement, quelques dames de ses amies avec lesquelles elle avoit été le plus liée ; M. le duc du Maine venoit la voir quelquefois, M. le maréchal de Villeroy, M. le duc de Noailles. Quand elle fut en état de s'amuser un peu, elle jouoit une heure l'après-dîner au trictrac ou au piquet.

Elle fut extrêmement sensible aux malheurs et aux disgrâces de M. le duc du Maine. Elle sut d'abord qu'il lui étoit arrivé quelque chose, sans savoir ce que c'étoit; elle envoya parler à celui qui apportoit cette nouvelle; et, pendant ce temps-là, elle alla à l'église attendre ce qu'il diroit; après quoi elle marqua, au milieu de la plus vive douleur, une grande soumission à la volonté de Dieu.

Comme tout étoit réglé dans la maison, elle ne voulut jamais y rien changer, quoique dans les trois ans et demi qu'elle y vécut depuis la mort du roi, et voyant les choses de suite, il lui vint des vues différentes de ce qu'elle avoit établi et qu'elle auroit voulu changer; mais elle dit à mademoiselle d'Aumale: Je ne voudrois pas changer la moindre chose, car ce seroit un exemple pour, dans la suite, changer continuellement.

DERNIÈRE MALADIE DE MADAME DE MAINTENON.

Le 13 mars 1719, elle eut un peu de fièvre, qui augmenta tous les jours, et qui fut accompagnée de frissons dans le commencement; il s'y joignit un très-grand rhume avec des quintes si violentes, qu'elle perdit quelquefois la respiration. Durant toute cette maladie, elle faisoit la pratique de ne se plaindre de rien, et de prendre tout ce qu'on lui donnoit. Un jour, on lui demanda si elle vouloit qu'on diversifiât les bouillons, parce qu'elle en paroissoit dégoûtée, elle répondit : Je ne me plains pas.

Elle crut d'abord qu'elle mourroit de cette maladie ; elle fit faire un petit changement à son appartement, à cause du froid qu'elle y sentoit ; mais elle dit après qu'il fut fait : C'est bien la peine pour le peu de temps qu'il me reste à vivre. Elle dit à M. le duc de Noailles, qui vint à Saint-Cyr pour faire travailler à ce changement : Il n'y a que ma mort qui puisse me justifier de toute la peine que je vous ai donnée ; puis elle ajouta : Adieu, mon cher duc, ce sera pour la dernière fois.

Pendant sa maladie, il fit froid, ce qui lui fit penser que bien des pauvres souffriroient faute de bois ; elle fit distribuer dans le village de Saint-Cyr de l'argent, en faisant dire aux pauvres que c'étoit pour avoir du bois.

Elle pensa aussi aux petites demoiselles de la classe rouge, et dit à madame la Supérieure : Ces pauvres enfants souffrent bien du froid ; je voudrois en tenir trois ou quatre dans ma niche. Une autre fois elle me dit, étant dans son lit : Je voudrois pouvoir en échauffer cinq ou six avec moi.

M. le maréchal de Villeroy la vint voir pendant cette dernière maladie, et fut avec elle trois ou quatre heures comme à son ordinaire ; elle lui parla toujours avec le même esprit et le même agrément.

Madame la comtesse de Caylus vint aussi la voir, et passa huit jours à Versailles, d'où elle venoit tous les matins la voir, et s'en retournoit le soir. Madame de Maintenon lui dit, quoique dans ce temps-là, la fièvre fût peu de chose, qu'elle ne reviendroit pas de cette maladie ; qu'elle avoit fait son testament et mis ordre à toutes ses affaires ; lui conta toutes les dispositions de ses meubles et du peu d'argent qu'elle avoit ; ce qu'elle lui donnoit à elle en particulier ; que l'on trouveroit quelques lettres des princes dans une cassette qu'elle avoit gardée : Il y a peut-être, ajouta-t-elle, un peu de vanité à cela ; mais je les laisse à madame de Glapion, qui aime toutes ces choses-là. Quand elle fit ses Pâques, elle dit à son confesseur que c'étoit pour la dernière fois qu'elle les faisoit.

Pendant sa maladie, qui dura près de trente jours, on disoit la Messe dans sa chambre, elle y communioit souvent, et disoit toujours que chaque fois étoit la dernière.

Quelques jours avant sa mort, elle dit à mademoiselle d'Aumale : Quoique je sois malade, il faut que je songe à faire de bonnes œuvres et à envoyer de l'argent pour nos pensions ordinaires, car voilà le temps venu, et il ne faut pas que ces pauvres gens attendent après nous ; et sur-le-champ elle envoya le quartier de ses pensions, et outre cela fit distribuer de l'argent par extraordinaire. Ce fu la première fois qu'elle ne fit point ses comptes elle-même.

Elle dit un jour à madame de Glapion : Je me fais un grand plaisir, dans la distribution des pensions que je paie toujours d'avance, de penser que je ferai l'aumône encore après ma mort, car, payant d'avance, le jour que je mourrai, bien des gens auront au moins le temps de chercher ailleurs d'autres secours.

Le 12 d'avril, la fièvre et la toux parurent diminuer; mais en même temps la foiblesse augmenta. On se rassuroit sur ce qu'une aussi longue maladie n'avoit point changé son visage ni sa vivacité et son agrément ordinaires. Elle fut saignée une fois ; elle y avoit une grande opposition ; elle ne s'y rendit que par obéissance au médecin, elle ne put s'accommoder du lait de chèvre, quoiqu'elle eût fort envie d'en prendre ; tout la dégoûtoit, ce qui ne lui étoit point encore arrivé.

Le 13 d'avril elle lut son testament tout entier, le fit

cacheter par mademoiselle d'Aumale, et dit en riant :
Cela est encore écrit assez ferme. Il y avoit longtemps
qu'elle avoit fait son testament; mais elle voulut le revoir, et dit encore : Il vaudroit mieux n'avoir point fait
de testament que d'en avoir fait un comme le mien; et il
vaut mieux ne pas donner que de donner si peu :
2,000 liv. à l'un, 3,000 liv. à l'autre, 1,000 liv. à un
autre; on s'en moquera; mon testament n'a pas l'air
d'un testament; aussi mit-elle au commencement le mot
de disposition de ce qu'elle avoit, au lieu de mettre testament.

Le matin du 19 avril, son pouls paroissoit encore fort
bon. On lui dit qu'elle étoit mieux qu'elle n'avoit été depuis trente jours. Je suis mieux, répondit-elle; mais je
m'en vais. Dans une autre occasion, elle dit : Cela est
bien long pour moi et pour les autres; et encore, à la
mère de Glapion : Il n'y a plus rien à faire, ma fille, qu'à
prier Dieu qu'il épargne à mon impatience les grandes
douleurs.

Le même jour, sur les sept à huit heures du soir, il fit
un orage : en même temps, la fièvre augmenta considérablement, et ce redoublement fut accompagné de plusieurs signes de malignité; ce qui nous ôta toute espérance.
On dit la Messe à minuit dans sa chambre, où elle communia en Viatique. Son confesseur lui demanda, avant
de communier, si elle vouloit se confesser; elle lui répondit que rien ne lui faisoit de la peine : il n'y avoit que
deux jours qu'elle avoit communié. Après avoir reçu le
Viatique, elle fut presque toujours dans l'assoupissement;
et nous croyons qu'elle ne s'est pas vue mourir, car dans
les quinze ou seize heures qu'elle fut dans un véritable
danger, elle ne se crut point malade : c'étoit la violence
de la fièvre qui l'empêchoit de sentir son mal, et qui lui
donnoit de la force; car la nuit qu'elle reçut le Viatique,

voyant le médecin et quelques autres personnes auprès de son lit, elle dit : Est-ce que je suis à l'agonie que vous voilà tous ?

Le 15 avril, elle reçut l'Extrême-Onction. Vers les dix heures du matin, son confesseur lui demanda encore si rien ne lui faisoit de la peine ; elle répondit que non. Quoiqu'elle fût souvent dans l'assoupissement, elle étoit fort à elle dans les moments qu'elle s'éveilloit. Avant de recevoir l'Extrême-Onction, elle dit : Il faut donc prendre cette résolution (parlant de la mort). Je savois bien que j'en viendrois là ; puis elle ajouta : J'ai toujours aimé passionnément l'Extrême-Onction ; n'y a-t-il rien à préparer autour de mon lit ? Elle pria Dieu pendant qu'on la lui donna. Son confesseur lui demanda sa bénédiction pour ses filles, elle répondit : J'en suis indigne. Il la pressa ; elle leva la main pour la leur donner. Son visage ne parut changé que les quinze ou seize heures qu'elle fût si mal.

M. le duc de Noailles arriva et madame la duchesse de Noailles. M. le duc de Noailles lui baisa la main en lui demandant comment elle se portoit. Pas trop mal, répondit-elle. Il y a apparence qu'après s'être depuis longtemps préparée à la mort, Dieu a voulu lui en épargner les horreurs. Elle fut près de trois heures à l'agonie ; elle avoit l'air d'une personne qui dort tranquillement ; son visage paroissoit plus beau et plus respectable que jamais et il n'y avoit rien qui inspirât de la frayeur.

Elle n'a point passé par les infirmités de la vieillesse ni même par les accidents qui sont ordinaires dans ces derniers moments. Elle mourut à cinq heures du soir.

L'ouverture de son testament se fit le même jour, en présence de M. le duc de Noailles, M. le général de la congrégation de Saint-Lazare, de M. Brideray, son confesseur, de deux ou trois autres missionnaires, des cinq dames du conseil. Ce fut mademoiselle d'Aumale qui remit le testament de madame de Maintenon entre les mains de la justice pour en faire la lecture, M. Maudhoy, intendant de la maison de Saint-Louis et de la justice de Saint-Cyr. M. le duc de Noailles avoit fait mettre le scellé pour la sûreté de la maison de Saint-Louis et pour autres raisons de politique; puis il donna tous les ordres nécessaires pour les tristes cérémonies qui restoient à faire, la douleur étant si grande dans toute la maison que personne ne fût en état de songer à autre chose qu'à pleurer. Le corps fut embaumé. On voulut d'abord prendre le cœur; mais on aima mieux posséder le trésor tout entier dans le même endroit. Elle ne fut pas ouverte. On se contenta, pour l'embaumer, de l'envelopper avec toutes sortes d'aromates.

Elle fut deux jours exposée dans sa chambre sur son lit; le **17** se fit l'enterrement. Ce fut M. l'évêque de Chartres qui fit cette triste cérémonie. M. Bonnet fit venir une quarantaine de prêtres et trente clercs pour chanter vêpres (car ce fut le soir qu'elle fut enterrée). Les dames et demoiselles étoient hors d'état de chanter par les larmes et les sanglots qu'elles jetoient. On la mit dans un cercueil de plomb, qu'on a mis dans un autre cercueil de bois.

Le lendemain on fit le service, que les prêtres chantèrent encore; il fut dans toute la simplicité, et, cependant, toute la décence qui convenoit. M. le duc de Noailles le conseilla ainsi, parce qu'on ne pouvoit lui rendre tous les honneurs qui lui étoient dus dans la maison, et que, par cette raison, il valoit mieux s'en tenir à la simplicité que madame de Maintenon avoit désirée elle-même. Et ce fut aussi dans ce même esprit qu'il conseilla aux dames de ne point faire d'oraison funèbre, et qu'on s'en tint à faire pour elle, dans les services et les prières, ce

7

que l'on put, et que l'on continua à jamais dans cette maison.

A son enterrement, les dames portoient le drap, et un grand nombre de demoiselles portoient des flambeaux d'argent autour du corps. Le clergé, les dames et les demoiselles formoient comme une chapelle ardente. Son corps fut d'abord posé au bas du chœur; puis, à l'enterrement, on le mit dans le caveau. On a gravé sur la pierre de marbre un épitaphe, que M. le duc de Noailles fit faire par l'abbé de Vertot.

M. le duc de Noailles s'étant chargé de faire faire la pierre de marbre et d'y faire graver l'épitaphe, quand l'ouvrage fut fini, il donna ordre à son intendant de le payer. La supérieure de la maison l'ayant appris, manda aussitôt, au nom de toute la maison, à l'intendant de Saint-Cyr de ne le pas souffrir, et de payer avant M. le duc de Noailles. Ce seigneur insista, et dit, que c'étoit à lui par bien des raisons, outre qu'il étoit son neveu. La mère supérieure lui manda que les dames de Saint-Louis avoient l'honneur d'être ses filles, et qu'ainsi, en cette qualité, c'étoit à elles d'entrer dans ce triste et dernier devoir.

MÉMOIRES

SUR L'ÉTABLISSEMENT DE SAINT-CYR.

MÉMOIRE

DE CE QUI S'EST PASSÉ DE PLUS REMARQUABLE
DANS L'ÉTABLISSEMENT DE NOTRE MAISON ET DEPUIS
JUSQU'A PRÉSENT.

AVANT-PROPOS.

Entre toutes les grandes qualités de madame de Maintenon, notre institutrice, la religion et la piété furent singulièrement remarquables, et on peut dire qu'elles ont été le principe de la conduite si chrétienne et si remplie de sagesse, qu'elle a tenue dans tous les états de sa vie et principalement à la Cour, elle ne renferma pas seulement ses grandes vertus dans sa sanctification particulière, mais elle en étendit les effets sur toutes sortes de personnes, et particulièrement sur la noblesse dont elle secourut les besoins temporels et spirituels autant qu'il lui fut possible, ce qui se voit d'une manière bien plus sensible et plus éclatante dans l'établissement de notre maison qu'en aucune de ces autres bonnes œuvres, quelque nombreuses qu'elles soient tant parce qu'étant prises chacune à part elles font un moindre objet, que parce que cette illustre dame prenoit un soin extrême de les tenir cachées le plus qu'elle pouvoit; mais pour Saint-Cyr quel moyen de le dérober aux yeux de toute la France, et même on pourroit dire de presque toute l'Europe, peu de personnes ayant ignoré la part qu'elle y a eue et que ce fut d'elle dont Dieu se servit pour mettre au cœur de Louis XIV de glorieuse mémoire, et notre auguste fondateur un si noble et si généreux dessein, et pour en hâter l'exécution : on sait aussi quelle application elle a donnée à ce grand ouvrage pendant plus de trente-cinq ans, et que tout ce qu'on y remarque de bien établi et de bien réglé tant au spirituel qu'au temporel est l'effet de ses lumières et de son zèle; c'est par ce que j'en ai vu moi-même, que j'entreprends d'en donner quelques notions à celles qui viendront après nous ; cela me seroit d'autant plus facile, si j'en avois l'esprit, que je suis du commencement de la fondation et une des premières professes, et que j'ai eu l'honneur de suivre d'assez près madame de Maintenon pour en pouvoir parler avec certitude; mais la persuasion que j'ai toujours eu sujet d'avoir de mon incapacité m'avoit retenue jusqu'ici ; cependant, quoique je n'aie pas moins de raison d'en être convaincue qu'auparavant, j'ai cru me devoir déterminer à faire une ébauche m'y étant sentie excitée par le desir de faire voir les motifs et les raisons qu'on a eus de mettre les choses sur le pied où elles sont, et combien madame de Maintenon s'y est donné de soins et de peines. Je penserois n'avoir pas perdu mon temps si je pouvois lui rendre les témoignages qu'elle mérite et une petite partie de la reconnoissance que je lui dois pour toutes les bontés dont elle m'a honorée jusqu'à sa mort; et si cet écrit pouvoit seulement parvenir au point de faire quelque chose de meilleur, je tâcherai de ne m'éloigner en rien de la vérité, et je compte que celles de mes sœurs, qui sont du même temps que moi, m'aideront à réformer les manquements de ma vieille mémoire, et à réparer les défauts de mes expressions.

CHAPITRE I.

Ce qui a donné occasion à la fondation de Saint-Cyr.

Pour prendre les choses dès leur origine, je dis que madame de Maintenon, avant d'être à la Cour, faisoit sa demeure ordinaire à Paris, et qu'elle y avoit plusieurs amis, qui se tenoient heureux de l'avoir en leur compagnie. C'étoient tous gens de mérite et d'une qualité distinguée, entre lesquels étoient M. de Mornai, marquis de Montchevreuil, et madame sa femme. Je ne parlerai point des autres dont il sera fait mention ailleurs, ne prétendant écrire que ce qui s'est fait à mon sujet. Ceux-ci donc lui étoient si unis qu'ils s'en séparoient le moins qu'ils pouvoient, et même lorsqu'ils alloient à Montchevreuil, leur maison de campagne, ils l'engageoient à venir avec eux où elle les y alloit trouver. Cette maison étoit située dans le Vexin, près Magni. Ce fut là qu'une religieuse ursuline, nommée madame de Brinon, eut l'honneur d'être connue d'elle. Elle étoit fille, à ce que j'ai ouï dire, d'un président de Rouen. Ses parents la firent religieuse sans trop consulter son inclination, qui n'y étoit guère portée; mais, s'y voyant engagée, elle se conforma de bonne grâce à cette destination, et fit, comme on dit, de nécessité vertu. Quelques années après sa profession, son couvent, qui étoit de l'ordre de sainte Ursule, se trouvant obéré, les religieuses furent contraintes de se séparer ; Madame de Brinon se vit obligée, comme les autres, de retourner chez ses parents. Madame sa mère, qui étoit veuve alors, la garda quelques années. Durant ce temps-là, elle faisoit des visites aux environs, et surtout à Montchevreuil, quand les maîtres y étoient, où elle demeuroit quelquefois quinze jours, trois semaines et même davantage. M. de Montchevreuil goûtoit fort son esprit, et la piété les unit étroitement. Madame de Maintenon la goûta aussi beaucoup, se plaisant en sa conversation, où elle trouvoit de l'esprit et de l'agrément ; mais ce qui la lui rendit plus estimable, ce fut le zèle qu'elle lui remarqua pour exercer son vœu d'instruire ; car, voulant le mettre en pratique, quoiqu'elle ne fût plus dans son couvent, elle trouva moyen de satisfaire à son obligation autant que cela se pouvoit, en faisant souvent le catéchisme aux domestiques de la maison de Montchevreuil et autres gens du lieu. Madame de Maintenon qui, dès ce temps-là, quoiqu'elle fût jeune, faisoit beaucoup de cas de la vertu, et l'estimoit tellement qu'elle n'en pouvoit voir des traits dans une personne, sans concevoir bien de l'inclination pour elle, se sentit prévenue en faveur de cette religieuse, et lui donna beaucoup de marques d'amitié ; mais cela n'alla pas plus loin alors, et elles se séparèrent fort contentes l'une de l'autre. Madame de Brinon retourna chez madame sa mère, où, quelque temps après, elle la perdit par la mort, ce qui l'obligea de se retirer dans un couvent avec une très-modique pension. Ce couvent s'appeloit Saint-Leu, proche Saint-Prix, à deux lieues de Pontoise, où elle demeura deux ou trois ans. Elle trouva dans cette maison une madame de Saint-Pierre, religieuse ursuline de Rouen, et qui, pour des raisons que je ne sais pas, s'y étoit aussi retirée. Elles lièrent ensemble une étroite amitié ; mais ce couvent étant, comme le premier, proche de sa ruine, il fallut aussi en sortir ; et, ne sachant pas trop que faire, leurs moyens étant très-médiocres, une des amies de madame de Brinon lui conseilla de s'établir en quelque lieu peu éloigné de celui où elle se trouvoit, d'y louer une maison, et d'y élever des pensionnaires. Elle donna dans cette proposition, et se retira d'abord à Auvers avec madame de Saint-Pierre, sa bonne amie. Elles eurent bientôt, par le moyen de leurs amies, quelques petites filles, dont les pensions leur aidoient à subsister ; elles furent aussi secourues par les présents des gens de connoissance. Mais tout cela ne satisfaisant pas suffisamment à leur indigence, elles quittèrent Auvers pour aller à Montmorency, où elles espéroient être mieux. Cependant, après y avoir été quelque temps, voyant que leur application et leur travail leur fournissoient à peine le nécessaire, madame de Brinon se détermina à chercher le moyen de se pourvoir plus avantageusement. Elle crut le trouver dans la bonté du cœur de madame de Maintenon, qu'elle savoit être à la cour en état de lui faire du bien ; car elle avoit entretenu quelque commerce de lettres avec elle depuis leur séparation, ce qui l'encouragea à la venir chercher à Saint-Germain, où le roi faisoit alors sa demeure, et où cette dame étoit déjà en considération auprès de lui. Elle reçut madame de Brinon parfaitement bien, qui, profitant de ce bon accueil, lui raconta ses malheurs et l'obligation où elle étoit de vivre en particulier, n'ayant pas de quoi se mettre en pension dans un couvent, ce qui lui avoit fait prendre des pensionnaires pour lui aider à subsister. Madame de Maintenon fut touchée de ce récit, la loua fort du parti qu'elle avoit pris d'employer ses talents d'une manière utile au prochain plutôt que de demeurer oisive et à charge à ses amis ; et comme madame de Maintenon avoit toujours aimé la jeunesse et compté pour la meilleure de toutes les œuvres, de lui faire donner une bonne éducation, elle l'exhorta à continuer cet exercice, lui promit de la secourir, et lui donna mille assurances de sa bonne volonté, qui, en elle, étoit toujours efficace, pour peu que les choses se pussent faire. Madame de Brinon s'en retourna bien contente et pleine d'espérance, ce qui réjouit beaucoup madame de Saint-Pierre, sa compagne, et peu de temps après elles virent remplir leur attente ; car madame de Maintenon pourvut libéralement à leurs besoins, et leur donna plusieurs enfants qu'elle faisoit élever charitablement en différentes maisons, et leur paya des pensions plus fortes qu'elle n'auroit fait ailleurs, afin qu'ils fussent bien et que ces dames y trouvassent leur compte. Elles entrèrent si parfaitement dans ses intentions, par les soins qu'elles prirent de ces enfants et la bonne éducation qu'elles leur donnèrent, surtout madame de Brinon, qui se faisoit un devoir de religion et de reconnoissance d'être utile à cette jeunesse, que madame de Maintenon en fut très-contente. Comme sa coutume étoit de suivre toutes ses bonnes œuvres, elle alloit de temps en temps à Montmorency pour voir par elle-même les progrès de ses pensionnaires, dont elle revenoit toujours charmée, en sorte que même elle voulut en accroître le nombre. Mais le plaisir qu'elle prenoit à voir cultiver ces jeunes plantes sous ses yeux lui donna envie de les rapprocher d'elle afin de pouvoir les visiter plus facilement ; elle en fit la proposition à madame de Brinon qui y consentit fort volontiers ; et elles convinrent de les transférer à Rueil, ce qui se fit sur la fin de l'année 1682. Madame de Maintenon loua là une maison assez spacieuse et commode pour les loger, la meubla, y fit établir une chapelle, leur donna un aumônier et toutes les autres choses nécessaires pour le spirituel et le temporel, après quoi elle remplit cette maison de plusieurs pensionnaires, qui y étoient nourries et élevées à ses dépens; elle fit venir aussi des personnes sages et entendues pour aider madame de Brinon dans ce travail, qui, de son côté, appela deux religieuses qu'elle connoissoit, et qui étoient du même couvent que le sien, par conséquent errantes et sans demeure fixe; elles étoient sœurs, et s'appeloient Dubosc et d'Angien, d'une famille noble de Normandie : c'étoient deux saintes filles. Elles vinrent donc à Rueil, avec l'agrément de madame de Maintenon, et s'y appliquèrent à l'instruction des pensionnaires, quoiqu'elles n'eussent pas de grands talents pour cela; mais elles s'y donnoient de si bonne foi et avec tant de zèle qu'elles se rendirent très-respectables par leurs vertus et le bon exemple qu'on en recevoit. Elles étoient très-capables d'exciter au bien ceux avec qui elles vivoient. Madame de Maintenon leur payoit pension et à toutes les autres personnes qu'elle avoit attirées à Rueil pour être auprès des pensionnaires et leur tenir lieu de maîtresses; outre cela, elle faisoit souvent à la maison des présents considérables en meubles, linge, ornements d'autels, argent et choses semblables; mais sa charité n'en demeura pas là; comme elle étoit fort étendue, et qu'elle la portoit à la pratique d'une piété droite et solide, elle se crut obligée d'assister particulièrement les pauvres de ses terres; c'est pourquoi, ne se contentant pas des aumônes qu'elle leur faisoit, elle rassembla plusieurs de leurs filles, qu'elle mit dans le bas de la maison de Rueil, séparées de l'appartement des pensionnaires; leur donna des maîtresses pour les instruire, et madame de Brinon avoit inspection sur leur conduite. Ces filles portoient un habit de serge bleue, et étoient nourries et entretenues par madame de Maintenon, qui, voulant les tenir dans leur état, ne vouloit pas qu'elles eussent rien qui ne fût conforme; ainsi leur linge, et le reste qui étoit de leur entretien, étoit grossier, mais propre et uniforme; leur travail le plus ordinaire étoit de filer, de tricoter, de coudre du linge, etc.; elles rendoient aussi service à la maison. Madame de Maintenon fit encore, à Maintenon, une communauté de petits garçons, à peu près semblable à celle des filles bleues de Rueil, et pour les mêmes fins, le tout à ses dépens; mais cette petite communauté ne dura guère, parce que l'on trouva que la vie sédentaire et réglée qu'on faisoit observer à ces enfants en faisoit plutôt des paresseux et des lâches que des gens de fatigue et de peine, tels que le doivent être ces sortes de personnes destinées aux gros travaux. Ils ne faisoient que des bas, et, du reste, apprenoient un peu à lire et leur catéchisme, étoient vêtus et nourris bien mieux que chez eux, suivoient un ordre de journée, toutes choses qui ne les rendoient pas, comme j'ai dit, assez forts et robustes, ce qui obligea de les supprimer; mais madame de Maintenon les assista d'une autre manière; car elle a toujours eu grand soin des gens de ses terres.

Pour revenir à la maison de Rueil, elle y alloit dès qu'elle pouvoit se dérober à la cour, et s'occupoit à suivre les pensionnaires dans leurs exercices, afin de mieux juger de leur avancement, et d'y contribuer par sa présence et par ses instructions; car son zèle la portoit à leur en faire : elle assistoit à ceux de madame de Brinon, qu'elle goûtoit fort; elle alloit aussi voir ses petites paysannes, qu'on appeloit filles bleues, qui se tenoient la plupart du temps, en hiver, dans une étable à vaches, pour se mettre à l'abri du froid, comme cela se pratique assez souvent dans les campagnes parmi les pauvres gens : madame de Maintenon ne voulant pas qu'elles fussent élevées dans un autre esprit que celui qui leur convenoit. Elle passoit quelquefois des temps considérables dans cette étable, leur faisoit le catéchisme, s'informoit à leur maîtresse de leur conduite, non-seulement en général, mais de chacune en particulier. Sa vue étoit d'en faire de bonnes chrétiennes et d'honnêtes filles, qu'elle comptoit placer quand elles seroient en état de servir, ou de les établir par mariages ou autrement, selon leur condition. Elle nous a dit plusieurs fois que, quand elle se trouvoit seule avec ces pauvres filles, elle sentoit au dedans d'elle-même une vraie joie intérieure en pensant à l'innocence de leur vie ; elle les voyoit silencieuses, occupées à leurs ouvrages, instruites de leur religion, et retirées, pour la plupart, de l'oisiveté et des occasions où elles auroient pu courir risque de se perdre. Ces réflexions la frappoient encore bien davantage à l'égard de ses pensionnaires ; c'est ce qui l'excitoit à en rassembler le plus qu'elle pouvoit sous la conduite de madame de Brinon. Cet établissement de Rueil subsista jusqu'en février 1684, c'est-à-dire environ deux ans. Madame de Maintenon en étoit si contente qu'elle eût voulu pouvoir y aller plus souvent, ce qui lui fit naître la pensée de le rapprocher encore plus près d'elle. Il s'en présenta une occasion assez favorable, car l'agrandissement du petit parc de Versailles et la clôture du grand, qui se firent dans ce temps-là ayant rendu beaucoup de fermes et de maisons qui s'y trouvèrent renfermées comme inutiles au roi, qui avoit commencé d'en rembourser les propriétaires, madame de Maintenon lui proposa de lui en prêter une pour sa petite communauté de Rueil, qu'elle ne regardoit alors que comme une chose passagère qui ne subsisteroit qu'autant qu'elle seroit en état de la soutenir, et tout au plus durant sa vie, comptant toujours pour beaucoup d'avoir déchargé, pendant plusieurs années, un bon nombre de familles de quelques-uns de leurs enfants, et tiré plusieurs filles des dangers où leur mauvaise fortune et le défaut d'instruction les auroient pu exposer. C'étoit une de ses grandes dévotions d'aider à conserver l'innocence des jeunes personnes de notre sexe. Dès qu'elle voyoit une fille un peu jolie, agréable et bien faite, sans bien et sans appui, elle s'en chargeoit, ou y pourvoyoit d'une autre manière.

CHAPITRE II.

Translation de la maison de Rueil à Noisy.

Madame de Maintenon, dont l'élévation et le crédit étoient alors au plus haut point, n'eut pas de peine à obtenir du roi la maison qu'elle desiroit. Il lui offrit le château de Noisy; mais sa modestie étoit si grande qu'elle fit d'abord difficulté de l'accepter, disant que cette maison étoit trop belle, et que la moindre ferme suffiroit. Le roi insista sur Noisy, et, pour la mieux engager à prendre ce château, il lui dit que cela lui feroit plaisir parce qu'il alloit tomber en ruine; alors elle acquiesça; et le roi ordonna aussitôt qu'on y fit les réparations nécessaires et les ajustements convenables à l'usage qu'on en vouloit faire. On rompit la plus grande partie des dedans pour y trouver de grandes pièces propres à y faire des classes, des dortoirs, un réfectoire, une infirmerie, une chapelle, etc. Tout cela fut fait en quatre mois, et coûta plus de dix mille écus au roi. Pendant que ces ouvrages se faisoient, madame de Maintenon continuoit ses visites et ses bienfaits à Rueil; elle alloit aussi quelquefois à Noisy voir si tout avançoit; elle y menoit madame de Brinon, afin qu'elle pût donner ses avis, auxquels elle déféroit beaucoup. Lorsque tout fut achevé, le roi voulut encore donner les gros meubles, comme tables, armoires, chaises, lits, bancs et choses semblables qu'on n'avoit pas à Rueil en si grande étendue et quantité, qu'ils ne devinssent nécessaires. Dès qu'on eût disposé et mis toutes choses en ordre, madame de Maintenon fit venir à Noisy sa communauté de Rueil. Ce fut le lendemain de la Purification, de l'année 1684, qu'on commença à déménager ; et, afin de le faire plus promptement, on prit ce qu'il y avoit de voitures en attente à Versailles ; madame de Maintenon donna son carrosse, en emprunta à quelques-uns de ses amis, partagea tout ce qu'elle avoit d'officiers et de domestiques entre Rueil et Noisy, les uns pour présider au départ et les autres pour recevoir à Noisy ce qui venoit de Rueil, d'autres accompagnoient le convoi. Il y avoit aussi des Suisses qui servoient à charger et à décharger les voitures. La marche fut disposée en cette sorte : le corps de saint Candide, qui avoit été donné à madame de Maintenon par le pape Innocent XI, et qu'elle avoit fait mettre dans la chapelle de Rueil pour y être vénéré, venoit le premier, en carrosse, accompagné de l'aumônier, revêtu du surplis et de l'étole, mesdames de Brinon et de Saint-Pierre, avec les deux religieuses dont j'ai parlé, suivoient dans un autre carrosse ; ensuite venoient les principales pensionnaires dans ce qui restoit de carrosses, et étoient suivies de chariots et de charrettes, chargés de lits et des autres meubles, avec le reste des pensionnaires, qui étoient des petites filles, qu'on enveloppa dans des couvertures à cause du froid, qui est ordinairement assez rigoureux au mois de février, et qui l'étoit fort cette année-là. M. Manceau, maître-d'hôtel de madame de Maintenon, dont il sera souvent parlé dans ces Mémoires, étoit à Noisy pour faire mettre tout en ordre à mesure qu'on arrivoit : c'étoit un homme intelligent et de mérite, dans la sagesse duquel madame de Maintenon se reposoit. La première chose que l'on fit, dès qu'on fut arrivé à Noisy, fut de porter la relique de saint Candide, avec beaucoup de décence, dans la chapelle qu'on avoit préparée ; ensuite toute la troupe se répandit dans la maison, où l'on trouva grand feu et des tables couvertes des rafraîchissements nécessaires ; les filles bleues vinrent après, et furent logées, avec leur maîtresse, dans un pavillon au pied du château, où elles observèrent les mêmes règles qu'à Rueil.

La maison de Noisy avoit été belle ; elle l'étoit encore assez. Elle consistoit en un grand corps de logis qui contenoit bien des chambres et de grandes pièces, tant en haut qu'en bas, quatre pavillons détachés ou isolés, qui faisoient face au château, deux sur le devant et deux sur le derrière, deux autres pavillons au bas de l'avant-cour ; et la maison du suisse étoit au milieu, à côté de laquelle il y avoit une grande porte cochère ; ce suisse la gardoit, afin qu'il n'entrât ni ne sortît personne sans la permission de madame de Brinon : ce qui s'observoit fort exactement. Outre cela, on établit aussi à la porte du château une personne du dedans, à qui le suisse venoit annoncer ceux qui demandoient à voir quelqu'un de la maison, et cette personne l'alloit dire à madame de Brinon, qui accordoit ou refusoit, selon qu'elle le jugeoit à propos. Quand c'étoient des visites, on alloit les recevoir dans un beau vestibule où il y avoit des bancs pour s'asseoir, car il n'y avoit point de parloir. Comme on passoit et repassoit souvent dans ce vestibule pour aller où on avoit affaire, cela tenoit lieu d'accompagnantes. Madame de Brinon recevoit ses visites chez elle, dans sa chambre ; comme ce n'étoit pas une clôture que la maison, elle faisoit entrer qui elle vouloit.

Il y avoit aussi à Noisy un bois à peu près comme celui-ci[1], même il me semble qu'il étoit plus grand ; des allées bien percées, qui faisoient de belles promenades, et deux jardins où l'on n'alloit guère, parce qu'ils étoient plus pour l'utilité que pour la beauté : l'un étoit potager, et il y avoit dans l'autre beaucoup d'arbres fruitiers. On y voyoit une belle grotte, revêtue de coquillages, et où plusieurs figures tirées de la fable étoient représentées.

[1] Celui de Saint-Cyr.

CHAPITRE III.

Ce qui se passa à Noisy jusqu'au temps de la fondation.

Tout avoit été si bien préparé à Noisy qu'on ne fut qu'un jour à se mettre en ordre. Mesdames de Brinon et de Saint-Pierre avoient pour logement chacune une belle chambre carrée à deux croisées : elles étoient vis-à-vis l'une de l'autre, au rez-de-chaussée ; les autres religieuses avoient aussi chacune une chambre moins belle, mais commode ; les pensionnaires furent mises au premier étage, dans une salle fort spacieuse, qu'on appela ouvroir, et à côté étoient des dortoirs ; il y en avoit aussi au second étage. La cuisine et le réfectoire étoient au dessous des chambres de mesdames de Brinon et de Saint-Pierre : c'étoient des lieux qui avoient autrefois servi d'office, et qu'on destina pour lors à cet usage.

Madame de Maintenon venoit à Noisy presque tous les jours, où après avoir vu l'état des classes et fait plusieurs choses pour leur avantage, elle alloit à la cuisine afin de voir si ce qu'on apprêtoit étoit bon et bien accommodé, ce qu'elle a toujours observé de même depuis que nous avons été à Saint-Cyr ; car elle vouloit que la nourriture fût bonne et servie avec propreté. Elle mangeoit au réfectoire où étoient toutes les pensionnaires, les religieuses et les autres personnes qui tenoient lieu de maîtresses, parce qu'en ce temps-là il n'y avoit point de corps de communauté séparée.

Pendant son dîner, on la voyoit occupée à en distribuer la meilleure partie aux infirmes et convalescentes ;

elle en emmenoit assez souvent chez elle, à Versailles, pour achever leur guérison, tant par les bons traitements que par l'habileté des médecins de la Cour, à qui elle les faisoit voir. Elle avoit presque toujours quelques-unes de ces valétudinaires, qui se relevoient les unes après les autres. Au reste, elle étoit si remplie du contentement qu'elle recevoit de la bonne éducation de ses pensionnaires, qu'elle en faisoit souvent le récit au roi ; et, quoiqu'elle n'eût, à ce qu'elle nous a dit, d'autre dessein que de témoigner la satisfaction qu'elle en avoit, et de louer madame de Brinon pour disposer le roi à lui faire du bien, Dieu permit que ces conversations fissent assez d'impression sur son cœur pour lui inspirer le desir d'augmenter le nombre des pensionnaires. Afin d'avoir part à cette bonne œuvre, il convint avec elle de mettre à Noisy cent jeunes demoiselles, à qui il paieroit pension, et régla, pour cela, un fonds pris sur les aumônes. Sa dévotion, aidée de celle de madame de Maintenon, le porta à jeter les yeux sur la noblesse plus fort que sur d'autres, parce que ces personnes-là sont plus à plaindre, quand elles se trouvent sans bien et sans fortune, et aussi à cause que, par leur naissance, elles peuvent faire valoir et mettre mieux à profit une bonne éducation lorsqu'elles l'ont reçue, non-seulement pour elles-mêmes, mais encore pour bien d'autres, sur qui elles peuvent avoir autorité, ou à qui leur bon exemple peut servir.

Le roi s'en tenoit à ce que je viens de dire, et ne pensoit point à faire quelque chose de stable. Cependant le bruit ne laissa pas de se répandre de ce commencement de bonne volonté, et le nombre de cent demoiselles ne tarda guère à être rempli. On venoit de tous côtés présenter des filles à madame de Maintenon, le roi lui renvoyant toutes les demandes qu'on lui faisoit sur cela. Elle recevoit ces demandes avec une extrême bonté, e envoyoit à Noisy celles qui étoient choisies, ou elle les y menoit elle-même. Cette augmentation de pensionnaires l'attacha encore davantage à la conduite de cette maison. Elle se faisoit un plaisir de suivre l'éducation de ces demoiselles, autant que la faveur où elle étoit et ses obligations particulières pouvoient le lui permettre. Elle avoit un zèle admirable pour leur avancement, et une bonté qui surpassoit tout ce qu'on en pourroit dire. Elle ne se bornoit pas à la seule instruction sur la religion, qui étoit pourtant le point important sur lequel elle insistoit le plus; elle leur formoit aussi l'esprit et le cœur pour les rendre raisonnables, sages, modestes, dociles, aimables dans la société, et tout ce qui peut contribuer à rendre une personne estimable.

Comme il n'y avoit point alors de communautés de dames, on prenoit, dans les grandes pensionnaires, les plus intelligentes et raisonnables pour les mettre dans les offices dont elles demeuroient chargées, comme l'infirmerie, la dépense, la poste, la sacristie, etc.; car on n'observoit point encore les formalités qu'on a exigées depuis, soit pour l'âge ou autrement. La plupart de ces demoiselles arrivèrent à Noisy à quinze, seize, dix-huit, dix-neuf et vingt ans; il y en avoit même de plus âgées. Les grandes pensionnaires faisoient les lits de celles qui étoient trop petites pour se rendre ce service, balayoient les dortoirs, etc. Entre les filles à qui madame de Maintenon payoit pension, il y en avoit qui n'étoient pas nobles: on les appliquoit aux gros ouvrages; mais on ne laissoit pas de faire agir les demoiselles à qui le roi payoit pension, madame de Maintenon voulant qu'on les accoutumât à ne rien dédaigner : elle disoit que c'étoit faire leur bien.

Dès qu'elle arrivoit à Noisy, elle commençoit ordinairement, après avoir été faire sa prière à la chapelle, de visiter l'infirmerie ; elle y apportoit mille douceurs, s'informoit de l'état de chaque malade, se tenoit quelquefois longtemps auprès de leur lit, à les consoler et même à les servir. Quand il y en avoit de bien malades, elle amenoit les médecins de la Cour, et n'épargnoit rien pour avancer leur guérison, ce qu'elle a toujours observé jusqu'à la fin de sa vie.

Il n'y avoit alors qu'une seule classe : les petites demoiselles étoient mêlées avec les grandes, ce qui, joint au grand nombre, faisoit de la confusion ; madame de Maintenon, pour y remédier, les partagea en quatre classes, comme elles sont aujourd'hui. Pour cet effet, elle vint un jour assez matin à Noisy, et apporta une corbeille pleine de rubans des quatre couleurs, de bleu, de jaune, de vert et de rouge, qui furent distribués à chacune des demoiselles, selon la classe à laquelle elles furent destinées. On mit toutes celles d'une même grandeur ensemble, et on fit quatre corps : les plus grandes eurent le ruban rouge ; celles, d'après le jaune ; celles qui suivoient, le vert ; les plus petites, le bleu. On les mit en quatre chambres séparées, qu'on avoit disposées à cette intention, et dès-lors ces chambres et ces filles s'appelèrent classe rouge, ou jaune, ou verte, ou bleue, selon le ruban que les demoiselles portoient, ce qui s'est toujours observé depuis. Madame de Maintenon leur donna à chacune trois aunes de ruban, et on fut quelques temps à leur en donner la même quantité tous les trois mois, et, dans la suite, on en diminua quelque chose, parce qu'on remarqua qu'elles en avoient trop, qu'elles en abusoient, et que c'étoit une dépense inutile. Les petites changèrent dans la suite leur ruban avec les grandes ; j'en dirai la raison ci-après.

Madame de Maintenon jugea qu'il étoit convenable de leur donner un habit, un uniforme, qui fût simple et modeste, et qui ne laissât pourtant pas d'avoir quelque chose de noble ; entre les étoffes qu'elle pouvoit choisir, elle s'arrêta à l'étamine brune du Mans, qui étoit plus d'usage dans ce temps-là qu'elle ne l'est aujourd'hui, mais qui n'a pourtant rien d'extraordinaire. Cet habit consiste en un manteau et une jupe, et le reste à l'avenant ; la coiffure est un bonnet de toile blanche avec une étoffe médiocrement fine, ou une passe de mousseline et de linon ; elles ont un ruban sur la tête, montrent des cheveux, et se coiffent à peu près selon l'usage du temps, mais toujours le plus modestement qu'il se peut ; elles ont un bord de dentelle ou de mousseline autour du col, un petit tablier de la même étamine que l'habit, bordé autour d'un ruban de la même couleur de la classe où elles sont ; leur ceinture est aussi de la même parure : tout cela, quand il est mis proprement, est un habit qui ne laisse pas d'avoir un air de noblesse, et de faire un assez bon effet au chœur quand toutes les demoiselles y sont assemblées.

Les demoiselles s'occupoient, dans les classes, à apprendre ce que l'on montre ordinairement aux jeunes personnes, comme lire, écrire, l'arithmétique, le catéchisme, apprendre par cœur, ou autres choses semblables ; à travailler, coudre, tricoter ; quelques-unes faisoient de la tapisserie, de la dentelle ; et madame de Maintenon, voulant qu'elles sussent de tout, dans la vue d'en placer auprès de quelques dames, leur fit aussi apprendre à broder. Pour cela, elle mit dans l'avant-cour du château un des premiers brodeurs du roi, avec trois ou quatre brodeuses, qui montroient aux plus grandes demoiselles. Ce brodeur étoit un homme très-sage, et il n'avoit avec lui que des gens d'un bon caractère.

Comme il étoit habile et les maîtresses brodeuses aussi, que les demoiselles avoient beaucoup d'adresse et d'intelligence, elles furent bientôt en état de broder, pour le roi, un lit d'une grande beauté, dont le fond étoit de velours cramoisi et la broderie d'or et d'argent. Elles firent aussi des ornements magnifiques pour la principale église de Strasbourg, à qui le roi en vouloit faire présent : c'étoit une ville de ses conquêtes. Ces demoiselles ne travailloient pas tout le jour ; leur temps étoit partagé comme il l'est aujourd'hui, entre leurs exercices, le travail et les relâchements nécessaires. Madame de Maintenon avoit la bonté de faire une attention particulière à leurs besoins, et ne vouloit pas que rien leur manquât, soit pour le vivre ou pour l'entretien ; elle les régaloit de temps en temps, et leur faisoit venir de Versailles de la pâtisserie pour des collations ou autres choses, selon les repas qu'elle vouloit leur donner ; c'étoit elle qui payoit tous ces extraordinaires, et faisoit aussi continuellement des présents à cette maison. Elle ordonna à l'infirmerie de lui demander tout ce qui seroit nécessaire aux malades et pour leur service ; et elle ne l'avoit pas plus tôt fait qu'elle voyoit arriver plus qu'elle n'avoit demandé. Elle remplit l'apothicairerie de drogues et de médicaments, de quantité de pots de confitures pour les malades, et de tous les ustensiles propres à cet office. Il ne se passoit guère de jours qu'elle ne fit quelque don fort utile à cette maison.

Madame de Brinon gouvernoit tous les ordres ; elle avoit un grand don de se faire craindre et aimer tout ensemble, ce qui contenoit extrêmement bien cette jeunesse sans la contrister ; c'étoit elle qui faisoit ordinairement tous les jours des instructions aux grandes classes ; elle alloit aussi en faire assez souvent aux petites ; car elle avoit bien du zèle et une grande facilité à s'énoncer, de sorte que des gens capables de juger de l'éloquence trouvoient qu'elle en avoit, mais une éloquence toute naturelle, qui n'étoit ni étudiée, ni recherchée, ce qui la faisoit goûter davantage; aussi l'écoutoit-on avec plaisir, et on sentoit que ce qu'elle disoit faisoit impression. Tous les dimanches et les fêtes elle faisoit l'explication de l'épître et de l'évangile du jour dans la chapelle, les autres jours elle y faisoit le catéchisme, après vêpres, à toutes les demoiselles. Sa manière d'instruire étoit claire, agréable, touchante et facile à retenir; le règlement de la journée étoit à peu près le même que celui qu'on observe à présent, excepté qu'il n'y avoit point d'heures d'oraison réglées. La communauté des dames n'étant pas encore établie, les deux religieuses dont j'ai parlé, et qui vinrent à Rueil et ensuite à Noisy, c'est-à-dire les deux dames Dubosc et d'Angien, suivoient leur règle aussi fidèlement que si elles eussent été dans leur monastère, se levoient à quatre heures du matin, faisoient l'oraison deux fois le jour, et observoient tout ce qui leur étoit prescrit, soit pour les prières, soit pour les autres choses propres à leur état, autant que la circonstance du temps et du lieu le pouvoient permettre; les autres maîtresses qui n'étoient que des séculières, et qui n'avoient point d'autres obligations que celles du commun des chrétiens, ne laissoient pourtant pas de faire bien des choses de surérogation, étant toutes de fort honnêtes personnes et pieuses, madame de Maintenon ayant fait grande attention de les bien choisir, afin que les demoiselles n'eussent autour d'elles que de bons exemples et des gens sages et raisonnables, qui ne leur inspirassent que de bons sentiments. Madame de Saint-Pierre se mêloit un peu du temporel, mais c'étoit M. Manceau, cet homme de confiance dont j'ai parlé au commencement qui en étoit principalement chargé : madame de Maintenon s'en reposoit entièrement sur lui. Un jour qu'il travailloit aux comptes, il s'aperçut que ces dames faisoient quelques ménages peu conformes aux intentions de madame de Maintenon ; car elle vouloit qu'on ne reçût rien des parents des pensionnaires, et qu'on ne fît point de mauvaises épargnes ; cependant ces dames ne laissoient pas de prendre des parents ce qu'ils vouloient bien donner pour leurs filles, espérant qu'à cause de cela on en auroit plus d'attention et de considérations pour elles ; ces dames faisoient aussi valoir la sacristie par la relique de saint Candide, vendant ou des images ou des chapelets qui avoient touché au corps de ce saint, chose qu'elles avoient vu pratiquer dans leur couvent, où cela se faisoit par nécessité et pour suppléer à leurs besoins ; mais ceci n'ayant pas lieu à Noisy, où le roi et madame de Maintenon satisfaisoient si généreusement à tout ce qu'on pouvoit desirer, elle ne crut pas devoir y tolérer cette coutume, qui alloit directement contre le but qu'elle s'étoit proposé, de soulager les familles, et d'ôter aux parents toute inquiétude sur le traitement de leurs filles ; mais elle remédia à cela avec beaucoup de bonté ; car, sans donner aucune marque d'improbation sur ce qui se faisoit, elle commença par donner mille livres de pension à madame de Brinon, afin que, se trouvant plus au large, elle entrât de bon cœur dans ses vues ; elle en fit aussi donner une de cinq cents livres à madame de Saint-Pierre, et une de cent écus à chacune des deux religieuses, et je crois que ce fut par le roi. Elle favorisa en tout ce qu'elle put les parents de madame de Brinon, et reçut, parmi les demoiselles, quatre de ses nièces, dont l'une fut mariée à un fermier-général, nommé M. de Blain ; la seconde au major de Perpignan ; la troisième fut religieuse dans une bonne abbaye, dont on lui donna une place de régale, et une somme d'argent pour s'y faire recevoir plus agréablement ; la quatrième eut l'honneur d'être quelque temps auprès de madame de Maintenon, qui la maria avantageusement à un gentilhomme de Normandie. Un de ses neveux eut, par la même protection, une abbaye sur laquelle elle fit donner cinq cents livres de pension à son cadet. Il restoit deux sœurs à madame de Brinon : une religieuse et une séculière. La première eut une pension, je ne sais pas de combien ; mais ce qui est sûr, c'est qu'elle eut sujet d'en être contente ; la seconde fut mariée au comte de Monbas, avec une pension de deux mille écus. Outre cela, madame de Maintenon donna à madame de Brinon autant de places, dans les demoiselles, qu'elle avoit de parents et d'amis à qui elle vouloit faire plaisir. Il y eut encore de ses parents qui eurent des emplois dans l'armée et dans les finances, à sa considération ; et madame de Maintenon en avoit tant pour elle, qu'il n'y avoit rien qu'elle ne fît pour la lui témoigner.

Après tous ces bienfaits et ces libéralités, elle voulut prendre connoissance des plus petits détails de la dépense, s'en faisant rendre les comptes tous les mois; les arrêtoit elle-même, et abolit, par cette conduite, les mauvaises coutumes dont ces parents ne furent pas fâchés, car il y en avoit qui ne laissoient pas de s'incommoder pour envoyer à leur fille, ou de l'argent ou plusieurs douceurs, ce qui avoit bien de l'inconvénient, car cela en détruisoit l'union et l'égalité si nécessaires à la paix dans un aussi grand nombre de jeunes personnes, puisqu'il n'étoit pas possible que celles à qui on donnoit ces choses ne fussent un peu distinguées des autres, et qu'on n'y donnât plus d'attention ; outre cela elles partageoient entre leurs amies les présents qu'on leur faisoit, pendant que ces autres n'avoient rien et en étoient humiliées, contristées et plus oubliées ; c'est pourquoi ce fut un grand bien que madame de Maintenon ôtât aux unes cette occasion de trouble, et aux autres cette petite vanité, et qu'elle voulût qu'on ne dût qu'à Dieu et au roi le bien dont on jouissoit. Peu de temps après, on s'aperçut du changement que cela avoit produit ; on ne regardoit plus Noisy que comme une maison où tout se faisoit avec un généreux désintéressement. Pour l'y maintenir, madame de Maintenon offrit à madame de Brinon d'augmenter les pensions des demoiselles, mais elle l'en remercia, étant sans doute touchée du bienfait qu'elle venoit d'en recevoir et de toutes les autres grâces que madame de Maintenon lui faisoit, et ayant aussi assez d'esprit pour voir qu'elle plairoit davantage en s'en tenant aux premières conditions, et qu'elle y trouveroit mieux son compte, ayant affaire à un si grand roi et à une dame dont le cœur étoit si généreux.

CHAPITRE IV.

Ce qui disposa le roi à faire la fondation.

Les dames de la Cour s'aperçurent bientôt de l'attachement que madame de Maintenon avoit pour Noisy, et crurent que c'étoit faire leur cour au roi de la prier de les y mener. Elle en fit difficulté, parce que, dès ce temps-là, elle ne vouloit pas accoutumer cette maison à voir le monde, ni le monde à la visiter, car elle a toujours été persuadée que ce n'est qu'un sujet de distraction qui détourne des occupations nécessaires, et qui ne produit, pour l'ordinaire, aucune utilité. Cependant, à force d'être importunée, elle l'accorda à quelques-unes de ces dames, puis à d'autres; et, au retour, soit qu'elles eussent goûté ce qu'elles avoient vu, ou qu'elles voulussent plaire en louant une œuvre qu'elles croyoient qu'on aimoit, elles faisoient de beaux récits devant le roi du bon ordre qui régnoit dans cette maison, de la modestie des demoiselles, des bonnes instructions et de la belle éducation qu'on leur donnoit, et disoient que cela feroit un grand bien dans le royaume. Le roi prenoit plaisir à ces discours; et ils firent une telle impression sur son esprit, joint à ce que lui en disoit madame de Maintenon dans le particulier, qu'il voulut voir, par lui-même, ce qui en étoit. Il vint un jour qu'on ne l'y attendoit pas, n'en ayant point fait avertir ma sœur de Veillant, qui étoit portière, et qui n'a toujours eu que son devoir présent, ne sachant pas ce qu'il y avoit à faire en telle surprise, et, entendant crier à la porte par ceux qui accompagnoient Sa Majesté : Voilà le roi ! répondit, sans s'émouvoir, qu'elle en alloit avertir madame de Brinon. Le roi attendit ; et, ne trouvant point mauvais qu'on l'eût fait attendre, il loua la régularité de la portière, et excusa le délai qu'on avoit apporté à lui ouvrir sur ce qu'il n'avoit point fait avertir. Dès que madame de Brinon sut qu'il étoit à la porte, elle courut la lui faire ouvrir. Comme elle avoit de l'esprit, elle le reçut autant bien qu'il se pouvoit en pareille circonstance, et ne parut pas plus embarrassée que si elle eût été accoutumée à le voir depuis longtemps ; elle le mena aux classes, où il vit les exercices qu'on y faisoit ; ensuite on fit descendre les demoiselles à la chapelle, et on le conduisit dans une tribune qui y donnoit ; on y fit quelques courtes prières pour lui ; on y chanta le *Domine, salvum fac regem*. Or, on avoit accoutumé les demoiselles à ne point regarder de côté et d'autre dans la chapelle, et encore moins quand il y avoit quelqu'un aux tribunes ; et lorsque cela étoit arrivé elles en avoient de grandes réprimandes et quelquefois des pénitences. Cela étant ainsi, il n'y eut personne qui osât tourner la tête du côté où étoit le roi, quelque envie qu'on eût de le regarder. Il admiroit la modestie de toutes ces demoiselles ; il ne laissa pas d'en distinguer une qui trouva le moyen d'accommoder sa coiffe de façon qu'elle le voyoit sans paroître le regarder ; il ne lui en sut pas mauvais gré ; il s'informa même de son nom ; elle étoit de la grande classe, et s'appeloit de Braye. C'étoit une fille fort bien faite, que mademoiselle de Montpensier avoit donnée. Depuis ce temps-là, il se souvenoit toujours d'elle, et lui en donna des marques en plusieurs occasions : j'en dirai quelque chose dans la suite.

Le roi fut très-content de sa visite et de tout ce qu'il y vit ; il n'y eut qu'une chose qu'il ne goûta pas, ce fut de ce que les demoiselles de la grande classe portoient le ruban rouge et les petites de la dernière classe le ruban bleu. Il dit à madame de Maintenon qu'il trouvoit plus convenable que les grandes eussent le ruban bleu, et que le rouge iroit mieux aux petites classes ; et cela est demeuré ainsi jusqu'à présent. La visite du roi produisit donc ce changement et une grande joie dans tous les cœurs des personnes de cette maison ; mais elle fit dans le sien des effets bien plus considérables ; car, ayant été frappé du bien que faisoit la bonne éducation de ces jeunes filles, il ne pouvoit se lasser d'en parler, et se sentit pressé de faire quelque chose de plus grand et de plus solide. Madame de Maintenon, le voyant occupé de cette pensée, profita de ce moment favorable pour l'y exciter de plus en plus ; et, afin de l'y déterminer entièrement, elle lui représenta le pitoyable état où étoient réduites la plupart des familles nobles de son royaume par les dépenses que les chefs avoient été obligé de faire à son service, le besoin que leurs enfants avoient d'être soutenus pour ne pas tomber tout à fait dans l'abaissement ; que ce seroit une œuvre digne de sa piété et de sa grandeur de faire un établissement stable, qui fût l'asile des pauvres demoiselles du royaume, et où elles fussent élevées dans la piété chrétienne et dans tous les devoirs des filles de leur condition, lui insinuant tous les motifs chrétiens et glorieux qui pouvoient l'y émouvoir, en quoi elle fut aidée par le révérend père de La Chaise, jésuite, confesseur du roi, qui, étant animé du zèle dont ces pères font profession, appuya fortement les raisons de cette incomparable dame. Il avoit été quelque temps auparavant à Noisy, et avoit connu par lui-même le bien qui s'y faisoit, dont il rendit bon témoignage au roi. Il lui fit comprendre, conjointement avec madame de Maintenon, que les filles, ayant moins de ressources que les garçons, étoient aussi plus à plaindre, et avoient en quelque façon plus besoin d'être secourues à cause des dangers où l'infortune les peut exposer, et qu'elles n'ont pas les mêmes facilités de se pousser; que cela est encore plus vrai à l'égard de celles qui ont de la naissance que des autres d'une moindre condition, le bien ou le mal qu'elles font portant plus de coups. Madame de Maintenon étoit elle-même d'une ancienne noblesse, qui avoit été illustrée par la bienveillance de nos rois, quelques-uns de ses aïeux ayant été dans leur intime confiance, et chevaliers de l'ordre du Saint-Esprit, que d'autres s'étoient acquis beaucoup de réputation par les qualités qui font le vrai mérite, soit dans les armées ou en d'autres emplois, et que malgré cela elle avoit éprouvé dans sa jeunesse les disgrâces de la fortune, ce lui étoit un motif qui excitoit sa tendresse envers ceux de cette condition qui en étoient maltraités, et elle en étoit si pénétrée que, plusieurs fois, après s'être épuisée à leur donner, on la voyoit fondre en larmes au récit de leurs malheurs; elle leur disoit même, pour les consoler, qu'elle n'avoit pas été autrefois plus heureuse qu'eux; mais que, dans la place où Dieu l'avoit mise, elle étoit devenue un bel exemple de la confiance qu'on doit avoir en sa providence; qu'il n'abandonnoit jamais ceux qui recouroient à lui, et que, tôt ou tard, ils éprouveroient les effets de sa protection. Comme elle étoit pleine de ces sentiments, elle ne perdoit point les occasions d'exposer au roi le déchet de la noblesse et de lui suggérer les moyens de la secourir; elle s'en expliqua encore d'une manière plus vive et plus touchante dans la circonstance que je viens de dire, où le père de La Chaise se trouva, et la seconda. Ce grand prince, qui étoit déjà prévenu en faveur de la bonne œuvre dont on lui parloit, et se portoit volontiers aux entreprises glorieuses, surtout à celles qui regardoient la religion et la piété, forma dès l'heure même, le dessein de fonder une maison plus nombreuse que celle de Noisy; et, sur l'avis de madame de Maintenon et du père de La Chaise, il se fixa à deux cent cinquante demoiselles, qui seroient gratuitement reçues, élevées, nourries et entretenues de toutes choses, jusqu'à vingt ans, aux dépens de la fondation, et sans qu'il en coûtât un sou à leurs parents. Pour cela, il se proposa d'assigner un bon revenu, dont un des principaux seroit la mance abbatiale de Saint-Denis, qui étoit vacante depuis longtemps, et qu'il semble que Dieu réservoit pour un si saint œuvre, n'ayant pas permis qu'elle eût été remplie depuis la mort du cardinal de Retz, dernier abbé commendataire. Le roi se priva, par cette destination, de la nomination d'un des plus beaux bénéfices de son royaume, dans la vue que les revenus n'en pouvoient être mieux employés qu'à donner une éducation chrétienne à ce grand nombre de jeunes demoiselles. Sa Majesté donna ses ordres pour faire un projet de dépenses, afin de voir à peu près combien il faudroit pour les faire subsister et les autres personnes nécessaires à les gouverner; car, outre les deux cent cinquante demoiselles, il falloit une chanoinesse pour les conduire et des sœurs converses pour les servir, sans compter les servantes et autres domestiques qu'on ne pouvoit s'exempter d'avoir. Le nombre des personnes qui devoient composer la communauté fut fixé à trente-six; et celui des sœurs converses à vingt-quatre. Madame de Maintenon croyoit alors que ce nombre des unes et des autres suffiroit pour gouverner et servir la maison; elle n'en auroit pas voulu davantage, quoique, selon son calcul, il n'y avoit personne de reste, parce qu'elle pensoit que plus la communauté seroit grande, plus elle seroit chargée; sa raison étoit qu'il y auroit alors plus d'infirmes et d'invalides qui, au lieu de soulager, auroient besoin elles-mêmes d'être soulagées ; elle vouloit aussi que nous fussions fort occupées ; et, pour cela, elle n'avoit mis dans son projet des charges que le nombre juste et nécessaire d'officiers pour les remplir ; l'expérience a fait voir depuis qu'on ne pouvoit se dispenser d'augmenter la communauté et les filles de service ; et madame de Maintenon a fait elle-même cette augmentation ; mais elle nous a dit souvent que nous ne devions pas aller plus loin, par les raisons que j'ai dites.

Ce fut le jour de l'Assomption de la sainte Vierge, 1684, que le roi prit la résolution de faire la fondation. Madame de Maintenon vint à Noisy le lendemain nous apporter cette bonne nouvelle, qui nous combla de joie et de reconnoissance pour le roi et pour elle. M. Manceau fut chargé de faire le projet de dépense tel que le roi le demandoit. Pour mieux juger à quoi pouvoit monter le revenu de la fondation, madame de Maintenon lui dit de se jeter dans tous les détails possibles, jusqu'aux moindres bagatelles, et d'y garder néanmoins de la modération, en sorte que, remplissant son projet de tout ce qui pouvoit rendre la vie aisée et commode, il évitât tout ce qui seroit superflu.

Le roi, de son côté, pensa à choisir un lieu propre à faire cette fondation. Il comptoit bien que madame de Maintenon y seroit souvent ; il falloit accommoder cela à l'obligation où elle se trouvoit d'être à la Cour ; ainsi ce lieu ne devoit pas être éloigné de Versailles ; on lui proposoit même d'y faire l'établissement ; mais madame de Maintenon s'y opposa, le priant de considérer que cela pouvoit être préjudiciable au bien qu'on se proposoit : parce que, si cet établissement étoit si à portée des personnes de la Cour, il y en auroit peut-être plusieurs qui voudroient rendre de fréquentes visites à cette maison, et qui seroient d'un certain rang qu'on ne pourroit refuser sans tomber dans quelque inconvénient ; que l'attention qu'on seroit obligé d'avoir pour elles détourneroit de celle qu'on devoit donner aux demoiselles, et causeroit de la dissipation ; qu'il seroit difficile que l'esprit du monde ne se communiquât, malgré qu'on en eût, dans un lieu dont on vouloit le bannir ; que si c'étoient des parents, ou alliés, ou connoissances des demoiselles qui les vinssent voir au parloir, ce qui arriveroit plus fréquemment à Versailles qu'ailleurs, à cause que tout le monde y abonde, et qu'il y auroit peu d'officiers, de pages et autres qui n'eussent des raisons pour vouloir voir les demoiselles, cela deviendroit une grande importunité, les détourneroit de leurs exercices et les dames qui les accompagneroient de leurs occupations ; qu'il n'y auroit pas un moindre inconvénient que ce fussent des dames de la communauté qui reçussent des visites et qui eussent commerce au dehors, ce qui seroit pourtant inévitable dans un lieu où une infinité de gens seroient ravis d'avoir des liaisons avec la supérieure ou des particulières d'une maison qui alloit devenir à la mode, et dont on pouvoit espérer tirer quelques avantages ; que toutes ces raisons, et beaucoup d'autres qui en seroient les suites lui faisoient desirer que cet établissement se fît à quelque distance de Versailles, mais cependant peu éloigné, afin que, d'une part, on pût aisément en tirer les vivres nécessaires, et que, de l'autre, elle-même n'eût pas beaucoup de chemin à faire pour y aller.

Le roi, sur ces réflexions, ne pensa plus qu'à chercher quelque lieu commode aux environs de Versailles, et ordonna, pour ce sujet, à M. de Louvois, premier ministre d'état, et à M. Mansard, premier architecte de Sa Majesté, d'en aller faire la découverte. Ils parcoururent les lieux circonvoisins, et, après les avoir bien considérés, ils n'en trouvèrent point de plus propre au dessein qu'on avoit que celui de Saint-Cyr ; ils prisèrent surtout la facilité d'y avoir de l'eau ; car c'étoit ce qui manquoit à Noisy, c'est pour cela qu'on l'appela Noisy-le-Sec, et c'est aussi ce qui empêcha qu'on y fît l'établissement ; car, d'ailleurs, il est situé de manière qu'il se trouve entre Versailles et Marly, et que madame de Maintenon n'avoit pas plus de chemin à faire d'un côté que de l'autre pour y venir. L'air y est fort bon et fort sain ; sans cette disette d'eau, il l'auroit emporté sans doute sur Saint-Cyr.

Ces messieurs ayant fait leurs diligences pour s'acquitter de leur commission, en rendirent compte au roi, qui, après les avoir entendus, fut de leur sentiment pour se fixer à Saint-Cyr. Madame de Maintenon pensa de même ; mais elle voulut voir le lieu pour en mieux juger.

Or, il y avoit deux fiefs dans la paroisse de Saint-Cyr : l'un appartenant aux religieuses bénédictines, qui y sont établies depuis longtemps, l'autre étoit à M. Séguier, marquis de Saint-Brisson, avec un petit château accompagné d'un assez beau jardin et d'un petit bois fort joli. Le monastère des dames bénédictines étoit médiocre, bâti à l'antique, à plusieurs reprises ; mais la situation en étoit agréable du côté du couchant. Cette maison tenta d'abord madame de Maintenon, qui, l'ayant visitée avec M. de Louvois, témoigna au roi qu'elle lui agréoit. Bientôt après, il fit proposer à ces dames un accommodement qui étoit de lui céder leur maison, et qu'en échange il les établiroit près de Paris ou dans la ville, si elles l'aimoient mieux ; qu'il leur paieroit largement ce qu'elles possédoient à Saint-Cyr, les frais du déménagement, et enfin tout ce qui seroit nécessaire pour qu'elles trouvassent leur compte à cet échange. Elles parurent dans ce premier moment toutes prêtes à faire ce que le roi voudroit, et dans une parfaite soumission; mais le temps qu'on leur donna pour délibérer leur fit faire réflexion à leur longue possession, à la tranquillité dont elles jouissoient, car elles vivoient paisiblement, très-solitaires, et peu connues du monde, quoiqu'elles fussent près de la Cour, ce qui leur a toujours acquis beaucoup d'estime des gens de bien et de la Cour même; car en ce lieu-là, comme partout ailleurs, on aime que les religieuses vivent selon leur état.

Ces dames pensant donc au repos qu'elles goûtoient et à l'agitation où un changement pareil à celui-là les alloit jeter, dont les suites ne seroient peut-être pas si heureuses qu'on leur faisoit espérer, elles commencèrent à craindre l'exécution de ce projet, et ne songèrent plus qu'à l'éluder. Pour y réussir, elles appelèrent à leur secours M. le prieur de Saint-Jacques, qui étoit parent de l'abbesse, et portoit le même nom d'Aligre. Cet abbé, qui étoit un homme entendu, ayant ouï les réflexions des religieuses sur ce qu'on leur proposoit, crut que, tout bien considéré, il leur étoit plus avantageux de demeurer que de s'en aller au hasard de mille inconvénients qui pouvoient naître du changement proposé; ainsi il les confirma dans leurs craintes, et se proposa de faire tant de difficultés sur l'exécution de cette affaire, qu'il la feroit échouer. En effet, M. de Louvois, qui ne savoit rien de ce qui se passoit, et qui avoit laissé ces dames dans des dispositions telles qu'on les pouvoit souhaiter, les vint voir une seconde fois pour résoudre des conventions entre le roi et elles, et prendre des mesures sur leur départ, qu'il comptoit devoir se faire bientôt; car on vouloit expédier cette affaire le plus promptement qu'il se pourroit. Mais il fut surpris de voir ces dames lui tenir un autre langage qu'elles n'avoient auparavant; il le fut encore bien plus, lorsque M. le prieur de Saint-Jacques, faisant l'office d'entremetteur, lui demanda des sommes exorbitantes en dédommagement, et apprécia tout ce qu'elles avoient à Saint-Cyr le double de sa valeur, quand même on l'auroit mis au plus haut prix. M. de Louvois, qui se vit par là bien loin de ses prétentions, n'entra pas en plus grande discussion, laissa là M. le prieur de Saint-Jacques et les religieuses, et s'en revint fort mécontent faire son rapport au roi. Lorsqu'il eut fini, madame de Maintenon, prenant la parole, dit qu'en effet, cette maison, que les dames aimoient tant et qui leur étoit si commode, ne le seroit peut-être guère à ceux qui devoient l'habiter; que sa majesté, se proposant d'y faire des bâtiments considérables et de réparer les vieux, elle y consommeroit des sommes considérables, qui, jointes avec le prix de l'acquisition, donneroit de quoi faire une maison bien plus proportionnée à l'usage qu'on en vouloit faire; qu'elle croyoit qu'il valoit mieux laisser ces dames en paix et prendre un autre dessein.

Le roi goûta ces raisons, et pensa que, quelque dépense qu'on pût faire à la maison des dames bénédictines, elle ne pourroit être que mal tournée, à moins qu'on ne l'abattît entièrement pour en construire une tout à neuf. Il prit la résolution de faire chercher un terrain près de là, et ce fut M. Mansard, architecte du roi, qui fut chargé de cette recherche par M. de Louvois. On informa les dames bénédictines de ce résultat, qui en bénirent Dieu, et crurent que c'étoit l'effet de leurs prières, car elles en avoient beaucoup fait, même des jeûnes et des austérités, pour obtenir cette grâce et détourner ce coup qui leur paroissoit si fâcheux, mais qui l'auroit été pourtant moins qu'elles ne pensoient, ayant affaire à un prince aussi bon, aussi juste et aussi généreux qu'étoit le roi, qui leur auroit fait sans doute un bon parti. Nous ne perdîmes rien à celui qu'elles prirent, si ce n'est qu'il nous auroit été plus avantageux d'avoir la seigneurie tout entière que de la partager avec ces dames, ce qui devint, de fois à autres, des occasions de dispute et encore d'autres inconvénients incommodes; à cela près nous fûmes bien placées.

M. Mansard, selon l'ordre qu'il en avoit reçu, vint visiter encore une fois les environs de Saint-Cyr, les considéra avec beaucoup d'attention, et ne trouva rien de plus convenable au dessein qu'on avoit que Saint-Cyr même, qui, à cause des eaux et des sources qui y sont, jointes à la proximité de Versailles, lui parut très-commode, et trouva que la maison de M. de Saint-Brisson, qui étoit à deux pas de l'abbaye des dames bénédictines, pourroit convenir. C'étoit, comme j'ai dit, un fief de la paroisse, qui avoit un beau jardin, un bois accompagné de futaies, le tout coupé de plusieurs allées, qui étoient traversées par un aqueduc que le roi y avoit fait construire, pour y recueillir les bonnes eaux qui viennent du côté de Fontenay et des environs, pour les conduire à la ménagerie, qui se rencontre juste à la moitié du chemin de Saint-Cyr à Versailles; toutefois, sans que cette conduite d'eau apportât aucun préjudice au jardin et au bois dont il s'agit, n'y ayant que les regards d'apparents qui étoient au niveau des allées par où elles passoient, comme elles font aujourd'hui. Fort près de là il y avoit aussi une belle et grande fontaine, dont le public se servoit. M. Mansard s'arrêta à ce lieu, fit un plan des bâtiments qu'on y pouvoit faire, selon les vues du roi et de madame de Maintenon, et lui vint faire son rapport. Le roi, ayant examiné le plan du bâtiment, y changea plusieurs choses, de concert avec madame de Maintenon. Du reste, il agréa extrêmement la situation du lieu, et convint d'en faire parler à M. de Saint-Brisson, qui, à la première proposition qu'on lui en fit, y donna les mains très-volontiers. On nomma des experts de part et d'autre qui apprécièrent tout ce qu'il possédoit en ce lieu à quatre-vingt-dix mille livres ; le contrat en fut passé en forme de change entre M. le maréchal de la Feuillade et M. de Saint-Brisson. Durant ce temps-là, M. Mansard travailla à réformer son plan, et à supputer à combien les bâtiments que l'on projetoit reviendroient. M. Manceau travailloit aussi de son côté, au projet de dépenses pour la nourriture et l'entretien de ceux qui devaient y habiter, et le fit à ce qu'il croyoit, bien en détail, selon les instructions qu'il en avoit reçues de madame de Maintenon, puis le présenta au roi, qui, l'ayant lu article par article, n'y changea rien, sinon à celui des draps, où il n'en étoit marqué que deux paires à chaque lit, le roi mit à la marge, de sa main, trois paires. Ce projet se montoit à cent mille livres par an ; et, d'abord, on crut que cette somme seroit suffisante, et qu'on pourroit faire la fondation sur ce pied-là ; mais, depuis, on fut obligé de l'augmenter, comme je le dirai ci-après. Le nouveau plan de bâtiment ayant été achevé et derechef présenté au roi, il l'approuva ; après quoi on ne songea plus qu'à se mettre en état de l'exécuter. Pour cela, on choisit les plus habiles entrepreneurs et ouvriers travaillant actuellement pour le roi ; mais, avant d'aller plus loin, je ne dois pas omettre les notes que fit le roi sur notre établissement, qui marquent combien il en étoit occupé et ce que sa sagesse lui faisoit prévoir.

NOTES DU ROI.

Lettres patentes bien dressées ;
Biens à donner à la fondation ;
Ornements à faire pour l'église ;
Meubles de toutes sortes ;
Choix d'un homme d'affaires ;
Choix d'un conseiller-d'état pour assister aux comptes ;
Provisions, par avance, pour que rien ne manque au 1er juillet, jour que les demoiselles entreront à Saint-Cyr ;
Propositions de donner plus de revenus qu'il ne faut pour l'entretien de la maison, à condition de marier les demoiselles sur le revenant-bon ;
Somme honnête mise à part pour les besoins qu'on pourroit avoir ;
Règlements à faire ;
Constitutions bien examinées ;
Bons sujets à choisir ;
Voir à peu près l'état où la dépense ira ;
Précautions à prendre contre le désordre, tant dans les mœurs que dans l'administration des biens ;
Défendre tous présents ;
Défendre qu'on acquière plus de bien ;
Défendre de bâtir pour agrandir la maison ;
Spécifier l'âge ;
Le temps que les filles seront reçues et demeureront dans la maison.

CHAPITRE V.

De la construction des bâtiments.

Les ouvriers furent mis en œuvre le premier jour de mai de l'année 1685, et, outre ceux qui étoient ordinairement employés pour le roi, il en vint encore de la plupart des provinces. Le roi donna aussi de ses troupes, qu'on fit camper à Versailles et à Bouviers, lieu proche d'ici. On mit les soldats en besogne, et on établit plusieurs de leurs officiers dans tous les ateliers, afin de les contenir et de les faire obéir aux entrepreneurs ; cela produisoit l'effet qu'on en attendoit ; car, pendant tout le temps du travail, il n'arriva pas le moindre désordre, quoi qu'il y eût jusqu'à neuf cents maçons travaillant de la truelle, plus de quatre cents tailleurs de pierre, autant de charpentiers, et de même à proportion des autres ouvriers; de sorte qu'ils étoient à peu près au nombre de deux mille cinq cents. Le roi, qui, en toute occasion, se montroit le père de ses sujets, en donna dans celle-ci une sensible marque, car il ordonna qu'on eût grand soin des ouvriers qui tomberoient malades ou qui malheureusement se blesseroient, comme il arrive quelquefois. Il fit établir un prêtre pour leur dire la messe tous les jours et pour les secourir dans leurs besoins spirituels, conjointement avec le curé de la paroisse. Tous ces ordres étant donnés, on commença par abattre la maison de M. de Saint-Brisson, et l'on jeta les fondements de la nôtre. Le roi s'occupa, de son côté, à régler tout à fait les revenus de la fondation ; il revit les mémoires de M. Manceau, et, avant de les communiquer à personne, il demanda à M. de Louvois, qui étoit homme de détail, à combien il croyoit qu'on devoit fixer le revenu de cette maison. Il répondit, qu'avant toutes choses, il falloit savoir sur quel pied on vouloit la mettre; madame de Maintenon lui en donna une idée générale, sur quoi il demanda du temps, et, au bout de quelques jours, il dit au roi qu'il ne croyoit pas qu'on pût faire subsister cette maison et la soutenir à moins de deux cent mille livres; le roi lui répondit que madame de Maintenon avoit fait faire un projet (c'étoit celui de M. Manceau) qui se montoit à beaucoup moins, et qu'elle le trouvoit fort raisonnable. M. de Louvois demanda à le voir; et, après l'avoir vu, il n'en fut pas moins ferme dans son sentiment. Il dit au roi qu'il seroit bon d'en faire faire encore d'autres à différentes personnes. Il se passa plusieurs jours sans qu'il en parût de sa part; et enfin, étant de nouveau interrogé, il persista à dire qu'il étoit impossible qu'on pût faire subsister cette maison pour cent mille francs, à quoi le mémoire de M. Manceau se réduisoit, ni même pour cent soixante mille; et la suite a fait voir qu'il ne se trompoit pas. Le roi, cependant, prit son parti, et dota la maison de cent cinquante mille livres de rente, comptant l'abbaye de Saint-Denis sur le pied de cent mille francs; et il assigna cinquante mille livres à prendre sur le trésor royal en attendant qu'il eût trouvé des fonds de terre, jusqu'à la concurrence de la somme que devoit produire les cinquante mille livres. Si toutes choses fussent demeurées à aussi bon prix qu'elles étoient alors, ce revenu auroit peut-être été suffisant, car tout étoit à bon marché, et on trouvoit beaucoup plus de facilité à toutes choses qu'on ne fait aujourd'hui, ce qui étoit un effet de l'abondance qui régnoit dans le royaume, par la sagesse, la puissance et le bon gouvernement du roi. Mais ce bon temps, qui avoit été fort long, ne dura que très peu d'années depuis notre établissement; celles qui y ont succédé se sont trouvées fort différentes par les guerres que Sa Majesté a été obligée de soutenir contre une grande partie des princes de l'Europe et par des accidents qui ne se pouvoient prévoir, ce qui a été cause que les vivres, les étoffes, et tout ce qui est nécessaire à l'entretien et au commerce de la vie a extrêmement augmenté. Outre que nous avons eu aussi plus de charges qu'on avoit prévu, tant en décimes, dons gratuits, frais extraordinaires, entretiens de biens, que pour appointements d'officiers et autres personnes préposées à l'administration de nos affaires temporelles et spirituelles; de sorte que, quelque magnifique que fût alors la fondation, elle n'auroit pu suffire si le roi, après en avoir été bien informé, n'y eût ajouté trente mille livres de rente à prendre sur les tailles, ce qui ne se fit que dans la suite des temps. Mais pour lors, il se contenta de cent cinquante mille livres, et y ajouta seulement la terre de Saint-Cyr et ses dépendances, valant ensemble seize cents livres de rente, fit expédier des lettres patentes de toutes ces donations, qui furent enregistrées au parlement de Paris, lesquelles se gardent en dépôt, et tous les actes nécessaires, où l'on trouve aussi d'autres preuves des bontés vraiment royales de notre auguste fondateur. Ce fut par un effet de cette même bonté et attention à nos véritables intérêts que, connoissant l'importance qu'il y avoit que madame de Maintenon gouvernât cette maison aussi longtemps que Dieu lui voudroit conserver la vie, afin de conduire cette grande œuvre à sa perfection, il lui fit expédier un brevet par lequel il lui donna tout pouvoir et autorité dans cette maison. Ce brevet se garde au dépôt tel que le voici :

Aujourd'hui, quinzième jour de juin mil six cent quatre-vingt-six, le roi étant à Versailles, mettant en considération que la maison et communauté de Saint-Cyr, que sa majesté a fondée et érigée par ses lettres patentes du présent mois de juin, étant formée par les soins et sous la conduite de la dame de Maintenon, qui en a jeté les premiers fondements, elle ne peut être solidement établie et maintenue dans l'ordre et discipline qui y sont nécessaires pour l'exécution des intentions de Sa Majesté et du bien qu'elle veut procurer aux jeunes demoiselles qui y seront élevées et instruites, que par l'application, la direction et l'autorité de ladite dame de Maintenon, Sa Majesté a accordé et accorde, veut et entend que ladite dame de Maintenon ait la jouissance, sa vie durant, de l'appartement que sa majesté a fait construire en ladite maison pour le logement de ladite dame; qu'elle y puisse entrer toutefois et quand elle le souhaitera, y demeurer tant qu'il lui plaira, avec tel nombre de personnes dont elle voudra se faire accompagner; veut, en outre, Sa Majesté que, pour faire observer exactement la fondation et les réglements, ladite dame jouisse dans ladite maison et communauté de toute prééminence, honneur, prérogatives et de toute l'autorité et direction nécessaires, et telles qui peuvent appartenir à un fondateur; ordonne Sa Majesté que tant ladite dame que les personnes qui entreront à sa suite au dedans de la clôture et ceux de son train qui seront au dehors, seront logés, nourris et entretenus, tant qu'il lui plaira, aux dépens de la fondation de Sa Majesté; déclarant comme une charge expresse de ladite fondation toutes les choses ci-dessus exprimées en faveur de ladite dame de Maintenon et de ceux de sa suite; pourra, ladite dame, faire, au profit de ladite maison et communauté, telle disposition et dons que bon lui semblera tant en meubles qu'immeubles, lesquels ladite communauté sera tenue d'accepter sans que le présent brevet, ni les choses y contenues, puissent être tirées à conséquence ; n'entendant, Sa Majesté, qu'elles n'aient effet qu'en la seule personne de ladite dame de Maintenon, sa vie durant, et sans qu'après elle ledit appartement ni lesdites prééminences, prérogatives, honneurs, autorité et direction puissent être accordées ni appartenir à aucune autre personne en vertu de quelque concession que ce soit. Et, pour témoignage de ce qui est en cela la volonté de Sa Majesté, elle m'a commandé l'expédition du présent brevet qu'elle a signé de sa main et fait contre-signer par moi, conseiller, secrétaire d'état et de ses commandements et finances.

Signé, LOUIS.

Et plus bas :

COLBERT.

CHAPITRE VI.

De l'ameublement de Saint-Cyr.

La fondation ayant été réglée comme je viens de le dire, le roi songea à faire meubler la maison, et par un trait de sa magnificence ordinaire et royale, il voulut que tout fût neuf et bon, sa majesté laissa le soin du détail à madame de Maintenon, et la rendit maîtresse d'y employer telle somme qu'elle jugeroit à propos, ce qu'il fit pour la mettre plus en liberté, mais ce fut pourtant ce qui lui lia les mains, contre l'intention de ce grand prince; car, étant naturellement plus circonspect que personne au monde, elle s'attacha plutôt à épargner qu'à dépenser, afin de lui être le moins à charge qu'il se pourroit; ce même esprit lui fit prendre bien des mesures pour l'achat des meubles. Afin de n'excéder en rien, elle en fit faire des projets à ceux qui pouvoient avoir quelque lumière là dessus, surtout à M. Manceau, à mademoiselle de Balbien et même à madame de Brinon; cette demoiselle Balbien étoit une fille de mérite, intelligente, que madame de Maintenon avoit toujours auprès d'elle depuis plusieurs années, et en qui elle avoit une pareille confiance qu'en M. Manceau pour tout ce qui regardoit le temporel, elle s'en servit utilement, aussi bien que de lui, pour l'ordre et l'arrangement qu'elle vouloit mettre à Saint-Cyr, et on peut dire qu'ils y réussirent si bien que c'est d'eux que nous tenons la plupart des choses qui s'observent dans les charges qui regardent le temporel.

Le mémoire des meubles étant achevé, dans tout le détail que l'on crut alors suffisant, et même au-delà du nécessaire, il se monta aux environs de cinquante mille écus, le roi approuva tout, et ordonna à M. de Metz, intendant des meubles de la couronne, de fournir les ornements d'église ; M. Manceau fut chargé des autres emplettes, et mademoiselle Balbien, de celle des habits et du linge.

CHAPITRE VII.

Du noviciat de Noisy.

Pendant que toutes les choses se disposoient, on disposoit aussi à Noisy plusieurs filles d'entre les grandes demoiselles qui avoient témoigné plus de desir d'être de celles qui seroient choisies pour composer la communauté qu'on vouloit établir; on y joignit quelques filles du dehors qui se présentèrent, et on les mit dans une chambre séparée des demoiselles, pour faire leur noviciat, ce fut au mois d'octobre de l'année 1685 qu'elles y entrèrent au nombre de douze, savoir : mesdemoiselles de Loubert, de Saint-Aubin, d'Hauz, de Saint-Par, de Butery, de Fontaines, de Gautier, de Montèbe, de Rocquemont, de Flamery, de Radouay, du Pérou. Mademoiselle de Loubert avoit été quelque temps auprès de madame de Maintenon qui l'estimoit fort : j'aurai à en parler plus d'une fois dans la suite; madame de Brinon, qui étoit supérieure de toute la maison, leur tint lieu de maîtresse des novices, et ma sœur de Saint-Pars fut sous-maîtresse; elle étoit bien plus âgée que les autres, avoit été membre de la communauté du père Barré minime, et maîtresse aux classes; sa maturité et sa piété firent juger à madame de Maintenon qu'elle seroit plus propre à cet emploi qu'aucune de nous. Comme elle n'étoit engagée dans sa communauté par aucun vœu, elle crut que, trouvant une aussi bonne occasion de s'établir

solidement, elle ne la devoit pas manquer, et pour cela
demanda à être du nombre des prétendantes; on l'y
reçut avec joie à cause que c'étoit une fille faite et de
beaucoup de vertus; elle étoit demoiselle. Les demoiselles du noviciat le commencèrent par trois jours de
retraite sous la conduite de M. l'abbé Gobelin, que madame de Maintenon nous avoit donné pour supérieur,
après l'avoir fait nommer par le roi et approuvé par
monseigneur l'évêque de Chartres, qui étoit dans ce temps
là messire Ferdinand de Neuville. M. l'abbé Gobelin étoit
un homme de beaucoup d'esprit et de savoir, docteur
de Sorbonne, et joignoit à la science une solide piété, un
zèle ardent pour l'honneur et service de Dieu, un grand
détachement du monde, une rare modestie et l'humilité;
madame de Maintenon l'avoit choisi pour son directeur,
il y avoit déjà du temps : elle l'estimoit fort, et y avoit
beaucoup de confiance. Comme elle crut ne pouvoir nous
rien donner de meilleur, elle le pria de venir à Noisy, et
d'y demeurer quelque temps pour aider de ses conseils
madame de Brinon, et contribuer à nous former dans la vie
spirituelle, afin de nous préparer à remplir dignement les
desseins de Dieu sur nous. Il vint donc pour nous mettre
en retraite, et on fit, durant les trois jours que nous y
fûmes, des conférences sur l'excellence de l'état que
nous voulions embrasser et sur l'importance d'une bonne
vocation; il nous apprit à faire l'oraison, et nous parloit
en particulier pour juger de nos dispositions et nous
exciter à profiter des grâces que Dieu nous présentoit.
Nous fîmes assez bien cette retraite, et en sortîmes fort
résolues à faire un bon noviciat, quoique, par jeunesse, il
nous échappoit assez souvent de sourire pour peu de
chose. M. l'abbé Gobelin avoit la bonté de nous supporter et étoit même bien aise de nous voir gaies; mais il
nous faisoit pourtant rentrer dans le sérieux après quel-

ce moment de condescendance. Notre noviciat consista être très séparées des demoiselles, à garder plus de silence qu'on en faisoit aux classes, à écouter les instructions que madame de Brinon nous faisoit deux fois le jour, de chacune une heure au moins, à lui répéter ce que nous avions retenu, et à apprendre dans les interalles les choses où nous avions besoin de nous perfectionner, comme l'écriture, l'arithmétique et autres exercices; les sujets d'instruction étoient sur des matières spirituelles ou utiles; on nous faisoit souvent des questions pour nous rendre attentives et voir si nous comprenions bien ce qu'on nous disoit; on nous enseignoit à être simples et droites dans notre manière de penser et de parler, et dans notre conduite. Rien ne plaisoit tant à madame de Maintenon que cette simplicité, et elle disoit que ceux qui ont véritablement de l'esprit en sont plus capables que les autres; car elle n'entendoit pas par cette simplicité celle qui marque peu de sens, mais celle qui fait agir et parler avec candeur et droiture; du reste, on ne nous formoit pas beaucoup aux pratiques et aux manières religieuses qu'on nous a enseignées depuis, parce qu'on ne demandoit pas cela alors, quoique madame de Maintenon voulût pourtant une communauté extrêmement pieuse et vertueuse, mais d'une piété de personnes dévotes séculières, qui, quelque excellente qu'elle soit, diffère pourtant de la perfection religieuse et laisse plus de liberté.

M. l'abbé Gobelin nous faisoit des conférences deux fois la semaine, tantôt sur des points de religion, tantôt sur des matières de la vie spirituelle. Le lendemain du jour de ces conférences, il venoit faire répéter ce que nous en avions retenu, et il falloit que chacun dît quelque chose, ce qui tenoit en grande attention. Madame de Maintenon qui venoit souvent à Noisy, assistoit à ces conférences et à nos exercices ; elle nous instruisoit aussi selon ce qui se présentoit, et n'oublioit rien pour nous disposer à ses desseins : ce qu'elle faisoit avec une bonté ravissante.

Nous avions tous les jours deux récréations comme à présent ; madame de Brinon nous les faisoit passer le plus souvent en conversations utiles à notre instruction, ou même en lecture ; car on nous faisoit mettre tout à profit, afin de nous former plus promptement pour pouvoir, après notre noviciat, nous disperser dans les classes et dans les autres charges : cela se faisoit cependant d'une manière gaie et agréable, sur des matières moins sérieuses que celles des instructions ordinaires ; on nous faisoit aussi le chapitre à peu près en la manière qu'il se fait à présent ; nous disions l'office de la sainte Vierge, de chœur en chœur, dans la chapelle, et faisions une demi-heure d'oraison le matin et autant le soir ; nous nous confessions une ou deux fois la semaine, et communiions de même. C'étoient des cordeliers qui desservoient notre chapelle ; ils avoient un petit couvent au bas du château de Noisy, qui nous étoit d'une grande commodité ; nous y trouvions des confesseurs, des aumôniers ; on y faisoit les enterrements des personnes qui mouroient dans la maison. Les supérieurs avoient soin de n'envoyer à ce couvent que des religieux un peu âgés et graves, du moins nous n'en voyions point d'autres, et ils vivoient dans une extrême séparation du château. Voilà à peu près comment se passa l'année de notre noviciat, pendant lequel madame de Maintenon alloit fréquemment et presque tous les jours, à Saint-Cyr, voir l'état des bâtiments, ce qui contribuoit beaucoup à les faire avancer et à rectifier les fautes des ouvriers, les faisant remarquer aux entrepreneurs. Elle y faisoit aussi venir madame de Brinon, et vouloit qu'elle menât avec elle quelques-unes es filles du noviciat, les unes après les autres, pour leur donner le plaisir de voir les fondements d'une maison dans laquelle elles avoient dessein d'habiter toute leur vie, et de s'y consacrer à Dieu. Madame de Maintenon s'y trouvoit presque toujours dans le temps que madame de Brinon y arrivoit, et elle expliquoit elle-même les raisons pour lesquelles les bâtiments étoient construits d'une telle ou telle manière, demandoit à ces demoiselles du noviciat ce qu'elles en pensoient, et si elles n'avoient point de vues à donner, non qu'elle crût qu'elles en eussent été capables, mais pour avoir occasion de les instruire et de les former, n'en perdant aucune de leur donner des marques de son zèle et de sa bonté.

Durant le noviciat, madame de Brinon, par l'ordre de madame de Maintenon, fit des constitutions qu'elle composa, partie sur les règles des ursulines, partie sur les observations de madite dame, qui y fit prescrire ce qu'elle croyoit propre et particulier au nouvel institut.

Le roi et madame de Maintenon ne vouloient point faire des religieuses, mais seulement une communauté de filles pieuses capables d'élever, dans la crainte de Dieu et dans les bienséances convenables aux personnes de notre sexe, le nombre de demoiselles prescrit par la fondation; à quoi elles s'engageroient par des vœux simples de pauvreté, de chasteté, d'obéissance, et, par un quatrième, d'élever et d'instruire les demoiselles. Le roi vouloit aussi qu'il n'y eût rien qui sentît le couvent, ni pour les pratiques extérieures, qui ne sont pas essentielles aux vœux, ni pour l'habit. Madame de Maintenon pensoit de même, parce qu'elle croyoit alors que cela étoit plus convenable à un institut qui étoit fait principalement pour les demoiselles auxquelles il ne falloit pas donner des manières religieuses; et madame de Brinon, qui n'étoit entrée en religion que par obéissance, ne tenoit aussi qu'aux choses essentielles, à quoi elle étoit très exacte; car elle avoit une bonne conscience : mais pour toutes les menues observances et certaines régularités monastiques d'une plus grande perfection, elle n'y étoit pas autrement attachée. Ainsi, elle n'eut pas de peine à se conformer sur cela aux intentions du roi et de madame de Maintenon, qui reconnurent pourtant dans la suite qu'il n'y avoit rien en cela d'incompatible avec l'éducation des demoiselles, et que même ces choses, étant des moyens de perfection, n'en sont que plus propres à contribuer au bien spirituel de celles qui les observent, et par conséquent à les mettre plus en état de faire du fruit dans les âmes par leurs paroles et bons exemples; et, quant aux manières extérieures, il est aisé d'en donner de bonnes aux demoiselles, sans qu'elles aient du rapport avec celles que nous devons avoir comme religieuses. Nous avons expérimenté qu'elles ne servent qu'à les tenir plus en respect et en réserve à notre égard; mais on ne pensoit pas alors comme cela : c'est pourquoi madame de Brinon fit des constitutions sur ce pied là, et ne laissa pourtant pas d'y insérer des maximes et des règles assez parfaites; car madame de Maintenon n'a jamais voulu une médiocre vertu de nous, quant au fond, ayant toujours été très persuadée que nous ne pourrions soutenir le travail des classes et des autres emplois de la maison, sans en avoir une très solide. Tandis qu'on travailloit à ces constitutions, le roi s'informoit assez souvent à madame de Maintenon de ce qui se passoit à Noisy; elle lui rendoit compte des choses principales, et ne faisoit rien d'un peu important sans le consulter, parce que, outre qu'il avoit un excellent esprit, c'est que, le regardant comme le fondateur, elle se faisoit un devoir d'agir en tout selon ses intentions : c'est ce qui fit qu'elle lui parla des constitutions que madame de Brinon faisoit.

Il voulut les voir, et madame de Brinon alla pour cela plusieurs fois à Versailles : toutes les fois qu'elle y fut, il la fit entrer dans son cabinet et lui donna d'assez longues audiences, lui faisant lire son ouvrage d'un bout à l'autre et lui disant son sentiment sur ce qu'il approuvoit ou n'approuvoit pas. Il voulut que nous eussions un habit particulier, qui fut grave et modeste, mais qui n'eût rien de monacal ; que nous ne nous appelassions ni ma sœur ni ma mère, mais madame, avec le nom de famille ; et qu'en général, en parlant de nous, on nous qualifiât de dames de Saint-Louis ; que nous eussions chacune une croix d'or pendante sur l'estomac, et les sœurs converses une d'argent ; que nous eussions aussi des écuelles, des gobelets, des cuillers et des fourchettes d'argent au réfectoire ; et que notre vie fût aisée et commode, car il vouloit nous rendre heureuses.

CHAPITRE VIII.

Incident qui pensa retarder nos affaires. — Forme de notre habillement et autres circonstances.

Toutes choses se disposoient ainsi à avancer l'œuvre de notre établissement, lorsqu'il arriva un accident fort triste, qui nous alarma beaucoup et nous fit presque voir nos espérances échouées ou du moins bien retardées : le roi avoit un mal qu'on appelle fistule, qui augmenta à un point que les médecins jugèrent qu'il ne pouvoit guérir sans aller aux eaux de Barège ; encore avoit-on peur que ce remède ne fût pas certain, cette nouvelle causa une grande consternation dans le royaume, et à Noisy plus qu'ailleurs. Madame de Maintenon étoit fort affligée; mais elle ne perdoit point de vue Saint-Cyr, et, craignant que le succès du voyage qu'on alloit faire et où elle devoit accompagner le roi ne fût pas aussi heureux qu'il étoit à desirer pour la France et pour nous en particulier, elle engagea Sa Majesté à assurer autant que cela se pouvoit le nouvel établissement. Le roi donna pour cela tous les ordres nécessaires ; et M. Manceau et mademoiselle Balbien outre l'embarras des préparatifs du voyage par rapport à madame de Maintenon qu'ils devoient suivre, eurent encore celui de régler les mémoires des emplettes qu'ils oient faites pour nous et qui se montoient fort haut, [afi]n de tout faire payer avant de partir, quelque difficile [q]ue cela fût, les marchandises n'ayant pas encore été [to]utes livrées. Ils en vinrent à bout, et tout fut prêt pour [le] temps du départ ; mais par bonheur le roi se trouva [m]ieux ; et, les médecins ayant changé d'avis, son voyage [s]e rompit ; ce qui redonna la joie à tout le monde, et à [n]ous plus qu'à personne. Madame de Maintenon ne crut [p]as pour cela se devoir ralentir sur le soin de faire presser [l]es bâtiments de Saint-Cyr et les autres choses qui res[t]oient encore à faire pour achever ce grand ouvrage qui [lu]i tenoit tant au cœur, par un vrai desir que Dieu en [fû]t glorifié, et que tant de personnes qui y devoient [t]rouver leur avantage pour l'âme et pour le corps, ne [fu]ssent pas privées plus longtemps du bien qu'elle leur [a]voit procuré, elle redoubla ses visites à Saint-Cyr. [L]e corps du bâtiment étoit achevé ; mais il restoit encore les dedans à finir, qui alloient assez lentement. Pour faire avancer les ouvriers elle promettoit de l'argent tantôt aux uns, tantôt aux autres, en cas qu'ils achevassent en tel temps et en tel jour : ce qu'elle accomplissoit très largement quand ils tenoient leur parole ; à ceux que l'on ne pouvoit prendre par ces sortes d'intérêt, elle les gracieusoit ou leur donnoit-même de la crainte ; leur disant que le roi croyoit tels ouvrages achevés ; qu'il devoit les venir voir ; et, en effet, elle engageoit de temps en temps ce grand prince à le faire ; ce qui donnoit beaucoup d'émulation aux ouvriers. Elle faisoit aussi presser par M. Manceau et mademoiselle Balbien les choses dont ils étoient chargés. Le premier fit mettre en magasin, à Versailles, les meubles, le linge, etc.; en attendant que Saint-Cyr fût achevé ; mademoiselle Balbien étoit occupée à nous préparer un habit tel que madame de Maintenon, de concert avec le roi, l'avoit imaginé. Quand il fut prêt, Sa Majesté le voulut voir, et afin qu'il en pût mieux juger, mademoiselle Balbien s'en habilla, puis se présenta à lui ainsi vêtue. Cet habit consistoit en un manteau et une jupe d'une belle étamine du Mans noire, avec un jupon fort propre aussi d'étamine, doublé de ratine en hiver ; il étoit de futaine rayée en été ; des souliers de maroquin noir ; des bas de laine en hiver et de coton ou de fil en été ; des gants noirs bronzées avec un gant blanc en dedans ; pour coiffure, on avoit un bonnet de taffetas noir avec une gaze noire, gaudronnée tout autour, comme on les portoit en ce temps-là ; un ruban noir sur la tête, une coiffe de taffetas et une espèce de voile d'épomille froncé par derrière, qui descendoit par delà les coudes ; sur le cou un mouchoir, une collerette de taffetas noir, avec un bord de toile de batiste large de quatre doigts et attachée par devant avec de petits rubans noirs qu'on appelle nompareille; des manchettes de toile unie et médiocrement fine, cousue à la chemise et attachée, en dedans du bras, d'un ruban noir, comme celui de la serte ; une croix d'ór parsemée de fleurs de lis, ayant d'un côté un Christ et de l'autre un Saint-Louis ; elle étoit le modèle de celles que ces dames devoient porter : elles différoient de celle de la supérieure, en ce qu'elles ont tous ces ornements de gravure, et celle de la supérieure les a de relief. Outre cela, il y avoit encore un grand manteau d'église, d'une légère étamine noire, dont la queue étoit de trois quarts de long ; on montroit un peu de cheveux par devant, mais sans aucune affectation. Tout cela composoit un habit fort grave, fort noble et fort modeste. Mademoiselle Balbien, sortant mise ainsi en dame de Saint-Louis, vint se montrer au roi, qui regarda avec beaucoup d'attention tout ce qui étoit sur elle, et le trouva fort bien, à la réserve du bonnet noir de taffetas et de gaze, que madame de Maintenon

avoit fait faire de la façon la plus simple qu'il se pouvoit.
Comme le roi étoit de bon goût, et qu'il n'entendoit pas
autrement les raisons de cette simplicité, il dit : Quel
diable de petit bonnet est-ce ça? Madame de Maintenon
en rit; mais, voyant qu'il ne lui plaisoit pas, elle fit faire
un autre modèle un peu moins simple, mais pourtant
fort modeste, qu'il agréa comme le reste de l'habit, dont
il parut fort content. Dès ce moment mademoiselle Balbien eut ordre d'envoyer la couturière à Noisy pour
prendre nos mesures, afin de nous faire faire à chacune
un habit semblable, et de tout préparer pour le temps
où nous devions nous en revêtir. Dans ce même temps,
la maison de Saint-Cyr fut achevée à peu de choses près;
et M. Manceau commença à y faire transporter les meubles
le 15 du mois de mai de l'année 1686, et s'occupa pendant quelques mois à les faire placer et à diverses autres
affaires qui nous regardoient.

Monseigneur l'évêque de Chartres intervint pour revêtir nos premières professions de son autorité et des
formalités nécessaires. Il ne put venir lui-même, parce
qu'il étoit fort incommodé des gouttes, et depuis longtemps
il ne sortoit presque pas de sa ville épiscopale; mais
il n'en gouvernoit pas moins bien son diocèse, étant très
appliqué aux soins d'un bon pasteur, et ayant plusieurs
grands-vicaires, fort gens de bien et fort zélés, qui sup-
pléoient à ce qu'il ne pouvoit faire : il en envoya deux
à Noisy, dont l'un fut M. l'abbé Brisé, homme de mérite;
l'autre se nommoit M. l'abbé Bachelier, autant que je
m'en puis souvenir. Ils commencèrent par remettre,
entre les mains de madame de Brinon, les constitutions
qu'elle avoit faites, et que monseigneur l'évêque de Chartres avoit vues, examinées et approuvées par provision;
ils la revêtirent de la supériorité; lui donnèrent pour cela
la commission de monseigneur l'évêque de Chartres, par

laquelle il l'établissoit, instituoit et commettoit première supérieure de la maison de Saint-Louis, et lui donnoit plein pouvoir de la régir et gouverner pendant toute sa vie, selon les intentions du roi ; dérogeant sur ce point aux constitutions qui marquoient que les supérieures, seroient triannalles. Le roi et madame de Maintenon, ayant jugé à propos que cela fût ainsi, à cause qu'il n'y avoit point de communauté formée et que nous étions toutes si jeunes que, selon les apparences, il ne fallait pas moins que le reste de la vie de madame de Brinon, pour nous mettre en état de gouverner par nous-mêmes. Ces Messieurs lui dirent que, devenant supérieure d'une maison où l'on feroit le quatrième vœu d'élever et d'instruire les demoiselles, il étoit à propos qu'elle le fît aussi, parce que celui qu'elle avoit fait dans son état d'ursuline étoit différent, en ce qu'elle n'étoit engagée qu'à instruire la jeunesse en général, sans distinction de personnes et sans être obligée à l'éducation ; au lieu que, dans cette institution, on s'engageoit non seulement à instruire, mais élever les demoiselles. Elle fit donc ce quatrième vœu, et ils la déchargèrent de celui qu'elle avait déjà fait comme ursuline ; ensuite ils examinèrent toutes les filles, qui étoient au noviciat, pour juger de leur vocation ; et, après cet examen, ils parurent contents d'elles. Madame de Maintenon le fut beaucoup d'eux, conçut une estime particulière pour M. l'abbé de Brisé, à qui depuis elle fit donner l'évêché de Comminge ; l'autre grand-vicaire eut une abbaye.

J'ai déjà parlé de M. l'abbé Gobelin ; mais j'ai oublié de dire que madame de Maintenon, qui avoit jeté les yeux sur lui pour le faire notre premier supérieur, voulut qu'il fût établi en cette qualité, dans toutes les formes ; et, pour cela, le proposa au roi, qui le nomma en même temps à monseigneur l'évêque de Chartres, à qui il a voulu tout déférer comme évêque diocésain ; ainsi qu'il se voit dans son édit d'établissement : peu de temps après, monseigneur l'évêque de Chartres lui envoya sa commission.

Madame de Maintenon, l'engagea à demeurer quelque temps assidument à Noisy, pour nous donner de plus fréquentes instructions et nous disposer à la profession des vœux simples.

Dans ce même temps, le roi fit expédier un brevet à madame de Brinon, pour l'établir supérieure perpétuelle du nouvel établissement.

COMMISSION DE MONSEIGNEUR L'ÉVÊQUE DE CHARTRES POUR M. L'ABBÉ GOBELIN.

Ferdinand de Neuville, par la grâce de Dieu et du saint siége apostolique, évêque de Chartres, étant bien informé de votre piété, capacité et expérience en ce qui regarde les filles qui se consacrent à Dieu et de la confiance que les personnes destinées pour entrer dans la maison et communauté de Saint-Louis, que le roi veut être établie en la paroisse de Saint-Cyr, au val de Gally de notre diocèse, ont en vous ; voulant procurer le bien et avancement spirituel de ladite maison et communauté ; nous étant de plus assuré que votre personne est agréable au roi, nous vous avons commis et commettons par ces présentes pour supérieur de ladite maison et communauté de Saint-Louis, en la paroisse de Saint-Cyr, en notre diocèse ; vous donnant pouvoir de régir et gouverner ladite maison et communauté au spirituel, suivant les constitutions par nous données : mandons et enjoignons à toutes les personnes d'icelle maison et communauté, de vous reconnoître en ladite qualité de supérieur, et vous obéir en tout ce qui sera de ladite charge, en foi de quoi nous avons signé ces présentes.

Faites, contre-signées par maître,

CLAUDE BATELIER, etc.

Cette commission est datée du 19º jour de juin 1686.

CHAPITRE IX.

De la profession des premières Dames.

Peu de temps après le départ des grands vicaires qui étoient venus nous examiner, on nous fit revêtir de l'habit du nouvel institut à la réserve du grand manteau, de la croix d'or et du voile, que l'on réserva pour la profession, nous prîmes cet habit chacune en notre particulier sans aucune cérémonie : ce fut à la Pentecôte de l'année 1686, ensuite nous allâmes à la chapelle pour l'office et la messe où nous fîmes nos dévotions. Cette manière de prendre l'habit se fit avec un peu plus de cérémonie quand nous fûmes à Saint-Cyr, mais toujours à porte close et sans aucun appareil, parce que ces premiers vœux ne se faisant pas solennellement, il ne convenoit pas que nous prissions l'habit en face d'église.

Un mois après que nous eûmes pris cet habit, madame de Maintenon, M. l'abbé Gobelin et madame de Brinon tinrent conseil sur la manière dont ils nous feroient faire notre profession. Ils jugèrent à propos d'en choisir d'abord quatre pour les joindre à eux, lorsqu'elles auroient fait leurs vœux, afin de recevoir les autres par la voie du scrutin, ces quatre furent mesdemoiselles de Loubert, du Pérou, d'Hauzy et de Saint-Aubin. Ceux qui avoient bien voulu jeter les yeux sur elles convinrent de leur faire faire profession le jour de la Visitation de la sainte Vierge, le 2 de juillet de l'année 1686. On les y prépara par trois jours de retraite qu'elles firent avec une grande détermination de se consacrer tout entières à Dieu et à l'œuvre à laquelle la providence sembloit les avoir destinées, au moins ce furent les dispositions de mesdemoiselles de Loubert, du Pérou et de Saint-Aubin; car pour mademoiselle d'Hauzy je ne crois pas qu'elle sût trop ce qu'elle faisait, puisque quelques années après, elle quitta cette vocation pour prendre un établissement dans le monde, ce que nous verrons dans la suite. Celles de nos compagnes dont la profession avoit été différée, parurent aussi contentes du premier choix qui avoit été fait, que s'il eût tombé sur elles-mêmes, s'empressèrent de nous témoigner leur joie, et ne songèrent qu'au bien de l'œuvre qui alloit commencer à prendre consistance, sans paroître faire aucun retour sur leur intérêt particulier. Aussi, il est vrai, qu'elles avoient bien raison d'être tranquilles, ayant toutes sortes de sujets de se confier en la bonté de madame de Maintenon, qui les aimoit et estimoit beaucoup, et leur avoit fait assez connoître que leur tour viendroit bientôt, et que ce n'étoit que pour suivre quelque ordre qu'on nous avoit séparées. Le jour de notre profession étant enfin arrivé, madame de Brinon nous fit une exhortation pour nous renouveler ce qui nous avoit déjà été dit plusieurs fois sur l'obligation des vœux que nous allions faire, et en particulier sur celui de pauvreté, nous disant que si nous avions quelque chose dont nous voulussions disposer, il falloit le faire avant la cérémonie, parce que dès que nous aurions prononcé nos vœux nous n'en serions plus libres. Nous avions toutes quelque argent que nous mîmes entre ses mains pour en faire ce qu'elle voudroit. Ce fut pour nous comme la barque et les filets de saint Pierre; car nous n'avions point d'autres biens à disposer ayant encore père et mère; mais il est vrai que si nous en avions eu davantage, et de grandes fortunes à espérer dans le onde, nous les aurions abandonnées d'aussi bon cœur e nous fîmes quelques écus. Avec ces dispositions nous lâmes à la chapelle où madame de Maintenon nous attendoit; elle se plaçoit ordinairement sur un prie-Dieu, il se mettoit aussi à côté d'elle madame de Brinon; ce prie-Dieu étoit placé au bas du chœur vis-à-vis de la grille qui donnoit sur l'autel; on nous fit mettre toutes quatre devant ce prie-Dieu, et là, étant à genoux, M. l'abbé Gobelin commença une messe basse du Saint-Esprit, le chœur chanta le *Veni Creator*, et un motet à l'élévation, après la communion du prêtre, M. l'abbé Gobelin apporta le Saint-Sacrement sur la grille, nous allâmes toutes quatre nous mettre à genoux à quelque distance, et là nous prononçâmes nos vœux l'un après l'autre, ensuite on nous donna la sainte communion puis nous retournâmes au bas du chœur nous mettre à genoux devant mesdames de Maintenon et de Brinon, qui nous donnèrent le manteau d'église, la croix d'or et le voile; comme nous ne faisions pas des vœux solennels, nous ne devions pas recevoir les marques de notre consécration de la main du prêtre, même il n'y avoit personne dans la chapelle ni au-dehors ni au-dedans que celles du noviciat; et, jusqu'à ce que nous ayons fait des vœux solennels, les demoiselles n'assistoient point à nos cérémonies, on garda toujours celles-ci à toutes les professions qui se firent dans les vœux simples; après la messe on rendit grâce à Dieu, quand nous fûmes sorties de la chapelle, chacun vint nous féliciter, M. l'abbé Gobelin fut un de ceux qui nous témoigna plus de bonté, et nous congratula fort sur l'honneur que nous avions d'être pour ainsi dire les premières mères du fondement d'un institut aussi estimable que celui qu'on vouloit établir, nous le remerciâmes de la part qu'il y avoit, et nous tâchâmes de témoigner à madame de Maintenon notre principal reconnoissance, sachant bien que c'étoit d'elle que nous tenions entièrement ce bonheur ; nous fîmes aussi nos remercîments à madame de Brinon, et véritablement nous en avions bien sujet pour les peines qu'elle s'étoit données à nous instruire et à nous faire arriver au but où nous étions parvenues, ce n'avoit pas été sans nous rendre mille bons offices auprès de madame de Maintenon, qui nous furent très avantageux ; car, ne pouvant nous suivre de près, elle s'en rapportoit à son témoignage sur la plupart des choses qui nous regardoient.

Dès que nous eûmes fait profession, nous fumes vocales, Monseigneur l'évêque nous ayant dispensées pour cela des règles ordinaires à cause que nous commencions la communauté ; on procéda le lendemain à la réception de nos compagnes ; madame de Maintenon, M. l'abbé Gobelin et madame de Brinon s'assemblèrent et nous firent entrer dans cette assemblée qui se tint dans la chapelle, ce fut là où l'on nous proposa ces huit sujets qui restoient à recevoir, M. l'abbé Gobelin présidoit et étoit à la grille de la chapelle en dehors, ou avoit préparé vis-à-vis de lui deux boîtes, l'une pour mettre les suffrages et l'autre pour le renvoi ; on nous donna à chacune deux pois de différentes couleurs, puis M. l'abbé Gobelin nous dit qu'il s'agissoit de recevoir ou de renvoyer nos compagnes qui étoient restées, il nous exhorta à donner notre voix en conscience, sans respect humain, mais nous souvenant cependant de la miséricorde qu'on nous avoit faite, nous marquant assez par son discours les dispositions d'indulgence dans lesquelles nous devions être, à quoi nous étions très disposées, ni en ayant pas une que nous n'estimassions plus digne que nous de cette grâce, ce fut dans cet esprit que nous donnâmes nos voix mesdames de Maintenon et de Brinon en tête, car

monseigneur l'évêque de Chartres avoit donné ce pouvoir
à madame de Maintenon, comme elle l'a toujours eu
depuis, de donner sa voix dans nos chapitres et aux
élections des supérieures ; nous reçumes mesdemoiselles
de Saint-Pars, de Buthery, de Fontaines, de Gautier,
de Montaigle, de Rocquement, de Thumery et de Radouay, toutes filles qui mériteraient chacune un éloge
si j'étois capable d'en faire qui leur convînt, et si je ne
craignois de interrompre le fil de ma narration ; dès le
lendemain de leur réception on les mit en retraite, elles
en firent trois jours comme nous, et ensuite leur profession de la même manière, ce fut le 6 de juillet, quatre
jours après nous, et elles furent aussi bien que nous vocales dès ce jour-là ; et alors il y eut tout-à-fait un corps
de communauté composé d'une supérieure et de douze
professes, nous restâmes encore à Noisy jusqu'au 1^r
d'août de la même année 1686 ; mais nous ne demeurâmes pas oisives. Madame de Maintenon avoit fait
un projet de charge avec madame de Brinon, et sans
rien attendre davantage on nous y nomma : madame
de Loubert fut destinée à être sous-prieure ; c'est proprement ce que nous appelons maintenant assistante ;
madame de Maintenon la nomma à cette charge, parce
qu'elle prévoyoit qu'elle pouvoit être un jour supérieure après madame de Brinon, et elle vouloit qu'elle
apprît sous elle à gouverner. Madame du Pérou, fut
maîtresse des novices : ce n'étoit proprement qu'un
titre pour exercer cet emploi sous madame de Brinon, qui
en étoit comme la première maîtresse ; madame de Radouay fut dépositaire, qui renfermoit en ce temps-là l'économie ; et ce n'a été que plusieurs années après qu'on a
séparé ces deux charges ; il n'y eut point encore de maîtresse générale ; la vue d'en faire une ne vint à madame
de Maintenon que dans la suite du temps. Madame de

Fontaines fut première maîtresse des bleues; madame de Rocquemont sacristine; madame de Gautier infirmière; madame de Thumery dépensière; madame d'Osy fut première maîtresse aux jaunes; madame de Saint-Aubin aux vertes, et madame de Saint-Pars aux rouges.

Quoique nous fussions ainsi dans les charges et vocales, nous ne laissions pas encore d'être regardées comme personnes du noviciat; nous nous y rassemblions à certaines heures, et madame de Brinon continuoit à nous instruire. M. l'abbé Gobelin venoit aussi assez souvent nous faire des conférences et passer quelques jours à Noisy et à Saint-Cyr quand nous y fûmes; et, afin de nous donner plus de loisir de prendre le temps nécessaire à nos exercices et instructions, madame de Maintenon avoit mis dans les classes plusieurs dévotes, mais séculières, qui demeuroient auprès des demoiselles quand les dames n'y étoient pas, et leur tenoient lieu de maîtresses. Le roi et madame de Maintenon continuoient à s'occuper de la fondation; et, comme elle étoit faite pour les demoiselles, Sa Majesté voulut que toutes celles qui y seroient reçues, fissent leur preuve de noblesse, et desirant aussi que toutes les familles nobles pussent participer à cette grâce, elle n'exigea que quatre degrés, du côté des pères, et n'obligea à rien du côté des mères, afin que les mésalliances, qui ont été plus communes en France en ces derniers temps qu'elles n'étoient auparavant, ne portassent point préjudice en ce point aux gentilshommes, qui auroient de ces mésalliances, et se trouveroient dans le cas de mettre leurs filles à Saint-Cyr. M. d'Ausier, juge des généalogies de France, fut nommé par le roi pour faire les preuves des demoiselles de Saint-Cyr: d'abord, ce fut Sa Majesté qui les paya à cent francs par personne; depuis il en chargea la fondation, et on les régla à six louis, qui étoient alors de onze francs,

Madame de Maintenon nous a dit bien de fois que nous
devions jamais nous dispenser de faire cette dépense;
que le roi n'avoit pas voulu la laisser aux parents des demoiselles, afin de leur faciliter les moyens de profiter de
grâce qu'il leur faisoit; elle nous a enjoint bien expressément d'être fermes et inviolables là dessus, comme à
une des conditions de la fondation des plus essentielles :
ce qui se voit par les deux lettres qui suivent.

PREMIÈRE LETTRE.

Je désapprouve fort, que M. Vacherot donne de l'argent à
M. d'Ausier; si vous ne lui en avez pas donné et spécifié la
somme, il faut vous résoudre à cette dépense, pour les preuves des demoiselles qui, est une des charges de la fondation :
j'ai prié M. de Chamillar de marchander avec M. d'Ausier
comme avec un ouvrier. M. de Chamillar prétend avoir
vu très nettement qu'il n'a pas vingt-cinq francs pour sa
peine, donnant tout le reste au commis, aux peintres et à
tous ceux qui lui aident à débrouiller les titres. On n'aime
pas à payer les dépenses dont on n'a pas le plaisir, ni la commodité; cependant, il faut soutenir cette noblesse, qui est
une des conditions que notre fondateur vous a imposées :
on vous conseillera bientôt de ne pas regarder de si près,
de prendre un généalogiste à bon marché, et vous aurez,
un nombre de filles qui ne seront pas demoiselles; mais
vous manqueriez à votre obligation, et ce ne seroit pas
impunément, car votre fondation n'est pas secrète, et bien
des gens se lèveroient contre vous avec raison.

SECONDE LETTRE.

J'ai traité avec le roi et M. de Pontchartrain la dépense
des livres qui contiennent les preuves de noblesse de nos

demoiselles, et je leur ai représenté qu'il en coûte chaque année plus de deux mille francs; qu'à l'avenir il y en aura un grand nombre et pour de grosses sommes; nous avons cherché à épargner, en faisant une reliure moins magnifique, et prenant du papier tout simple; en nous contentant d'une moins belle écriture; en ne peignant pas si bien les armes, et avec tous les retranchements qui feroient de vilains livres et qui ne dureroient pas, nous avons trouvé qu'il n'y auroit pas cinq cents francs de diminution : le roi a donc décidé et m'a chargé de vous dire, que vous devez regarder cette dépense comme une charge de la fondation qui fait partie de toutes celles que vous êtes obligées de faire pour les demoiselles ; qu'au reste ce sera un trésor pour la noblesse de France, qui perd souvent ses titres par différents accidents, et qui les trouvera en quelque façon par les certificats que vous leur donnerez; n'écoutez donc plus ce qu'on pourra dire là dessus : soyez fidèle aux intentions de votre fondateur; pauvre pour vos personnes, parce que vous avez fait vœu de pauvreté; élevant vos demoiselles pauvrement, Dieu les ayant mises dans un état pauvre; mais soyez généreuses, pour exécuter ce qu'on veut de vous, et n'entrez point dans des vilenies basses et intéressées, qui portent souvent aux injustices. Quoiqu'on n'exige que quatre degrés de noblesse, pour la commodité des parents, ils sont libres d'en faire davantage; mais en ce cas ils paient le surplus de quatre degrés; le roi ne nous ayant chargées que de ceux-là. Nous avons eu ici des demoiselles qui ont prouvé jusqu'à quinze et seize filiations; il n'en a presque point passé ici qui n'aient été en état de faire des preuves au-dessus de quatre degrés; mais la plupart des parents s'en sont tenus là pour éviter la dépense. Nous avons eu des demoiselles et nous en avons encore des meilleures maisons de France; on se faisoit un honneur singulier, dans les premiers temps, encore plus que dans celui-ci, de mettre des filles à Saint-Cyr pour qu'elles eussent le bonheur et l'avantage d'être élevées sous les yeux de madame de Maintenon.

La maison de Saint-Cyr n'étoit pas encore achevée qu'il vint des demoiselles de toutes les provinces pour remplir les places que le roi leur avoit accordées. Comme Noisy, qui étoit déjà fort rempli, n'auroit pu les contenir, il fallut les tenir quelque temps en entrepôt à Paris. Madame de Maintenon, pour épargner la dépense que cela auroit fait aux parents, avoit deux personnes de confiance à Paris chez qui elle les envoyoit, l'une s'appeloit mademoiselle Rayédan, et étoit mère de deux femmes de chambre que madame de Maintenon avoit; l'autre se nommoit madame Balbien, mère de mademoiselle Balbien dont j'ai parlé. C'étoient deux honnêtes femmes, elles avoient chacune chez elles plusieurs chambres et plusieurs lits, faisoient bon ordinaire pour ces demoiselles, dont elles prenoient grand soin, et madame de Maintenon payoit tout cela largement pendant un temps considérable que cet entrepôt dura.

Nous étions encore à Noisy, lorsque le roi, après avoir doté la maison de l'abbaye de Saint-Denis, en ôta l'économat à M. Pélisson, maître des requêtes de son hôtel, qui l'avoit régi depuis la mort du cardinal de Retz, abbé commandataire, et qui en avoit employé les revenus selon les ordres de Sa Majesté en faveur des nouveaux convertis, et autres bonnes œuvres. Cet économat fut donné à M. Delpeche, receveur général des finances d'Auvergne et secrétaire du Roi, sur le rapport que lui en fit madame de Maintenon qui avoit confiance en lui, et le connoissoit pour être droit et expérimenté dans les affaires; il faisoit les siennes : c'est pourquoi elle le fit agréer au Roi, pour avoir soin de nos revenus. Il fut donc le premier qui les gouverna, qui les recevoit et nous en tenoit compte; il recevoit aussi pour nous les cinquante mille livres que le roi nous avoit assignées sur ses domaines; Sa Majesté nous les fit payer dès qu'il eut pris possession de l'économat, quoique nous ne ne fussions encore qu'à la moitié de l'année depuis la donation. Elle voulut aussi par une grande distinction, que nos domestiques portassent ses livrées dans toute la suite des temps, et en donna un ordre exprès qu'on se fit grand honneur de suivre. Il ne nous manquoit plus que des armes. Madame de Maintenon le chargea d'en imaginer, et le roi lui recommanda qu'il y eût une croix. On en fit faire de plusieurs façons; le Roi se détermina à la dernière qui fut abaissée; surmontée d'une couronne royale, et les trois extrémités fleurdelisées : Sa Majesté nous la donna pour armes.

Ce fut vers ce temps-là, qu'étant encore à Noisy, madame de Maintenon maria plusieurs grandes demoiselles, entre autres mademoiselle de Brinon, nièce de madame de Brinon qui épousa M. de Blairs, qui fut peu de temps après fermier général en faveur de ce mariage. Mesdemoiselles de Bellebrunes furent aussi mariées; l'une à M. Forcet, et l'autre à M. de Mons, qui ont été tous deux fermiers généraux; M. de Mons étoit gentilhomme, et on l'a dit aussi de M. Blairs, du moins il étoit d'une famille très honorable dans la robe; pour M. Forcet je ne sais ce qu'il étoit, mais il ne paroît pas qu'il fût de peu de naissance. Ce qu'il y a de plus essentiel c'est que ces messieurs étoient de très honnêtes gens, qui se sont conduits avec honneur dans leurs emplois, qui les a fait estimer de tout le monde et du royaume; leur femmes ont été des modèles de sagesse et de piété.

Il y avoit à Noisy deux sœurs nommées Trevet, l'une fut mariée à M. Le Vasseur, employé dans les fermes du Roi; je crois que c'étoit en qualité de directeur, et même de quelque chose de plus; c'étoit un très honnête homme;

mais sa fortune étoit médiocre, il espéra la rendre meilleure en épousant une demoiselle de Noisy. Ces mariages étoient à la mode en ce temps-là, cela lui apporta en effet quelques avantages ; mais pourtant pas si considérables qu'il s'étoit attendu. Il se consoloit par la satisfaction que lui donnoit sa femme, qui étoit grande, bien faite, d'une figure agréable, et qui par-dessus cela avoit de la piété, de l'esprit et du mérite (1).

Mademoiselle Pardaillant, d'une bonne noblesse de Picardie, fut mariée à M. Jouveno, qui avoit un emploi considérable dans les fermes ou dans les finances ; cette demoiselle étoit assez jolie, mais ne passoit pas pour avoir de l'esprit ; cependant elle en eut assez pour gagner l'estime et l'amitié de son mari.

Madame de Maintenon avoit coutume quelques jours avant le mariage de ces demoiselles, de les faire venir chez elle à Versailles, et leur donnoit de très bons avis sur les devoirs des femmes chrétiennes, les faisoit habiller, les menoit à l'église pour les fiancer et les marier ; elle ne les quittoit qu'en les remettant entre les mains de leur mari. Elle maria encore mademoiselle Braye à un commissaire d'artillerie. C'étoit cette grande fille bien faite qui avoit regardé le Roi à travers ses coiffes lorsqu'il vint à Noisy, et qu'il avoit remarquée aussi. Quand elle avoit quelque affaire où la protection du Roi lui étoit nécessaire, elle s'adressoit directement à lui, et il la recevoit et la traitoit toujours fort bien : elle se nomma après son mariage madame de Saint-Germain, et à la suite elle a été sous-gouvernante des princesses, filles de M. le duc d'Orléans régent du royaume. Mademoiselle de Brene fut mariée à un directeur des fermes nommé M. Indret. Ce n'étoit pas une grande fortune, mais aussi bonne qu'elle pouvoit

(1) Madame de Maintenon fit la sœur de cette demoiselle religieuse.

l'espérer : ils devinrent par la suite fort à leur aise, par la bonne conduite qu'ils tinrent l'un et l'autre dans leurs affaires, et ont marié richement à un homme de distinction, nommé M. d'Alençon, une fille unique qu'ils avoient. Voilà à peu près celles qui furent mariées avant que nous quittassions Noisy, ou au commencement de Saint-Cyr. Madame de Maintenon fit aussi en ce temps-là plusieurs religieuses, en leur faisant remplir les meilleures places de régale qui vaquèrent alors. Elle les équipoit d'habits et de tout ce qui leur étoit nécessaire, payoit leur voyage, et leur donnoit de l'argent pour leurs premiers besoins, afin qu'elles ne fussent pas tout d'un coup à charge à leur couvent.

CHAPITRE X.

Ordre et arrangement de Saint-Cyr. — On quitte Noisy pour y venir.

Les bâtiments de Saint-Cyr furent commencés du premier de mai de l'année 1685, et finis entièrement en juillet 1686, moyennant la somme de quatorze cent mille livres que le Roi en paya; ainsi on ne fut que quinze mois à faire ce grand édifice.

Tout ce que madame de Maintenon faisoit pour les demoiselles qui étoient encore à Noisy, ne l'empêchoit pas de s'occuper de l'ameublement de Saint-Cyr. Elle fit mettre dans chaque classe, dans chaque dortoir, dans chaque office et dans chaque chambre tout ce qui y convenoit, et on peut dire avec une magnificence royale, quoique simple, tout étoit neuf, bien choisi, bien fait, bien commode. Madame de Maintenon venoit dès le matin après avoir entendu la messe, et passoit la journée tantôt dans un endroit de la maison, tantôt dans un autre pour faire mettre tout en ordre, et y mettoit elle-même la main. Tous les gens étoient employés à cela; M. Manceau et mademoiselle Balbien s'y donnèrent beaucoup de peine. Cet ameublement dura bien deux mois, et madame de Maintenon passa une bonne partie de ce temps-là à l'arrangement de la lingerie. Elle étoit placée alors dans le lieu où est présentement le réfectoire de la communauté. Il y avoit tout au tour depuis le haut jusqu'en bas de grandes tablettes toutes garnies de beau et de bon linge, et la douzaine de chaque espèce étoit reliée avec un ruban couleur de cerise : ce qui faisoit un aspect fort agréable en entrant dans ce lieu. Madame de Maintenon travailla elle-même à cet arrangement, comme auroit pu faire une particulière, ce qu'elle fit encore dans tous les autres offices, où tout étoit placé selon ses ordres et avec une telle symétrie que la vue en étoit frappée d'abord avec surprise. Cela faisoit surtout cet effet à la roberie : il n'y en avoit qu'une en ce temps-là pour les dames et les demoiselles ; les habits de ces dernières étoient garnis de manches de dessous, de la couleur des quatre classes, de ruban et de pelotons de la même couleur. Ces habits étoient pliés proprement sur des tablettes qui régnoient autour de la chambre depuis le haut jusqu'en bas, et on les avoit placés de façon que tous ces ornements s'offroient premièrement à la vue et faisoient un tel agrément, qu'on eût cru être à la foire.

Les cellules des dames n'étoient pas moins bien en leur manière ; les meubles consistoient en un bois de lit à colonnes, d'une paillasse toute neuve, un très bon matelas, un traversin de bonne plume et deux oreillers, deux belles et bonnes couvertures de laine, toutes neuves, et un tour de lit d'une excellente serge de mouy violette, un bureau de bois de noyer très propre qui s'ouvroit en armoire, et qui étoit fort commode pour serrer ses hardes et son linge ; il nous servoit de table ; trois chaises à dos d'un bois de noyer, tournées et bien façonnées ; un rideau à la fenêtre, un prie-dieu sur lequel étoit un crucifix très bien travaillé ; des livres de piété ; un écritoire garni de tout ce qu'il faut pour écrire et pour cacheter des lettres ; une cuvette de faïence ; un pot à l'eau, et un gobelet de même ; enfin, jusqu'à des vergettes de deux sortes pour nettoyer les habits, et des balais de plume et de crin.

Madame de Maintenon fit mettre dans les bureaux tout le linge personnel qu'elle avoit réglé pour chacune ; il y avoit une douzaine de chemises d'une belle et bonne toile, une douzaine de mouchoirs de cou, deux douzaines de mouchoirs de poche, et tout le reste par douzaine ou à proportion, de manière que nous en avions très honnêtement de toutes les sortes, et que nous nous trouvions bien au large, au prix de ce que nous avions été auparavant.

Tout le linge de la maison étoit d'une si belle toile, chacune selon sa qualité et d'un si bon usé, qu'on a été long-temps sans en voir la fin, même il en reste encore quelques draps des cellules, en ce temps, que j'écris qui est cinquante-six ans après la fondation, lesquels sont si propres, qu'on les fait servir quelquefois aux lits du dehors, quand quelqu'un y couche, à qui on veut faire honneur.

Ces draps des cellules étoient si amples qu'ils alloient jusqu'au pied du lit, lorsqu'on les renversoit sur la couverture, et étoient larges à proportion.

Le Roi avoit fort recommandé qu'on nous donnât de beau linge, et comme il étoit magnifique en tout et extrêmement bon, si on l'avoit cru, on nous auroit donné de la toile d'Hollande pour nos chemises, et ainsi des autres espèces de linges à proportion ; mais madame de Maintenon, qui savoit mieux que lui ce que notre état comportoit, et les obligations de notre vœu de pauvreté, ne suivit pas sur cela son intention dans toute son étendue ; elle l'interpréta seulement à nous donner les meilleures et les plus belles toiles de la qualité qu'elle crut qui nous convenoient. Tous les offices étoient garnis de meubles, d'ustensiles et de tout ce qui leur étoit nécessaire, et même au-delà. Il y avoit à la cuisine beaucoup de belles batteries et de vaisselle; à la dépense tout étoit plein de provisions de bouche; à l'apothicairerie, bien des drogues et tout ce qu'il falloit pour en composer; à l'infirmerie, de beaux et bons lits et tout ce qui étoit nécessaire au soulagement des malades; les dortoirs des demoiselles avoient aussi leur beauté. On voyoit d'un bout à l'autre des lits très-bien rangés, de la couleur de la classe, et les rideaux attachés par le pied avec un ruban de soie de la même couleur; des couvertures de laine blanche, toutes neuves; cela, dans un lieu où les murs et le reste du bâtiment venoient d'être faits, donnoit un air de propreté et de beauté qui faisoit plaisir à voir. Chaque demoiselle avoit son lit et y couchoit seule, comme il s'est toujours pratiqué depuis. Le Roi en faisant la fondation vouloit fixer leur nombre à cinq cents, au lieu de deux cent cinquante, et comptoit qu'elles coucheroient deux à deux; mais des gens d'expérience lui représentoient que cela seroit sujet à de grands inconvénients; ce qui l'arrêta.

Les classes étoient tapissées chacune selon la couleur que les demoiselles portoient; il y avoit tout autour plusieurs cadres ou cartes de géographie, attachés avec des rubans de la même couleur; il y avoit aussi dans chaque classe des tables assez longues et larges pour contenir les demoiselles séparées en deux bandes; madame de Maintenon avoit fait mettre sur les tables autant de livres qu'il devoit y avoir de demoiselles, des écritoires, des bourses à jetons très propres, et toutes les choses dont on avoit besoin pour leur faire faire leurs exercices. On serroit tout cela dans des armoires, ou des tablettes placées dans la classe, quand on ne s'en devoit pas servir ; on peut dire que rien ne manquoit pour la commodité et la propreté.

A la sacristie, le Roi y avoit donné de beaux ornements, des couleurs différentes dont l'Eglise se sert du linge, de l'argenterie, enfin tout étoit plein, et quand tout fut prêt, on ne songea plus qu'à nous faire venir de Noisy ; c'est ce que nous allons voir.

CHAPITRE XI.

Déménagement de Noisy pour venir à Saint-Cyr.

Dès que la maison fut achevée de meubler, et qu'on la crut assez sèche pour être habitée, nous eûmes ordre de déménager de Noisy. Comme il y avoit bien des meubles par les dons du Roi et de madame de Maintenon, il s'y en trouva plusieurs qu'on crut inutiles à Saint-Cyr, qui étoit si bien garni ; c'est pourquoi on n'en garda que ce qui pouvoit servir à l'infirmerie destinée à la petite vérole : on y mit aussi une partie du linge, et l'autre à la grande infirmerie ; le reste des meubles fut laissé à madame de Brinon qui en fit ce qu'elle voulut. A l'égard de ceux qu'elle avoit dans son appartement, elle les fit porter dans celui qu'elle devoit occuper à Saint-Cyr.

Ce fut le vingt-sixième de juillet 1686 que ce déménagement commença à se faire. Voici comment on s'y prit : premièrement, on envoya d'abord à Saint-Cyr un bon nombre de filles de service que nous avions à Noisy et qui étoient venues dans le dessein d'être sœurs converses; on les envoya les premières, afin qu'elles pussent servir les demoiselles à mesure qu'elles arriveroient, et faire les autres ouvrages nécessaires. Ensuite vinrent les rouges avec leurs maîtresses dans des carrosses, que M. Bontems gouverneur de Versailles, et premier valet de chambre du Roi, fournit par son ordre; les vertes suivirent le lendemain dans les mêmes équipages; ensuite les jaunes, puis les bleues. Madame de Brinon, les dames et tout le noviciat partirent les dernières après avoir entendu la messe. Nous fûmes précédées de la relique de saint Candide, qu'on avoit mise avec décence dans un carrosse particulier, accompagnée d'ecclésiastiques qui la déposèrent dans notre église à leur arrivée, avec toute la révérence due en pareil cas. Madame de Saint-Pierre et les deux autres religieuses dont j'ai parlé ci-devant ne vinrent point à Saint-Cyr. Madame de Maintenon jugea à propos de les prier de se retirer quelque temps avant que nous quittassions Noisy; elle leur avoit fait donner des pensions, avec lesquelles elles se mirent dans des couvents, où elles ont passé le reste de leur vie paisiblement et saintement. Pour nous, nous arrivâmes à Saint-Cyr le premier jour d'août; sitôt que nous entrâmes dans la maison, elle nous représenta l'image du paradis terrestre, où sans que nous y eussions contribué d'aucune chose, nous trouvâmes tous les biens que l'on peut souhaiter en cette vie : une belle demeure, de beaux jardins, et une maison fournie abondamment et magnifiquement de toutes choses. Aussi ne cessions-nous d'admirer la beauté et la grandeur des bâtiments, des appartements, leur ameublement, l'ordre et l'arrangement qui régnoit partout; de quelque côté qu'on se tournât, on ne voyoit que des objets plus capables les uns que les autres de nous ravir. Nous nous promenâmes partout, et d'abord nous montâmes aux dortoirs pour voir et reconnoître nos cellules, nous les trouvâmes facilement; nos noms étoient écrits au-dessus des portes, et numérotés selon le rang de notre profession. Nous fûmes agréablement surprises de les voir si belles, si commodes, si bien meublées et remplies de toutes choses utiles. On regarda dans les bureaux, et on fut bien charmé de la quantité de linge qu'on y trouva ; à mesure que nous visitions chaque lieu, nous nous émerveillions, ou en nous-mêmes, ou les unes avec les autres, tantôt sur ce qui se présentoit à nos yeux, tantôt sur la bonté et générosité du Roi, et tantôt sur celle de madame de Maintenon, qui après Dieu lui avoit mis au cœur de nous faire tant de bien, et s'étoit donné des peines infinies pour nous en mettre en possession. Nous fûmes quelques jours à nous reconnoître dans cette vaste maison, où nous nous égarions quelquefois, et où nous l'aurions fait bien davantage, si on n'avoit pas pris la précaution de faire écrire au-dessus des portes de chaque office le nom que leur étoit propre. Nous nous établîmes chacune dans celui que nous devions occuper, nous y trouvâmes tout disposé à nous recevoir ; il n'y eut aucun arrangement à y faire, non plus qu'aux classes où les demoiselles et les maîtresses n'eurent qu'à se mettre en exercice. Madame de Brinon avoit un bel appartement qui donnoit sur la cour du dehors ; madame de Maintenon jugeoit qu'il étoit utile, que la supérieure eût la vue de ce côté-là pour être plus à portée de veiller sur ce qui se passe, et de contenir les domestiques.

Le lendemain de notre arrivée, qui étoit le jour de la fête de Notre-Dame-des-Anges, messieurs les grands vicaires de Chartres, les mêmes qui nous avoient examinées à Noisy, accompagnés d'un des archidiacres, de M. l'abbé Gobelin, et d'un bon nombre d'ecclésiastiques, se rendirent ici pour bénir notre église par l'ordre de M. l'évêque de Chartres, et pour la dédier à la sainte Vierge, sous le titre de l'Annonciation, comme aussi à saint Louis roi de France. Ils étoient tous en surplis et marchèrent processionnellement, depuis la porte du cloître en dehors, jusqu'à l'église ; nous les suivîmes aussi processionnellement en grand manteau, suivies des demoiselles. Après qu'ils eurent fait les aspersions et les prières marquées pour cette cérémonie, ils revinrent dans le même ordre en dedans, où étant entrés ils aspergèrent le chœur et tout le reste de la maison, faisant avec les aspersions des bénédictions et des prières. Après cela ils nous mirent en clôture, nous enjoignant expressément de la garder aussi régulièrement, que si nous avions été vraiment religieuses. Cette ordonnance ne nous fit nulle peine, nous y étions déjà très disposées et tout accoutumées. Car nous ne sortions point de Noisy, au moins très rarement, et pendant notre noviciat, nous ne le fîmes que pour venir voir Saint-Cyr, lorsqu'on le bâtissoit, ainsi que je l'ai dit; et puis nous avions bien cru nous renfermer pour toute notre vie, en nous consacrant à Dieu par les vœux que nous lui avions faits, ne sachant pas qu'ils nous engageassent moins que les vœux solennels. Car on ne nous savoit pas instruites bien à fond sur cela dans le noviciat, et plusieurs de nous n'y crurent pas de différence. Ces messieurs étant sortis, dressèrent un acte de ce qu'ils venoient de faire, et le curé de la paroisse en fit un autre, par lequel il renonça pour lui et ses successeurs à tous les droits qu'ils pourroient prétendre dans l'étendue de la clôture; le dehors seulement et les domestiques demeurèrent annexés à la paroisse.

CHAPITRE XII.

Des confesseurs — De nos occupations. — Conduite de madame de Maintenon. — Mariage d'une demoiselle.

Madame de Maintenon nous donna pour confesseurs deux dignes prêtres qui eurent l'approbation de M. l'évêque de Chartres : l'un s'appeloit M. Converset et étoit docteur de Sorbonne ; il avoit été vingt-cinq ans chapelain de la chapelle du Roi ; l'autre se nommoit M. Boulé, et étoit chanoine de Maintenon : ils avoient leur logement dans le dehors, proche de l'appartement de M. l'abbé Gobelin, qui est présentement celui de M. l'évêque de Chartres. Nous avions encore un jeune prêtre fort pieux et fort sage pour sacristain, nommé M. Letellier. C'est ce qui composoit notre clergé (1), et qui a duré jusqu'à ce que nous ayons eu messieurs de Saint-Lazare. On leur passoit du dedans leur repas tout apprêté ; ce qui se pratiquoit aussi pour les domestiques, parce qu'on n'avoit point encore établi de cuisine en dehors. M. Manceau y avoit une chambre, et y demeura presque tout à fait pendant bien du temps, afin d'être plus à portée de mettre l'ordre que madame de Maintenon vouloit qui fût observé au dehors, et de s'acquitter des autres soins dont elle l'avoit chargé.

(1) Un cordelier de Noisy venoit les dimanches et les fêtes dire la messe de dix heures, que l'on payoit pour cela.

Presque aussitôt après que nous fûmes arrivées ici, les demoiselles que madame de Maintenon tenoit à Paris, en attendant qu'on fût à Saint-Cyr, eurent ordre de venir. On les joignit aux autres dans chaque classe, et le nombre prescrit ne tarda guère à être rempli ; il eût même doublé et au-delà si on avoit pu recevoir toutes celles qui demandoient des places ; et si madame de Maintenon n'étoit pas demeurée ferme à n'en prendre que de l'âge marqué par les lettres de fondation, il lui auroit été impossible de résister à toutes les sollicitations que tout le monde lui faisoit, même des premières personnes de la Cour.

Nous ne tardâmes guère après notre arrivée à Saint-Cyr à nous mettre dans l'exercice de nos charges, et comme nous étions fort jeunes et sans expérience, madame de Maintenon nous pourvut de gens capables pour nous aider à nous former : ce furent principalement M. Manceau et mademoiselle Balbien qu'elle en chargea. Le premier suivit particulièrement le dépôt, l'économie, la dépense, les comptes et tout ce qui regardoit cette espèce d'administration ; il passoit tous les jours bien du temps à styler les dames dépositaires, économes, dépensières et autres, et à donner ses avis sur ce qui étoit de sa compétence ; et certainement il étoit bien digne de cette confiance, car on ne peut guère voir un homme plus sage, plus entendu, et plus affectionné à tout ce qu'il faisoit pour nous. Son attachement pour madame de Maintenon étoit extrême ; jamais il ne reculoit à ce qui étoit de son service et de son bon plaisir, quelques affaires qu'il eût d'ailleurs, ou quelques difficultés qu'il y rencontrât.

Mademoiselle Balbien n'avoit pas de moindres qualités, ni moins d'envie de contenter madame de Maintenon, qui se reposoit entièrement sur elle pour mille choses de son service, et pour nous apprendre ici à nous démêler de nos emplois : elle s'occupa principalement à dresser les dames des offices, de l'ouvrage, de la lingerie, de la roberie et à d'autres détails ; elle alloit même aux classes aider les maîtresses de ses conseils, car elle étoit propre à tout. A l'égard du spirituel c'étoit M. l'abbé Gobelin et madame de Brinon qui le conduisoient, et madame de Maintenon étoit par dessus tout, et veilloit avec un zèle infatigable, afin que tout se fît conformément aux intentions du Roi et aux desirs qu'elle avoit que Dieu fût glorifié et bien servi dans cette maison ; que les dames fussent pieuses, bien détachées du monde et bien remplies de l'amour de leur vocation ; qu'elles élevassent les demoiselles chrétiennement, raisonnablement, avec douceur, fermeté, et noblement ; quand je dis noblement, il faut concevoir de quelle manière elle l'entendoit, c'est-à-dire qu'elle vouloit qu'on leur inspirât les sentiments et les vertus qui doivent plus ordinairement se rencontrer dans ceux qui ont de la naissance que dans les autres, comme d'honneur, de probité, de vérité, de bonne gloire, d'honnêteté, de civilité, de modestie, de douceur, et qu'aussi on prît bien garde de vouloir trop éclairer leur esprit, et élever leur cœur, de crainte qu'elles ne divinssent fières, hautaines, suffisantes, pleines d'estime d'elles-mêmes, de vanité, de curiosité qui est si dangereuse aux personnes de notre sexe, et qu'elles n'eussent qu'un faux mérite au lieu d'un véritable, qu'elle avoit si à cœur qu'on leur fît acquérir, à quoi elle disoit que l'esprit du christianisme qu'on devoit leur bien expliquer, serviroit plus que toute autre sorte de leçon. Elle nous étoit sur cela un bel exemple et aux demoiselles ; on ne pouvoit assez admirer en elle tant de grandes qualités naturelles et surnaturelles réunies ensemble, sans qu'elle parût s'en apercevoir ; elle étoit sans faste, et encore qu'elle eût un air majestueux qui imprimoit le respect, c'étoit pourtant une majesté toute gracieuse et naturelle, qui n'avoit

rien de haut, de fier ni d'affecté : tout respiroit en elle la
bonté, la vertu, une noble simplicité, une modestie qui
s'étendoit à tout et qui la rendoit ingénieuse à ensevelir
dans le silence autant qu'il lui étoit possible ce qui
pouvoit tourner à sa gloire. Elle savoit beaucoup presque
sur toutes sortes de matières; personne n'a jamais
mieux possédé sa religion, et même dans ce qu'elle
a de plus sublime et de plus parfait; elle n'ignoroit presque
rien de l'histoire, et avoit lu encore bien d'autres
choses; son expérience lui en avoit aussi beaucoup appris,
ayant toujours vécu avec des personnes d'esprit, de
mérite et de science, soit à Paris, ou à la Cour; cependant
elle ne disoit jamais rien qui sentît le moindre
savoir, que ce ne fût d'une manière incertaine et comme ne
le sachant que par ouï dire. On ne lui entendoit point citer
dans la conversation, ni dans les autres discours les noms
des auteurs, ou des philosophes, ou des poètes ou des docteurs
renommés dans l'antiquité; elle disoit que rien ne sied
mal aux femmes que de vouloir paroître savantes;
que ce que peuvent faire de mieux celles qui le sont
véritablement, est de le cacher ; que c'étoit ce qui l'avoit
dégoûtée de la science, pensant que ce n'étoit pas la peine
de s'y appliquer, puisqu'on ne peut avec bienséance montrer
que l'on sait; pour ce qui est des choses de la religion
on eût dit, à l'entendre, que la moindre de nous en savoit
plus qu'elle. Elle nous enseignoit à n'être point pressées
de dire notre avis ; et, quand il étoit à propos de le
faire, user de termes non décisifs, comme : il me semble,
je croirois, je penserois, qu'il seroit bon que cela fût
ainsi ; ou bien je croirois que cela est de cette sorte, sans
trop appuyer son opinion et toujours avec déférence pour
les sentiments des autres. C'étoit de cette manière qu'elle
s'expliquoit ordinairement elle-même, soit dans ses conseils
ou dans la conversation ; il arrivoit souvent qu'après

avoir réglé ce qu'elle jugeoit convenable, ou pour le bon ordre de la maison, ou pour les charges, si le succès étoit bon et qu'on s'en trouvât bien, elle en donnoit tout l'honneur à ceux qui n'auroient fait qu'exécuter ses ordres, comme si elle n'y avoit eu aucune part : vous avez établi, disoit-elle, une chose fort utile; ma sœur, une telle a très bien pensé de faire telle et telle chose; notre mère a eu grande raison de tourner cela de telle manière, et semblables.

Dans les qualités personnelles du prochain, elle donnoit toujours le prix à la vertu, à la sagesse, à la raison, plutôt qu'au brillant de l'esprit, dont elle faisoit peu de cas, quand il n'étoit pas joint à ces qualités, quoique pourtant elle eût beaucoup de goût pour les personnes d'esprit; mais sa solidité l'empêchoit de s'arrêter à cela seul, pour donner la préférence à quelqu'un dans son estime et dans son amitié.

Depuis qu'elle s'étoit donnée plus particulièrement à la piété, elle n'avoit guère d'autres livres que ceux qui en traitoient; les plus simples, quand ils contenoient des maximes solides, étoient ceux qu'elle goûtoit davantage. Elle aimoit surtout les œuvres de saint François de Sales, elle y trouvoit un fonds d'instruction si droite et si raisonnable sur la véritable dévotion, qu'elle ne se lassoit point de les lire, quoique d'un style un peu ancien; car elle ne s'arrêtoit pas à la beauté du langage en fait de lecture spirituelle, mais à la solidité des choses qu'elle contenoit, et elle a bien fait ce qu'elle a pu pour nous inspirer cet esprit; elle craignoit beaucoup pour nous la trop grande curiosité et l'avidité de savoir, et elle nous disoit souvent que les choses qui seroient hors des bornes de notre état nous feroient bien du mal, si une fois nous venions à nous y adonner; que quand ce ne seroit que de nous détourner de nos devoirs et de nous dégoûter des

tures de piété, c'en seroit toujours un assez grand, ce
qui arriveroit infailliblement ; mais elle ajoutoit qu'elles
toient aussi très capables de gâter l'esprit. Voici ce qu'elle
a dit dans un de ses écrits :

« Je vous conjure, mes chères filles, de garder une
grande simplicité dans le choix de vos livres, de prendre
ceux que votre supérieure vous donnera sans vous mettre
en peine de qui ils sont, (car elle supposoit que la supérieure n'en donneroit que de bons et d'auteurs bien approuvés;) attachez-vous aux choses que vous y trouverez,
point au terme. Lisez pour profiter, n'ayez point d'autres vues, elles sont toutes vaines et dangereuses, et nous
sommes trop heureuses d'être obligées par notre sexe et
par notre ignorance à être simples et soumises, puisque
c'est la voie la plus facile et la plus sûre.

» Ne soyez point curieuses de savoir ce qui n'est point
utile à votre salut et à l'éducation de vos demoiselles ; ce
sont les deux seules choses dont vous êtes chargées ; partagez votre vie entre la prière, l'instruction de vos filles,
l'exercice de vos charges et le divertissement honnête et
réglé qui vous est nécessaire. »

Comme Saint-Cyr étoit pour elle une bonne œuvre dont
elle se regardoit principalement chargée, il n'y avoit rien
qu'elle ne fît pour l'affermir : elle perfectionnoit, elle y
venoit presque tous les jours et les passoit à aller de classe
en classe et d'office en office, s'y tenoit des temps considérables de suite, pour voir agir les maîtresses et les officières, pour donner ses avis, pour remarquer s'il n'y
avoit rien de meilleur à faire que ce qu'on faisoit ; on l'a
vue souvent aux infirmeries des dames et des demoiselles,
consoler et servir les malades, peigner les demoiselles
convalescentes, et exercer d'autres œuvres semblables.

Elle venoit aussi aux récréations de la communauté et aux

instructions que nous faisoit madame de Brinon ; par tout elle ne songeoit qu'à nous être utile et à nous donner tout ce qui dépendoit d'elle : sa personne, ses gens, son crédit, sa faveur, ses lumières, son expérience, cela avec une bonté, une patience et une persévérance sans bornes. Pour preuve de ce que je dis, voici qu'elle écrivit un jour à madame de Brinon, en lui marquant la conduite qu'elle croyoit qu'il falloit tenir pour nous donner connoissance de nos affaires : « Pour moi, dit-elle, je m'offre avec tous mes gens pour les servir, n'aurai nulle peine à être leur intendante, leur femme d'affaires, et de tout mon cœur leur servante, pourvu que mes soins leur soient utiles pour les mettre en état de s'en passer. Voilà où je tends, et voilà le fond de mon cœur ; voilà ce qui fait ma vivacité et mon impatience, et voilà ce que je soumets à vos avis. » C'étoit toujours avec la politesse renfermée dans ces derniers mots, qu'elle proposoit ses pensées ; elle s'informoit de tout ce qui se passoit dans la maison, non par curiosité, mais pour être plus en état de remédier aux inconvénients qui pouvoient naître, ou les prévenir ; elle avertissoit, reprenoit, corrigeoit, conseilloit, instruisoit, d'une manière si persuasive et si pleine de ménagements, que tout ce qu'elle disoit, sur quelque ton que ce fût, faisoit beaucoup de bons effets et n'en produisoit jamais de mauvais. Cela est aisé à voir dans plusieurs de ses lettres que nous avons ici, qu'elle a écrites à des particuliers ou à la communauté en général ; l'on y peut remarquer qu'elle ne disoit rien qui pût tant soit peu contrister, qu'elle n'y mît un correctif de quelque chose d'obligeant qui en diminuoit beaucoup l'amertume ; elle étoit ferme dans ses maximes, mais c'étoit par sagesse et par la longue expérience qu'elle avoit du mal que traine après soi une conduite qui tient du relâchement ; cependant, elle adoucissoit tellement cette sérité par mille plaisirs et de si grandes marques de bonté, 'on ne se trouvoit point gêné, et que même on la ignoit moins que madame de Brinon; car nous sen- ns qu'elle avoit pour nous, si on l'ose dire, une vérita- amitié; elle nous faisoit l'honneur de nous parler en rticulier très-souvent, pour nous instruire et pour nformer comment nous nous acquittions de nos em- ois, comment nous nous y trouvions, des peines ou de satisfaction que nous y pouvions avoir, afin de nous nner ses avis, et en même temps elle apprenoit ce qui se ssoit sans paroître le chercher, et peut-être aussi sans penser, ou si elle y pensoit, ce n'étoit que par con- ience, se croyant chargée de la part de Dieu et des mmes, comme il étoit vrai, de la conduite de ce grand ablissement; le roi lui avoit donné tous les priviléges et utorité des fondateurs, et monseigneur l'évêque de hartres l'avoit aussi nantie de tous les pouvoirs néces- ires pour gouverner cette maison, tant au spirituel au temporel, de sorte qu'elle en étoit comme la pre- ière supérieure.

Vers ce temps-là madame de Brinon qui aimoit fort lecture et qui cherchoit toujours à nous instruire, us faisoit lire les soirs, aux récréations, les vies des ints pères et docteurs de l'Église, qui faisoient plaisir celles qui étoient du goût de cette dame, et las- ient plusieurs autres qui auroient quelquefois mieux mé causer, se promener, ou s'amuser moins sérieu- ment; celles à qui ces lectures étoient ennuyeuses, 'en dirent pourtant rien, et parurent se conformer e si bonne grâce et avec tant d'honnêteté à l'inclina- on de madame de Brinon, qu'elle ne s'aperçut point ue ce n'étoit pas la leur; mais quelque temps après elle assa de ces histoires aux comédies de Molière, qu'elle soit ou faisoit lire les soirs après souper : il y eut de nos dames qui en eurent du scrupule et qui pensoient qu ces lectures ne convenoient guère à des filles de communauté, qui devoient avoir renoncé par leur profession à ces sortes de lectures; que s'il y a quelque chose dont on puisse profiter, par le ridicule que ces pièces donnent à certains caractères d'esprit, elles ne laissent pas d'instruire à ce qu'il faut éviter dans ses manières et dans sa conduite; il y en a aussi beaucoup d'autres qui peuvent nuire, et qu'enfin, ce n'étoit point de ces livres que nous devions tirer les instructions dont nous avions besoin, et que nous en trouverions de plus sûres dans de meilleurs livres. Sur ces réflexions elles en parlèrent à madame de Maintenon, qui, connoissant le danger de ces lectures, principalement en ce qu'elles peuvent affoiblir la piété, ce qu'elle craignoit beaucoup pour ici, où elle vouloit en établir une solide et fervente, trouva que ces dames avoient raison, d'autant plus que nous étions fort jeunes et point assez fondées dans la vertu pour qu'on ne dût pas appréhender que cela ne nous fît tort; elle loua fort le zèle et la sagesse de celles qui lui donnèrent cet avis, et pria madame de Brinon de cesser ces lectures : ce qu'elle fit avec bien de la déférence et sans témoigner qu'elle en eût aucune peine. Il se présentoit tous les jours de nouveaux sujets pour entrer au noviciat; entre autres, nous reçûmes mademoiselle de Berval, que monsieur son père, gentilhomme de distinction, amena pour être dame de Saint-Louis; elle n'avoit que dix-huit ans, mais elle promettoit déjà le mérite que nous lui avons connu depuis; à celle-là se joignirent mesdemoiselles de Veilhan et de Jas, qui étoient de la maison, et plusieurs autres qui n'en étoient pas : la plupart de ces filles du dehors n'avoient nulle vocation; elles venoient seulement ici pour être connues de madame de Maintenon, dans l'espérance qu'elle leur feroit d'autres biens que celui d'être dames de Saint-

Louis ; cela étoit cause qu'elles ne se portoient pas à la piété comme il auroit été à souhaiter, et nous vîmes bien sensiblement que le défaut de vocation étoit le seul obstacle qui empêchoit le fruit qu'elles auroient pu retirer du noviciat ; ce qui fit qu'on en renvoya beaucoup et qu'on ne garda que celles en qui on crut voir de meilleures dispositions. Nous avions amené de Noisy mesdemoiselles de Mosset, du Tours, de Montfort, et quelques autres, dont les unes avoient déjà pris l'habit, les autres le prirent ici ; elles n'eurent qu'un an de noviciat, non plus que nous autres premières professes, après lequel les trois que j'ai nommées firent leur profession le 11 du mois de janvier 1687, et furent aussitôt du corps de la communauté : ainsi nous nous trouvâmes alors quinze vocales.

Cette même année, madame de Brinon proposa à madame de Maintenon d'avoir dans le dedans une espèce de basse-cour, pensant que cela feroit un profit considérable, madame de Maintenon s'y opposa, disant que la maison étant faite pour l'éducation des demoiselles, il ne falloit point d'autre occupation qui détournât de celle-là ; que l'on ne pouvoit se dispenser d'employer à cette basse-cour ou quelques sœurs converses, ou même quelques dames pour y veiller, que ce seroit autant de personnes retirées du service intérieur de la maison, pour lequel on n'étoit pas trop de monde ; que si on y en ajoutoit, on se chargeroit d'autant de personnes qui, dans la suite, deviendroient vieilles ou infirmes, hors d'état de rendre service, et qu'il faudroit peut-être servir ; que les dames se distrairoient de leur principale affaire, qui est les demoiselles, pour s'amuser, à voir et à faire les petits ménages qui se pratiquent dans les basses-cours, et qu'après tout, les choses bien considérées, on auroit aussi bon marché d'acheter tout ce qui se mange qu'à s'en procurer une partie par ces sortes de soins ; que si cela se faisoit dans le dehors, nous serions souvent trompées par les domestiques, dont il faudroit augmenter le nombre; ce qui est pour l'ordinaire une ruine pour les maisons, que la multitude des valets, surtout pour les religieuses qui, ne pouvant sortir, sont contraintes de s'en rapporter à eux pour mille choses : c'est à cette occasion que madame de Maintenon met dans un de ses écrits, qu'elle adresse à la communauté, ce qui suit :

« Qu'elles se gardent des ménages de campagne, quelque épargne qu'elles crussent y pouvoir trouver, s'il se fait dans le dehors de la maison, elles seront toujours trompées, et si c'est dans le dedans, elles y emploieront un temps qu'elles ont promis à Dieu d'employer toute leur vie à l'éducation des demoiselles; leur fondateur les a mis en état de se décharger de tous les soins qui ne seroient que des amusements, des irrégularités et des prétextes de désordres. »

Madame de Brinon, qui avoit peine à perdre les idées des ménages de campagne, proposa encore d'enfermer la ferme de Saint-Cyr dans la clôture; madame de Maintenon rejeta cette pensée comme celle de la basse-cour, par les raisons que j'ai dites, cela étant à peu près la même chose; madame de Brinon, ne se rebutant point, eut une autre vue, qui étoit de faire cuire le pain en dedans, prétendant que ce seroit une épargne, et qu'on pourroit par occasion faire de la pâtisserie pour les régals des demoiselles, qui coûteroit beaucoup moins que d'en acheter; madame de Maintenon répondit qu'il y avoit trop de pain à pétrir et à cuire pour le faire en dedans; qu'il faudroit que ce fût des sœurs, et que des filles ne pourroient jamais soutenir ce travail qui étoit au-dessus des forces des plus robustes, et qu'un boulanger y seroit bien employé; qu'à l'égard de la pâtisserie, il n'en falloit pas faire souvent et qu'elle aimeroit mieux qu'on en achetât que d'y employer bien du temps.

CHAPITRE XIII.

Établissement du Conseil du dedans, et autres remarques.

Dans ces commencements il n'y avoit point encore de Conseil établi ni en dedans ni en dehors ; les affaires temporelles se régissoient par M. Delpeche, qui recevoit nos revenus ; il prenoit les ordres du Roi et de madame de Maintenon, pour ce qui le méritoit, et du reste agissoit comme il le jugeoit à propos en bon père de famille ; et pour le gouvernement intérieur de toute la maison ç'avoit toujours été madame de Maintenon et madame de Brinon, qui de concert l'avoient conduit ; mais madame de Maintenon, n'envisageant que notre bien, encore plus pour l'avenir, où nous aurions moins de secours, que pour le présent, voulut nous donner part aux affaires : elle consulta sur cela M. l'abbé Gobelin, qui fut fort de cet avis ; elle régla donc avec lui et madame de Brinon, qu'il y auroit un Conseil en dedans, qui s'assembleroit assez souvent et devant qui on traiteroit de tout ce qui étoit du gouvernement de la maison. Madame de Maintenon pensoit que c'étoit le meilleur moyen qu'on pût prendre pour former celles qui seroient de ce Conseil, et qu'on y feroit passer plusieurs dames les unes après les autres ; car elle avoit un desir extrême que nous apprissions à mener nos affaires ; afin, disoit-elle, que nous pussions nous passer d'elle et de madame de Brinon, qui pouvoient nous manquer par la mort, ce qui lui fait dire, dans un écrit qu'elle adressoit à madame de Brinon : « Si on ne songe à les instruire, on les mettra en tutelle le lendemain de notre mort, et on leur donnera un économe dans leur maison qui les troublera et les ruinera ; je sais qu'il faut de la patience et que les dames ne peuvent être de longtemps bien habiles ; c'est pour cela que je voudrois y travailler au plus tôt ; » et dans un autre écrit, où elle parle aux dames mêmes, voulant leur prescrire l'esprit qu'elles doivent avoir dans le maniement de leur temporel, elle dit : « qu'à l'égard des affaires temporelles, les dames doivent avoir une grande application pour qu'il n'y ait aucun désordre dans leur dépense, et considérer que le mérite de leurs épargnes est bien différent de celui des autres maisons, qui ont besoin de ménager pour se soutenir et qui veulent quelquefois s'agrandir; mais, pour les dames de Saint-Louis, elles n'ont rien à craindre ni à desirer, le Roi, par sa magnificence, leur a donné de grands biens, et par sa sage prévoyance les a garanties de tout prétexte d'avarice, puisqu'elles ne peuvent ni bâtir ni acquérir, ainsi toutes leurs épargnes les mettent en état de faire l'aumône, et c'est là le motif qu'elles doivent avoir dans le gouvernement du temporel.

Quand vous entrerez, dit-elle, dans vos affaires temporelles, il faut vous faire donner un état, de vos revenus, les prendre toujours au-dessous de ce qu'on vous dira, en rabattre les non-valeurs, les réparations, les aumônes; dans vos terres, les appointements de vos gens d'affaires, et ensuite faire votre projet de dépense, par avance; car autrement vous vous trouveriez toujours en arrière ; votre ménage doit être en grand ordre; une application à ne rien laisser perdre ; à conserver ce que l'on a, et dans le retranchement de toute sorte de délicatesse et une vue d'épargner pour faire plus d'aumônes, c'est-à-dire pour établir plus de filles, soit en les mariant, soit en les mettant dans des couvents ; car ce sont-là, les aumônes, dont votre fondateur vous charge. Je reviens au Conseil ; celles qui furent choisies pour en être, sont : madame de Loubert sous-prieure ; c'est ce qu'on appelle aujourd'hui assistante ; madame du Pérou, maîtresse des novices, madame de Fontaines, première demoiselle des Bleues ; madame de Saint-Pars, première portière ; madame de Radouay, dépositaire ; ces cinq personnes avec madame de Brinon, faisoient le nombre de six, et madame de Maintenon étoit le chef de ce Conseil, et y avoit voix délibérative ; elle présidoit aussi avec la supérieure à nos assemblées capitulaires, soit pour la réception des filles, soit pour d'autres affaires ; elle y avoit sa voix de même qu'au Conseil ; ayant comme j'ai dit, de la part de monseigneur l'évêque toute autorité spirituelle et temporelle, et cela nous a été en tout temps très nécessaire et utile. On peut dire qu'en toutes choses elle étoit notre lumière, notre conseil, notre force, et nous conduisoit comme par la main, d'une manière également avantageuse et agréable ; aussi avions-nous en elle une confiance parfaite, accompagnée d'un respect, d'une vénération, d'un attachement et d'une docilité d'enfant, qui nous faisoit déférer, avec une entière soumission de cœur et d'esprit, à ce que nous connoissions être de sa volonté.

Elle assistoit aussi aux chapitres des comptes, quand elle le jugeoit à propos ; nous y donnoit ses avis ; nous y reprenoit et nous y témoignoit quelquefois sa satisfaction.

Notre Conseil du dedans ayant été réglé comme je viens de le dire, on s'assembloit tous les quinze jours et quelquefois plus souvent, on y parloit de tout ce qui regardoit le gouvernement spirituel et temporel de la maison ; on nous faisait dire notre avis, comme si nous eussions été bien capables, et par l'approbation ou l'improbation qu'on donnoit à ce que nous disions, nous apprenions comme il falloit penser sur chaque chose. Il y avoit un livre où l'on écrivoit les décisions du Conseil; on relisoit dans le Conseil suivant ce qui avoit été décidé précédemment; c'étoit madame de Maintenon qui avoit établi cela, comme étant d'un bon ordre, qui fait qu'on se souvient mieux de ce qu'on a résolu, et prévient les incertitudes et les mécomptes.

Vers ce temps-là, on maria mademoiselle de l'Etang, qui étoit une fille de vingt-trois ou vingt-quatre ans; elle fut donnée à M. de Colombe, commandant des gardes marines à Brest; c'étoit un vieux et brave officier, qui, ayant toute sa vie bien servi, le Roi le fit commandant des gardes marines, et Sa Majesté voulant faire en même temps l'avantage d'une demoiselle de Saint-Cyr engagea cet officier à en prendre une moyennant des grâces qu'il lui accorda en faveur de ce mariage. M. de Colombe avoit une fois l'âge de la demoiselle; leur intelligence n'en fut que plus parfaite, le mari en vivant très-bien avec sa femme, et la femme honorant et aimant son mari, et se conduisant avec tant de sagesse et de vertu qu'elle s'acquit l'estime et le respect de toute la ville de Brest, aussi bien que des officiers qui y sont ordinairement en grand nombre. En ce même temps nous renvoyâmes du noviciat deux novices, nommées mademoiselle de Beaulieu et l'autre mademoiselle de Senac; elles furent toutes deux dans d'autres couvents; madame de Maintenon voulut bien contribuer à les y faire religieuses en leur donnant 75 livres de pension, et elle nous engagea à leur en donner autant. La plupart des filles qui furent dans ce temps-là au noviciat et qui en sortirent ne s'en retournèrent guère sans quelques bienfaits de madame de Maintenon, soit d'une façon, soit d'une autre, surtout quand elles avoient été jusqu'à prendre l'habit. Le Roi aimoit fort cette maison; il nous faisoit l'honneur d'y venir de temps en temps; il visitoit les classes, voyoit la communauté, alloit dans le jardin, et donnoit partout beaucoup de marques de bonté : nous rapporterons en son lieu quelques unes de ses paroles, qui feront foi de ce que je dis.

Saint-Cyr étoit nouveau et à la mode : tous les grands de la Cour, surtout les dames, s'empressoient de demander à madame de Maintenon d'y venir, pensant par-là faire leur cour au Roi. Madame de Maintenon y en amenoit assez souvent, leur faisoit tout voir, excepté nous autres, qu'elle tenoit le moins à portée qu'il se pouvoit d'être connues; ne voulant pas que nous fissions connoissance avec personne du dehors, ni que les personnes en fissent avec nous. Elle nous a toujours desiré séparées du monde, et même un peu sauvages à son égard; craignant fort que ce ne nous fût une occasion d'amusement, de dissipation, et qui pis est que nous ne vinssions à prendre son esprit, et à nous affoiblir dans celui de notre vocation et dans la piété, où elle souhaitoit que nous fissions toujours de nouveaux progrès : elle appréhendoit fort aussi que les demoiselles à qui le monde auroit été encore plus dangereux qu'à nous, ne devinssent mondaines, et par-là peu disposées à recevoir les bonnes impressions de l'éducation toute chrétienne, qu'elle avoit tant à cœur qu'on leur donnât; c'est pourquoi elle se faisoit une obligation de ne pas quitter les personnes qu'elle amenoit, et d'empêcher par sa présence qu'elles ne parlassent aux unes ou aux autres.

Pour elle, qui étoit au milieu du plus grand monde, et on peut dire à la tête de la Cour, elle l'aimoit si peu que personne n'étoit plus propre qu'elle à en dégoûter; elle n'y tenoit que par le seul ordre de Dieu qui l'y avoit mise, et n'y prenoit de plaisir véritable que celui d'y procurer sa gloire autant qu'elle le pouvoit : aussi y étoit-elle toujours occupée d'y remplir ses devoirs de religion et de christianisme; d'y édifier; d'y faire tout le bien qui se présentoit à elle, dès qu'elle croyoit voir les marques de la volonté de celui pour qui elle desiroit faire toutes choses ; elle avoit surtout un zèle ardent pour le salut du Roi, étant persuadée que la providence ne l'avoit placée si haut que pour cette fin ; c'étoit presque le but de toutes ses bonnes œuvres et de ses prières.

Dans cette place où elle sembloit être tout environnée de gloire, elle n'a pas laissé d'y avoir des croix très sensibles, et cela, avec ce qu'elle nous disoit, dans les conversations que nous avions l'honneur d'avoir avec elle, sur les tribulations qu'on essuie dans le monde, et des contraintes et contradictions qu'on y trouve, nous en donnoit de plus en plus de l'éloignement ; aussi avoit-elle un grand talent pour cela ; et pour nous faire estimer infiniment notre état, elle nous disoit qu'elle sentoit une vraie joie lorsqu'elle sortoit de Versailles, et qu'elle y avoit le dos tourné pour venir ici, tant elle respiroit la retraite, et de se dérober au monde. Etant ici, elle prioit longtemps dans son oratoire qui donnoit sur le saint sacrement, communioit tous les dimanches, les mardis, les jeudis, les fêtes, et souvent d'autres jours encore ; elle se plaisoit fort à garder le silence, et nous le recommandoit sans cesse et par parole et par écrit, et vouloit qu'on y accoutumât les demoiselles, comptant pour un grand défaut dans une fille d'être grande parleuse. On voit assez de marques de ce que je dis dans plusieurs de ses lettres à la supérieure ou à des particulières ; voici ce qu'elle dit dans quelques-unes sur ce sujet :

« Je r'ouvre ma lettre pour vous dire qu'on m'envoya il y a quelques jours à la lingerie pour voir ce qui s'y faisoit et pour tenir la place d'aide de mademoiselle de Montchy qui y étoit en chef ; nous travaillâmes deux heures en silence ; car je ne compte pas l'avoir rompu pour leur avoir demandé de l'ouvrage, et, quelque temps après, quelques autres questions nécessaires. Si on fait sa charge de cette manière, on aura grand tort de dire que les emplois dissipent; car on pourra plus véritablement dire le soir qu'on aura prié sans cesse, quand on veut s'agiter en servante plutôt que de s'occuper en religieuse, et qu'on y ajoute la liberté de parler; l'ouvrage extérieur n'avance guère et l'ouvrage intérieur recule beaucoup. J'allai aussi à une classe établir un règlement de journée, je vous assure qu'il étoit quatre heures après midi que je n'avois pas dit quatre paroles, et j'y étois depuis six heures et demie; c'est l'erreur de Saint-Cyr de dire que la fatigue des classes est grande, parce qu'il faut toujours parler; vous ferez beaucoup mieux partout quand vous parlerez moins; c'est un défaut que je crois vous avoir donné; car je l'ai en effet, et cela vient de trop de confiance en ce que nous disons, qui nous fait croire qu'à force de raisons nous persuaderons; c'est une conduite que Dieu ne bénit pas; il faut dire peu et lui laisser le soin du reste. Adieu, vous voyez que je ne puis finir sur cette matière qui me tient tant au cœur. » Ce qu'elle dit que le trop parler est un défaut qu'elle nous communiqua, est bien moins vrai qu'une coutume qu'elle avoit de se prendre à elle-même des défauts que nous avions, croyant toujours que c'est qu'elle ne nous donnoit pas assez bon exemple; mais il n'y avoit qu'elle qui le pût penser; car nous aurions été bienheureuses si nous avions eu assez de fidélité pour l'imiter. Il n'y avoit que la charité et le zèle du bien de cette maison qui l'empêchoit d'être aussi silencieuse qu'elle auroit voulu; cela l'engageoit à beaucoup parler, à beaucoup écrire et à beaucoup agir : ce qu'elle faisoit sans témoigner jamais aucune lassitude, quoiqu'elle se sentît pourtant assez souvent fatiguée, étant d'une complexion délicate et ayant, outre les affaires de Saint-Cyr, celles que lui donnoit sa place, qui auroient suffi pour la bien occuper, mais son courage la mettoit au-dessus de tout travail, et sa fidélité à faire ce qu'elle croyoit que Dieu demandoit d'elle l'emportoit toujours sur ses propres commodités. Je l'ai vue venir bien des fois dès le matin toute malade et s'occuper sans relâche, à son ordinaire, toute la journée, comme si elle avoit été dans la meilleure santé du monde. Ses soins ne s'étendoient pas seulement à régler la maison et à former les dames, elle les donnoit aussi aux demoiselles avec le même zèle; ayant vu quelques-unes de leurs lettres qui n'étoient guère bien faites, elle leur ordonna de lui écrire afin d'avoir occasion de leur faire mieux voir leurs fautes, soit pour le style, soit pour l'orthographe; en quoi elle étoit une habile maîtresse; car tous ceux qui savent le mieux ce que c'est que de bien écrire, nous avouoient qu'il n'y a rien de plus beau que son style, mais d'une beauté qui plaît d'autant plus qu'il est aisé, simple et naturel: son écriture étoit fort nette, propre et très lisible; elle mettoit bien l'orthographe, mais sans affectation; elle se faisoit donc écrire par les demoiselles, pour corriger leurs lettres et leur apprendre à écrire simplement, sans détours et sans chercher à faire paroître de l'esprit; elle disoit que, pour bien écrire, il n'y avoit qu'à dire tout naturellement ce que l'on pense. Si elle faisoit cette attention pour les demoiselles, elle en avoit encore une plus particulière pour les dames, sur cela comme sur toute autre chose, à cause que nous devons leur montrer ce qu'il faut qu'elles sachent; elle vouloit que toutes les personnes de la communauté lui écrivissent pour lui rendre compte de la manière dont elles exerçoient leurs emplois ou pour d'autres raisons. Quand nous avions eu cet honneur, elle nous renvoyoit souvent nos lettres corrigées, ou elle nous disoit les défauts qu'elle y avoit remarqués; elle n'étoit point difficile à contenter sur le style ni sur l'orthographe; pourvu qu'on mît de bon sens ce qu'on avoit à dire, et qu'on ne fît pas de fautes grossières à l'orthographe, elle trouvoit qu'on écrivoit bien; elle étoit si ennemie de toute recherche dans la façon de s'exprimer, que voici ce qu'elle manda un jour à quelqu'une de nous, qu'elle craignoit apparemment qui n'eût trop d'envie d'écrire avec esprit; ce n'est pas qu'elle blâmât qu'on le fît quand cela vient naturellement et sans qu'on se mette en peine de vouloir exceller; mais elle auroit regardé comme une vanité et une grosse imperfection dans une religieuse, le desir de faire paroître de l'esprit et de savoir, soit dans notre manière d'écrire ou de parler, parce qu'elle comprenoit si bien jusqu'où nous devions porter le renoncement à nous-mêmes, à quoi notre état nous oblige, qu'elle auroit regardé ce desir comme l'effet d'un orgueil très nécessaire à mortifier. Ce qui suit fera mieux entendre cela que tout ce que je pourrois dire; voici donc comme elle s'en explique, écrivant à quelques-unes de nous :

« Vous savez que je suis tombée d'accord que vous écriviez les réponses que je vous fais sur les questions que vous me faites, afin que je les fasse revoir et corriger, et que je ne vous laisse rien qui ne soit bon et approuvé; il faudroit, autant qu'on peut, ne faire des difficultés que sur ce qui en vaut la peine ou sur des choses qu'effectivement on n'entend pas tout-à-fait clairement; il n'y a rien de trop dans vos lettres; il faut les finir tout simplement quand on n'a plus rien de nécessaire à dire. Je croirois cette manière bonne pour tout le monde, mais elle est absolument nécessaire à des religieuses, qui ne doivent plus vouloir avoir de l'esprit; et dire les choses avec un ton fin; c'est là les mortifications que je voudrois parmi vous, en même temps que je m'oppose à celles qui ne vont qu'à tourmenter le corps; le renoncement à l'esprit, à l'estime de l'esprit, au commerce de l'esprit, seroit une excellente pratique et une bonne partie de cette mort qui doit suivre le sacrifice dont les religieuses se flattent. O que je desire passionnément, ma chère fille, que l'on ne veuille plus avoir d'esprit en particulier chez vous, mais qu'il règne un bon esprit dans votre communauté ! » Non-seulement elle donna aux demoiselles des leçons de bien écrire, mais elle voulut aussi leur apprendre à parler juste, à propos, d'un ton aisé et naturel dans la conversation; pour cela elle leur en fit sur différents sujets, qui, en les divertissant par leur agrément, leur donnoient en même temps de belles et solides instructions, qui seroient seules capables de leur apprendre à bien juger de tout et à se bien conduire, si elles savent se les bien appliquer et s'en servir en temps et lieu. Il y a ici un grand nombre de ces conversations qu'elle a faites en différents temps, dont nous avons fait un recueil que nous conservons précieusement : on les fait apprendre et réciter aux demoiselles, afin qu'elles leur demeurent dans l'esprit.

Le Roi venoit assez souvent, dans les commencements, à vêpres ou au salut et s'en retournoit quelquefois par le jardin, où on lui fit jouer quelques-unes de ces conversations, qu'il agréa fort. Les classes le suivoient ou se tenoient à son passage pour avoir l'honneur de le voir. Ce fut dans quelques-unes de ces occasions que, pour lui marquer leur attachement et leur reconnoissance, elles se mirent à chanter d'elles-mêmes, comme par un mouvement subit, des chants à sa louange, entre autres :

« Qu'il règne ce héros, qu'il triomphe toujours ! »

Ce fut ma sœur de Beaulieu, qui étoit en ce temps-là verte, qui l'entonna avec sa belle voix; toutes celles de sa classe continuèrent, à quoi le roi eut la bonté de faire attention d'un air gracieux et de leur en témoigner de la satisfaction.

Je reviens à madame de Brinon. L'estime et même on eut dire l'amitié que madame de Maintenon avoit pour elle, lui attira la considération des grands ; elle étoit en commerce avec plusieurs des seigneurs et dames de la cour, avec les ministres, avec M. le chancelier et d'autres personnes qualifiées ; ils lui venoient rendre visite, et c'étoit presque toujours à dessein de faire passer par elle ce qu'ils vouloient qui allât au Roi par madame de Maintenon : cela étoit cause que madame de Brinon avoit toujours à traiter de mille affaires qui ne regardoient point la maison, quand elle étoit avec elle, sans prendre garde que par cette conduite elle lui déplaisoit et lui devenoit à charge, d'autant plus qu'elle connoissoit assez madame de Maintenon pour savoir qu'elle n'auroit pas dû se charger de ces commissions ; car quelque envie que cette dame eût d'obliger tout le monde, il ne lui auroit pas été possible de porter au Roi les desirs et les demandes de chacun, sans lui devenir importune et le rebuter ; comme elle voyoit l'importance de le ménager, afin d'être en état de travailler plus utilement à son salut, à quoi elle croyoit que Dieu vouloit qu'elle contribuât, et pour faire aussi d'autres biens plus nécessaires que d'appuyer sans discrétion les requêtes de tous les particuliers. Elle auroit voulu que madame de Brinon eût eu moins de commerce au dehors et se fût procuré plus de loisir pour le dedans ; mais elle ne comprit pas cela, parce qu'ayant un bon cœur, elle se croyoit obligée de servir ses amis et ceux qui s'adressoient à elle ; et d'ailleurs madame de Maintenon ne lui disoit pas positivement qu'elle lui auroit fait plaisir d'en user autrement ; car il est vrai qu'elle étoit si retenue à faire connoître tout ce qui ne lui plaisoit pas, qu'il falloit presque toujours le deviner ; et on n'avoit pas toujours cette lumière de soi-même, de sorte qu'on demeuroit quelquefois assez longtemps à faire les choses qui la mécontentoient sans qu'on s'en doutât. Madame de Brinon, qui étoit dans ce cas, continuoit ses bons offices, et madame de Maintenon les supportoit sans faire semblant de rien, quoiqu'elle en souffrît.

D'un autre côté, madame de Brinon souffroit aussi de ce que M. Manceau étoit chargé entièrement de toutes les dépenses, et qu'elle ne faisoit seulement qu'arrêter les comptes ; elle en témoignoit son chagrin dans les occasions qui s'en présentoient ; cela étoit assez souvent rapporté à madame de Maintenon, même avec exagération, car il y a peu de personnes assez officieuses pour taire quelques mots échappés dans la vivacité ou au moins pour les adoucir : Madame de Maintenon qui n'avoit que de bonnes intentions dans ce qu'elle ordonnoit et qui n'aimoit pas à faire de la peine, fut en balance si elle ne feroit pas mieux d'abandonner le temporel à madame de Brinon comme elle avoit fait en quelque façon le spirituel ; elle communiqua cette pensée à monseigneur l'évêque de Chartres et à monseigneur l'abbé Gobelin, qui lui dirent de s'en bien garder, parce qu'ils savoient que madame de Brinon ne s'entendoit pas à ménager si bien que M. Manceau, et qu'il étoit important dans les commencements de mettre un grand ordre dans les dépenses. Les choses en demeurèrent là ; mais ceci, avec d'autres incidents et ce que j'ai dit auparavant, interrompit, quoique pourtant d'une manière imperceptible, l'accord et la bonne intelligence qui avoit jusque-là été entre elles ; ce très petit commencement grossit toujours dans la suite, et eut une triste fin pour madame de Brinon : ce que nous verrons en son lieu.

CHAPITRE XIV.

Ce qui s'est passé sur les Tragédies.

—

Madame de Brinon avoit coutume, pour amuser les demoiselles au temps du carnaval et autres, de leur faire déclamer quelques pièces sur des sujets pieux, comme de certaines anciennes tragédies de martyrs et choses semblables, dont les vers étoient si mauvais qu'ils ne valoient pas la peine qu'en se donnoit à les apprendre. Madame de Brinon ne laissoit pas de les aimer et avoit même composé quelques-unes de ces pièces qui étoient encore pires que les autres; car, pour réussir en ces sortes de choses, il faut avoir des règles et un génie particulier qu'on ne se donne point, quelque esprit qu'on ait. Madame de Maintenon souffrit assez longtemps qu'on jouât de ces mauvaises pièces, par complaisance pour madame de Brinon, et aussi pour les demoiselles à qui tout est bon, pourvu qu'elles aient récréation; mais elle comptoit bien y mettre ordre lorsqu'elle seroit débarrassée de choses plus importantes et plus pressées; ce qu'elle fit dès qu'elle put; et, réfléchissant sur cela, elle crut qu'il n'y auroit point d'inconvénients de faire jouer à ces demoiselles quelques-unes des pièces de Corneille et de Racine, parce qu'il y en a qui lui sembloient assez épurées des passions dangereuses à la jeunesse ou traitées si délicatement, qu'il n'y auroit pas à craindre qu'elles leur fussent préjudiciables, et que ce sont de beaux vers, qu'elle aimoit mieux qu'elles apprissent que ceux qui sont plus communs ou qui n'ont rien que de bas; elle pensa que ce seroit un moyen de cultiver leur mémoire par de belles choses, de leur apprendre à bien prononcer, à se tenir de bonne grâce, à leur ouvrir l'esprit, et à n'être pas si neuves quand elles s'en iroient que le sont la plupart des filles élevées dans les couvents; c'est ce qui la détermina à choisir *Iphigénie*, *Andromaque*, *Alexandre*, et quelques autres dont je ne me souviens pas; les demoiselles jouèrent les pièces plusieurs fois avec un tel succès, quoique personne ne leur eût montré que des dames de Saint-Louis, qui n'avoient jamais vu jouer des tragédies, que madame de Maintenon commença de craindre qu'elles n'entrassent trop dans l'esprit des personnages qu'elles représentoient; que ce ne leur fût un piège qui excitât leur goût pour les choses profanes, et ne leur fit perdre celui qu'on tâchoit de leur inspirer pour la piété; que les passions ne laissent pas de se faire sentir dans ces sortes d'ouvrages, d'une manière d'autant plus dangereuse qu'elles y sont représentées sous des couleurs apparentes de vertu, mais vertus païennes qui ont l'orgueil pour principe, et qui, par conséquent, sont bien plus opposées qu'elle n'avoit pensé à l'esprit de l'Evangile; ce qui lui fit craindre que les pièces ne servissent qu'à mettre un grand obstacle à l'éducation chrétienne qu'elle avoit prétendu leur faire donner en les rassemblant ici; ces réflexions lui firent abandonner son premier projet, pour en prendre un plus conforme à ses intentions, qui fut d'engager Racine, un des meilleurs poètes qui fut alors, à faire quelques belles pièces, dont le sujet seroit pieux et composé de manière que les demoiselles y trouvassent autant de plaisir que des instructions, propres leur faire goûter la religion et la vertu. Racine, après y avoir bien pensé, ne trouva rien de plus convenable que l'histoire d'Esther, qui est tirée de l'Ecriture sainte, et un sujet très-naturel. Aussitôt il se mit à composer la tragédie que nous avons, qui eut un tel applaudissement que le Roi, qui la vint voir jouer ici plusieurs fois et qui en fut si charmé qu'il ordonna à Racine d'en faire une autre, qui est *Athalie;* mais je m'étendrai davantage sur cela dans la suite.

CHAPITRE XV.

Madame de Maintenon fait venir ici des confesseurs extraordinaires.

J'ai dit que nous avions des confesseurs très-gens de bien ; ces messieurs confessoient toute la maison, c'est à dire la communauté : les demoiselles et les sœurs ; c'étoit assez d'ouvrage pour deux personnes, mais il est vrai que les demoiselles n'y alloient pas si souvent qu'elles ont fait depuis, et que le nombre des dames étant trop petit dans ce temps-là, le temps qu'on mettoit au confessionnal étoit plus court ; outre que nous allions tout à la bonne foi, disant seulement nos péchés les plus apparents, sans beaucoup nous éplucher et sans songer à nous faire diriger ; nos confesseurs aussi ne nous en demandoient pas davantage. Il y en avoit parmi nous qui n'aimoient pas beaucoup à parler de leur intérieur, soit par timidité, soit parce qu'étant encore fort jeunes elles n'avoient pas grandes lumières là-dessus, ni grand'chose à dire outre leurs péchés ; c'est ce qui faisoit qu'elles étoient fort aises de n'être point obligées à se faire diriger ni en dedans ni en dehors ; car madame de Brinon, à qui nous aurions pu nous adresser, ne nous y donnoit point d'entrée ; cependant plusieurs de nous ne pensoient pas de même et n'avoient pas toute la confiance possible dans les confesseurs ordinaires : c'est pourquoi elles auroient eu envie de parler à d'autres; et il est à remarquer qu'alors on n'avoit point encore eu de confesseurs extraordinaires, selon ce qui se pratique dans les maisons religieuses et qui est ordonné dans le saint concile de Trente; celles qui vouloient qu'on usât de ce privilége dirent leurs peines à madame de Maintenon, qui comprit d'abord l'importance de la chose, et vit bien qu'il étoit nécessaire de donner des secours extraordinaires à des filles qui sont renfermées et ne peuvent les aller chercher; elle en conféra avec M. l'abbé Gobelin, lequel trouva cela très-à-propos, et se reprocha à lui-même de ne s'en être pas avisé; il se chargea de nous faire venir quelques dignes ecclésiastiques. Il y en avoit plusieurs à Paris qu'il estimoit beaucoup et qui étoient en grande réputation; entre autres, M. l'abbé des Marets, homme de condition et de distinction, très-savant, très-pieux et très-zélé; il demeuroit au séminaire de Saint-Sulpice, et s'occupoit du matin au soir à toutes les fonctions ecclésiastiques; il prêchoit, confessoit, catéchisoit, dirigeoit, alloit visiter les malades et les prisonniers, donnoit tout son bien aux pauvres pendant qu'il se refusoit tout à lui-même; ce qui est si vrai, que M. Manceau, étant allé un jour chez lui de la part de madame de Maintenon, fut fort étonné de ne voir dans sa chambre, pour tous meubles, qu'un méchant lit, une chaise de paille, un pupitre, sur lequel il y avoit la sainte Bible, et une carte de Jérusalem attachée à la muraille; le plus bel ornement de cette chambre étoit un clavecin, dont il jouoit quelquefois pour se délasser l'esprit. Cet abbé fut prié par M. l'abbé Gobelin de venir à Saint-Cyr. Il fit d'abord assez de difficultés, ne croyant pas y faire du bien; parce que, ne connoissant point encore madame de Maintenon, il s'imaginoit que quelque bien qu'on en dît il n'étoit pas possible qu'elle n'eût beaucoup de l'esprit de la Cour, et craignoit qu'à cause de cela elle ne voulût pas dans cette maison autant de piété et de vertu chrétienne qu'il se croyoit obligé d'en inspirer ; qu'ainsi il y avoit apparence qu'il lui déplairoit sans pouvoir faire aucun bien, les grands n'aimant pas à être contredits ; ou que si, d'un autre côté, il la trouvoit disposée à entrer dans ses vues, ou qu'elle vînt à le goûter, cela ne lui procurât des dignités qu'il fuyoit, et pourquoi il étoit bien aise de rester inconnu.

Notre établissement étoit nouveau, on en parloit diversement dans le monde ; M. l'abbé Gobelin, qui connoissoit parfaitement la droiture des intentions qu'on avoit eues dans cet établissement, rassura beaucoup M. l'abbé des Marets, le fit résoudre à venir, ce qu'il fit l'année 1687. Lorsqu'il fut ici, madame de Maintenon voulut lui parler avant toutes choses, pour lui faire connoître ce que c'étoit que cette maison et le besoin qu'on y pouvoit avoir de son ministère ; cette conversation le tranquillisa fort ; il fut charmé de la piété, de la modestie, de l'esprit et de la droiture qu'il reconnut en elle ; il réforma ses idées, et s'affectionna à notre maison, voyant qu'il y avoit de grands biens à y faire : quelques-unes de nous s'y confessèrent et en furent fort contentes, et lui de son côté le fut aussi extrêmement d'elles ; il ne fit rien autre chose pour cette fois, et s'en retourna à Paris plus édifié qu'il n'auroit cru. A quelque temps de là, il revint, et ne se contentant pas de confesser, il nous fit des conférences au parloir, où toute la communauté assista ; il parloit de l'abondance du cœur et avec tant d'onction, que nous fûmes fort touchées, et toutes animées à bien faire ; ce qui fit plaisir à madame de Maintenon. L'envie qu'elle avoit de nous élever peu à peu à la régularité des plus exactes communautés, lui faisoit prendre tous les moyens propres à nous y conduire : car, quoique nous les devoirs aussi étendus que ceux des vœux solennels, eu égard principalement à la fin de l'institut, qui demandoit des personnes extrêmement vertueuses pour le soutenir, même elle ne savoit pas en quoi ces vœux différoient des autres ; mais elle étoit persuadée qu'ils engageoient devant Dieu autant que les solennels, et ce lui étoit assez pour nous vouloir entièrement fideles et ferventes à embrasser tout ce qui pouvoit le mieux nous faire exécuter nos promesses.

Quelque temps après nous fîmes notre retraite annuelle, elle n'étoit en ce temps-là que de trois jours ; je crois que c'étoit parce que nous étions fort jeunes et qu'on pensoit peut-être que nous aurions eu peine à en porter davantage ; mais une des principales raisons, dont je me souvienne, fut que madame de Maintenon ne pensoit pas qu'il fût possible que nous eussions des temps plus considérables de récollection, sans que cela portât préjudice à l'essentiel, qui est l'éducation des demoiselles ; que nous n'étions pas ici pour nous, mais pour elle ; que durant les retraites, elles n'avoient pas le nombre suffisant de demoiselles ; que les absences leur faisoient beaucoup de tort ; qu'il n'étoit pas d'une piété droite d'être longues dans nos dévotions : notre état devant être plus actif que contemplatif. On leur fit voir dans la suite que c'étoit travailler pour les demoiselles que de prendre des temps suffisants pour aller auprès de Dieu chercher la lumière et la force, dont nous avions besoin pour soutenir le travail de leur éducation et nous en acquitter avec fruit ; que jamais nous ne le ferions mieux que quand nous serions bien unies à Dieu, et intérieures ; que les retraites de huit jours, tous les ans, et quelques jours encore pendant le cours de l'année, y pouvoient extrêmement concause qu'on a mis dans les constitutions, que nous faisions tous les ans, huit jours de retraite et, qu'on pourroit encore prendre d'autres jours dans l'année si la supérieure le jugeoit à propos. Nous avions toujours fait nos retraites de trois jours sous M. l'abbé Gobelin; mais la première année qu'il nous eut donné la connoissance de M. l'abbé des Marets, il lui laissa la conduite de celles que nous devions faire; alors cet abbé s'en acquitta si dignement qu'elles firent beaucoup de fruit : ses conférences et ses oraisons nous touchèrent extrêmement; il faisoit encore des examens sur les principales actions de la journée, où nous pouvions aisément nous reconnoître, et nous comprîmes encore mieux que nous n'avions fait les obligations de notre état. Il y en eut plusieurs de nous qui s'ouvrirent à lui et qui lui firent des confessions générales; il donnoit son temps avec beaucoup de charité à toutes celles qui desiroient lui parler ou se confesser; mais comme il vit qu'il ne pouvoit pas suffire à tout, parce qu'il avoit d'autres occupations à Paris, il pria madame de Maintenon de jeter encore les yeux sur quelques autres ecclésiastiques qui pussent lui aider. Madame de Maintenon, voyant que M. l'abbé Gobelin avoit déjà fait un si bon choix dans la personne de cet abbé, l'engagea à nous chercher quelqu'un de semblable; il tourna ses vues sur ce qui lui sembla de meilleur dans Paris, c'étoient MM. de Brisacier et Tiberge, dont l'un étoit supérieur des Missions étrangères, et l'autre en étoit le directeur; tous deux étoient d'une grande réputation pour la piété, pour la direction et pour la doctrine; leur zèle ne leur permit pas de refuser le secours qu'on leur demandoit : ils vinrent, et madame de Maintenon les entretint comme elle avoit fait à M. l'abbé des Marets, pour leur faire connoître les intentions du Roi et les siennes sur cet établissement; elle leur témoigna le desir qu'elle avoit de voir notre aison des plus régulières, les obstacles qu'elle y trouvoit, et enfin tout ce qui pouvoit leur donner une juste idée de ce qu'ils avoient à faire ici. Ils furent plus charmés et édifiés, qu'on ne sauroit dire, des vues si droites et si pleines de piété du Roi et d'elle ; ils lui promirent de s'y conformer dans le travail pour lequel on les avoit appelés; à quoi ils se dévouèrent de bon cœur, quelques affaires qu'ils eussent d'ailleurs; car ils n'en manquoient pas, ayant à conduire celles des Missions étrangères et leur communauté particulière, et à diriger grand nombre de personnes à Paris. Ces messieurs s'en retournèrent après cette première visite, sans faire rien autre chose, et ne revinrent que quelque temps après, pour confesseurs extraordinaires.

CHAPITRE XVI.

Maladie de madame de Brinon. — Son voyage de Bourbon et son retour.

Madame de Brinon fut dans ce temps-là malade à l'extrémité ; c'étoit une fièvre continue, qui se soutint assez long-temps, malgré tous les soins que l'on prît pour l'éteindre. Les médecins du Roi et les meilleurs remèdes ne lui manquèrent point ; elle reçut les sacrements, et M. l'abbé Gobelin, qui l'estimoit fort, vint à son secours, et ne l'abandonna pas, jusqu'à ce qu'elle fût hors de danger ; le Roi vint ici, lorsqu'elle se portoit un peu mieux, et lui fit l'honneur de la venir voir dans son lit, ce qui fut regardé comme une faveur très singulière. Ce fut pour faire plaisir à madame de Maintenon, qui avoit été fort affligée pendant que dura le danger ; et je lui ai ouï dire que madame de Montchevreuil, et elle, avoient tant pleuré, qu'elles en eurent les yeux rouges durant trois jours. Or, il est à remarquer que madame de Montchevreuil avoit fait grande amitié avec madame de Brinon, dès le temps qu'elle demeuroit au Vexin, et la recevoit chez moires ; cette amitié s'étoit toujours soutenue et même augmentée par la facilité qu'elles eurent de se voir lorsqu'elles se rapprochèrent ; la première étant venue demeurer à la Cour, depuis que madame de Maintenon y étoit ; et, comme c'étoit une de ses meilleures amies, elle la menoit souvent à Noisy et à Saint-Cyr, quand nous y fûmes ; ce qui lui fut une occasion, et à madame de Brinon, de s'unir de plus en plus. Madame de Maintenon avoit aussi une véritable tendresse pour madame de Brinon ; car, quoiqu'elle fût, en certaines choses, d'un avis différent du sien, et que cela lui causât quelque peine, elle n'en fut pas moins sensible à l'extrémité de sa maladie, ni moins empressée à lui donner tous les soulagements et les secours dont elle avoit besoin ; ce qui la tira hors de danger et lui procura sa guérison : mais sa convalescence fut longue ; les médecins du Roi ne trouvèrent point de meilleur remède que les eaux de Bourbon. Madame de Maintenon, qui prenoit intérêt à sa santé, et qui n'étoit pas fâchée de voir comment tout iroit en son absence, consentit volontiers à ce voyage afin de nous accoutumer imperceptiblement à conduire la maison et à entrer plus particulièrement dans nos affaires que nous n'avions encore fait.

On fit les préparatifs nécessaires pour ce voyage ; on donna à madame de Brinon tout l'argent dont elle devoit avoir besoin, et elle partit avec madame de Blairs sa nièce, qui la vint prendre dans son carrosse, où elle la mena à Paris, de là elle la conduisit à Bourbon, où M. de Blairs son mari, qui étoit fermier-général, et qui avoit le département de cette province, contribua beaucoup au plaisir et aux honneurs qu'elle y reçut. Madame de Loubert, qui avoit gouverné la maison durant sa maladie, et qui s'en ici, nous assembla, et nous exhorta à nous conduire de manière que la maison ne souffrît point de l'absence de notre supérieure; elle nous dit que nous devions rendre à madame de Loubert le même honneur et le même respect qu'à madame de Brinon, pendant qu'elle seroit chargée du gouvernement de la maison, et s'en chargea en effet très expressément en notre présence; nous obéîmes sans peine à cet ordre, en sorte qu'elle fut assez contente de nous durant ce voyage.

Partout on rendoit des honneurs infinis à madame de Brinon, à cause de sa faveur auprès de madame de Maintenon, et même de celle du Roi, qu'on croyoit, dans les provinces, encore bien plus considérable qu'elle n'étoit; ce qui alla si loin que, dans la plupart des villes et des lieux où elle alloit, on la complimentoit; la noblesse venoit au-devant d'elle et la conduisoit en pompe à l'église, où elle trouvoit des tapis, des carreaux préparés pour elle; on lui donnoit des fêtes, des repas magnifiques; enfin, l'on n'omettoit rien de ce qu'on a coutume de faire aux personnes à qui l'on veut témoigner un extrême respect. Quoique madame de Brinon eût bien de l'esprit et qu'elle ne se souciât pas autrement de ces honneurs, elle fut pourtant trop simple à les recevoir, sans penser qu'il auroit été plus à propos de les rejeter, ou du moins de les éviter. Cela ne fit pas un bon effet; on en plaisanta à la Cour, et madame de Maintenon fut très fâchée du ridicule que cela donnoit à cette dame, qu'elle excusoit pourtant le mieux qu'elle pouvoit, sur ce qu'une religieuse ne sait pas ordinairement les conséquences de ces sortes de choses: cela contribua beaucoup à lui faire méditer l'entier éloignement de madame de Brinon, si, lorsqu'elle seroit de retour, elle n'y trouvoit pas la facilité qu'elle desiroit à ses desseins, par rapport au bien qu'elle vouloit établir ici; elle craignoit toujours qu'elle n'y fût un obstacle, à cause, comme j'ai dit, qu'elle n'avoit pas grand attrait à une régularité aussi exacte que celle où l'on vouloit nous conduire ; elle la laissa revenir, bien résolue de faire tous ses efforts pour la gagner, ou, si elle ne le pouvoit pas, de l'éloigner. Lorsqu'elle arriva, nous fûmes toutes au-devant d'elle à la porte de clôture, avec toute la démonstration d'une véritable joie ; comme en effet je puis dire qu'elle étoit très-sincère, car nous l'aimions fort, et nous ne savions pas jusqu'où alloit l'embarras de madame de Maintenon sur son sujet ; du moins elle ne s'en ouvrit qu'après. Madame de Brinon nous fit, de son côté, très-bon accueil. Madame de Maintenon vint ici le lendemain, lui fit bien des amitiés, et lui donna mille marques de la joie qu'elle avoit de son retour en bonne santé ; ensuite, après avoir travaillé quelque temps à lui faire goûter ses projets, voyant qu'elle n'y avançoit pas beaucoup, elle lui fit plus froid ; madame de Brinon s'en aperçut bientôt, et ne sachant à qui s'en prendre, car elle ne se doutoit point que ce dût être à elle-même, elle déchargeoit quelquefois son chagrin sur nous, par des mots lancés à dessein de nous faire comprendre qu'elle nous attribuoit ce changement : elle crut y rémédier en renouvelant son zèle à nous instruire, et à nous faire des oraisons tout haut au chœur et au noviciat.

Madame de Maintenon gardoit toujours les dehors, et, ne se rebutant pas, elle cherchoit encore les moyens de la faire venir à son but : pendant qu'elle en étoit ainsi occupée, Racine lui apporta le premier acte de la tragédie d'*Esther* ; madame de Maintenon le fit apprendre aux demoiselles et le leur fit jouer en présence de madame de Brinon. Afin de lui donner ce plaisir et qu'elle en pût dire son sentiment, c'est le seul qu'elle vit, car elle s'en alla bientôt après ; je crois qu'il n'y en eut point d'autre raison que celles que j'ai dite, qui détermina madame de

Maintenon à prendre une dernière résolution, dont elle convint avec le Roi et monseigneur l'évêque de Chartres. Quelques jours après, elle lui envoya madame de Montchevreuil, leur commune amie, pour lui apprendre son sort; c'étoit une commission assez désagréable pour une personne qui aimoit madame de Brinon; mais on crut qu'elle étoit plus propre qu'une autre à y mettre l'adoucissement convenable; ce qu'elle fit : elle lui donna une lettre de cachet qu'on l'avoit chargée de lui rendre, portant ordre de se retirer de Saint-Cyr. Madame de Montchevreuil lui conseilla de le faire le plus tôt qu'elle pourroit; et, après lui avoir dit un adieu fort triste, elle la laissa pénétrée de douleur; mais elle ne voulut la montrer à personne, et pour cela fit fermer les portes de son appartement, et tint seulement auprès d'elle sa femme de chambre (car elle en avoit une), et mademoiselle de Chantelou, sa nièce, à la mode de Bretagne, que madame de Maintenon avoit prise auprès d'elle, mais qu'elle lui avoit renvoyée de Versailles pour lui aider à faire les paquets et lui être de quelque consolation : elle demeura ainsi jusqu'au lendemain. Pendant ce temps-là, plusieurs de nous, qui ne se doutoient de rien, allèrent pour la voir dans sa chambre ; on leur dit qu'elle étoit incommodée et qu'elle prioit qu'on la laissât seule parce qu'elle avoit besoin de repos. Ce bruit s'étant répandu dans la maison, on s'en paya, et on ne s'attendoit à rien moins qu'à la voir partir; elle le fit durant qu'on étoit au chapitre ; car c'étoit un vendredi. Elle prit ce temps-là, afin de ne dire adieu à personne, et laissa croire à la portière, qui lui ouvrit la porte, qu'elle ne sortoit que pour aller trouver madame de Maintenon à Versailles, qui l'avait mandée pour conférer avec elle de quelque affaire.

Quand le chapitre fut fini, madame de Loubert, qui y présidoit, nous apprit cette nouvelle, qui nous surprit fort nous affligea, parce que nous l'aimions, et que nous avions l'obligation d'avoir contribué de nous admettre dans cette maison ; ce qui nous étoit une grâce si précieuse, que nous en avions une très-parfaite reconnoissance. La journée se passa à la plaindre et à s'entretenir sur ce sujet ; les demoiselles furent aussi fort sensibles à ce départ ; madame de Brinon les aimoit fort, ce qui n'empêchoit pas qu'elle ne les tînt dans la crainte et qu'elle ne fût même véhémente dans ses répréhensions ; mais les demoiselles ne laissoient pas de sentir sa bonté, car en effet elle en avoit beaucoup pour tout le monde ; et, quand elle pouvoit obliger, personne ne le faisoit de meilleure grâce et avec plus de marque du plaisir qu'elle y prenoit. M. Manceau lui amena un carrosse, de la part de madame de Maintenon, pour son départ ; il eut ordre de l'accompagner à cheval, jusqu'au lieu où elle voudroit aller ; car il ne lui étoit rien spécifié là dessus dans la lettre de cachet ; il devoit aussi lui offrir tout ce qui dépendoit de madame de Maintenon et de ses services à lui. Quand elle fut montée en carrosse, elle pria M. Manceau de la conduire à Paris chez madame de Hanovre, princesse de Brunswick, qui lui faisoit l'honneur de l'aimer depuis longtemps. Lorsqu'elle fut arrivée à l'hôtel de Guise, où cette princesse demeuroit, elle envoya savoir par M. Manceau si elle y étoit, et si elle trouveroit bon qu'elle montât à son appartement ; elle s'y trouva, et parut extrêmement joyeuse de cette visite, ne sachant rien de ce qui étoit arrivé : elle alla aussitôt avec les princesses ses filles au-devant d'elle, et lui fit tout le bon accueil possible ; M. Manceau, la voyant en si bonnes mains, voulut prendre congé d'elle pour s'en retourner ; mais elle le pria de revenir dans deux heures, afin de prendre une lettre qu'elle vouloit lui donner pour madame de Maintenon ; à quoi il promit d'obéir, et, l'ayant quittée, elle raconta sa disgrâce à madame de Brunswick, qui en fut très-touchée, et qui en usa parfaitement bien avec elle, la garda chez elle durant quelques jours, et lui fit autant de caresses que dans sa plus grande faveur. M. Manceau étant revenu quérir sa lettre, elle lui fit beaucoup d'amitiés et de remercîments des soins qu'il avoit pris pour la maison et pour elle, et lui parut aussi gaie et d'un air aussi ferme que si elle n'avoit eu aucun sujet de déplaisir; et, en effet, elle porta cette adversité avec une grande constance, sans se plaindre ni faire à l'extérieur la moindre démonstration de mécontentement ni de chagrin; et je suis persuadée que la religion y eut plus de part que son courage naturel qui étoit fort grand. M. Manceau, à son retour, rendit compte au Roi et à madame de Maintenon de tout ce qui s'étoit passé : le Roi fut fort content de la conduite qu'avoit tenue madame de Brinon dans cette conjoncture, et trouva qu'elle en avoit usé avec beaucoup de sagesse et de discrétion. Madame de Maintenon, ayant lu sa lettre, dit que c'étoit une prière qu'elle lui faisoit de vouloir bien donner dans le monde quelques couleurs à sa sortie, qui lui fissent moins de tort que les jugements qu'on en pourroit faire; le Roi dit qu'il étoit raisonnable de lui donner cette satisfaction, et que la manière dont elle avoit supporté sa douleur le méritoit bien; madame de Maintenon pensoit de même, et M. Manceau fut chargé de répandre dans le monde que c'étoit ses infirmités, son âge et le desir de la retraite qui l'avoient portée à se retirer. Le lendemain de son départ, madame de Maintenon vint ici, assembla la communauté, et nous dit les raisons qu'elle avoit eues d'éloigner madame de Brinon : ces raisons étoient que, voulant établir cette maison dans une exacte régularité, elle avoit craint que madame de Brinon n'y entrât pas avec assez de zèle; qu'elle avoit été excellente dans le commencement de notre établissement, pour lui aider à mettre les choses au point où elles étoient; mais que, chacun ayant son don et sa mesure, elle ne l'avoit pas crue si propre à les conduire à la perfection où elle les desiroit; qu'une autre de ses raisons étoit de voir comment la maison seroit gouvernée par une supérieure de notre corps et par les autres; dames pendant qu'elle vivoit; que cela n'auroit pas été possible avec madame de Brinon, qui étoit accoutumée à tout conduire avec une grande autorité, et qui auroit pu avoir de la peine à la partager avec quelques autres, que nous nous en formerions beaucoup mieux et plus vite, puisque rien ne fait tant les hommes que les affaires. Enfin elle nous consola, nous dit qu'elle s'étoit fait violence en éloignant madame de Brinon, qu'elle auroit beaucoup de peine à ne la plus voir; mais que, quand il s'agissoit du bien de notre maison, elle se croyoit obligée de le préférer à ses propres inclinations et à ses amis mêmes : ce que nous lui avons toujours vu pratiquer en bien d'autres occasions. Elle nous dit encore qu'elle alloit plus que jamais se donner à nous, et nous exhorta à faire de notre côté ce qui nous seroit possible, pour seconder les bonnes intentions qu'on avoit eues dans notre fondation.

Elle avoit toujours la pensée de sa mort fort présente, et la croyoit très-proche, quoiqu'elle ne fût pas encore d'un âge fort avancé; c'est ce qui la pressoit de nous voir agir pour nous-mêmes, afin de mieux juger de ce qu'il y avoit à faire pour soutenir cette œuvre, et prendre les meilleurs moyens de la rendre stable et inébranlable quand elle n'y seroit plus; au reste, elle nous témoigna trouver fort bon que nous regrettassions madame de Brinon, et nous dit que nous ne pouvions conserver trop de reconnoissance pour elle, ni lui en donner trop de marques dans toutes les occasions qui s'en pourroient présenter ; que pour elle, elle l'aimeroit toujours, et n'oublieroit point ce qu'elle avoit fait ici et les peines qu'elle s'y étoit données.

Comme nous étions déjà toutes accoutumées à obéir à madame de Loubert, nous continuâmes à agir sous ses ordres comme nous avions fait durant le voyage de madame de Brinon, et madame de Maintenon prit un soin particulier de la conduire et de lui donner ses conseils.

Pendant que madame de Brinon étoit encore à Paris, madame de Brunswick fit ses efforts pour rétablir ses affaires auprès de madame de Maintenon ; mais comme sa sortie s'étoit faite pour les raisons que j'ai dites et qui subsistoient toujours, elle n'y put réussir ; afin même d'ôter à cette dame toute espérance de retour, on exigea d'elle une démission en forme de la supériorité : ce qu'elle fit sans hésiter, au premier mot qu'on lui en dit, et cela se fit par-devant un notaire ; les précautions qu'on avoit prises pour répandre dans le monde que c'étoit elle qui s'étoit voulu retirer, n'empêchèrent pas, dès qu'on l'a sut hors d'ici qu'on la regardât, comme l'on fait d'ordinaire les personnes disgraciées ; et, autant qu'on avoit été empressé à la rechercher et à lui applaudir dans le temps de sa faveur, autant se vit-elle abandonnée et blâmée : tous ceux qui lui avoient fait le plus d'honneur furent les premiers à entretenir des discours peu avantageux, et les mortifications qu'elle reçut alors durent lui être d'autant plus sensibles qu'elle venoit, peu auparavant, d'être exaltée au-delà de ce que l'on peut s'imaginer, en son voyage de Bourbon ; sa lettre de cachet la laissoit libre d'aller en quel lieu elle voudroit ; elle choisit l'abbaye de Maubuisson, où elle étoit connue de l'abbesse, qui étoit madame la princesse Louise Palatine, et où elle avoit aussi plusieurs amies entre les religieuses.

Avant cet événement, on étoit bien éloigné de penser qu'elle pût s'en aller de la sorte, vu que le roi l'avoit établie, par un brevet, supérieure perpétuelle de cette maison; ce qui ne devoit être que pour elle; car les anciennes constitutions, aussi bien que celles qui nous ont été données depuis, étoient faites sur le pied d'avoir des supérieures triennales; il étoit prescrit dans ce brevet qu'au cas que cette dame voulût se retirer ou autrement, nous lui payerions deux milles livres de pension; ce cas étant arrivé, nous nous sommes acquittées fidèlement de cette condition jusqu'à sa mort. Etant arrivée à Maubuisson, elle y fut très-bien reçue; on lui accommoda un appartement très-joli; elle y avoit son parloir et y pouvoit voir qui elle vouloit, écrire, recevoir des lettres, et avoir au dehors tous les commerces qui lui étoient nécessaires, sans passer par les tourières ni aller aux autres parloirs; cette facilité lui étoit fort commode, et elle n'étoit pas personne à en abuser.

Elle a toujours demeuré dans ce couvent jusqu'à sa mort, y menant une vie très-édifiante et ayant ses temps réglés de prière, de lectures pieuses, et d'occupations utiles: sa principale étoit de s'exercer à l'instruction des pensionnaires de cette maison, madame l'abbesse l'en ayant priée, elle faisoit aussi tout le bien qu'elle pouvoit sur sa pension, la partageant ou avec ceux de ses parents qui pouvoient en avoir besoin, ou avec d'autres personnes dans le même cas; elle avoit pris pour cela la permission de monseigneur l'archevêque de Paris, dans le diocèse duquel elle étoit.

Madame l'abbesse avoit mille attentions pour elle, et toutes les religieuses l'estimoient et l'aimoient fort; elle écrivoit de temps en temps à madame de Maintenon, pour qui elle conservoit toujours un véritable attachement, malgré ce qui s'étoit passé; et madame de Maintenon, de son côté, ne manquoit point de lui répondre très-obligeamment et de lui mander ce qui ce passoit ici quand il y arrivoit quelque chose qui en valoit la peine : nous étions aussi en commerce de lettres avec elle, principalement la supérieure ; il est vrai qu'il n'étoit pas extrêmement fréquent, mais il étoit confiant et de bonne amitié. Quelques jours après son départ, monseigneur l'évêque de Chartres se crut obligé d'écrire à madame de Loubert pour l'instruire de la conduite qu'elle devoit tenir et l'autoriser dans ses fonctions ; ce qu'il fit dans les termes suivant :

LETTRE DE MONSEIGNEUR L'ÉVÊQUE DE CHARTRES A MADAME DE LOUBERT.

Ma fille, la démission de madame de Brinon me fait connoître que vous avez besoin d'une personne très-prudente et très éclairée qui prenne soin de toutes vos affaires et de la conduite de votre maison ; il est inutile d'en chercher, puisque madame de Maintenon, dont le mérite vous est très connu, veut vous faire cette grâce ; il ne suffit pas que vous ayez pour elle tout le respect et toute la reconnoissance dont vous êtes capable pour les biens qu'elle vous a procurés et qu'elle vous procure tous les jours ; mais je suis persuadé qu'il est de votre intérêt d'avoir pour elle beaucoup de soumission, afin de profiter de ses lumières et de ses charitables conseils. Je souhaite donc, ma fille, que vous assembliez votre communauté et que vous lui disiez, de ma part, que je desire qu'il ne se fasse rien dans votre maison, soit pour l'éducation des jeunes demoiselles, soit pour la réception des dames, enfin, pour tout ce qui regarde le spirituel et le temporel, dans son ordre, avis et consentement : ce que je suis obligé de vous ordonner, avec d'autant plus d'affection que si c'est l'intention du Roi, et l'avantage de votre communauté, aux prières de laquelle je me recommande, vous assurant que je suis véritablement, ma fille, votre très-affectionné serviteur,

Ferdinand de Neuville,
Evêque de Chartres.

Cette lettre avec la démission de madame de Brinon et l'acceptation de cette démission par monseigneur l'évêque de Chartres, furent remises, par l'ordre de madame de Maintenon, entre les mains de M. l'abbé Gobelin, supérieur, pour en faire la lecture à la communauté, afin que les trois actes devinssent par-là plus authentiques; il nous assembla pour cela, et ajouta à la lecture de ces actes les instructions propres à nous inspirer le respect et la soumission que nous devions avoir aux ordres de monseigneur notre évêque et à la personne de madame de Loubert, qu'il consola et encouragea le mieux qu'il put; car elle en avoit besoin, sentant très-vivement le poids dont on la chargeoit.

Il se présenta vers ce temps-là, et même dès auparavant, divers sujets du dehors et des classes pour entrer au noviciat, les uns bons, les autres peu convenables; nous gardâmes ceux qui parurent le mériter et en renvoyâmes plusieurs : entre ceux qui furent renvoyés, il y eut une veuve de cinquante ans, qui avoit fort bonne façon, et, ce qui est de meilleur, avoit la réputation d'une femme fort vertueuse; madame de Maintenon auroit été bien aise de mettre parmi nous, qui étions encore fort jeunes, des personnes un peu âgées et d'expérience; cette dame avoit un fils de treize à quatorze ans : cela ne fit point de difficulté pour son entrée, parce qu'elle prétendoit avoir mis assez bon ordre à ses affaires pour qu'il n'eût pas besoin d'elle. Un jour que madame de Maintenon l'entretenoit et qu'elle lui demandoit ce qui lui sembloit de la maison, la dame s'étendit fort sur les louanges du bon ordre qu'elle y trouvoit, et madame de Maintenon qui cherchoit partout des lumières pour connoître s'il n'y auroit rien de meilleur à faire pour la perfection de cette œuvre que ce qui étoit établi, voulut la faire parler comme quelqu'un à qui elle croyoit de l'esprit et de l'expérience. Dans cette pensée, elle la pressa de lui dire si elle ne voyoit rien qui eût besoin d'être redressé dans ce qui se pratiquoit, l'assurant qu'elle lui feroit plaisir de lui dire bonnement et franchement son sentiment : la dame lui répondit qu'elle n'y voyoit rien qui ne fût digne d'admiration, mais que, puisqu'elle lui ordonnoit de lui dire ingénuement ce qu'elle pensoit, il lui sembloit qu'on communioit trop souvent ; et, dans la suite de la conversation, madame de Maintenon crut y reconnoître des maximes semblables à celles des nouveautés du temps sur la doctrine ; ce qui lui fit craindre que cette femme n'eût quelque sentiment particulier et qu'elle ne fût imbue des erreurs qu'on attribue aux jansénistes et qu'elle ne nous les communiquât ; ce qu'elle auroit regardé comme un grand malheur pour cette maison ; voulant qu'on enseignât ici une doctrine pure et conforme à celle de l'Eglise, afin que cette jeune noblesse qu'on y élève soit comme une pépinière de bonnes chrétiennes, bien catholiques, propres à inspirer les mêmes principes sur ceux qui seroient un jour de leur société ou commis à leurs soins. Pour revenir à cette dame, madame de Maintenon ne lui fit rien paroître de ses craintes ; mais dès le jour même elle nous appela, madame de Loubert et moi, et nous ordonna de l renvoyer au plus tôt, sans nous en expliquer la raison; ce que nous exécutâmes le lendemain matin, au grand étonnement de cette dame, à qui nous ne pûmes dire autre chose, sinon que madame de Maintenon nous avoit ordonné de la prier de se retirer. Lorsqu'elle fut partie, madame de Maintenon vint ici et nous dit, à madame de Loubert et à moi : Savez-vous pourquoi j'ai voulu renvoyer si promptement cette dame? c'est que j'ai craint qu'elle ne fût prévenue en faveur du jansénisme, et j'en ai jugé par quelques maximes qu'elle m'a dites, dont, peut-être, d'autres n'auroient pas fait si grand cas; mais il n'y a rien que je craigne tant pour notre maison que d'y admettre quelqu'un qui eût des sentiments particuliers sur la doctrine. J'ai connu plusieurs personnes du parti, je n'y ai rien moins trouvé qu'une véritable piété; mais ce qui y est fort opposé, beaucoup de présomption, d'orgueil, de mépris pour ceux qui ne pensent pas comme eux, les regardant comme des petits esprits, des âmes peu éclairées, et faisant plus de cas de leur science que de celle des plus savants docteurs et de l'Eglise même, à laquelle ils ne sont pas soumis. J'ai encore remarqué que les grands directeurs de ce parti font faire de grandes austérités à leurs pénitentes, des jeûnes extraordinaires, des macérations, et se traitent très bien eux-mêmes; je suis persuadée, ajouta-t-elle, que l'esprit de Jésus-Christ n'est point là; qu'il seroit très dangereux pour notre maison que les maximes de ces personnes s'y glissassent le moins du monde, et quoiqu'il pût être vrai que cette dame ne fût peut-être pas entièrement de ce parti, j'ai mieux aimé la renvoyer en tout cas que de la garder plus longtemps, au hasard de lui laisser le loisir de semer insensiblement parmi vous quelques erreurs, que je regarderois comme le plus grand malheur qui pût vous arriver.

Madame de Maintenon avoit une horreur infinie pour

tout ce qui sentoit la nouveauté, en fait de doctrine; elle a toujours fait ce qu'elle a pu pour nous en préserver, soit par ses discours ou par ses exemples, soit en éloignant de nous les personnes tant soit peu suspectes.

Madame de Veilhant, qui étoit entrée au noviciat un peu après que nous fûmes à Saint-Cyr, ayant achevé ses deux années, fut reçue à la profession par la communauté, et la fit le **22 décembre 1688**; elle fut la dix-septième professe : elle nous a toujours été un exemple de régularité, de zèle pour l'instruction des demoiselles, de mortification et de mort à elle-même.

Nous fîmes dans ce temps-là quelques honnêtes présents, avec l'agrément de madame de Maintenon, à trois personnes qui avoient rendu service à la maison, et à qui il ne convenoit pas de donner de l'argent; ces présents nous firent penser à en faire un à madame de Maintenon, non que nous crussions par-là lui témoigner notre reconnoissance, puisque sa personne et ses bienfaits étoient au-dessus de toutes les marques extérieures que nous aurions pu lui en faire paroître, mais lui donner au moins un léger témoignage des sentiments de notre cœur à son égard : dans cette pensée, nous crûmes qu'il ne lui déplairoit pas que, la regardant comme notre première supérieure, nous lui en donnassions la marque, qui est une croix d'or avec un crucifix en relief et des fleurs de lys; de même nous en fîmes faire une très belle, où l'on grava tout autour une devise faite par M. Racine, qui voulut bien nous faire ce plaisir, et dont le sens peut s'appliquer également à la croix et à madame de Maintenon; voici ce qu'elle contenoit :

<blockquote>
Elle est notre guide fidèle
Notre félicité vient d'elle.
</blockquote>

Cette croix étoit creuse en dedans; nous y mîmes des reliques, dont la principale étoit de la vraie croix; puis madame de Loubert la présenta à madame de Maintenon, au nom de toute la communauté : elle la reçut avec bonté ; mais quelques jours après elle nous dit doucement et comme pour nous instruire, que nous n'aurions pas dû faire cela ; que ce n'étoit pas à nous à lui faire des présents ; que nous ne devions pas non plus en faire à d'autres qu'avec bien de la circonspection et de la réserve ; qu'il ne falloit pas nous mettre sur ce pied d'être si généreuses ; qu'elle faisoit pour nous toutes les dépenses qu'elle pouvoit, afin de nous les épargner ; que nous devions user du bien de la maison très-sobrement, parce qu'il n'étoit point à nous, et choses semblables. Elle garda pourtant cette croix, et, plusieurs années après, elle la donna à la mère de Glapien, lorsqu'elle fut élue supérieure ; et voulut qu'elle la portât, et les autres supérieures qui lui succèderoient.

Je vais maintenant raconter ce qui s'est passé sur la pièce d'*Esther :* Racine l'ayant achevée, madame de Maintenon la fit apprendre aux demoiselles ; on choisit pour les principaux personnages celles qui étoient les plus propres à y réussir ; et voici les noms de celles que l'on prit :

Madame de Saint-Osmane commençoit la pièce par le prologue ; son personnage représentoit la Piété ; elle étoit très propre pour cela, ayant un air modeste, sage et dévot : aussi fit-elle parfaitement bien ; madame de Caylus le fit aussi quelquefois, et Assuérus : comme cette dame avoit beaucoup de grâces en toute sa personne, elle représentoit en perfection le personnage qu'elle faisoit.

Mademoiselle de Veillienne fit Esther ; elle avoit bien de l'esprit et une figure convenable à ce personnage.

Mademoiselle de la Maisonfort, confidente d'Esther, nommée Elise dans la tragédie ; c'étoit une jeune personne qui avoit beaucoup de grâces dans tout son extérieur et qui étoit fort aimable. Le roi, devant qui on joua plusieurs fois, aimoit à la voir sur le théâtre, et disoit : la petite chanoinesse est gracieuse ; c'étoit à cause qu'elle avoit une sœur chanoinesse qu'il l'appeloit ainsi, car elle ne l'étoit pas ; elle ajoutoit à ses agréments d'avoir une très-jolie voix.

Mademoiselle de Lastic faisoit Assuérus. C'étoit une beauté qui avoit d'assez grands traits et qui convenoit à ce personnage.

Mademoiselle de Glapien étoit Mardochée ; comme elle avoit dès lors beaucoup d'esprit et un grand talent pour la déclamation, elle entra si parfaitement dans son personnage que Racine, écrivant à madame de Maintenon, lui manda qu'il avoit trouvé un Mardochée, dont la voix alloit jusqu'au cœur.

Mademoiselle d'Abancourt fut nommée pour être Aman, qu'elle représenta parfaitement.

Mademoiselle de Marsilly, dont toute la personne étoit aimable et pleine d'agréments, faisoit Zarès, femme d'Aman.

Mademoiselle de Mornay étoit le confident d'Aman, nommé Idaspe, dans la tragédie : elle jouoit si bien son rôle, que sa façon de déclamer plaisoit autant que celle des autres acteurs plus considérables.

Il y avoit encore un officier d'Assuérus, une suivante d'Esther et un chœur d'Israélites qui avoit de très-belles voix, principalement mesdemoiselles de Champigny, de Beaulieu, de Lahaye ; qui ont été toutes trois dames de Saint-Louis, où elles ont bien employé ce talent à chanter les louanges de Dieu à l'église ; il y avoit encore mademoiselle de Saint-Denis qui avoit une très-belle basse.

Racine et Boileau, autrement Despréaux, montrèrent eux-mêmes aux actrices à déclamer, et Moreau, bon musicien, composa la musique d'*Esther*, et l'apprit à ces belles voix ; de sorte que nos demoiselles, ayant été dressées par de si habiles maîtres, déclamoient et chantoient en perfection.

Madame de Maintenon, qui cherchoit à amuser le Roi pieusement et à lui faire trouver du plaisir en de bonnes choses, l'avoit eu en vue en faisant travailler Racine sur des sujets propres à cela ; c'est pourquoi, afin qu'il n'y eût rien qui ne fût agréable, elle fit faire des habits à la persane pour toutes les actrices et celles qui devoient paroître sur le théâtre ; ces habits étoient magnifiques et pompeux ; on les avoit ornés de perles et de diamants du temple, qui avoient servi autrefois au Roi dans les ballets et mascarades que Sa Majesté avoit faits ; on dit qu'il y en avoit bien pour quatre mille livres ; ce qui, avec les autres habits et les autres ajustements, coûta à madame de Maintenon une bonne somme, que j'ai ouï dire qui alloit à plus de quatorze mille francs. On joua plusieurs fois cette pièce devant elle et quelques-uns de ses amis particuliers avant de la faire voir au Roi, afin d'assurer les demoiselles et d'en remarquer les défauts, pour y remédier, avant d'exposer ce spectacle à des yeux aussi respectables et aussi connoisseurs qu'étoient ceux de Sa Majesté. Ceux qui virent ces répétitions en furent charmés et encouragèrent madame de Maintenon à en amuser le Roi. Ainsi toutes les choses se disposèrent pour cela : on dressa un théâtre dans un grand vestibule qui étoit au-dessus de celui des classes ; on partagea ce vestibule en deux ; un côté fut destiné aux actrices et l'autre pour les spectateurs. Madame de Maintenon y fit faire un amphithéâtre, ordonnant qu'on mît des gradins tout autour des murs, depuis le haut jusqu'en bas, pour placer les demoiselles de toutes les classes ; les rouges sur ceux d'en haut, les vertes au-dessous d'elles, les jaunes au-dessous des vertes, et les bleues commençoient le premier rang d'en bas; il y avoit encore d'un autre côté des gradins disposés de la même manière pour la communauté, et dans le milieu de la place et devant le théâtre quantité de siéges pour ceux du dehors. L'amphithéâtre faisoit un effet très-agréable quand toutes les demoiselles y étoient et que tout le monde avoit pris sa place: le théâtre avoit plusieurs décorations dont les unes représentoient un palais, les autres des jardins et choses semblables selon ce qui convenoit aux évenements qui le représentoient; il y avoit des lustres de cristal, qui contenoient autant de bougies qu'il étoit nécessaire pour éclairer le lieu et partout ailleurs où cela convenoit. Quand madame de Maintenon crut que tout étoit dans la perfection où il devoit être pour le faire voir au roi, elle l'y invita: ce fut au mois de février en 1689. Il y fit venir ses musiciens, joueurs d'instruments, qui avoient été avertis quelque temps devant, et à qui M. Moreau avoit donné sa musique afin qu'ils se préparassent. Le jour étant pris pour ce spectacle, le Roi vint sur les deux heures après midi, et amena peu de monde avec lui cette première fois; il entra d'abord dans la salle de communauté, où nous étions assemblées pour avoir l'honneur de le voir, il s'y arrêta, nous dit quelques mots de bonté, et demanda si nous n'irions pas à *Esther*, madame de Maintenon dit que oui, s'il l'ordonnoit: il témoigna que ça lui feroit plaisir. Ensuite elle le conduisit au théâtre, où l'on avoit mis un tapis de pied et préparé un fauteuil à la place qui lui étoit destinée: madame de Maintenon se mit à côté de lui, un tant soit peu en arrière pour être à portée de lui répondre lorsqu'il voudroit lui parler; les autres personnes se placèrent sur les siéges qui étoient en attente. Lorsque tout fut calme la pièce commença; les demoiselles jouèrent si bien leur rôle que le Roi y prit beaucoup de plaisir, et en témoigna un tel contentement qu'il ne pouvoit s'en taire lorsqu'il fut retourné à Versailles; cela donna envie à monseigneur le Dauphin, à monseigneur le duc d'Orléans, frère du Roi, et aux plus grands seigneurs de la Cour de voir *Esther;* le Roi, voulant leur donner cette satisfaction, y revint une seconde fois et les amena ; les demoiselles firent encore mieux, et il s'en retourna charmé aussi bien que tous ceux qui l'avoient accompagné. Il remarqua cette seconde fois qu'il y avoit peu de dames de Saint-Louis à la pièce; car il avoit la bonté de regarder quelquefois notre côté; il le dit à madame de Maintenon, qui lui répondit qu'il y en avoit d'occupées à garder les demoiselles derrière le théâtre, et d'autres à des choses aussi nécessaires; sur quoi il ne dit plus rien : mais, toutes les fois qu'il venoit, il regardoit du côté où se devoient placer les dames de Saint-Louis, et paroissoit être bien aise quand il en voyoit, et disoit toujours quelques petits mots, quand il n'en voyoit pas ou qu'il y en avoit peu, qui marquoient la bonté avec laquelle il auroit voulu qu'elles eussent toujours eu part à ce plaisir. Il continua de parler d'*Esther* avec beaucoup de goût; les princes et ceux qui avoient eu l'honneur de l'y accompagner en faisoient de si beaux éloges qu'il n'y eut personne de la Cour qui n'eût grande envie de voir ce spectacle : le Roi promit à plusieurs de les y mener; cela mit une telle émulation de curiosité et même une espèce de jalousie entre tous les grands, qui vouloient chacun en leur particulier avoir la gloire d'être de ceux à qui le roi feroit cette faveur, qu'il trouva bon pour les contenter tous de les y amener tour à tour; et il ne fut pas fâché d'avoir cette raison pour voir plusieurs fois cette pièce, où il prenoit toujours un nouveau plaisir. Madame la Dauphine de Bavière, madame la duchesse d'Orléans, et toutes les princesses vinrent un jour à cette pièce avec le Roi, et firent un beau cercle autour de lui. C'étoit vers ce temps-là que le roi Jacques d'Angleterre avoit passé en France. Le Roi l'amena à *Esther* avec la reine sa femme; et ce fut en ce jour que nous vîmes trois têtes couronnées dans notre maison, et presque tous les princes et princesses du sang. Les actrices animées par de si augustes spectateurs, et l'empressement qu'on témoignoit à les voir jouer leur donnoit une nouvelle émulation, et s'en tiroient toujours avec un succès surprenant : la musique n'étoit pas un des moindres agréments de cette pièce; car, outre qu'elle étoit fort belle et que nous avions aussi de belles voix, les instruments des musiciens du Roi en relevoient beaucoup l'harmonie. Il avoit donné quelques-unes de ses musiciennes des plus sages et des plus habiles pour mêler avec les demoiselles, afin de fortifier le chœur des Israélites : on les habilla comme elles, à la persane; ce qui auroit dû les confondre avec les autres; mais ceux qui ne les connoissoient pas pour être de la musique du Roi, les distinguoient fort bien pour n'être pas de nos demoiselles, en qui on remarquoit une certaine modestie et une noble simplicité bien plus aimable que les airs affectés que se donnent la plupart des filles de cette sorte, quoique pourtant celles-là en eussent beaucoup moins que les autres. Les musiciens jouoient dans les entr'actes, et accompagnoient ou des voix seules, ou le chœur des Israélites; tout le monde convenoit que l'opéra et la comédie, n'approchoient pas de ce spectacle; d'un côté, on voyoit sur le théâtre de jeunes demoiselles, bien faites, fort jolies, qui représentoient parfaitement bien, qui ne disoient que des choses capables d'inspirer des sentiments honnêtes et vertueux, et dont l'air noble et modeste, sans affectation, ne donnoit aux spectateurs que l'idée de la plus pure innocence : si on tournoit la tête de l'autre côté, on voyoit cette multitude de demoiselles, rangées pour ainsi dire en pyramides, très-proprement mises dans leurs habits de Saint-Cyr, qui, avec le ruban de chaque couleur des classes qu'elles portent, faisoient une diversité d'autant plus agréable qu'on n'en avoit point encore vue de pareille : pour ce qui est de la place du milieu, on y voyoit les rois et tout ce qu'il y avoit de plus grand à la Cour. Comme cette pièce étoit pieuse, les gens d'une profession grave ne faisoient pas difficulté de demander à y venir : il y eût plusieurs évêques et des ecclésiastiques très-gens de bien, à qui le Roi l'accorda, d'autres qu'il y convia, et d'autres aussi à qui madame de Maintenon fut bien aise de faire ce plaisir ; elle faisoit faire une liste de tous ceux qui devoient entrer, qu'on donnoit à la portière, afin qu'elle n'en laissât pas passer d'autres ; et quand le Roi étoit arrivé, il se mettoit à la porte en dedans, et tenant sa canne haute, pour servir de barrière : il demeuroit ainsi jusqu'à ce que toutes les personnes qu'il avoit amenées, ou à qui il avoit permis d'entrer le fussent ; alors il faisoit fermer la porte. Il en a toujours usé de même, toutes les fois qu'il nous faisoit l'honneur de venir ici, et, dans ces occasions-là, il ne faisoit guère entrer de monde ; ayant une grande attention à nous garantir du désordre que cause la multitude : il ne vouloit pas que ceux de sa suite s'écartassent le moins du monde ; ils se tenoient dans les vestibules ou autres lieux publics, proche celui où Sa Majesté étoit ; ils n'osoient dire un mot à personne. Ma sœur Gautier, sœur de ma sœur de Fontaine, étoit portière en ce temps-là ; elle étoit d'une figure, et d'une modestie qui plaisoit fort au Roi, aussi bien que sa politesse, dont il la loua plusieurs fois à madame de Maintenon. Pour revenir à *Esther*, on la joua, comme j'ai dit, cette année-là plusieurs fois. Racine étoit toujours derrière le théâtre, quand on le faisoit devant le Roi ; lui et M. Boileau-Despréaux ne manquoient point de venir faire répéter à nos demoiselles leurs personnages ; elles avoient de leur côté bien envie de faire honneur à leurs maîtres, et que le Roi et madame de Maintenon fussent contents ; elles y alloient même si simplement que quelques-unes, dans la peur de manquer, se mettoient à genoux derrière le théâtre, et disoient des *Veni Creator*, afin d'obtenir de ne pas broncher ; et je crois que Dieu qui voyoit leur innocence et leur bonne intention, avoit leur prière agréable; car elles jouoient si naturellement et de si bonne grâce, sans hésiter le moins du monde, qu'on eût dit que ce qu'elles disoient couloit de source.

Comme on sortoit de cette pièce, sur les cinq ou six heures du soir, où la nuit commence en ces temps d'hiver, on avoit éclairé tous les lieux, par où le Roi et les spectateurs devoient passer pour s'en retourner ; de sorte que depuis le vestibule d'en haut, où étoit le théâtre, jusqu'à la porte de clôture, il y avoit de distance en distance, assez près les unes des autres, des plaques de fer blanc attachées à la muraille, qui tenoient chacune une ou deux bougies : les escaliers des demoiselles, celui de leur infirmerie, et tout le grand corridor d'en bas, depuis un bout jusqu'à l'autre, avec celui du tour, étoient illuminés, et l'on y voyoit aussi clair qu'en plein jour : ce qui faisoit un très-bel effet. Il n'en étoit pas de même dans les autres endroits de la maison, où l'on ne croyoit pas cela nécessaire ; car madame de Maintenon nous apprenoit à ménager où il n'y avoit pas raison de dépenser : un jour le Roi s'en retournant, et passant devant la salle de communauté, qui étoit sur son chemin, il y entra tout seul, et n'y trouva que deux dames de Saint-Louis, qui s'empressèrent pour aller chercher d'autres lumières ; car il n'y avoit dans cette salle qu'une chandelle allumée ; le Roi ne le voulut pas, et se mit à se chauffer et à leur faire l'honneur de leur parler aussi familièrement que s'il avoit été en particulier; leur demanda si elles avoient été à la pièce; sur ce qu'elles dirent que non, il s'informa pourquoi, ce qu'elles avoient fait durant ce temps-là, quels emplois elles avoient, loua fort les actrices, et choses semblables. Madame de Maintenon entra sur ces entrefaites; elle fut étonnée de le voir ainsi dans l'obscurité, et en rit avec lui; il dit qu'il étoit venu chercher du feu et non pas de la lumière, et se récria ensuite sur la beauté de la pièce; puis, en s'en allant, il eut la bonté de dire adieu aux dames qu'il avoit trouvées. Il ne faut pas que j'omette un trait que fit mademoiselle de Lastic, dont tout le monde fut édifié; elle faisoit Assuérus, et, après avoir paru plusieurs fois assistée et d'une figure qui la faisoit trouver belle, elle tomba malade, un autre prit son personnage. Lorsqu'elle fut en convalescence, elle vint voir la pièce un jour qu'on la jouoit encore devant le Roi, et il est à remarquer qu'elle y parut dans un négligé affreux, n'ayant pour tout vêtement qu'une vieille robe de chambre d'indienne, et pour coiffure une cornette de nuit tout unie, telle qu'on les a à l'infirmerie, qui n'étoit pas seulement blanche; ce qui, avec un visage de convalescente, la faisoit paroître tout une autre personne, que celle qu'on avoit vu si aimable auparavant; elle se plaça en cet état, assez en évidence, pour qu'on la pût remarquer; on le fit en effet, et toute la Cour admira son peu d'attachement pour sa personne.

Voici un autre trait de différente espèce : il arriva un jour que mademoiselle de la Maisonfort hésita un peu en jouant son rôle, Racine, qui étoit toujours derrière le théâtre et fort attentif au succès de sa pièce, s'en aperçut, et en fut ému; car il avoit une grande passion que tout allât parfaitement bien, surtout devant le Roi, et comptoit une petite faute pour beaucoup. Quand mademoiselle de la Maisonfort eut fini, et qu'elle fut sortie de dessus le théâtre, il lui dit d'un air fâché : Ah! mademoiselle, qu'avez-vous fait? voilà une pièce perdue! Elle, sur ce mot de pièce perdue, croyant qu'elle l'étoit en effet par sa faute, se mit à pleurer; lui, qui avec tout son esprit ne laissoit pas de faire quelquefois des traits de simplicité, étant peiné de l'avoir contristée, et craignant, comme elle devoit retourner sur le théâtre, qu'il ne parût qu'elle avoit pleuré, voulut aussi la consoler, et, pour essuyer ses larmes, il tira son mouchoir de sa poche et l'appliqua lui-même à ses yeux, comme on fait aux enfants pour les apaiser; lui disant des paroles douces, afin de l'encourager, et que cela ne l'empêchât pas de bien achever ce qu'elle avoit encore à faire; malgré cette précaution, le Roi s'aperçut qu'elle avoit les yeux un peu rouges et dit: La petite chanoinesse a pleuré. Quand on sut ce que c'étoit et la simplicité de M. Racine, on en rit et lui-même aussi, qui n'ayant en tête que la pièce, avoit fait cette action, sans penser le moins du monde à ce qu'elle avoit de peu convenable.

Madame de Maintenon avoit mis un grand ordre derrière le théâtre; comme il étoit à un bout du dortoir des jaunes, les actrices avoient tout ce dortoir, pour se tenir prêtes à représenter, quand il étoit temps : il y avoit du feu, des liqueurs et toutes les autres choses nécessaires. Ma sœur de Fontaine, qui étoit maîtresse générale, les gardoit, avec les autres maîtresses, afin qu'il ne se passât rien qui ne fût dans l'ordre; et M. Racine y étoit aussi pour les faire aller et venir sur le théâtre, quand il falloit : sa conduite étoit si sage qu'en un besoin, il auroit bien valu une maîtresse. Mais je laisse cette matière pour passer à quelque chose de plus solide.

CHAPITRE XVII.

Profession de quelques dames. — Messieurs des Missions étrangères viennent diriger l'élection d'une Supérieure.

Quand tous ces jours de joies, dont je viens de parler, furent passés, on ne songea plus qu'à se remettre de la dissipation qu'elles n'avoient pas laissé de causer ; on commença la première semaine de carême par la profession de madame de Vencey, qui se fit le onzième du mois de mars 1689. C'étoit une fille de Paris, qui avoit de l'esprit et de la piété ; mais qui devint si infirme qu'elle ne put presque faire autre chose que de nous édifier par la patience dont elle supporta ses maux : nous en parlerons ailleurs. Quelque temps après, on fit aussi faire profession à mademoiselle Dejas de Saint-Bonet, qui étoit une fille très-sage, très-aimable, d'une humeur charmante et d'une grande prudence : sa vie fut traversée par beaucoup de maladies qu'elle supporta avec une vertu d'ange, et qui la mirent au tombeau, après plusieurs années de souffrances ; ce que nous verrons dans la suite.

Il n'y avoit alors aux grilles du chœur que le seul guichet de celle du milieu ; cela étoit cause que, les jours de grandes fêtes et autres où les demoiselles communioient, la communion duroit fort longtemps. Madame de Maintenon, qui cherchoit toujours le remède aux inconvénients qu'elle voyoit, fit faire deux guichets aux deux grilles des côtés, et donna des plaques de vermeil et des nappes de communion, comme elle avoit fait pour la grille du milieu.

Le carême se passa cette année en plusieurs exercices de dévotions : nous avons vu que les messieurs des Missions étrangères étoient venus parler à madame de Maintenon, sur la proposition qu'elle leur avoit faite de se joindre à M. l'abbé des Marets, pour établir ici l'esprit de piété qu'elle y desiroit, et qu'ils lui avoient promis de revenir à ce dessein. Ils revinrent, en effet, quelques semaines avant pâques, pour confesseurs extraordinaires. Madame de Maintenon exhorta toute la communauté à y aller, et à choisir celui des deux qu'on voudroit et d'en faire son directeur, sans préjudicier à la confiance que quelques-unes avoient en M. l'abbé des Marets. Elle nous pressoit assez là-dessus, parce qu'elle étoit persuadée que notre avancement dépendoit de là. Nous fîmes donc chacune notre choix : celles qui alloient déjà à M. l'abbé des Marets y demeurèrent, les autres se partagèrent entre messieurs Brisacier et Tiberge. Ils étoient tous deux assez égaux en mérite, en savoir et en toutes les autres grandes qualités qui rendent un ministre de Jésus-Christ recommandable ; ils nous firent de très-belles conférences, qui nous firent autant de plaisir et de bien que celles de M. l'abbé des Marets : pour eux, ils ne furent pas peu surpris lorsque, nous voyant assister à ces conférences, ils ne remarquèrent personne d'un âge un peu mûr ; mais ils ne virent que de jeunes filles, qui ne leur donnèrent pas grande idée de notre solidité, quoique pourtant nous n'eussions rien de léger en notre extérieur, principalement lorsqu'il s'agissoit de choses sérieuses comme étoit d'entendre la parole de Dieu qu'ils nous annonçoient avec tant de zèle et d'onction : mais apparemment que notre air de jeunesse ne nous donnoit pas celui qu'on s'attend de trouver ordinairement dans ce qui s'appelle une communauté. Ce qui fit dire à M. Tiberge, en parlant à madame de Maintenon : Quoi, Madame, est-ce là votre sénat? Ils n'en conçurent cependant que plus d'espérance de nous être utiles, jugeant qu'il leur seroit plus aisé de nous faire prendre le pli qu'ils voudroient. Ils entendirent nos confessions et parlèrent en particulier à celles qui ne voulurent faire que cela : et s'ils ne virent pas en nous une grande spiritualité, du moins ils furent contents de notre docilité et de notre bonne volonté. Après cette première ouverture, ils s'en retournèrent assez satisfaits, et revinrent quelque temps après, pour nous faire faire la retraite. Dans l'intervalle, Madame de Maintenon s'occupa à tout disposer pour l'élection d'une supérieure, madame de Loubert ne l'étant que par commission, depuis la sortie de madame de Brinon. Elle écrivit pour cela à monseigneur l'évêque de Chartres qui envoya une dispense d'âge, parce qu'il n'y en avoit aucune de nous qui eût celui que le saint concile de Trente et les constitutions prescrivent, pour pouvoir être élue. Madame de Maintenon nous parla aussi à toutes et nous dit : que, voulant mettre les choses sur le pied où elles devoient être, il étoit temps de penser à faire l'élection d'une supérieure ; que nous recommandassions cette affaire à Dieu, et que nous fissions réflexion devant lui au choix que nous devions faire. Nous pensâmes bien que nous ne pouvions élire un sujet plus digne et qui lui fût plus agréable que madame de Loubert, qui avoit eu presque la meilleure part à sa confiance et au gouvernement de la maison ; elle étoit aussi, ce me semble, la plus âgée de la communauté, excepté madame de Saint-Pars, qui n'étoit pas propre à la supériorité; ainsi personne ne pensa à faire un autre choix. Elle ne put ignorer ce dessein, dont elle parut affligée, et je crois que cela étoit fort sincère ; car elle étoit très éloignée de desirer cette place, non seulement par les sentiments d'humilité chrétienne dont elle étoit remplie, mais aussi parce qu'ayant de l'esprit elle prévoyoit bien que ce ne lui seroit pas une chose aisée de conduire en chef cette maison qui a toujours eu des difficultés, et qui étoient encore plus grandes en ce temps là, où il n'y avoit rien de réglé, d'une manière fixe, et où tout étoit presque en essai, sans parler d'autres peines qui sont inséparables de la conduite des autres ; et surtout d'une maison aussi nombreuse que celle-ci, où il falloit bien de la dextérité pour ne tomber en aucun inconvénient qui pût déplaire à madame de Maintenon, que nous avions tant d'intérêt de contenter. Elle venoit de voir échouer madame de Brinon, qu'on avoit cru si bien affermie, cela étoit bien capable d'intimider une personne aussi défiante d'elle-même que l'étoit madame de Loubert. Cependant, M. l'abbé Gobelin fut mandé pour venir faire l'élection. On s'y prépara par les prières de quarante heures. Lorsqu'il fut arrivé, il nous assembla pour nous exhorter à la faire en notre conscience, avec toute la droiture et le désintéressement possible ; ensuite il nous lut la dispense que monseigneur l'évêque de Chartres donnoit pour l'âge. Cette lecture faite, on se sépara, et le lendemain, qui étoit le 19 du mois de mai 1689, nous nous assemblâmes au chœur vers neuf heures du matin : M. l'abbé Gobelin dit la messe du Saint-Esprit, après laquelle on chanta le *Veni, Creator;* ensuite nous allâmes l'une après l'autre donner notre voix : madame de Loubert les eut toutes. On n'observa point à cette élection ce qui a été marqué depuis dans les constitutions ; c'est à dire qu'il n'y eut point d'élection préliminaire. M. l'abbé Gobelin, qui présidoit à cette élection, déclara madame de Loubert canoniquement supérieure, lui en donna les marques, qui sont la croix et le sceau de la maison ; puis on chanta le *Te Deum;* mais nous ne fîmes point la cérémonie de lui aller baiser la main au milieu du chœur, parce que cela n'étoit pas encore réglé : madame de Maintenon n'assista pas à cette élection, quoiqu'elle eût tous les pouvoirs de monseigneur l'évêque de Chartres pour y donner sa voix, et qu'elle fût ici, mais elle voulut s'absenter, afin, disoit-elle, de nous laisser plus libres. Dès que l'élection fut faite, elle manda au Roi comme la chose s'étoit passée : il fut fort content de notre choix, et écrivit sur l'heure de sa propre main à madame de Maintenon, pour lui marquer qu'il se réjouissoit fort d'une élection si avantageuse à la maison. Madame de Loubert avoit l'honneur d'être connue de lui, à cause qu'elle avoit demeuré quelques années à Versailles, auprès de madame de Maintenon, où elle avoit donné des marques de beaucoup d'esprit et de conduite, ce qui lui avoit acquis l'estime et les bonnes grâces de ce grand prince. Madame de Maintenon lut sa lettre en pleine communauté qui nous fit autant de plaisir que d'honneur ; la joie fut universelle dans toute la maison : les demoiselles et les autres corps furent régalés, et eurent récréation ; il n'y eut que madame de Loubert qui ne prit part à cette fête que par bienséance, étant fort fâchée dans le fond du cœur d'en être le sujet ; et, sans madame de Maintenon, qui la fortifia, il sembloit qu'elle n'auroit pu se résoudre à prendre le commandement que tout le monde lui déféroit.

Sur le soir de cette journée, le Roi vint prendre madame de Maintenon, à la petite porte du jardin ainsi qu'il faisoit quelquefois, pour la remener à Versailles ou à Marly ; mais dans cette occasion il le fit, à dessein de donner à madame de Loubert une marque de sa bonté, dès qu'il fut entré dans le jardin, il demanda à madame de Maintenon la nouvelle supérieure, qu'elle lui présenta, il la gracieusa beaucoup et témoigna être fort content de la communauté qui avoit fait un choix si conforme à son inclination, et à l'estime qu'il avoit pour cette supérieure. Pour elle, bien loin de s'enfler d'un si grand honneur elle n'en fut que plus modeste et plus humble dans toute sa conduite et traita toujours la communauté avec beaucoup d'égards et de considération, sans pourtant manquer à la fermeté nécessaire pour maintenir l'ordre et la régularité. Le lendemain M. l'abbé Gobelin, madame de Maintenon et la nouvelle supérieure furent au parloir, pour conférer ensemble de la nomination des principales officières. On ne les élut point par forme de scrutin, comme on fait aujourd'hui; mais ces trois personnes, en ayant appelé quelque autre de la communauté choisirent les conseillères, en la manière qui suit : madame de Maintenon proposoit celles qu'elle jugeoit devoir remplir les places ; M. l'abbé Gobelin disoit son sentiment, madame de Loubert le sien, les autres de même, et celles dont on parloit n'étoient point dans cette assemblée.

Madame de Saint-Pars fut nommée à la charge de sous-prieure, madame du Péron à celle de maîtresse des novices; madame de Fontaines, inspectrice des classes : c'est une charge que madame de Maintenon créa alors, et qui a été depuis, nommée maîtresse générale; ma sœur de Radouay, dépositaire; ma sœur Gautier, première portière et conseillère; on nomma le reste des dames aux autres charges. Nous avions dans ce temps là des séculières qui en remplissoient plusieurs, principalement aux classes. Madame de Maintenon avoit fait venir des filles de la communauté du Père Barré qui aidoient à remplir les charges, parce que, dans ces commencements, nous n'étions pas assez de monde pour y suffire : elle payoit pension à toutes les écolières.

Après cette nomination, chacune prit son poste, madame de Maintenon vint plus souvent au noviciat que du temps de madame de Brinon ; elle y faisoit de belles instructions sur l'esprit et les vertus que devoient avoir les dames de Saint-Louis, et principalement sur le zèle des classes qu'elle recommandoit par dessus toutes choses ; elle y donnoit aussi des leçons sur des sujets moins importants, comme seroit l'écriture, l'orthographe ; elle disoit que, pourvu qu'on ne fît point de fautes grossières, sur cette matière, on passoit aisément aux femmes, les autres manquements ; elle disoit même que, quand on auroit su parfaitement tout ce qui est de cette sorte de science, il ne faudroit pas s'en servir exactement en écrivant des lettres ; que cela sentoit trop la pédanterie dans une personne de notre sexe, et l'envie de faire la savante ; ce qui fait tomber dans le ridicule ; qu'une femme ou une fille ne sera jamais blâmée de paroître ignorante, jusqu'à un certain point, et qu'elle le sera toujours de se piquer de savoir, en quelque genre de science que ce soit ; elle disoit encore que c'étoit le plus petit mérite du monde d'avoir une belle écriture et une orthographe parfaite. Elle avoit de la peine, lorsque, dans le choix des sujets, on alléguoit comme un défaut, dont on dût faire beaucoup de cas, de ce qu'une fille ne savoit pas bien ces choses, ou d'autres semblables ; elle disoit que, quand on avoit les bonnes qualités de l'esprit et du cœur, de la vocation, de la piété, de la santé, il ne falloit pas regarder de si près au manquement de ces petits talents : ce n'étoit pas qu'elle voulût qu'on les négligeât ; au contraire, elle exhortoit fort de s'y perfectionner, autant qu'il se pouvoit, et elle eût bien souhaité que toutes les dames de Saint-Louis les eussent eus suffisamment, étant destinées à les apprendre aux dames, à qui il faut tâcher de les montrer le mieux qu'il se peut; mais elle n'auroit pas aimé qu'on eût refusé un bon sujet, pour ne les avoir pas.

J'ai dit qu'on avoit nommé ma sœur de Fontaines inspectrice, qui est ce que nous appelons aujourd'hui maîtresse générale; madame de Maintenon établit cette charge pour faciliter aux maîtresses d'être assidues à leurs classes, cette inspectrice ayant été chargée de faire, au dehors des classes, tout ce qui a rapport aux demoiselles, ainsi qu'il est marqué dans le règlement de la maîtresse générale. Les devoirs de cet emploi ayant toujours été les mêmes en tout temps, madame de Maintenon avoit d'abord donné ce nom d'inspectrice générale sur toutes les classes, parce qu'elle lui avoit donné aussi une autorité assez étendue, mais depuis elle diminua beaucoup cette autorité, de peur qu'elle ne fût à charge aux maîtresses, qu'elle n'a pas voulu gêner ni contraindre, par plus d'autorité sur elle, que celle de la supérieure; mais en même temps aussi elle a prétendu que les maîtresses laisseroient à la maîtresse générale tous les rapports qu'il faut avoir au dehors des classes pour tout ce qui regarde les demoiselles, et que ce seroit à elle qu'elles s'adresseroient lorsqu'elles auroient quelque chose à traiter ou à demander pour leur classe, soit en général ou en particulier. Madame de Maintenon créa encore un corps de vingt filles, d'entre les grandes demoiselles, à qui elle donna un ruban noir, pour les distinguer des autres, et pour marque de leur sagesse; car elles doivent être bien choisies. Elle mit ces filles sous la conduite de l'inspectrice, et les destina à aider aux dames dans les offices, tant pour les soulager que pour former ces demoiselles, et leur faire voir autre chose que les classes, les en désennuyer et donner de l'émulation aux demoiselles, afin de mériter cette distinction, qui leur doit faire d'autant plus de plaisir que ces noires sont réputées l'élite des grandes demoiselles, et qu'elles ont des privilèges et des agréments que les autres n'ont pas. Madame de Maintenon voulut que cette inspectrice fut placée au chœur, auprès de la supérieure, pour être plus à portée de recevoir et de porter ses ordres par rapport aux demoiselles, et aussi pour faire honneur à cette charge qui est une des plus considérables de la maison, à cause qu'elle regarde directement toutes les demoiselles qui sont le principal but de notre institut. Cependant, les constitutions et les règlements mettent la maîtresse des novices au dessus, et dans les actes publics elle signe avant la maîtresse générale.

Le temps du noviciat de mesdemoiselles de Berval et d'Arcy étant fini, on les reçut à la profession ; nous aurions mieux fait de renvoyer la dernière, parce que, quoiqu'elle eût beaucoup d'esprit et de talent pour les classes, nous en eûmes du chagrin dans la suite, à cause qu'elle n'avoit qu'une vocation de raison qui, ordinairement ne la soutient pas dans la vie régulière, comme celles qui, avec la raison, ont encore de meilleurs fondements : cela parut bien sensiblement quelque temps après, dans madame d'Arcy, comme je le dirai dans la suite ; pour madame de Berval, on n'a eu qu'honneur et plaisir à la recevoir, ayant toujours été un des meilleurs sujets de la maison, tant par la capacité que par la vertu. Jusqu'à la profession de ces deux dames, on n'avoit point gardé la règle de demeurer quatre ans au noviciat après la profession, parce qu'on étoit pressé de remplir un nombre suffisant pour faire un corps de communauté. Ainsi, celles qui firent profession après les douze professes furent aussi réputées de la communauté, et cessèrent d'être au noviciat; après leur profession, il y en eut six qui passèrent ainsi tout d'un coup à la communauté, au nombre des vocales. On s'arrêta là, et celles qui vinrent après demeurèrent au noviciat, après leur profession, le temps prescrit par les constitutions.

Mademoiselle de Riencourt, qui étoit venue ici, un peu après que nous fûmes à Saint-Cyr, à dessein d'y être religieuse, avoit déjà passé un temps assez considérable au noviciat, lorsqu'elle tomba dans des infirmités contractées aux infirmeries des dames et des demoiselles, pour s'y être donnée trop de peine, et y avoir fait plusieurs efforts, en transportant toute seule, entre ses bras, des malades trop pesantes et qui ne pouvoient s'aider; elle se rompit un vaisseau, et se vit hors d'état de poursuivre son noviciat. Madame de Maintenon, voyant cela et ne voulant pas la perdre, la regardant comme un bon sujet, l'envoya chez elle prendre son air natal, avec promesse de la reprendre quand elle seroit rétablie, elle fut près d'un an et demi absente; après quoi, se croyant suffisamment guérie, elle revint; madame de Maintenon la reçut très bien et la remit au noviciat; mais sa santé se trouvant encore dérangée, elle lui fit voir M. Fagon, premier médecin du Roi, qui lui ordonna les eaux de Forge, qu'elle avoit déjà prises une saison, pendant qu'elle étoit dans sa famille, dont elle s'étoit bien trouvée; madame de Maintenon consentit qu'elle sortît une seconde fois, pour aller achever sa guérison; elle fut dehors un temps assez considérable, puis revint pour ne plus sortir. Quelques mois après, on lui redonna l'habit; ma sœur de Sailly le prit aussi vers ce même temps: c'étoit une fille de beaucoup de vertu et de sagesse; ma sœur de Rorgie la suivit de près; elle avoit une grande vocation, bien de l'esprit, une mémoire prodigieuse et un vrai fonds de piété; elle étoit entrée jeune dans le noviciat; sa ferveur, jointe à sa vivacité naturelle, la mena trop loin, comme nous le verrons.

Un peu après notre élection, MM. de Brisacier et Ciberge nous vinrent faire faire une retraite, pendant laquelle ils nous firent l'un après l'autre des conférences, des oraisons et des explications de l'Ecriture sainte qui nous charmèrent ; nous ne l'étions pas moins de leur charité au confessionnal, de leur bonté, de leur patience à nous donner tout le temps que nous voulions sans jamais paroître fatigués, quoiqu'ils eussent un grand travail ; car ils parloient tous les jours deux et trois fois pour les discours publics, et passoient le reste du temps au confessionnal, sans autre relâchement que celui des repas, qu'ils tenoient fort courts. C'étoit ainsi qu'ils se comportoient toutes les fois qu'ils venoient ici ; à peine prenoient-ils un peu de sommeil, ayant à écrire pour leurs affaires bien avant dans la nuit ; et la tourière nous a dit que lorsqu'elle alloit faire leurs chambres elle trouvoit souvent leur lit sans aucune apparence qu'on y eût couché, ou du moins qu'un peu dessus. Cette retraite nous fit beaucoup de bien, et nous commençâmes à devenir plus intérieures et plus adonnées à l'oraison et aux autres exercices de la vie spirituelle. L'envie que nous avions d'avoir le portrait de madame de Maintenon nous engagea à la supplier de vouloir bien nous le donner ; sa modestie naturelle y répugnoit, et il fallut la presser longtemps avant de l'obtenir ; enfin elle se rendit à nos instances, et souffrit que Ferdinand, assez habile peintre pour la ressemblance, la tirât. Il fit un portrait où elle est représentée dans tout son air naturel, avec mademoiselle d'Aubigné sa nièce, qui étoit un enfant, et qui depuis a été madame la duchesse de Noailles ; elle n'avoit alors que trois ou quatre ans, et étoit aussi jolie et aimable que le peintre l'a représentée ; c'est le portrait qui est dans la salle de communauté, à côté de la cheminée. En la remerciant de cette grâce, dont nous sentions toute la bonté, nous lui témoignâmes que nous en avions encore une à lui demander, qui étoit de nous procurer le portrait du Roi ; elle ne se fit pas prier pour cela, et le dit au Roi, qui voulut bien condescendre à notre desir, quoiqu'il n'aimât point du tout à se faire peindre, tant par ce qu'il n'étoit pas fort plein de lui-même, qu'à cause qu'il n'étoit pas aisé de le bien tirer; aussi le portrait que nous en avons ne lui ressemble-t-il pas parfaitement, quoiqu'il soit un des mieux ; on le plaça au côté droit de la cheminée, et fait symétrie avec celui de madame de Maintenon qui est de l'autre côté. Dans ce même temps, elle fit faire par M. Mignard le tableau de notre Seigneur qui est en *Ecce homo*, que l'on plaça entre les deux portraits sur le devant de la même cheminée.

Le roi et la reine d'Angleterre étoient venus plusieurs fois dans cette maison sans l'avoir vue, s'étant contentés, dans leurs premières visites, d'y prier Dieu, d'entretenir madame de Maintenon et de voir *Esther*; ils voulurent venir exprès pour la mieux considérer. Madame de Maintenon conduisit leurs Majestés partout, et premièrement aux classes, où les demoiselles leur jouèrent des conversations auxquelles ils parurent prendre plaisir, aussi bien qu'à tout ce qu'ils virent : madame de Maintenon n'oublia rien pour leur montrer par les beaux endroits ce qu'il y avoit ici de remarquable, surtout en ce qui regardoit la magnificence du Roi, et la piété qui l'avoit porté à faire un si beau et si utile établissement pour la noblesse.

CHAPITRE XVIII.

Nomination de M. l'abbé des Marets à l'évêché de Chartres. — Ce que madame de Maintenon fit pour rabaisser la petite vanité des Demoiselles. — Combien il est nécessaire de les élever dans la simplicité.

En 1690, on perdit monseigneur de Neuville, évêque de Chartres, qui mourut à Paris, âgé de plus de quatre-vingts ans; nous lui fîmes un service, et tout le diocèse aussi bien que nous fut contristé de cette mort, car c'étoit un bon évêque pour qui on avoit beaucoup d'estime et d'attachement; il étoit frère de monseigneur le maréchal de Villeroi; les principaux diocésains jetèrent les yeux sur madame de Maintenon pour leur procurer quelqu'un qui fût digne de remplir le siége de Chartres, la regardant comme y étant particulièrement intéressée à cause de sa terre de Maintenon et de Saint-Cyr, qui sont situées dans le diocèse, et comptant aussi sur son crédit. Elle s'en servit pour y faire nommer M. l'abbé des Marets, tant par le cas qu'elle faisoit de son mérite qu'afin d'avoir un homme en cette place qui lui aidât à mettre la maison sur le pied qu'elle desiroit, quant au spirituel; il eut bien de la peine à accepter une dignité qu'il n'avoit non seulement jamais désirée, mais qu'il auroit évitée sincèrement, si ceux qui gouvernoient sa conscience ne lui eussent conseillé de se soumettre. Quelques jours après sa nomination il vint ici, et on remarqua qu'il répandit beaucoup de larmes en disant la messe. Son sacre fut un peu différé, parce que le pape Innocent XI et le Roi étoit alors en différend. En attendant que je dise ce qui s'y passa, je vais traiter de quelques autres faits, qui se passèrent dans ce temps là.

Comme les soins de M. Manceau, pour notre dehors, ne pouvoient pas toujours durer, nous le priâmes de nous donner quelqu'un qui pût veiller sur nos domestiques et être en chef dans le dehors ; il nous proposa un homme qui étoit auprès de M. le comte d'Aubigné, et qui croyoit être notre affaire, il se nommoit Laferté. Nous l'acceptâmes avec l'agrément de madame de Maintenon, et M. Manceau lui donna par écrit une instruction, de ce qu'il avoit à faire, qui lui servit de règlement, pendant bien du temps et sur quoi on fit depuis ceux des domestiques ; il n'y avoit pas encore longtemps qu'il étoit ici, lorsqu'il arriva un démêlé qui fit voir, plus sensiblement, la nécessité d'avoir quelqu'un d'intelligent et de résolution. Les brodeurs, dont j'ai parlé, qui montroient à nos demoiselles à broder, logeoient dans la cour du dehors. Un jour que le maître des brodeurs revenoit de Versailles ou de Paris, il fut attaqué dans l'avant-cour de la maison, par quatre ou cinq hommes qui mirent l'épée à la main et se jetèrent sur lui ; il cria : notre M. de Laferté courut au secours avec nos domestiques et les compagnons brodeurs, délivra le maître, qui étoit déjà bien blessé, et empêcha sa mort aussi bien que celle de quelques uns de ceux qui l'avoient attaqué, sur qui les compagnons brodeurs vouloient venger leur maître. M. de Laferté contint tout ce monde par son autorité et fit prendre trois commis et trois femmes qui avoient causé ce tumulte, et les fit enfermer jusqu'à ce qu'il eût vu ce qu'il en falloit faire, puis alla de grand matin, par l'ordre de madame de Loubert en donner avis à M. Manceau, à Versailles, qui partit aussitôt pour Marly, où étoit la Cour, afin d'en avertir madame de Maintenon, et prendre ses ordres. Comme il passoit pour aller à son appartement il fut rencontré par le Roi, qui lui demanda le sujet de son voyage. Il lui raconta le fait et le roi lui-même le mena chez madame de Maintenon où il lui fit dire de nouveau ce qui l'amenoit; aussitôt après, il commanda qu'on lui donnât un brigadier et huit de ses gardes pour conduire les commis et les femmes qui avoient part à cette affaire dans les prisons de Versailles; ces dernières trouvèrent des amis qui obtinrent leur élargissement le lendemain. Pour les commis qui étoient de quelques bureaux de Versailles, ils furent désavoués de leurs maîtres, furent condamnés à perdre leur emploi et abandonnés à la justice. Madame de Maintenon en eut pitié et demanda leur grâce, que le Roi leur accorda, et ordonna à M. de Seignelai de commettre quelqu'un pour accommoder cette affaire; M. de Seignelai nomma M. Manceau pour soutenir les intérêts du maître brodeur, et une autre personne pour les commis. M. Manceau exigea qu'ils garderoient dix jours de prison, paieroient cinq cents livres au blessé, pour les frais du chirurgien et autres choses nécessaires à sa guérison, et seroient conduits, par un exempt du grand-prévôt, à Saint-Cyr, en sortant de prison, pour demander pardon à la supérieure, à la communauté et à un ecclésiastique qu'ils avoient insulté, ce qui fut exécuté. Il y avoit parmi ces hommes là un des premiers commis de M. de Seignelai, à qui cette dernière condition parut fort rude; mais M. Manceau demeura inflexible. Il fit payer les cinq cents livres avant qu'ils sortissent de prison ; le maître brodeur fut fort longtemps à se guérir de ses blessures, ayant été laissé presque demi mort.

On donna trois cents livres d'appointements à M. de Laferté. Il nous a servi très longtemps avec beaucoup de zèle et d'affection, et pour le reconnoître on lui fit une pension de trois cents livres, lorsqu'il quitta le service de la maison, qu'on a continué de lui payer jusqu'à sa mort. Le carnaval de cette année se passa à peu près comme la précédente, en représentations de la tragédie d'*Esther*; le roi y vint plusieurs fois et y prit tant de plaisir qu'il dit à M. Racine de faire une autre pièce sur quelque sujet semblable, pour l'année d'après celle-là.

Il y eut un bon nombre de fameux jésuites qui demandèrent à voir *Esther*, entre lesquels étoient les révérends pères Bourdaloue, de La Rue, Gaillard et autres ; le roi qui aimoit ces pères, et qui en toute occasion leur a toujours donné des marques de sa bonté, leur accorda volontiers cette satisfaction, aussi bien que madame de Maintenon ; ils parurent charmés de la pièce, et dirent à madame de Maintenon qu'ils n'entendoient rien à la manière d'apprendre à déclamer ; que leurs écoliers ne feroient rien qui vaille auprès de ces demoiselles ; qu'ils seroient honteux, dorénavant, de les faire jouer, et choses semblables. Je crois que la politesse et l'envie de de faire plaisir à madame de Maintenon avoient bien autant de part à ce compliment que ce qu'il y avoit de louable dans le spectacle; mais il est vrai qu'on peut dire qu'il étoit très beau.

Quoique nous eussions nos places marquées à *Esther*, qu'il nous fût libre d'y aller, et que le Roi témoignât être bien aise de nous y voir, nous usâmes sobrement de cette liberté ; et, passé les premières fois, nous y fûmes peu; la plupart aimant mieux donner ce temps à la prière ou à quelque bonne occupation, qu'à prendre ce plaisir, quoiqu'il fût innocent. Comme on étoit là à la vue de tout le monde, cela ne laissoit pas de nous paroître peu convenable à notre état, et nous tenoit dans une grande circonspection; outre que MM. nos directeurs, nous avoient tellement portées à Dieu que nous ne nous soucions guère de rien que de lui plaire; même plusieurs de nous, lorsqu'elles assistoient à ce spectacle, étoient bien plus occupées de sa présence que de tout ce qui s'offroit à leurs yeux : il est vrai aussi que la pièce n'inspiroit que de bonnes pensées. Nous en étions là lorsque M. l'abbé des Marets et MM. des missions étrangères, craignirent que ce spectacle, quelque saint et innocent qu'il fût, ne nuisît au bien que madame de Maintenon vouloit rétablir, et ne tendît des piéges à nos demoiselles, que ces applaudissements du Roi et de toute la Cour ne leur inspirassent à la fin trop de vanité, d'amour du monde et de toutes ses suites; il y eut même des actrices qui plurent assez à quelques particuliers de considération, pour leur faire naître l'envie de les épouser : ce fut là où commença l'inclination de M. de Villette pour mademoiselle de Marsilly, qu'il épousa ; un autre en eut pour madame de Choiseul. On appréhenda que cela ne devînt encore plus dangereux, et que ce qu'on avoit fait, que pour de bons motifs, ne détruisît le fruit de l'éducation chrétienne qu'on vouloit donner aux demoiselles. Pour en mieux juger, M. l'abbé des Marets, alors nommé à l'évêché de Chartres, voulut voir jouer cette pièce en tout son éclat, il y vint une fois qu'il y avoit peu de monde, et fut confirmé dans la pensée que plus cela étoit beau et singulier, plus le danger étoit à craindre pour les demoiselles. J'ai ouï dire à madame de Maintenon que leur jeunesse et leur innocence étoient un grand charme, que les hommes en sont d'ordinaire fort touchés, et que d'y ajouter les grâces que donnent les ajustements et une belle déclamation pouvoit beaucoup exposer les demoiselles ; qu'aussi, ce n'avoit pas été d'abord son intention qu'elles jouassent devant tant de monde ; qu'elle n'y vouloit uniquement que le Roi, et tout au plus quelques vieux seigneurs de sa suite, en petit nombre ; mais qu'on s'étoit trouvé embarqué insensiblement, ce dont elle avoit été assez fâchée ; ce qu'elle n'avoit pu éviter par des ménagements que le Roi avoit jugé à propos d'avoir pour les princes et la plupart des courtisans.

M. l'abbé des Marets, étant convaincu que cela feroit tôt ou tard de mauvais effets, conseilla à madame de Maintenon de faire cesser peu à peu ce spectacle, lui faisant un grand scrupule des maux qui en pouvoient arriver, qui pour n'être pas apparents, à cause du respect qu'on avoit pour elle, et la crainte du Roi, n'en seroient peut-être pas moins grands devant Dieu, et nuiroient infiniment à la bonne éducation des demoiselles. Madame de Maintenon, que les réflexions faisoient penser de même, n'eut pas de peine à suivre ce conseil, et le fit agréer au Roi, quoique par son inclination il auroit mieux aimé qu'on eût continué de faire comme auparavant.

Cependant, M. Racine avoit commencé la pièce que le roi lui avoit commandé de faire : *Athalie*, que les connoisseurs mettent au-dessus d'*Esther* par la grandeur du sujet, et la beauté des vers ; on la laissa achever, et apprendre aux Demoiselles. Comme on avoit compté de la jouer avec tout l'appareil de la pièce précédente, n'ayant pas encore fait la réflexion que j'ai dit, il y avoit déjà quelques habits préparés pour cela, qui ne servirent qu'une fois ou deux, qu'on joua *Athalie*, dans la classe bleue, devant le Roi, et aussi devant le roi et la reine d'Angleterre ; car on ne joua plus du tout sur le théâtre ; mais on mena plusieurs fois les demoiselles actrices à

Versailles, dans des carrosses de Sa Majesté ; bien accompagnées de personnes sages et prudentes : et madame de Maintenon étoit fort attentive, lorsqu'elles étoient arrivées à les mettre entre les mains de gens sûrs, pour veiller à leur conduite. Pendant qu'elles étoient là, ils avoient ordre de se tenir près d'elles et d'empêcher que personne ne se mêlât trop en leur compagnie, afin qu'elles fussent ausi bien gardées qu'elles le pouvoient être hors de Saint-Cyr. Elles jouèrent leur pièce dans l'appartement de madame de Maintenon en présence du Roi, des princes du sang, et de plusieurs personnes de la première qualité, sans autres parures que leur habit ordinaire, qui étoit propre et mis de bon goût. Celles qui restoient ici donnèrent en cette occasion, des marques de la noblesse de leurs sentiments ; car sans porter envie à celles qui alloient à Versailles, et qui étoient de la tragédie, elles se dépouillèrent de tout ce qu'elles avoient de plus neuf en habits, gants, rubans, etc., et le prêtèrent à leurs compagnes, se faisant un plus grand plaisir de les parer, et de faire par-là honneur à la maison, que si ç'eût été elles-mêmes ; elles demeuroient ici fort mal vêtues ces jours-là, sans s'en souvenir ; au retour, elles s'empressoient bien davantage à prendre part aux applaudissements qu'avoient eus leurs compagnes, qu'à reprendre ce qu'elles avoient prêté.

On fut aussi content des actrices à Versailles qu'on l'avoit été ici, à *Esther* ; et on trouva même que la simplicité de leur habit ne gâtoit rien, et qu'il avoit son agrément. On alla ainsi à Versailles en différents temps, tantôt pour *Athalie* et tantôt pour *Esther* ; puis encore pour *Jonathas*, dont un nommé M. Duché étoit l'auteur.

On jouoit aussi quelquefois de ces pièces dans la classe bleue, pour quelques personnes que madame de

Maintenon amenoit, et qu'elle vouloit amuser agréablement ; mais on ne jouoit plus du tout avec l'appareil qu'on avoit fait ci-devant à *Esther*, ni en autre habit que celui de Saint-Cyr, à quoi madame de Maintenon ne vouloit pas qu'on ajoutât des ornements extraordinaires ; disant qu'il ne falloit qu'un assortiment simple à un habit aussi simple qu'est celui des demoiselles, et qu'il étoit de mauvais goût d'en user autrement : cela n'empêche pas que, quand elles ne jouent qu'entre elles, ou devant la communauté, on leur souffre de se parer plus qu'à l'ordinaire, et de mettre des diamants qui nous sont restés de la tragédie d'*Esther :* madame de Maintenon n'a pas désapprouvé qu'on eût cette complaisance pour leur jeunesse.

Un peu avant qu'on eût cessé de jouer *Esther* avec tout l'appareil que j'ai dit, on n'en étoit pas si occupé, qu'on ne s'appliquât au bon règlement de notre maison : MM. de Brisacier et Tiberge, venoient assez souvent, non seulement pour le bien des consciences, mais aussi pour travailler à de nouvelles constitutions, on ne trouvoit pas celles de madame de Brinon, ni assez parfaites, ni assez bien faites. M. Tiberge fut particulièrement chargé de ce travail, et, pour y mieux réussir, il alla à Chartres y passer quelque temps, pour y être plus tranquille, et à portée de communiquer son ouvrage à monseigneur l'évêque de Chartres ; il revint à Paris le continuer, et vit les règles et constitutions de plusieurs ordres, dont il prit ce qu'il lui parut bon et convenable à cet institut. Il venoit souvent consulter madame de Maintenon ; il en conféroit avec monseigneur l'évêque de Chartres lorsqu'il étoit à Paris, ou à Saint-Cyr, et, selon les résolutions qui étoient prises dans ces communications, il composa le livre de nos constitutions, qui a été revu et corrigé bien des fois, en plusieurs années avant de nous le donner tel qu'il est aujourd'hui : j'aurai occasion d'en parler amplement, à présent je dois rapporter pour l'instruction de celles qui viendront après nous, ce qu'on fut obligé de faire, pour rabattre la petite vanité qui s'étoit glissée parmi les demoiselles, et qu'on remarquoit leur être, très préjudiciable, les belles tragédies, les louanges qu'elles leur avoient attirées. Cette affluence du plus beau monde qui étoit venu ici pour les voir, et qui les avoit admirées, leurs voyages à la Cour pour représenter *Athalie*, et les applaudissements qu'elles y avoient reçus; la fréquentation des gens de bel esprit, leur avoient beaucoup enflé le cœur, et donné une telle vivacité de goût pour l'esprit et les belles choses, qu'elles devinrent pour la plupart fières, dédaigneuses, hautaines, présomptueuses et peu dociles; à quoi contribua encore beaucoup madame de la Maisonfort, chanoinesse qui étoit mademoiselle des bleues. Car j'ai déjà dit que les dames de Saint-Louis étant en petit nombre, et n'y en ayant pas assez pour remplir les charges, madame de Maintenon avoit été obligée de se servir d'autres personnes pour les classes, avec quelques dames de Saint-Louis. Cette dame avoit beaucoup d'esprit, et savoit assez pour une fille : elle crut faire merveille d'apprendre aux demoiselles quelque chose de l'antiquité; comme les fables des fausses divinités, les histoires profanes, les philosophes et choses semblables. Il n'étoit question alors que d'esprit, et de bel esprit; on se piquoit d'en avoir, et de vouloir savoir mille choses vaines et curieuses; on méprisoit celles qui étoient plus simples et moins susceptibles de ce goût de l'esprit. Une grande partie des bleues étoient devenues ridicules et insupportables par cette haute opinion qu'elles avoient d'elles-mêmes. Il est cependant à remarquer que les filles avoient naturellement de bons esprits et bien faits; mais la vanité les avoit gâtés, je dis la vanité pour l'esprit, car il ne paroissoit pas qu'elles en eussent pour les grâces du corps. Madame de Maintenon, considérant cela comme un très grand mal, et pour les demoiselles et pour notre communauté, où le même goût de l'esprit se communiquoit, consulta M. l'abbé des Marets, nommé à l'évêché de Chartres, et MM. des Missions étrangères, pour conférer avec eux, des remèdes qu'il étoit à propos d'y apporter, comme ils étoient convaincus de la nécessité qu'il y avoit, ayant vu par eux-mêmes quelques traits de l'orgueil des demoiselles, ils lui dirent qu'ils croyoient que, pour l'abaisser, il falloit leur ôter tout ce qui étoit capable de l'exciter, comme de bannir le profane, et tout ce qui pouvoit contribuer à leur trop élever le cœur et l'esprit, et ne leur plus faire que des instructions simples et chrétiennes. Pour en venir à l'exécution, on fit une visite générale dans les classes, afin d'ôter tous les manuscrits sur quelques matières que ce fût, hors ceux de piété et pour humilier les demoiselles en tout, on commença par leur donner moins de rubans qu'elles n'en avoient auparavant; car on leur en distribuoit assez largement tous les trois mois, et par-dessus cela, madame de Maintenon leur en donnoit encore de temps en temps, tantôt aux unes, tantôt aux autres, en sorte qu'il y en avoit, qui en étoient toutes garnies à la tête et au reste de leur habillement. De trois aunes, qu'elles avoient tous les quartiers, on les réduisit à deux, puis à une, à quoi on est demeuré presqu'à présent, et on fit ce retranchement, autant par esprit d'épargne, que pour les simplifier : les autres distributions qu'on leur faisoit par quartier, étoient aussi plus abondantes qu'elles ne sont à présent. On les diminua peu à peu, jusqu'au point où elles sont aujourd'hui, et où elles furent fixées, quand on accepta les règlements et les usages de chaque charge : on ne fit plus aux classes les instructions que dans des livres de piété, et d'une manière fort simple, on leur fit garder plus de silence, et on pouvoit les négliger davantage, s'occupant moins à cultiver leur esprit, et on s'attacha en toute manière à les abaisser, et à leur faire perdre cette haute idée qu'elles paraissoient avoir d'elles-mêmes. Elles furent comme on peut le croire, contristées de cette réforme, les plus sages se contentèrent d'en être très sérieuses, sans dire mot; les moins dociles murmurèrent un peu, mais on rabattit bientôt ces saillies de jeunesse, et la conduite qu'on tint dans les classes les fit taire. Madame de Maintenon, qui s'attribuoit toujours les défauts qui se glissoient ici, s'en prenoit à elle-même; et voici ce qu'elle manda à une maîtresse, sur ce sujet, dans ce temps-là.

« La peine que j'ai sur les filles de Saint-Cyr, ne se peut réparer que par le temps, et par un changement entier de l'éducation que nous leur avons donnée; jusqu'à cette heure il est bien juste que j'en souffre, puisque j'y ai contribué plus que personne, et je serai bienheureuse si Dieu ne m'en punit pas plus sévèrement. Mon orgueil s'est répandu par toute la maison, et le fond en est si grand qu'il l'emporte même par dessus mes bonnes intentions. Dieu sait que j'ai voulu établir la vertu dans Saint-Cyr, mais j'ai établi sur le sable, n'ayant point ce qui seul peut faire un fondement solide, j'ai voulu que les filles eussent de l'esprit, qu'on élevât leur cœur, qu'on formât leur raison, j'ai réussi dans ce dessein, elles ont de l'esprit, et elles s'en servent contre nous; elles ont le cœur élevé, et sont plus fières et plus hautaines qu'il ne conviendroit de l'être aux plus grandes princesses. A parler même selon le monde, nous avons formé la raison et fait des discoureuses, présomptueuses, curieuses; c'est ainsi qu'on réussit quand le desir d'exceller nous fait agir : une éducation simple et chrétienne auroit fait de bonnes filles, dont nous aurions fait de bonnes femmes, et nous avons fait de beaux esprits que nous-mêmes, qui les avons formés, ne pouvons souffrir. Voilà notre mal, et auquel j'ai plus de part que personne; venons aux remèdes, car il ne faut pas se décourager, j'en ai déjà proposé à Nanon, (c'étoit la femme de chambre) qui vous paraîtront peut-être bien petits, mais j'espère, avec la grâce de Dieu, qu'ils ne seront pas sans effet. Comme plusieurs petites choses fomentent l'orgueil, plusieurs petites choses le détruisent; nos filles ont été trop considérées, trop caressées, trop ménagées, il faut les oublier dans leur classe, leur faire garder les règlements de la journée, et leur peu parler d'autre chose, il ne faut point qu'elles se croient mal avec moi, ce n'est pas leur affliction que je demande, j'ai plus de tort qu'elles, je desire seulement de réparer, par une conduite contraire, le mal que j'ai fait; les bonnes filles m'ont plus fait voir l'excès de fierté, qu'il faut corriger, que n'ont fait les mauvaises, et j'ai été plus alarmée de voir la gloire et la hardiesse de mesdemoiselles N. N. que de tout ce qu'on m'a dit des libertines de la classe; ce sont des filles de bonne volonté qui veulent être religieuses, et qui, avec ces intentions, ont un langage et des manières si fières et si hautaines qu'on ne les souffriroit pas à Versailles aux filles de la première qualité. Vous voyez par là que le mal est passé en nature, et qu'elles ne s'en aperçoivent plus, priez Dieu et faites prier pour qu'il change leur cœur, et qu'il nous donne à tous l'humilité. » Dans une autre lettre où elle parle sur le même sujet, en suggérant des moyens pour les corriger, elle dit :

» Je voudrois qu'on leur retranchât le plus de rubans qu'il se pourra; qu'on les laisse manquer de perles et de cordelières; que, sous prétexte du froid, on ferme leur manteau le plus qu'il se pourra, cela est important.

Qu'on ne soit pas si soigneux de leur donner des habits, et qu'on les laisse un peu égueniflées ; qu'on ne retranche rien sur le soin de leur taille.

« Que dans les réprimandes qu'on leur fera, on les ménage moins sur les termes ; qu'on les reprenne sévèrement sur les façons de parler hautaines, sur la liberté de faire des questions à leurs maîtresses, et qu'on ne leur en permettent guère que sur les matières du catéchisme ; qu'on les tienne le plus souvent en silence qu'il se pourra, que dans aucun cas les maîtresses ne se familiarisent point avec elles, je dis avec les plus raisonnables même, j'expérimente tous les jours combien cela les a gâtées ; qu'il ne soit plus question de lecture que de piété et très simple ; qu'on ne leur montre plus de vers, tout cela élève l'esprit, excite l'orgueil, leur fait goûter l'éloquence et les dégoûte de la simplicité, je parle même de vers sur de bons sujets, et il vaut mieux qu'elles n'en voient point. »

On s'attacha à suivre ces règles de conduite, et comme il est facile de tomber d'une extrémité dans une autre, on les poussa je crois trop loin, car les demoiselles, surtout à la classe jaune, devinrent si innocentes que mademoiselle de Saint-Etienne, qui étoit leur maîtresse et qui avoit bien de l'esprit, disoit un soir à madame de Maintenon, en riant : Consolez-vous, madame, les jaunes n'ont pas le sens commun.

Cette demoiselle de Saint-Etienne étoit parente de madame de Maintenon, elle étoit venue ici dans le dessein d'être religieuse, mais sa vocation ne s'étant pas trouvée bonne, elle sortit de son gré du noviciat, et madame de Maintenon la fit maîtresse des jaunes, dont elle s'acquita très bien, ensuite elle la prit auprès d'elle, et après y avoir passé un ou deux ans elle tomba malade d'une langueur qui la réduisit au tombeau ; elle vint mourir ici, pendant que madame de Maintenon étoit à un voyage de Fontainebleau, après avoir reçu tous les sacrements avec les dispositions dignes de la piété qu'elle avoit toujours fait paroître.

Madame de Maintenon qui avoit fort à cœur que nous déracinassions ce fond d'orgueil, qu'on voyoit dans nos demoiselles, ne cessoit de nous exhorter à leur donner une éducation simple et chrétienne, comme plus proportionnée à leur état et à leur fortune. Afin de ne pas retomber dans l'inconvénient dont on commençoit à sortir, elle nous rebattoit souvent de prendre garde à ne pas réveiller en elles la démangeaison de savoir, elle avoit une telle crainte là-dessus qu'elle étoit fort attentive à ne donner ni livres ni écrits qui puissent tant soit peu favoriser la curiosité à quoi elle étoit encore excitée par M. l'abbé des Marets, et ces autres Messieurs qui ayant une grande expérience, connoissoient parfaitement qu'il n'y a rien dans les femmes de si opposé au bon esprit, à la modestie, à la simplicité chrétienne et à la piété dont elles doivent faire une profession plus particulière; que cette envie de savoir et de vouloir paroître avoir plus d'esprit que les autres.

Ce n'est pas qu'il faille prendre à la lettre tout ce que madame de Maintenon fit dans ce temps là, ni tout ce qu'elle a écrit sur ce sujet; on avoit trop donné dans le goût de l'esprit; elle vouloit ramener à une plus grande simplicité, et corriger les défauts dans lesquels ce goût avoit fait tomber : mais son intention n'étoit pas qu'on tînt toute la vie les demoiselles dans ce grand abaissement où elle jugea à propos de les mettre pour un temps. Ce fut seulement pour laisser tomber tout à fait ce qui avoit servi de sujet à leur vanité, et prendre ensuite le milieu entre trop donner de manière à l'orgueil, et aussi de ne vouloir pas leur rien dire ni leur rien apprendre qui puisse leur ouvrir l'esprit et les tirer de la grande ignorance où sont les filles qui n'ont rien vu qu'un couvent, ou rien entendu que des leçons de catéchisme, ou la vie des saints; elle vouloit donc bien qu'on leur dît et qu'on lût autre chose, pourvu que ce fût sans aucune affectation et qu'il n'y eût rien que d'utile et de propre à leur inspirer des sentiments raisonnables et vertueux. Elle n'auroit pas aimé, par exemple, qu'on leur lût l'histoire profane d'un bout à l'autre, parce qu'elle craignoit que cela ne leur fît perdre le goût des choses pieuses. Mais elle ne désapprouvoit pas qu'on leur lût quelquefois dans ces histoires, pourvu que ce ne fût pas de suite et par manière d'étude; mais seulement certains endroits propres à leur former la raison et à n'être pas si neuves, quand elles sortent d'ici pour s'en aller. Elle vouloit bien aussi qu'on leur expliquât certaines choses qui se rencontrent en passant dans les lectures ordinaires et de piété, et qui donne lieu de leur apprendre quelquefois ce que, c'est par exemple, que les fausses divinités; pourquoi les hommes leur ont rendu des hommages, en prenant occasion de leur bien insinuer la vérité du vrai Dieu et de la religion chrétienne; l'horreur de ces religions fausses et superstitieuses, et ainsi des autres matières qui se trouvent tout naturellement. Mais elle vouloit pourtant qu'on fût extrêmement sobre sur ces sortes de sujets, et exhortoit à ne pas amplifier le peu qu'elle a cru pouvoir permettre là dessus, et à leur dire ces choses là d'une manière très simple, comme elle-même en donnoit l'exemple. Je lui ai vu faire des instructions de cette nature dans les classes, quoique d'une manière noble et agréable; car elle avoit beaucoup de grâce à parler, comme à tout ce qu'elle faisoit; ses discours étoient vifs, simples et naturels; intelligibles, insinuants, persuasifs; et si, pour quelques moments, elle s'écartoit de la morale chrétienne, elle y revenoit aussitôt; elle évitoit de faire des citations, quand ce n'auroit été que des choses qu'on sait communément. Un jour il vint à propos de dire dans une de ses instructions un trait de Diogène : c'étoit sur son dégagement des honneurs et des richesses ; elle ne voulut pas nommer ce philosophe, mais se contenta de dire : Un philosophe disoit telle chose. Après l'instruction, elle dit à une maîtresse de la classe où elle étoit : Avez-vous remarqué qu'en rapportant ce trait de Diogène je ne l'ai pas nommé, c'est qu'il est toujours mieux aux femmes d'en user ainsi, et qu'on ne peut trop donner de ces exemples de modestie aux demoiselles, afin qu'elles n'aillent point dans le monde faire les savantes pour le peu qu'elles peuvent apprendre ici.

CHAPITRE XIX.

On érige une chapelle à l'infirmerie des Demoiselles. — Établissement de MM. de Saint-Lazare pour confesseurs. — Sacre de M. l'évêque de Chartres.

Madame de Maintenon pensoit à tout ; comme elle alloit souvent aux infirmeries voir les malades, elle s'aperçut du besoin qu'on y avoit d'une chapelle ; car il n'y en avoit point au commencement que nous fûmes ici, ce qui étoit fort incommode ; il falloit que les convalescentes allassent à la messe, à la grande tribune, en déshabillé ; ce qui avoit souvent son inconvénient, dans le temps du froid et autres saisons : outre que les dames, qui avoient aussi leur infirmerie dans le même corps de logis, n'aimoient pas à se trouver ainsi déshabillées avec les demoiselles, et étoient quelquefois longtemps privées de la communion, n'osant pas descendre au chœur qu'en habit décent. Toutes ces considérations firent prendre à madame de Maintenon la résolution de faire faire une chapelle. On prit pour cela la plus grande partie d'une chambre fort spacieuse et fort belle, qui étoit au bout de l'infirmerie des demoiselles, dont il reste encore la chambre de Saint-François ; il y en eut assez de ce que l'on prit, pour faire le dehors et le dedans de la chapelle. Lorsqu'elle fut faite, madame de Maintenon y donna des ornements ; la maison fournit toutes les autres choses nécessaires, et on y dit bientôt la messe, ce qu'on a continué de faire tous les jours jusqu'à présent. Depuis ce temps là et, sur cela, je pense qu'il n'est pas mal à propos de rapporter ici la réponse que fit un jour monseigneur de Chartres à madame de Maintenon, qui lui demanda si, lorsqu'il y auroit peu de malades ou de convalescentes à l'infirmerie, et lorsqu'il faisoit mauvais temps comme pluie, neige, verglas, on ne pourroit pas dispenser messieurs nos confesseurs de venir dire la messe à la chapelle ? Monseigneur l'évêque répondit que plus il y avoit de lieux où l'on offroit le saint sacrifice de la messe, plus notre Seigneur en étoit glorifié ; que c'étoit comme lui donner une nouvelle vie, et que de plus il ne falloit pas interrompre la coutume de dire la messe dans cette chapelle, à moins que ce ne fût pour un jour ou deux en passant, ou que quelque cas rare ne demandât naturellement cette dispense. Que, si on en croit autrement, on pourroit regarder cela comme une espèce de loi ou d'usage, dont ces messieurs auroient peut-être peine à revenir, quand on voudroit rentrer dans la pratique ordinaire. Outre cette chapelle, on fit divers ajustements dans la maison, comme d'ajouter des confessionnaux à ceux qu'on avoit déjà ; on fit ceux de l'avant-chœur, le parloir bleu, et des réparations de poutres et de solives, quoiqu'il n'y eût pas longtemps qu'on en eût remis ; mais il en manquoit d'un autre côté, entre autre, aux infirmeries des demoiselles, à quelques classes et à la grande tribune ; le bâtiment à la mansarde étoit cause de ce dépérissement, et aussi parce que certains lieux avoient trop d'étendue et les poutres trop de portée ; ce qui fit aussi qu'on fut contraint de mettre des colonnes de pierres sous chaque poutre au réfectoire des demoiselles ; qu'on en mit aussi dans le vestibule du chœur et à la grande tribune.

Madame de Maintenon à qui rien n'échappoit, ayant su que les tapisseries des parloirs se pourrissoient à cause de l'humidité des murailles, fit faire des nattes pour mettre dessous dans tous les parloirs.

Mais je laisse là ces matières de moindre importance, pour dire ce qui se passoit à Rome pour l'affermissement de notre établissement. M. le duc de Chaulne y sollicita auprès du pape, comme ambassadeur du Roi, la suppression du titre abbatial de l'abbaye de Saint-Denis, pour l'unir à notre maison; cela étoit nécessaire, afin qu'à l'avenir le bien de la mense pût nous être conservé. Jusque là on n'avoit point travaillé à cette réunion, parce que le pape Innocent XI, qui gouvernoit alors l'Eglise, étoit en différend avec le Roi; ce qui dura assez de temps, et qui empêcha que ceux que Sa Majesté avoit pourvu d'évêchés et d'abbayes n'eussent leur bulle : ce pape mourut, et celui qui lui succéda fut plus traitable; c'est pourquoi le Roi prit ce temps pour s'accommoder et faire donner aux évêques et autres bénéficiers leurs bulles, aussi bien que celle d'union de l'abbaye de Saint-Denis à notre maison. Le pape ayant été bien informé par M. le duc de Chaulne, de la droiture et des bonnes intentions du Roi dans notre établissement, comme aussi de la part que madame de Maintenon y avoit, voulant obliger Sa Majesté et marquer aussi à cette dame sa considération, promit dans une audience particulière, qu'il donna à M. le duc de Chaulne, de faire expédier incessamment, gratis, les bulles d'union, afin de contribuer au grand bien que la piété et la magnificence du Roi venoit de faire à la France, par cet établissement; il chargea M. le duc de Chaulne, en plein consistoire, de marquer à madame de Maintenon l'estime particulière qu'il faisoit de sa personne et de sa vertu, et qu'il l'excitoit à continuer les bonnes œuvres qu'elle avoit faites jusque alors ; la lettre par laquelle M. le duc de Chaulne s'acquitta de sa commission fut apportée à Saint-Cyr, et lue à la communauté qui s'en réjouit d'autant plus qu'elle y apprit que le pape remettoit généreusement soixante mille écus d'amortissement, que le défunt pape avoit demandés pour la suppression du titre abbatial ; voici la teneur de cette lettre :

Madame,

« J'ai cru ne pouvoir mieux remplir mes devoirs, ni m'attirer un bonheur plus assuré, dans le cours de mon ambassade, que de commencer l'exécution des ordres du Roi par l'affaire des bulles de Saint-Cyr, que vous me témoignâtes, Madame, souhaiter, lorsque je reçus vos commandements ; elles dépendoient du droit du Roi pour ne pas payer cent quatre-vingt mille livres d'amortissement, dont il devoit revenir soixante mille seize livres au pape ; et, quoique la congrégation qui examina cette affaire crût avoir des raisons d'être contraire aux prétentions de Sa Majesté, le pape ne laissa pas de me faire l'honneur de me dire, dans ma dernière audience, que plus cette congrégation avoit cru l'appréhension du Roi mal fondée, plus il avoit de plaisir de faire la grâce entière à Sa Majesté, par la vue des dépenses qu'elle faisoit, pour le soutien de la religion, et de la connoissance qu'il avoit de votre mérite et de votre vertu ; le pape me commanda de vous faire savoir, Madame, que votre considération l'avoit fait pencher bien plus facilement à la concession de cette grâce, et je m'estime bien heureux d'avoir pu contribuer en quelque chose, à ce qui peut vous être agréable. Je trahirois la vérité, si je ne vous disois aussi, Madame, qu'en deux consistoires, où les ambassadeurs n'entrent pas, M. le cardinal de Bouillon, avoit fort bien disposé le pape à vouloir être le maître des congrégations, et à ne pas se laisser emporter, comme presque tous les autres papes, au torrent ordinaire des décisions de ces tribunaux, dans les occasions où l'honneur de la religion le doit également engager à faire des grâces. Si quelque curiosité pouvoit heureusement pour moi, Madame, vous porter à vouloir que madame de Chevreuse vous informât de quelques détails que je lui mande, j'aurois beaucoup de satisfaction de pouvoir vous rendre compte de ma conduite, et je vous supplie très humblement, Madame, d'être persuadée que personne n'est avec un plus profond respect,

Votre très-humble
et très obéissant serviteur,

Le Duc de Chaulne.

A Rome, le 16 décembre 1689.

Je laisse Rome où l'on va expédier nos bulles, pour parler d'une chose fort intéressante, qui se passoit ici à peu près dans ce temps-là, et voici ce que c'est. Madame de Maintenon ayant fait réflexion sur l'importance qu'il y avoit, pour cette maison, d'avoir toujours de bons confesseurs, et craignant que cela ne fût pas facile à trouver quand ceux que nous avions, qui étoient gens sages et vertueux, viendroient à manquer, et comprenant bien qu'il y auroit peu d'ecclésiastiques séculiers qui pussent nous convenir, ces messieurs-là n'entendant guère d'ordinaire l'esprit de communauté, et qu'elle craignoit aussi qu'il ne nous en vînt de suspects sur la doctrine, ou que nous ne fussions exposées à en changer souvent, par le désir qu'ils pourroient avoir des bénéfices ou de faire autre chose que d'être confesseurs de filles. Roulant donc toutes ces pensées dans son esprit, elle les communiqua à M. l'abbé des Marets, à M. Gobelin et à MM. de Brisacier et Tiberge; ils entrèrent fort dans ces vues, et convinrent que des prêtres de communauté nous seroient plus convenables que d'autres; ils furent quelque temps à réfléchir sur le choix qu'il étoit à propos de faire, et après y avoir pensé, M. de Brisacier dit qu'il ne croyoit rien de mieux que MM. de la congrégation de Saint-Lazare, dont la piété, la régularité, la bonne doctrine et la modestie, seroient d'une grande sûreté pour une maison comme celle-ci. Madame de Maintenon embrassa cet avis d'autant plus volontiers que cette congrégation étoit fort estimée du Roi, et qu'il en faisoit tant de cas qu'il en avoit mis à Versailles, à Fontainebleau et ailleurs : M. l'abbé des Marets approuva fort ce sentiment; et aussitôt la résolution fut prise de faire les démarches nécessaires pour avoir de ces messieurs. La première que fit madame de Maintenon fut d'en parler au Roi, qui n'ayant de sa part d'autre desir que de se rendre favorable à tout ce qui pouvoit affermir le spirituel aussi bien que le temporel de la maison, y donna les mains avec plaisir et voulut lui-même en parler au général de ces messieurs, qui étoit M. Joli. Il le manda pour cela et lui proposa la chose. Ce général, qui étoit un homme sage, et ne faisoit rien sans mûre délibération, représenta d'abord à Sa Majesté, que, par leur institut, ils n'étoient établis que pour les pauvres de la campagne; qu'il ne leur convenoit point de se charger d'une maison qui n'étoit composée que de noblesse, et encore moins d'être directeurs de communauté de filles; que cela leur étoit particulièrement défendu par leurs règles, et qu'il supplioit très-humblement Sa Majesté de l'en dispenser. Le Roi lui répondit qu'il n'y avoit point de règles qui ne pussent avoir leur exception; que Saint-Cyr ne devoit pas être regardé comme un couvent, puisque ce n'étoit pas des religieuses (car nous ne l'étions pas encore); que la communauté ne faisoit que la plus petite partie des personnes qu'ils auroient à conduire; qu'à l'égard des demoiselles ce seroit pour ces messieurs une mission continuelle, puisqu'elles se succèderoient toujours les unes aux autres; qu'à la vérité elles étoient nobles, mais qu'elles se trouvoient dans un cas particulier, qui ne faisoit point de conséquence contre ce qui leur étoit prescrit; que, quand ils faisoient des missions dans les villages, les nobles n'en étoient pas exclus; qu'enfin il ne croyoit pas qu'il y eût rien en cela d'opposé formellement aux intentions de leurs instituteurs; qu'en tout cas il pouvoit lever ses doutes. M. Joli répondit très-respectueusement au Roi, qu'il ne pouvoit rien résoudre qu'il n'en eût parlé à son conseil; qu'il le supplioit de le lui permettre. Le Roi le trouva bon; la chose fut agitée dans l'assemblée de ceux qui sont préposés, à Saint-Lazare, pour aider le supérieur général de leurs conseils. On y conclut d'accepter la proposition qui leur étoit faite d'une telle part, et pour un sujet où il y avoit tant de bien à faire. A quelques jours de là, M. Joli vint à Versailles rendre la réponse au Roi, qui fut fort aise de l'acceptation volontaire; car, quoiqu'il eût pu se servir de son autorité, il aimoit mieux que cela se fît librement. On auroit pu jeter les yeux sur d'autres congrégations ou sur des religieux; on ne voulut pas de ces derniers, parce qu'on craignoit qu'ils ne voulussent donner ici l'esprit de leur ordre, qui n'auroit peut-être pas été compatible avec celui qui nous est particulier. On considéra qu'il n'en étoit pas de même de messieurs de Saint-Lazare, dont l'institut a quelque rapport au nôtre; puisque leur principal but est le zèle du salut des âmes, et qu'ils ont d'ailleurs, autant qu'aucuns religieux, des règles et une discipline très-exacte; qu'ils seroient par ce double exercice très-capables de nous inspirer l'amour de notre institut et celui de l'observance des règles; il estimoit qu'on auroit pu prendre des jésuites qui tendent à la même fin; mais on eut des raisons en ce temps-là de s'arrêter à ces messieurs; le Roi en ayant déjà mis dans plusieurs de ses maisons royales, dont il étoit fort content. Une des principales raisons qui empêchèrent de prendre des jésuites, est qu'ils sont en butte à bien des contradictions, et qu'il auroit été difficile qu'elles ne retombassent sur nous; ce que madame de Maintenon ne croyoit pas qui fût utile à la maison. M. Joli vint ici plusieurs fois, pour conférer avec madame de Maintenon et MM. les abbés des Marets, Brisacier et Tiberge, du nombre de confesseurs qu'il nous donneroit, et des conditions du traité qu'il falloit faire entre eux et nous; ils convinrent qu'il nous en donneroit cinq, et trois frères, dont l'un seroit pour tenir l'église et la sacristie propres et en bon ordre; que nous donnerions quatre cents livres de pension pour chaque prêtre, et cent écus pour les frères; qu'afin que ces messieurs ne perdissent point ici l'esprit de leur vocation, il y auroit quelques uns d'eux qui iroient faire des missions, dans les terres dépendantes de la maison, ou dans le diocèse de Chartres quand ils n'auroient rien à faire à nos terres; à quoi madame de Maintenon consentit d'autant plus volontiers que son zèle la portoit toujours à tout ce qui pouvoit contribuer au bien des âmes. Ces conventions faites, et autres qui sont marquées dans le traité, que je mettrai ci-après, il ne s'agissoit plus que d'un logement pour ces messieurs, dont on ne laissoit pas d'être embarrassé; car nous n'en avions point de reste, ni aucun lieu disposé pour y établir une communauté de prêtres;

quelque petite qu'elle fût. Il falloit des cellules, une infirmerie, une cuisine, un réfectoire, une bibliothèque, une salle pour recevoir les personnes du dehors et autres accommodements. M. Joli vint avec M. Hébert, curé de Versailles et un frère architecte de leur maison pour voir ce que nous avions de logement; ils ne purent rien faire de quelques chambres qu'on vouloit bien leur abandonner, et dont par la suite on auroit eu bien de la peine à se passer. Cela ayant été rapporté au Roi, il commanda à M. Mansard de venir ici faire le plan d'un nouveau bâtiment. Il en trouva un tout commencé à l'aile qui tient depuis l'église jusqu'à l'autre aile destinée pour le dehors; il y avoit seulement à cette aile des bâtiments pour mettre les équipages de madame de Maintenon, loger des jardiniers et autres gens semblables. M. Mansard s'arrêta là, et fit un plan de bâtiment proportionné au goût et à la commodité de ces messieurs; on y travailla avec tant d'assiduité et de diligence qu'il fut achevé presqu'au bout de six mois. Pendant qu'on le laissoit sécher, M. Joli fit un mémoire de toutes les choses nécessaires, tant pour les meubles, que pour la batterie de cuisine, linge, etc. Le mémoire se monta à cinq mille trois cent soixante-huit livres, dix sous. Madame de Maintenon le fit voir à la communauté avec le traité des conventions, qu'on avoit fait entre eux et nous; puis on leur fit donner la somme portée dans ce mémoire, afin qu'ils fissent leurs emplettes comme ils jugeroient à propos. On leur donna encore cinq cents livres pour des livres; ils vinrent s'établir, dans leur nouvelle maison, au mois d'août 1691 et ils sont toujours demeurés depuis; mais on y a fait de temps en temps des augmentations et des ajustements, dont j'aurai occasion de parler ailleurs.

CONDITIONS DU TRAITÉ.

Le supérieur général de la congrégation de la Mission sera supérieur immédiat de la communauté des dames et demoiselles de Saint-Louis, dépendant de la juridiction du seigneur évêque de Chartres ; ledit supérieur général aura une entière liberté de changer le supérieur et autres prêtres de la Mission qu'il aura établis à Saint-Cyr, quand il le jugera à propos ; il pourra faire tous les ans et même plus souvent la visite de la maison et communauté des dames de Saint-Louis, et, en cas qu'il ne le puisse, il pourra commettre pour cela quelque autre personne.

Il enverra du moins aux quatre-temps de l'année des confesseurs extraordinaires, qui seront pris du corps de ladite congrégation de la Mission ; il lui sera libre d'en envoyer qui ne soient pas de ladite congrégation, si la supérieure des dames en demande. Lesdits prêtres de la Mission seront chargés de toute la conduite spirituelle de la maison et communauté des dames et demoiselles de Saint-Louis, comme aussi de toutes les personnes qui seront dans l'enceinte de ladite maison, tant pour l'administration des sacrements et des instructions particulières et publiques, que pour les retraites et autres exercices, selon l'usage et les règles de ladite maison. L'un desdits prêtres célébrera à six heures et demie du matin une messe basse, pour les converses et pour les domestiques ; un autre en célébrera une à huit heures, pour les dames et les demoiselles, et une autre se dira à dix heures, et une quatrième à la chapelle de l'infirmerie.

L'une desdites messes doit être célébrée pour le repos des âmes des rois de France et de la reine, épouse du Roi notre fondateur; une autre pour l'intention du même roi, pour remercier Dieu des grâces qu'il répand incessamment sur la maison royale, et pour lui demander qu'il plaise à sa divine majesté de donner au roi de France les lumières nécessaires pour bien gouverner l'état et exalter l'église catholique dans ce royaume.

Après la messe de communauté, on doit chanter l'*Exaudiat* avec le verset et l'oraison, et au jour marqué dans le cérémonial, en salut.

Les médecins, chirurgiens et apothicaires de la communauté assisteront de leurs soins et médicaments ceux desdits prêtres et frères établis pour le service spirituel de ladite communauté, qui seront malades, sans pour cela leur demander aucune rétribution.

Par une autre convention on s'est chargé de trois prêtres et d'un frère pour aller faire des missions dans nos terres, ayant éprouvé qu'il n'étoit pas possible que les confesseurs de la maison le fissent, cet emploi leur prenant un temps où ils sont nécessaires pour exercer les fonctions de leur ministère à l'égard des personnes de la maison.

Même convention pour les frais des confesseurs extraordinaires, pour le pain et le vin du saint sacrifice, pour l'huile de la lampe qui brûle devant le saint sacrement, et pour les remèdes dont ils ont besoin; l'expérience ayant fait voir que cela étoit plus commode que de leur en fournir de la maison. Je finirai cet article de MM. les confesseurs en disant que nous avons tout sujet de bénir Dieu d'avoir permis qu'on nous ait donné des personnes si sages, si régulières et si remplies de zèle pour remplir à notre égard les fonctions de leur saint ministère; on peut dire que le bon exemple qu'ils nous donnent contribue autant à notre avancement spirituel que leurs paroles; et que nous n'avons rien à desirer de ce côté là que de profiter de leurs saintes leçons.

17

Vers ce temps-là le Roi ordonna à tout le monde de porter à la Monnoie toute la vaisselle d'argent superflue; madame de Maintenon ne se trouva que quatre girandoles qu'elle ne crut pas lui être fort nécessaires, elle les donna à notre sacristie pour augmenter le luminaire dans le temps de l'exposition du saint sacrement.

J'ai laissé un peu en arrière le sacre de M. l'abbé des Marets qui se fit quelque temps avant l'établissement de MM. de Saint-Lazare ici; il s'y prépara par trois jours de retraite, et vint ensuite se faire sacrer dans notre église qu'on tapissa de très-belles tapisseries du Roi; il se trouva à ce sacre plusieurs évêques, archevêques, cardinaux, abbés et autres personnes d'une qualité distinguée, tant ecclésiastiques que laïques; M. de Harlay, archevêque de Paris, M. Bossuet, évêque de Meaux, et M. de Broue, évêque d'Amiens, furent les consacrants; ce dernier avoit eu l'évêché d'Amiens bientôt après un sermon qu'il fit ici le jour de la fête de Saint-Louis, je ne veux pas dire que ce soit ce sermon qui lui ait valu un évêché, mais ceux qui pouvoient parvenir à ces dignités étoient bien aises de se faire connoître à madame de Maintenon : la cérémonie fut très-belle; MM. de Saint-Lazare qui la conduisoient se distinguèrent par la modestie, la gravité, la piété et l'exactitude avec laquelle ils font toutes les fonctions ecclésiastiques; les dames et les demoiselles chantèrent tout ce qui se doit chanter à ces cérémonies, nos belles voix s'y firent remarquer, entre autres mademoiselle de Beaulieu, qui a été depuis dame de Saint-Louis, et dont la voix étoit également belle en basse comme en dessus; mesdemoiselles de La Haye, de Champagny et de Saint-Denis, qui avoient tant brillé à la tragédie d'*Esther* et qui furent aussi dames de Saint-Louis, excepté mademoiselle de Saint-Denis; le chant fut trouvé très-beau par toute l'assemblée, il étoit de la composition de M. Nivers, organiste de la chapelle du Roi et le nôtre, et maître de la musique de la Reine. A la fin de la cérémonie, M. de Chartres vint à la grille donner sa bénédiction à toute la communauté et aux demoiselles; puis chacun se retira. Madame de Maintenon avoit fait préparer au dehors, par les cuisiniers du Roi, un dîner magnifique; tout ce qu'il y a de meilleur en viande, en entremets et en desserts ne fut pas épargné; M. Manceau régla ce festin conjointement avec M. de La Ferté, notre intendant du dehors; ils mirent un grand ordre à tout pendant que nous étions en dedans aussi tranquilles que s'il n'y avoit eu personne à traiter. Madame de Maintenon ayant toujours eu une grande attention à nous éviter les embarras et à nous tenir séparées de ce qui auroit pu nous causer de la dissipation. Le nouvel évêque retint à dîner les trois prélats consacrants et plusieurs autres personnes de la même distinction; madame de Maintenon traita en dedans les principales dames qui avoient assisté au sacre, entre lesquelles étoient madame de l'Isle, mère de Mgr. l'évêque de Chartres, mesdames de Châtillon, ses cousines, madame Guenet, sa nièce, et d'autres encore dont les noms ne me sont pas présents. Cette table se tint dans le parloir d'en haut qui étoit en ce temps-là de l'appartement de madame de Maintenon, qui voulut être servie par le dehors, afin que nous n'eussions rien à faire sur cela en dedans; MM. de Brisacier et Tiberge nous donnèrent en cette occasion un bel exemple de modestie et de retraite, ils étoient ici; mais ils se tinrent cachés à la cérémonie, et après, ne voulant pas qu'il fût question d'eux, on leur servit un très-petit dîner dans le parloir des demoiselles, et demeurèrent enfermés le reste du jour dans leur chambre ou au confessionnal, où ils avoient toujours de la pratique; après le dîner, M. de Chartres entra avec sa compagnie pour lui faire voir la maison et aussi pour remercier madame d[e] Maintenon; et sur le soir tout le monde s'en alla.

Quelque temps avant le sacre il fut question du chan[ge]gement de l'état séculier où nous étions, en régulier; l[es] raisons de ce changement étoient que les vœux simpl[es] pouvoient devenir une grande porte ouverte à l'incon[-]stance de l'esprit humain, sujet aux tentations de change[-]ment et de dégoût sur les choses mêmes qu'on a em[-]brassées de bon cœur, quand on n'a rien qui fixe absolu[-]ment et qui arrête; qu'il pourroit y en avoir parmi nou[s] qui, sous prétexte d'une plus grande perfection, s'ima[-]gineroient devoir quitter leur vocation pour en prend[re] une plus stable, plus austère et plus contemplative; qu[e] d'autres voudroient changer par le seul amour de leu[r] liberté; qu'on ne pourroit jamais se tenir assuré des suje[ts] qu'on auroit reçus; qu'on courroit risque d'en perd[re] de bons plutôt que ceux qui ne le seroient pas tant, o[u] qu'il faudroit avoir pour eux bien des ménagements afi[n] de les retenir; ce qui gâte les esprits : que ce seroit tou[-]jours à recommencer pour former de nouvelles filles p[ro]pres aux classes et aux autres emplois de la maison[;] qu'outre cela les vœux solennels seroient un moyen pl[us] assuré pour nous conduire à la perfection qu'on desiro[it] de nous et d'affermir notre institut, surtout étant liées [à] un ordre reçu de l'Église, comme il étoit à propos de l[e] faire; parce que, supposé que dans les règnes suivants o[n] ne fût pas si bien disposé ni intentionné pour cette mai[-]son que le grand Roi qui nous a fondées, et qu'on voulû[t] la détruire, cela ne seroit pas si aisé, tenant à un ordre ré[-]gulier, que si nous demeurions dans notre état séculier[.] Il survint un cas dans ce temps-là qui ajouta encore à tout[es] ces raisons, celle de confirmer dans la pensée où l'on étoi[t] c'est qu'il échut une succession à une sœur converse pr[o]fesse, parce que n'ayant fait que des vœux simples, ceu[x] ses parents qui devoient entrer en partage se trouvèrent embarrassés, et prétendirent que cette sœur pourroit les troubler ; ils eurent sur cela une grande contestation, qui se termina par la renonciation que fit la sœur de ce qui pouvoit lui appartenir dans cette succession ; cela ouvrit les yeux à quelques unes de nous, qui, joignant ce pas à ce qu'elles avoient entendu dire à leurs parents que les vœux qu'elles avoient faits n'étoient pas stables, que les jésuites et MM. de Saint-Lazare en faisoient de semblables et néanmoins pouvoient jouir de leurs biens de patrimoine ou autres, et que même ils pouvoient sortir de leur congrégation, ou être renvoyés; ces discours avec ce qui venoit d'arriver à la sœur dont je viens de parler, donnèrent de l'inquiétude à ces dames ; elles commencèrent à s'en entretenir en secret, puis s'en ouvrirent à monseigneur l'évêque de Chartres et à MM. des Missions étrangères, qui trouvèrent l'occasion belle de leur inspirer ce qui se projetoit et leur en dirent tous les motifs et les raisons. Quelque surprise que cet éclaircissement leur causât, ne s'étant point attendues à aucun changement; cela ne laissa pas de les disposer à écouter favorablement les propositions qu'on devoit leur faire, et à s'y soumettre avec docilité; comme cette affaire étoit de grande importance, on se donna tout le loisir d'y penser, et on consulta des gens sages et capables de donner sur cela de bons conseils ; madame de Maintenon fit faire des prières et dire des messes à cette intention, et se chargea d'en parler au Roi; monseigneur de Chartres se chargea aussi des consultations qu'on devoit faire; il en parla à M. Tronçon, curé de Saint-Sulpice, homme de grand mérite et de grande piété ; à M. Joli, supérieur-général de MM. de Saint-Lazare et autres personnes de même réputation et probité; ils furent tous d'avis de nous faire passer aux vœux solennels et de nous unir à un des ordres institués dans l'Église ; ils crurent que celui de Saint-Augustin nous étoit le plus convenable ; monseigneur de Chartres vint rendre compte à madame de Maintenon du résultat de la consultation ; elle lui dit que le Roi avoit un peu de peine à consentir à ce changement, qu'il n'avoit pas prétendu faire des religieuses ; qu'il lui sembloit qu'on regarderoit cela dans le monde comme une inconstance de gens qui ne savent ce qu'ils veulent, ou qui ont mal pris leurs mesures ; qu'il craignoit encore qu'on ne nous imposât de plus grandes obligations que celles de nos premiers engagements ; qu'il n'aimoit ni l'habit ni les manières du couvent ; enfin qu'il aimeroit mieux par son inclination qu'on ne fît rien de nouveau ; que cependant il s'en rapporteroit à ce que des personnes éclairées et de piété en jugeroient, et qu'elles l'instruiroient des avis de ces messieurs ; lorsqu'elle le fit, il pesa bien attentivement toutes les raisons sur lesquelles les avis avoient été appuyés, et quoiqu'ils fussent contre son inclination, sa piété et sa religion ne lui permirent pas d'y contredire ; elles lui firent même prononcer ces belles paroles : « On dira que nous avons mal pris nos mesures ; mais il n'importe : il faut aller au plus grand bien, et laisser juger aux hommes ce qu'il leur plaira. »

Dès lors la chose fut conclue, et on en parla tout ouvertement dans la maison ; car jusque là, cela avoit été tenu secret. MM. des Missions étrangères nous firent des conférences, toutes propres à nous disposer à l'acceptation des propositions qu'on avoit à nous faire ; monseigneur l'évêque de Chartres vint aussi dans l'intention de nous en instruire et de savoir le sentiment de chacune de nous en particulier. Il nous parla à toutes, les unes après les autres, et, dans les entretiens que nous eûmes avec lui, il nous fit voir le peu de fond qu'il y avoit à faire sur nos vœux simples ; la résolution où l'on étoit de nous en faire

faire de solennels, et de changer notre état séculier en régulier. Il nous en dit les raisons et tout ce qui pouvoit nous exciter à entrer dans les vues qu'on avoit de rendre cet établissement plus stable et plus durable ; laissant cependant une entière liberté à celles qui ne voudroient pas entrer dans ce nouvel engagement, de demeurer comme elles étoient ou même de prendre quelque autre parti, assurant qu'on ne les en traiteroit pas moins bien, et qu'on n'avoit aucune intention de contraindre personne. Il y en eut plusieurs qui, n'ayant point prévu en s'engageant qu'on dût leur demander autre chose que ce qu'elles avoient pratiqué jusques alors, eurent un peu de peine à se déterminer, mais donnèrent pourtant leur consentement, malgré leur répugnance, se faisant un devoir de conscience d'adhérer à ce qu'on leur réprésentoit être du plus grand bien de l'institut; d'autres sans hésiter se conformèrent à ce qu'on desiroit, et ainsi toutes y donnèrent les mains, quoique en manière différente. Monseigneur de Chartres écrivoit nos réponses et nous les fit signer ; puis nous imposa silence, ne voulant pas que nous nous communicassions ce que nous lui avions dit : nous lui obéîmes exactement. Il nous exhorta fort à nous tranquilliser, à prier et à nous reposer sur la parole qu'il nous donnoit que cela changeroit peu de chose à ce que nous avions observé jusques alors, et ne nous imposeroit guère de plus grandes obligations. Il s'en retourna après cela à Paris, et nous laissa assez pensives; car il nous avoit aussi parlé d'un nouveau noviciat qu'il falloit faire pour parvenir aux vœux solennels. Nous nous trouvions par là encore sujettes à l'examen et même au renvoi, quoiqu'il y eût pourtant apparence qu'on nous jugeroit plus favorablement que de nouvelles venues; cela ne laissoit pas d'avoir son incertitude, que nous tâchâmes de calmer par la résignation à la volonté de Dieu, et l'abandon à la Providence dont nous avions été si bien traitées par le passé, qu'il y avoit tout sujet de nous y confier, aussi bien qu'aux bontés de madame de Maintenon et à celles de nos autres supérieures. Elle rendit compte au Roi de notre docilité sur le changement qu'on devoit faire ; il en fut fort content et nous trouvoit admirables de nous y soumettre si facilement ; car par son extrême bonté il sentoit que cela devoit nous faire de la peine. Il en étoit touché, mais il ne voulut point que nous changeassions d'habit. Sur ces entrefaites, M. l'abbé Gobelin mourut, après une maladie assez longue et douloureuse, dont il fit un saint usage. Se voyant près de sa fin, il nous fit remettre secrètement des lettres que madame de Maintenon lui avoit écrites dans le temps qu'il la dirigeoit. On y voit combien elle étoit déjà occupée de son salut et de bonnes œuvres. On y trouve aussi en passant des traits fort agréables. Ce digne supérieur se recommanda fort aux prières de la communauté, et nous fit assurer qu'il ne nous oublieroit pas devant Dieu, s'il lui faisoit miséricorde, comme il est à présumer d'une vie passée aussi saintement que la sienne.

Il reçut tous ses sacrements avec des sentiments dignes de sa piété ; demanda pardon à ses domestiques et autres personnes qui le servoient des peines qu'il pouvoit leur avoir faites ; répondit aux prières des agonisants avec beaucoup de présence d'esprit et de dévotion ; puis rendit les derniers soupirs fort paisiblement. J'ai ouï dire qu'il avoit été homme de guerre dans sa jeunesse, et qu'il s'étoit fait d'église par un vrai détachement du monde, et par amour de la science et de la vertu. Il pratiqua toujours les devoirs de son état avec beaucoup de zèle et de perfection ; il étoit si humble que son plus grand défaut étoit de se trop défier de lui-même. Il avoit un soin particulier de se simplifier et d'en faire des actes extérieurs qui l'auroient fait prendre, par ceux qui ne le connoisient pas, pour un homme fort commun ; ce que nous admirions d'autant plus en lui qu'il avoit beaucoup d'esprit et de pénétration. Après sa mort, M. Joli, supérieur-général des MM. de Saint-Lazare, le remplaça, ainsi qu'on en étoit convenu pour lui et ses successeurs par le traité qui avoit été fait, lorsqu'il nous accorda des prêtres de la congrégation. Les raisons qui portèrent à cela furent que ce supérieur, devenant le nôtre, s'affectionneroit davantage à notre maison ; qu'il se trouveroit par là plus engagé à nous donner de bons confesseurs et directeurs, et à procurer notre bien spirituel. Qu'étant choisi par les principaux de la congrégation, il étoit à présumer que ce seroit toujours un homme de bien, de tête et d'expérience ; que cela nous exempteroit d'en chercher ; et que, quelques soins que nous prissions pour en trouver qui eussent les qualités nécessaires, il seroit difficile que ce fût avec un aussi heureux succès qu'on avoit sujet de se le promettre de M. le général de Saint-Lazare. L'expérience a fait voir qu'on ne s'étoit pas trompé, et nous éprouvons tous les jours qu'on a fait en cela comme en tout le reste le bien et l'avantage de notre maison.

CHAPITRE XX.

Ce qui s'est passé ici sur le Quiétisme, et qui étoit madame de La Maisonfort qui l'introduisit ici.

Il faut maintenant que je commence à dire ce qui s'est passé ici sur le Quiétisme ; c'est un fait assez digne de remarque pour ne le pas omettre ; et je crois même qu'il est nécessaire que celles qui n'en ont point eu connoissance en soient instruites, afin qu'elles voient combien il est important de se tenir en garde contre toutes sortes de nouveautés, et d'en craindre jusqu'aux moindres approches, sous quelques belles apparences qu'elles puissent se présenter.

On sait assez que le Quiétisme est une erreur condamnée par l'Eglise, qui porte ceux qui en sont imbus à se croire appelés à une perfection et une union avec Dieu imaginaire, qui n'est fondée sur aucun principe certain de la vraie doctrine de l'Eglise.

Dans le temps dont je parle, il y avoit une femme, nommée madame Guyon, fort connue pour avoir été grande partisane du Quiétisme. Cette dame avoit couru quelques provinces du royaume avec son directeur, nommé le Père de La Combe : ils avoient tâché tous deux d'enseigner partout où ils avoient été une nouvelle manière de faire oraison et de s'unir à Dieu, à laquelle les évêques et les personnes doctes s'opposèrent, parce qu'ils s'aperçurent qu'elle induisoit à erreur, et qu'au lieu de faire marcher les âmes par les voies droites de la vraie perfection, elle les en détournoit sous de belles apparences, capables de séduire les personnes les mieux intentionnées. C'est pourquoi le Père de La Combe et madame Guyon furent contredits et poursuivis comme des semeurs de zizanie parmi les fidèles. Le Roi fut informé de leurs menées, et, pour y remédier, il ordonna que le Père de La Combe se tiendroit dans son couvent, sans se mêler de rien que de suivre sa règle; et, pour madame Guyon, il la fit enfermer par lettre de cachet aux filles de Sainte-Marie de la rue Saint-Antoine, à Paris, avec défense de la laisser voir ni parler à personne qu'à ceux qui étoient chargés de l'examiner : lesquels, après l'avoir entretenue plusieurs fois, crurent l'avoir convaincue de s'être trompée, parce qu'elle parut vouloir se soumettre; et même elle signa un acte par lequel elle renonçoit à ses fausses opinions; ce qui contribua à la mettre en liberté, avec la faveur de madame de Maintenon, que lui procura madame de La Maisonfort. Et voici comment : cette dame étoit une chanoinesse de Ponçai, qui, n'ayant point apparemment un revenu suffisant de sa prébende, étoit venue à Paris, pour tâcher de se placer honorablement auprès de quelque princesse ou dames les plus qualifiées. Elle se fit connoître à M. l'abbé Gobelin, qui la présenta à madame de Maintenon, croyant que c'étoit un moyen de parvenir à ce qu'elle desiroit. Madame de Maintenon, lui trouvant de l'esprit et de la capacité, la prit pour la mettre à Noisy, auprès des demoiselles, en qualité de maîtresse. Comme elle étoit parente de madame Guyon et qu'elle sut la détention où elle étoit, elle travailla en bonne parente à sa délivrance ; et pour cela la dépeignit à madame de Maintenon comme une sainte persécutée injustement, le croyant effectivement. Ce qui porta madame de Maintenon à parler en sa faveur ;

qui la fit élargir à condition qu'elle se tiendroit dans le silence, et ne se mêleroit plus de donner à personne des règles de perfection pour la vie intérieure : ce qu'elle promit. Cependant, peu de temps après qu'elle fut sortie, elle reprit la même conduite qu'auparavant ; elle tenoit des assemblées secrètes à Paris, où plusieurs personnes qualifiées de la Cour et de la ville se trouvoient ; il y en avoit de l'un et de l'autre sexe, même des ecclésiastiques distingués ; et de ces derniers étoit M. l'abbé de Fénélon, précepteur alors des enfants de France. Ces auditeurs l'écoutoient avec la même attention que si c'eût été un oracle. Cet abbé, dont je viens de parler, avoit à la Cour un nombre de dames qu'il dirigeoit, auxquelles il inspiroit la dévotion que madame Guyon enseignoit, et qu'il croyoit bonne, parce que comme, selon les apparences, il y alloit de bonne foi, il n'en voyoit pas le danger.

Dès que madame Guyon eut sa liberté, elle vint à Versailles remercier madame de Maintenon, sa bienfaitrice, qu'elle sut si bien persuader qu'elle avoit souffert sans sujet toutes les peines qu'elle prétendoit avoir reçues, que madame de Maintenon en conçut une opinion très avantageuse, et se sut bon gré d'avoir travaillé à sa délivrance. M. l'abbé de Fénélon, la voyant si bien disposée, l'invita à se trouver aux conférences qu'il faisoit quelques jours de la semaine aux dames qu'il dirigeoit, et dans lesquelles il insinuoit toujours la nouvelle manière de s'unir à Dieu et de faire oraison ; ce que madame de Maintenon goûta fort, croyant cela excellent ; elle estimoit beaucoup cet abbé, et même elle avoit quelque confiance en lui, et le consultoit sur les doutes qui lui survenoient par rapport à son état intérieur : on voit de ses réponses dans les livres qu'elles nous a laissés, où elle a écrit plusieurs choses de sa conscience, et on y remarque certaines maximes qui tendent fort à celles du quiétisme. Madame de Maintenon recevoit simplement ces instructions et interprétoit en bonne part ce qui lui sembloit un peu extraordinaire, ne se doutant point qu'il pût y avoir des sentiments particuliers dont il fallût se garder; ne croyant pas non plus qu'il y eût à se défier de madame de Guyon, elle lui permit de venir voir madame de La Maison fort, quand elle voudroit; celle-ci s'en engoua de plus en plus par les conversations qu'elle eut avec elle et le fréquent commerce de lettres; elle en faisoit part aux amis qu'elle avoit ici, et la prônoit comme une femme de mérite et d'une piété distinguée, qui avoit beaucoup souffert pour la justice : ces discours disposèrent insensiblement les esprits en faveur de cette dame; ce qui donna à plusieurs de nous une grande envie de communiquer avec elle, sur les choses spirituelles et d'oraison; elle vint ici fréquemment pour cela, même madame de Maintenon permit qu'elle entrât dans la maison; lui donna toute permission de parler à ces dames, et, pour le lui faciliter, elle voulut bien qu'elle couchât en dedans quelques jours de suite; d'autres fois elle venoit seulement au parloir, et couchoit en dehors; de sorte qu'elle eut tout le temps d'enseigner sa manière d'oraison; elle charma nos dames par son esprit et par ses discours de piété, qui paroissoient ne tendre qu'à ce qu'il y a de plus parfait; elles crurent y sentir une onction et un accroissement d'amour de Dieu, qui leur donna une haute idée de sa sainteté.

Dans ces commencements c'étoit un mystère renfermé entre cinq ou six de nos dames; car, selon madame Guyon, il n'y avoit que ces âmes choisies qui fussent capables d'entendre la vraie manière de s'unir à Dieu, telle qu'elle l'enseignoit; pour la mieux inspirer, elle donna à ces dames les livres dont elle étoit l'auteur, comme le *Moyen court et facile*, son Explication du *Cantique des*

Cantiques, et quelques manuscrits ; elles en eurent bientôt leur poche pleine ; car on en fit acheter. La supérieure de ce temps-là étant du nombre de la petite confrérie, et madame de Maintenon, qui croyoit tout cela fort bon, approuvoit ce que l'on faisoit pour étendre cette dévotion, ce qui augmenta le zèle de celles qui en étoient, et les porta à distribuer de ces livres, et à communiquer sourdement des unes aux autres la nouvelle spiritualité ; mais ce qui y contribua encore beaucoup fut un nouveau confesseur, qui avoit connu madame Guyon avant de venir, et qui, étant fort pieux et dévot, avoit pris goût aux leçons de cette dame et à sa manière d'oraison, d'autant plus facilement que n'ayant pas encore assez de science, il ne découvrit pas l'erreur qui étoit cachée sous ces spécieuses apparences du plus parfait amour de Dieu ; car on dit qu'il n'avoit pas fait toutes ses études, lorsqu'il vint ici : la commodité qu'il eut de conférer souvent avec madame Guyon, le rendit un disciple très-zélé de ses maximes, et s'appliqua à conduire par cette voie, toutes celles qui s'adressèrent à lui. On alloit dans ce temps-là indifféremment à tel confesseur qu'on vouloit, de ceux qui étoient pour la maison, n'ayant pas encore été réglé qu'il y en auroit deux pour la communauté ; et, comme ce confesseur étoit fort bon prêtre et vertueux, il ne tarda pas à être ici très-estimé ; madame Guyon l'avoit prôné aux dames qu'elle voyoit ; elles se mirent sous sa conduite et lui en attirèrent d'autres ; en moins de rien, il eut la confiance de la plus grande partie des dames et des demoiselles, qu'il s'fforça d'instruire à la manière de sa conductrice, et il est croyable qu'il y alloit de bonne foi, ne se doutant pas qu'il y eût rien de mauvais en cela ; mais il est plus certain qu'on ne lui avoit point connu dans sa congrégation de sentiments particuliers : M. Joli, supérieur-général, ne l'auroit pas souffert, il étoit trop ennemi des nouveautés et trop rempli de l'esprit de saint Vincent de Paule, qu'il avoit vu et qui lui avoit donné l'exemple d'un grand zèle pour l'Église, et d'une extrême aversion de tout ce qui lui est opposé; il n'auroit pas manqué de détromper ce confesseur avant de nous l'envoyer. Sur ces entrefaites, madame de La Maisonfort crut sentir de la vocation pour notre institut; elle qui, jusque là, n'avoit point pensé à autre chose qu'à se retirer quand on n'auroit plus besoin d'elle ici; espérant que madame de Maintenon pourvoiroit à sa fortune, elle changea donc de vie tout à coup; et madame de Maintenon qui la goûtoit très fort, à cause de son esprit et de ses talents, en fut bien aise; d'autant plus qu'il y avoit déjà longtemps qu'elle la desiroit en secret, et même elle lui en jetoit des paroles selon les occasions, et la faisoit sonder par des personnes de confiance. Cette dame, quoique pieuse, en avoit toujours témoigné de l'éloignement, à cause qu'elle avoit une aversion naturelle pour l'engagement quel qu'il fût; cependant, s'apercevant que madame de Maintenon le desiroit, elle en fut fort flattée, y réfléchit très-sérieusement et fit bien des consultations à M. l'abbé de Fénélon qui étoit un peu son directeur, et même à MM. les abbés Tiberge et Brisacier, comme aussi à monseigneur l'évêque de Chartres, qui nous la déterminèrent à demeurer, voyant le plaisir que cela feroit à madame de Maintenon, et croyant que ces difficultés ne venoient que d'une conscience trop timide dont il étoit bon de l'affranchir; que cette disposition ne la rendroit que plus fidèle à ses devoirs et ne devoit pas empêcher de faire des vœux. Monseigneur de Chartres et madame de Maintenon n'avoient pas alors la moindre pensée qu'elle eût des sentiments suspects; elle ne le croyoit pas elle-même, ni personne de la maison; parce qu'on avoit pris simplement ce que madame Guyon avoit avancé d'une manière imperceptible : ainsi on ne se défioit de rien, et on prenoit le goût que madame de La Maisonfort témoignoit pour l'oraison, et tout ce qu'elle en disoit pour une disposition excellente, dont on concevoit de grandes espérances pour son progrès dans la vertu, et le bien qu'elle pouvoit faire aux autres ; elle demanda donc le noviciat ; on la reçut avec joie ; madame de Maintenon en fit une fête particulière ce jour-là, et crut avoir fait la plus grande acquisition du monde. Cette dame postula trois mois, pendant lesquels elle donna tant de marques de piété, d'humilité, de simplicité et d'obéissance, qu'on se confirma dans la bonne opinion qu'on avoit d'elle ; et en effet cela étoit d'autant plus édifiant, qu'elle étoit regardée dans cette maison comme une personne d'un mérite distingué, et qu'elle avoit bien trente ans. Après sa prise d'habit, elle continua à se comporter de la même manière, durant ses deux années de noviciat, et quoiqu'elle eût, dès ce temps-là, comme je l'ai fait entendre, quelque commencement de quiétisme, cela étoit si peu débrouillé qu'on ne s'en aperçut pas après sa profession ; elle ne demeura pas quatre ans au noviciat comme il est marqué, et qu'on avoit déjà commencé à observer ; mais on la mit tout d'un coup à la communauté, et elle devint dès ce moment vocale ; car on la regardoit comme un sujet mûr, dont on vouloit promptement se servir ; ce fut alors qu'elle se lia de plus en plus avec celles qui avoient pris la dévotion de madame Guyon, que l'on regardoit ici comme le vrai chemin de perfection ; en sorte que celles qui n'avoient encore pu y atteindre en étoient fort humiliées, et se croyoient infiniment au-dessous de leurs sœurs dans les voies intérieures. Le confesseur dont j'ai parlé augmentoit de jour en jour en réputation de sainteté ; elle vint à un point que presque tout le monde vouloit aller à lui dans la persuasion, ou plutôt dans la prévention où l'on étoit, qu'il avoit une manière de conduire à Dieu qui feroit beaucoup avancer en peu de temps, et que même quand on lui parloit, il sembloit qu'il communiquoit la grâce, tant on sentoit en soi de joie et de contentement intérieur; mais si ces joies et ces consolations étoient si douces à celles qui croyoient les sentir, on commença à s'apercevoir qu'elles ne laissoient pas de produire de très-mauvais effets à l'égard du prochain; car ces dames avoient de la froideur, de l'éloignement et même un peu de mépris pour celles qui n'étoient pas de leur causerie, une grande indépendance des supérieurs en ce qui regardoit leur intérieur, prétendant qu'elles ne devoient point obéir si ce qu'on demandoit d'elles n'étoit conforme aux dispositions où elles s'imaginoient que le Saint-Esprit les mettoit; disant que c'étoit lui qui étoit leur maître; qu'on ne devoit point les gêner, ni empêcher ses opérations, etc. Elles disoient que presque tous les directeurs n'entendoient rien à la conduite spirituelle des âmes; qu'ils retardoient dans les voies de Dieu plutôt que de l'y faire avancer, surtout les savants qui n'ont pas d'ordinaire l'expérience des états d'oraison; parce que c'est un principe des Quiétistes que le Saint-Esprit ne se communique pas ordinairement à eux, à cause que la science enfle; ce qui fait qu'ils sont moins en état de connoître les desseins de Dieu sur les âmes, qu'ils mènent souvent par des pratiques trop actives, qui les empêchent de recevoir les impressions du Saint-Esprit. Cette spiritualité inspiroit encore beaucoup de présomption et d'orgueil; celles qui la pratiquoient se croyoient des âmes privilégiées et fort au-dessus des autres; elles n'assistoient aux sermons et conférences que le moins qu'elles pouvoient; disant que cela ne fait que distraire, que Dieu seul suffit, et avoient mille travers de cette nature. Il y eut de ces dames qui, ayant eu une grande confiance en MM. des

Missions étrangères et monseigneur de Chartres, la perdirent, parce qu'ils ne leur parloient pas le même langage que ce nouveau confesseur ; elles n'y alloient plus que par bienséance ; encore falloit-il qu'ils prissent la peine de les faire appeler plusieurs fois. On fut longtemps à voir d'où procédoit ce changement, et la nouvelle dévotion faisoit toujours de nouveaux progrès, le confesseur et les pénitentes ayant un grand zèle pour la communiquer ; de sorte que presque toute la maison devint quiétiste sans s'en douter. On ne parloit plus que de pur amour, d'abandon, de sainte indifférence, de simplicité que l'on mettoit à se bien accommoder en tout pour prendre ses aises ; à ne s'embarrasser de rien, pas même de son salut ; de là vint cette prétendue résignation à la volonté de Dieu, qu'on poussoit à consentir aussi franchement à sa damnation qu'à vouloir être sauvée ; c'étoit en cela que consistoit le fameux acte d'abandon qu'on enseignoit, après lequel on n'avoit plus que faire de se mettre en peine de son sort pour l'éternité. Ces façons de parler étoient si communes dans la maison, que les rouges même les tenoient et que l'on apprit à plusieurs d'entre elles à faire l'oraison des Quiétistes : mademoiselle d'Aumale, qui étoit rouge dans ce temps-là, se souvient des leçons qu'on lui donnoit là-dessus.

Un peu avant ce grand progrès, nos dames d'oraison firent tant qu'elles engagèrent madame de Maintenon à y entrer ; elle entretint madame Guyon plusieurs fois, même elle la fit manger à sa table, et quoiqu'elle ne fût pas édifiée de lui voir les bras et la gorge plus découverte qu'il ne convenoit à une personne qui faisoit une si grande profession de piété, cela n'empêcha pas qu'elle ne prît en bonne part sa manière de faire oraison et de s'unir à Dieu ; suspendant son jugement sur ce qui ne lui paroissoit pas assez modeste dans son extérieur. Cette manière de faire oraison consistoit à se mettre devant Dieu, sans préparation, ni considération, ni affection, ni rien enfin de ce qui peut aider à élever l'esprit à Dieu et exciter la volonté au bien; mais il falloit demeurer immobile pour laisser agir l'esprit de Dieu, à quoi les méthodes d'oraison étoient, selon madame Guyon, des obstacles à l'opération de la grâce; ainsi, pour n'y apporter aucun empêchement, il falloit être comme une statue, sans faire le moindre mouvement intérieur ni aucun acte. Madame de Maintenon, qui étoit pleine de bonne volonté et qui prenoit simplement ce qu'on lui disoit sur les matières de piété, croyant que les autres y étoient bien plus habiles qu'elle, essaya de se mettre dans cette sorte d'oraison, qu'on lui représentoit être la meilleure pour s'unir à Dieu, et qui étoit d'ailleurs si aisée et si commode, que même la posture n'y servoit de rien; car selon les nouvelles maximes, on pouvoit tout à son aise faire l'oraison sur un lit de repos, ou bien assise sans supposer les besoins qu'on pourroit avoir de s'y mettre. Nos dames voyant que madame de Maintenon étoit si bien disposée, lui donnèrent le livre du Moyen court et facile; elle le lut et n'y comprit pas autre chose, sinon que ce livre portoit beaucoup à l'oraison et à l'union avec Dieu; ce qu'elle ne trouvoit point opposé aux instructions que lui donnoit monseigneur l'évêque de Chartres, son directeur; car les semeurs de mauvaise doctrine l'enveloppent ordinairement avec tant d'adresse, qu'il faut être bien clairvoyant et sur ses gardes pour s'en apercevoir; outre que les âmes droites tournent tout à bien, et le désir qu'elles ont de leur perfection fait qu'elles se prennent à tout ce qu'elles croient qui peut y avancer. C'étoit la disposition de madame de Maintenon; sa ferveur la portoit à faire ce qu'on lui disoit qui pourroit la rendre plus agréable à Dieu, et c'est ce qui la fit donner dans cette prétendue spiritualité, qu'elle croyoit être la même que celle de M. l'abbé de Fénélon, qu'elle estimoit fort, et qui avoit, comme j'ai déjà dit, quelque crédit sur son esprit ; elle nous apportoit ici beaucoup de ses écrits qui étoient très-beaux ; mais parsemés de maximes quiétistes dont madame de Maintenon n'avoit nul soupçon. On en fit diverses copies, et on en lisoit souvent pour sujet de méditation, et tout cela se faisoit croyant qu'il n'y avoit rien de meilleur ; ainsi cette sorte de dévotion eut tout le loisir de s'étendre, puisque personne ne s'y étoit opposé parcequ'on l'avoit prise pour une véritable perfection ; mais enfin, elle produisit des défauts si sensibles, que messieurs nos confesseurs s'en aperçurent, et furent étonnés de voir que, jusqu'aux sœurs converses et aux servantes, il n'étoit question que de pur amour et d'abandon, et qu'il y en avoit qui, au lieu de faire leur ouvrage, passoient une partie de leur temps à lire les livres de madame Guyon, ou autres semblables qu'elles achetoient et qu'elles croyoient entendre ; mais qui leur gâtoient absolument l'esprit : les mêmes confesseurs commencèrent aussi à ouvrir les yeux sur ce qui se passoit dans la communauté, et aux demoiselles. Monsieur Durand, qui étoit supérieur de ces messieurs et qui connoissoit les erreurs du Quiétisme, vit bien le danger ; il se crut obligé d'en avertir monseigneur l'évêque de Chartres ; il vint ici, et, dans une conversation qu'il eut avec madame de Maintenon, il lui parla de ce qu'il avoit appris, dont il lui parut fâché ; elle l'écouta fort attentivement, et fut bien surprise de voir que ce qu'elle avoit cru si bon étoit traité d'erreur ; il n'eut pas besoin de temps ni de raisons pour lui persuader d'y renoncer ; la confiance qu'elle avoit en ses lumières et en sa doctrine lui fit tout d'un coup impression ; et sur le champ elle tira de sa poche le *Moyen court et facile*, qu'elle portoit sur elle, et le mit entre les mains du prélat, pour marque qu'elle n'y tenoit point du tout, dès qu'il lui étoit suspect. Monseigneur de Chartres fut fort édifié de cette docilité, et bénit Dieu d'avoir mis en elle une si grande soumission à l'Église : ait car c'étoit, en effet, une des grandes grâces que Dieu lui faites, de lui avoir donné une simplicité et une obéissance d'enfant pour les choses de la religion et pour tout ce que l'Église ordonne ou défend aussi bien que pour ses ministres ; ce qui étoit d'autant plus admirable, qu'elle avoit un grand esprit et qu'elle étoit née huguenote ; et non-seulement elle étoit soumise à l'Église ; mais elle avoit encore une aversion infinie pour tout ce qui avoit la moindre apparence d'être contraire à ses sentiments : c'est pourquoi, ayant reconnu que ce qu'on avoit voulu lui insinuer tendoit à erreur, elle s'y opposa dans la suite de toutes ses forces.

Vers ce temps-là, on mit au noviciat, pour sous-maîtresse, madame Dufour qui étoit une des plus ardentes pour la nouvelle spiritualité, et dans le fond elle avoit beaucoup de vertus et de bonnes intentions ; ce n'étoit que par ignorance et prévention, qu'elle avoit donné dans cette fausse dévotion, et qu'elle y portoit les autres ; on peut dire qu'elle l'entendoit plus droitement que la plupart de ceux qui s'étoient laissé tromper ; car elle étoit très-mortifiée et intérieure ; mais il est vrai que la docilité lui manquoit, et je crois que c'est parce que madame Guyon et son nouveau confesseur, aussi bien que les livres qu'ils lui faisoient voir, lui rebattoient sans cesse que les hommes n'entendoient rien à la manière d'oraison qu'ils lui enseignoient, quelques savants qu'ils fussent, parce que Dieu seul étoit le maître de cette science divine, sur laquelle il ne falloit consulter, ni croire les savants, par les raisons que j'ai dites ailleurs ; et il paroissoit qu'ils avoient pour but de donner un grand éloignement pour les gens doctes, se doutant bien qu'ils étoient plus en état que d'autres, de démêler la fausseté de leurs maximes ; aussi disoient-ils que Dieu fait à des ignorants et à des enfants, des dons d'oraison fort sublimes, tandis qu'il laissoit à sec de grands docteurs ; qu'un enfant de quatre ans, étoit plus capable qu'eux de faire l'oraison, et qu'on en avoit vu de cet âge dans une union intime avec Dieu; tout cela avoit rendu madame Dufour, ferme comme un rocher, sur son prétendu don d'oraison, elle étoit inébranlable contre toutes les raisons qu'on lui auroit pu dire dans cette disposition.

Elle vint donc à être sous-maîtresse du noviciat, comme rien n'avoit encore éclaté, et que j'avois une aussi grande idée de sa piété et de sa vertu que tout le reste de la maison ; je fus assez aise qu'elle vînt m'aider à mener les novices au bien par ses bons exemples et pieux discours ; elle me parloit souvent de son oraison, pour tâcher de m'y affectionner. Elle me paroissoit fort sublime, et au-dessus de ma portée ; mais je la respectois, et trouvois ma compagne fort heureuse de recevoir tant de grâces de Dieu. Une chose pourtant me répugnoit, c'est qu'elle ne faisoit pas grand cas de la direction et des moyens ordinaires que l'on prend pour avancer à la piété, toutes les pratiques qu'on donne aux commençants, et même aux personnes plus avancées pour leur facilité; l'acquisition des vertus, étoit, selon elle, des empêchements qui retardoient l'âme dans les voies d'oraison; je ne comprenois pas bien comment cela s'accommodoit avec ce que les maîtres de la vie spirituelle enseignent; mais je pensois que c'étoit une spiritualité fort relevée que je ne serois pas capable d'entendre, et je ne m'imaginois point qu'il y eût rien à craindre. Cependant, peu de temps après, je vis les filles du noviciat se soustraire à l'obéissance; il y en avoit qui communioient, non-seulement sans permission, mais même après qu'on le leur avoit défendu; qu'elles méprisoient les pratiques du noviciat, et tout ce qu'on leur disoit pour les corriger et les porter à la vertu; qu'elles avoient toujours dans la bouche des maximes d'une dévotion mal entendue; elles se piquoient d'être simples, et cette simplicité consistoit à prendre partout leurs commodités et leurs aises, sans égard pour les autres; je sus aussi qu'à certaines heures, que je n'étois pas au noviciat, madame Dufour, leur sous-maîtresse, les menoit dans les greniers pour leur faire lire les livres dont j'ai parlé. Comme tout cela ne me paroissoit pas dans l'ordre, je commençai à me défier de madame Dufour et de sa dévotion; j'en parlai à mon confesseur, qui me dit que ces livres étoient suspects; que si on n'y prenoit garde, la maison ne tarderoit pas à devenir quiétiste, et que je devois en parler à monseigneur de Chartres. Il vint ici peu de temps après. Mon confesseur le prévint, et lui dit que j'avois à lui parler sur ce qui se passoit au noviciat. Il m'envoya quérir, et je lui en rendis compte; sur quoi il me dit que tout cela ne valoit rien, et qu'il vouloit lui-même faire l'instruction aux novices sur l'oraison, afin de leur apprendre de quelle manière il la falloit faire, pour qu'elle fût solide et véritable; il m'ordonna de les lui mener le lendemain matin, ce que je fis.

Nous le trouvâmes déjà tout établi au parloir, tenant en main un livre des *Épîtres* de saint François de Sales; et d'abord, sans faire paroître qu'on lui eût rien appris, il témoigna beaucoup de bonté à cette assemblée, et lui dit que le noviciat étant la pépinière des dames de Saint-Louis, sur qui il fondoit son espérance, pour en faire des filles remplies de zèle pour leur propre perfection et le bien de l'institut, il vouloit en prendre soin, et commencer par leur apprendre à bien faire l'oraison, parce que c'étoit de là que dépendoit le fondement des solides vertus que nous devions acquérir. Ensuite, il fit un fort beau discours, où il prouva la nécessité de la méthode d'oraison que l'on méprisoit fort dans le parti, comme chose plus propre à empêcher les opérations de la grâce, qu'à les recevoir avec fruit. Pour appuyer ses raisons, il nous lut quelques endroits du livre qu'il tenoit à la main, où saint François de Sales recommande particulièrement la méthode d'oraison, comme un moyen très-nécessaire pour y bien employer son temps et se disposer à recevoir les lumières du Saint-Esprit. C'est dans une lettre à la Mère de Chantal où il dit : « Quant à ces préceptes d'oraison que vous avez reçus de la bonne mère-prieure, je ne vous en dis rien présentement ; seulement je vous prie d'apprendre le plus que vous pourrez les fondements de tout cela; car, à parler franchement avec vous, quoique deux ou trois fois de l'été passé, m'étant mis en la présence de Dieu sans préparation et sans dessein, je me trouvasse extrêmement bien auprès de sa majesté, avec une seule, très simple et continuelle affection d'un amour presque imperceptible, mais très-doux ; si est-ce que je n'oserois démarcher du grand chemin, pour réduire cela à un ordinaire ; je ne sais, j'aime le train des saints qui ont été avant nous et des simples. Je ne dis pas que quand on fait la préparation, et qu'on se sent attiré à cette sorte d'oraison, il ne faille pas aller; mais prendre pour méthode de ne se point préparer, cela m'est un peu dur, comme aussi de sortir tout à fait de devant Dieu, sans actions de grâces, sans offrandes, sans prières expresses. Tout cela ne peut être utilement fait, et que cela soit une règle, je confesse que j'y ai un peu de répugnance.

La conférence finie, monseigneur de Chartres nous congédia, et retint la sous-maîtresse, qu'il trouva plus ferme qu'il ne pensoit sur ses principes. Ce qui l'engagea à la faire changer de charge quelques jours après, et ne cessa depuis de faire la guerre au Quiétisme, conjoint ment avec MM. des Missions étrangères, et messieurs nos confesseurs, qui tous, excepté celui dont j'ai parlé, étoient fort opposés à cette erreur. Il y eut plusieurs de nos dames qui se rendirent avec beaucoup de docilité, à ce qu'on voulut, jugeant prudemment qu'elles devoient plutôt suivre les lumières des gens sages et expérimentés que des opinions nouvelles et combattues; d'autres parurent moins prêtes à s'en désister, sans pourtant témoigner de résistance formelle; et on les regardoit comme des filles sur qui il y avoit encore à travailler, mais dont on viendroit aisément à bout. On leur parloit souvent en particulier; on faisoit des conférences sur des matières propres à éclairer et à combattre la fausseté du Quiétisme. Celles qui n'étoient pas bien rendues n'y assistoient que le moins qu'elles pouvoient, et paroissoient n'en faire point de cas; il se passa environ un an sans que l'on avançât beaucoup, et même durant ce temps-là, le mal que l'on combattoit avec ménagement, faisoit sourdement de nouveaux progrès, parce qu'on n'en ôtoit point la principale cause. Le confesseur, dont j'ai parlé, continuoit à conduire ses pénitentes; on lui avoit parlé; il avoit consenti en apparence à ce que l'on vouloit; mais dans le particulier il donnoit toujours les mêmes conseils, et inspiroit les mêmes maximes; il passoit dans la plupart des esprits de la maison pour un saint, persécuté pour la justice, et ceux qui lui contredisoient pour des personnes prévenues, qui, parce qu'elles n'entendoient rien à l'oraison qu'on enseignoit, prenoient ombrage de ceux qui en avoient l'expérience, et les condamnoient mal à propos. Celles du parti prétendoient même que c'étoit par jalousie que les autres confesseurs étoient opposés à celui-là; elles ne pouvoient presque prendre en bonne part ce qu'on leur disoit, soit aux conférences, ou autrement; elles n'estimoient pas qu'il fût bon de se confesser souvent, mais elles vouloient bien com-

18

munier souvent, parce qu'on s'unit à Dieu dans la sainte communion, et que, pour se confesser, il faut parler à un homme et l'entendre parler; ce qui les distrayoit, disoient elles, de leur attention à Dieu. Quand on les pressoit là-dessus, elles répondoient, ah! Dieu seul, Dieu seul, les hommes ne font qu'empêcher l'union avec lui; ce qui est vrai en un sens; mais l'application qu'elles en faisoient étoit très-fausse, car c'est Dieu qui nous parle par ceux qui sont chargés de nous conduire, de nous annoncer sa parole et de nous administrer ses sacrements. Croire qu'on peut être dans un certain état où l'on n'a pas besoin d'eux, c'est une illusion : nous voyons que sainte Thérèse, à qui Dieu faisoit des grâces si extraordinaires, avoit besoin de conducteur, et qu'elle avoit été bien fâchée de se conduire elle-même. Nos dames prétendoient aussi que comme l'on n'est pas absolument obligé de se confesser des péchés véniels, il étoit mieux de ne le pas faire pour éviter autant qu'on peut de parler aux hommes : j'ai vu monseigneur de Chartres, et **MM.** des Missions étrangères, bien occupés à détruire les faux préjugés: comme il y avoit dans la maison plusieurs livres de madame Guyon, et d'autres de quelques auteurs, qui favorisoient ces opinions, on en fit la recherche ; ils furent ôtés aussi bien que les écrits de M. de Cambray, on ôta aussi le confesseur quiétiste, et quelque temps après, on crut voir du changement dans les esprits préoccupés, et on se calma là-dessus, dans l'espérance que cela iroit toujours en diminuant ; en quoi on se trompa. Cette apparence de paix n'étant qu'un feu caché sous la cendre, qui se ralluma quelque temps après plus fort que jamais, et qui nous causa bien du chagrin ; comme on le verra dans la suite de ces mémoires. Il faut maintenant que je passe à une autre matière qui ne nous intéresse pas moins.

CHAPITRE XXI.

On continue de travailler au changement de notre état séculier en régulier. — Bref du Pape à madame de Maintenon. — Sa réponse.

Madame et monseigneur l'évêque de Chartres, MM. des Missions étrangères, croyant avoir éteint ici le Quiétisme, ou du moins bien affoibli, ne pensèrent plus qu'à l'affermissement de notre institut; et, comme les vœux solennels en étoient un des plus grands moyens, ils prirent les mesures nécessaires pour nous faire passer de notre état de séculier au régulier. Madame de Maintenon, désirant que cet établissement se soutînt après sa mort comme durant sa vie, pressoit l'exécution de cette affaire; car elle auroit compté pour peu sa faveur et son crédit, si elle n'eût eu l'envie que de nous maintenir pendant qu'elle étoit en état de nous protéger; si dans la suite nous n'eussions été à la merci de notre propre inconstance et de celle des hommes. Il arriva en ce temps-là une chose qui lui fit encore mieux sentir combien cela étoit à craindre; ce fut l'envie qu'eut madame d'Arcy de changer d'état, sous prétexte d'une plus grande perfection; on eut beau lui représenter tout ce qui pouvoit l'engager à ne pas écouter cette pensée, qu'on regardoit comme une tentation, on ne la persuada pas, et il fallut se rendre à ses désirs ; pour y mieux faire consentir, elle dit qu'elle avoit toujours eu envie d'être carmélite, que c'étoit un attrait qui lui revenoit incessamment, qu'elle n'avoit embrassé cette vocation ici que parce qu'elle n'avoit pas pu faire autrement ; mais qu'elle étoit persuadée que Dieu ne l'y avoit fait entrer que pour lui donner le moyen d'être carmélite ; elle paroissoit si occupée de ce désir qu'elle ne parloit d'autre chose, et exalta tant cette vocation au-dessus de la nôtre dans ses conversations générales et particulières, qu'elle inspira du dégoût pour notre institut et un grand amour pour celui des carmélites ; qu'à quelques unes de nos novices il y en eut une qu'on ne pût arrêter, non plus que cette Dame, et elles furent toutes deux aux carmélites de la rue Grenelle, où la novice est demeurée : c'est madame du Bouchaut qui a toujours été regardée dans cette maison comme un excellent sujet, et on en a donné une grande marque, puisqu'on l'a faite supérieure, prieure et maîtresse des novices. A l'égard de madame d'Arcy, elle sortit de ce monastère après six mois d'épreuves, disant qu'elle n'avoit pas la santé ni les forces suffisantes, pour entreprendre une vie si austère. mais dans le fond il étoit plus vraisemblable qu'elle n'avoit jamais eu une véritable vocation, ni pour ici, ni pour les carmélites. C'étoit une fille de beaucoup d'esprit, qu'on avoit reçue à cause des talents qu'on lui voyoit pour bien réussir auprès des demoiselles. On ne lui avoit pas reconnu un fort grand fonds de piété ; mais elle n'en étoit pourtant pas dépourvue, et on espéroit qu'elle augmenteroit : mais l'expérience nous a fait voir que lorsque le fondement d'une vocation n'est pas bien solide, il faut faire peu de fonds sur les autres qualités, quelques brillantes qu'elles soient. Madame d'Arcy fit beaucoup d'instance pour entrer ici ; monseigneur de Chartres, MM. des Missions étrangères, madame de Maintenon et notre conseil intérieur du dedans, s'assemblèrent pour délibérer sur cela ; après avoir bien pesé les raisons de la reprendre ou de la refuser, on trouva qu'il auroit été d'une trop dangereuse conséquence de rouvrir la porte à une fille qui avoit donné de si grandes marques d'inconstance, et de qui d'ailleurs on n'avoit pas sujet d'être extrêmement content ; c'est pourquoi, tout d'une voix, on conclut de l'exclure, et on la mit dans un couvent ou communauté, où nous lui payâmes six cents livres de pension. Un an ou deux après, elle se maria à un gentilhomme de son nom et de sa province ; nous lui donnâmes six mille livres pour sa dot, et on stipula, dans son contrat de mariage, que si elle mouroit sans enfants, ces six mille francs reviendroient à notre maison pour les demoiselles. On prétend que pour être relevée plus facilement de ses vœux simples, elle dit qu'elle n'avoit pas eu dessein d'en faire ; que du moins elle ne s'étoit pas engagée pour toujours. Cet événement fit voir sensiblement que les raisons qu'on avoit de vouloir nous faire passer aux vœux solennels étoient nécessaires ; à quoi on s'appliqua encore plus fortement qu'auparavant. Sur ces entrefaites, il arriva un envoyé du pape Alexandre VIII, qui venoit de sa part apporter la barette à M. de Fourbin, évêque de Beauvais : cet envoyé se nommoit M. Trevisani, homme distingué, parent du Pape et son camérier. Sa Sainteté l'avoit chargé d'un bref pour madame de Maintenon, et de l'assurer de la vénération que tout le sacré collége avoit pour elle. Ce bref étoit accompagné d'une lettre de son éminence le cardinal Ottoboni, neveu du Pape ; voici la teneur de l'une et de l'autre.

BREF DU PAPE ALEXANDRE VIII A MADAME DE MAINTENON.

A notre très-chère fille en Jésus-Christ, la noble femme, madame de Maintenon.

Chère fille en Jésus-Christ, noble Dame, vos vertus insignes et vos recommandables prérogatives nous sont si connues, qu'elles nous engagent à vous donner des marques toutes particulières de notre affection paternelle ; notre très-cher fils François Trévisani, notre camérier, vous en rendra un excellent témoignage, en portant la barette que nous envoyons à notre cher fils tout saint de Fourbin; les effets le feront encore plus évidemment connoître dans les occasions qui se pourront présenter : nous vous prions aussi de vouloir bien donner toute l'assistance et toute la protection possible dans une cour, où les belles qualités que vous possédez vous ont acquis avec justice une faveur approuvée de tout le monde, à notre sus dit fils, qui, par un mérite égal à la naissance, et surtout par la commission que nous lui donnons, est digne d'une distinction particulière; nous vous prions aussi avec un zèle également fort, de faire valoir toutes les fois que l'occasion s'en présentera, l'affection filiale que vous avez pour le saint siége, et d'en défendre tous les justes intérêts. Sur cette espérance, nous prions Dieu qu'il vous comble de ses grâces, et nous vous donnons, très-noble Dame, notre bénédiction apostolique donnée à Rome.

LETTRE DE M. LE CARDINAL OTTOBONI, NEVEU DU PAPE.

Le mérite égal à la qualité que notre saint Père le Pape

[seigneur reconnoit en votre excellence, l'oblige de vous témoigner dans les occasions son estime et son affection ; ainsi Sa Sainteté envoyant à la Cour de France M. Trevisani pour porter le bonnet à monseigneur le cardinal de Fourbin, elle l'a aussi chargé de voir Votre Excellence en son nom, et de lui rendre un bref de sa part, avec tous les témoignages convenables en exécutant cet ordre. [M]. Trevisani marquera aussi à Votre Excellence mon attachement particulier pour elle ; j'espère qu'elle me fera connoître combien elle en est persuadée par les commandements qu'elle me donnera, et je baise les mains de Votre Excellence.

De Votre Excellence, le très-humble serviteur, le cardinal Ottoboni.

Madame de Maintenon, ayant reçu le bref et cette lettre avec beaucoup de respect, de politesse et de modestie, garda cet honneur en elle-même, sans en rien dire à personne, et si la daterie de Rome n'en avoit pas envoyé une copie en France, cela auroit demeuré dans le silence ; mais étant devenue publique, elle voulut bien que nous eussions ici ce bref et cette lettre, avec quelques autres papiers d'édification, qu'elle nous apporta, qui se gardent au dépôt. L'exemple de modestie, que madame de Maintenon avoit donné en cette occasion, fit une telle impression sur l'esprit de madame de Loubert, que se souvenant qu'il y avoit ici plusieurs lettres du roi, toutes écrites de sa propre main, où il marquoit le cas qu'il faisoit de son mérite, elle les brûla, afin qu'il ne fût pas mention d'elle à l'avenir d'une manière si honorable ; et en cela on peut dire qu'elle donna trop à son humilité, au préjudice de l'avantage et de l'honneur de la maison ; car ça auroit été une chose très-digne d'être conservée, que ces lettres de notre auguste fondateur, qui ne faisoient pas seulement mention de l'estime qu'il faisoit de madame de Loubert, mais on y auroit vu aussi jusqu'où ses soins et son extrême bonté pour notre maison s'étendoient. Mais Dieu permit que nous en fussions privées par un trait d'humilité trop précipité, qui ne donna pas le temps à madame de Loubert de réfléchir sur cette action, qui est plus édifiante que juste et imitable.

En ce même temps, madame la Dauphine de Bavière mourut; ce fut au mois d'avril 1692 : le jour que cette mort arriva, madame de Maintenon étoit venue ici, ne la croyant pas si proche de sa fin ; car il y avoit longtemps qu'elle étoit malade et languissante. Cette princesse, se sentant plus mal, l'envoya chercher, et lui parla en particulier : nous n'avons point su le sujet de cet entretien ; mais il parut qu'elle fut fort aise de la voir, et lui témoigna bien de l'amitié ; ensuite, après avoir reçu le saint viatique et l'extrême-onction, elle fit approcher les princesses enfants auprès de son lit, et leur donna sa bénédiction, et presque aussitôt elle entra en agonie, et expira tranquillement sur le soir. Nous n'avions eu l'honneur de la voir qu'une fois, qu'elle étoit venue à *Esther*; ainsi nous ne la connoissions presque pas ; mais madame de Maintenon nous a dit plusieurs fois qu'elle avoit beaucoup d'esprit, bien de la piété, une conscience timorée, qui l'obligeoit à faire de fréquents recours à son confesseur, durant même la messe où elle devoit communier, et qui sans doute n'étoient rien, parce qu'on voyoit le confesseur branler la tête à chaque chose qu'elle lui disoit. Elle avoit une si grande charité pour son prochain, qu'on n'en osoit mal parler devant elle, et qu'on ne lui en a jamais rien entendu dire qui lui fût désavantageux. Elle étoit fort bonne pour tout le monde, et en particulier pour ceux de sa maison ; s'il lui étoit arrivé de dire à quelqu'un des paroles moins douces qu'à l'ordinaire, il n'y avoit rien qu'elle ne fît pour le réparer ; du reste, elle étoit fort particulière, et cela fut cause qu'elle passa les deux ou trois dernières années de sa vie, toute seule, et tristement ; à quoi sa mauvaise santé eut beaucoup de part.

Sitôt qu'elle eut rendu l'esprit, le Roi et toute la Cour quittèrent Versailles, et furent à Marly. Cela n'empêcha pas que madame de Maintenon, selon la coutume, ne vînt ici une ou deux fois la semaine. M. Trevisani, envoyé du Pape, lui fit demander de voir la maison lorsqu'elle y seroit ; elle y consentit bien volontiers, et il arriva ici avec monseigneur le cardinal de Fourbin, le jour qu'elle lui avoit marqué : ils furent conduits par elle dans les classes et dans tout le reste de la maison ; elle leur expliqua l'ordre qu'on tenoit pour l'éducation des demoiselles. Les raisons que le Roi avoit eues de faire cet établissement ; le bien qu'on en espéroit, et tout ce qui pouvoit leur donner une idée juste de notre institut ; afin qu'ils en rendissent compte au Pape, de qui on avoit besoin pour le changement de notre état séculier en régulier, monseigneur le cardinal de Fourbin devant aussi s'en aller à Rome pour le service du Roi. M. Trevisani ne parloit pas notre langue, mais l'entendoit pourvu qu'on parlât distinctement. Madame de Maintenon se trouva dans le même cas pour la sienne, de sorte qu'ils ne laissèrent pas de s'entendre en parlant leur langue naturelle, et n'eurent pas besoin d'interprète.

Madame de Maintenon se crut obligée de répondre au bref du Pape et à la lettre de monseigneur le cardinal Ottoboni ; voici ses réponses, telles qu'elles furent données à M. Trevisani, pour les rendre à Sa Sainteté, et à Son Éminence.

LETTRE DE MADAME DE MAINTENON AU PAPE.

Très-saint Père, je reçois avec une extrême vénération, les marques de bonté dont il plaît à Votre Sainteté de m'honorer, par le bref que m'a rendu de sa part, M. Trevisani ; je l'ai supplié instamment de vouloir bien se joindre à moi, pour en témoigner ma profonde reconnoissance à Votre Sainteté, la naissance et le mérite de ce prélat le rendant digne sans doute d'une estime particulière; mais l'honneur qu'il a d'être chargé des commissions de Votre Sainteté, suffit seul pour lui procurer en ce pays toute la considération que demande un tel ministère, car les cœurs y sont remplis avec religion, de tout ce qu'ils doivent au saint siége, et à celui qui l'occupe si dignement; c'est une disposition sincère que je reconnois avec une extrême joie, moi qui suis et serai toute ma vie avec un zèle, un respect et une soumission profonde de Votre Sainteté,

La très-humble et très-obéissante servante,

D'AUBIGNÉ.

LETTRE DE MADAME DE MAINTENON A MONSEIGNEUR LE CARDINAL OTTOBONI.

Monsieur,

Au lieu de témoigner à Votre Éminence combien je suis sensible à toutes ses honnêtetés, je me vois forcée à lui demander une nouvelle grâce, c'est de vouloir bien m'aider à m'acquitter envers Sa Sainteté de tout ce que je lui dois, pour les bontés dont elle me comble par son bref ; j'en conserverai toute ma vie une respectueuse reconnoissance, et j'attends de la générosité de Votre Éminence, qu'elle voudra bien être ma caution ; je m'estimerois cependant bienheureuse, si je puis rencontrer des occasions de lui faire connoître l'estime et la vénération sincère avec laquelle je serai toujours de Votre Éminence,

La très-humble et très-obéissante servante.
D'AUBIGNÉ.

Monseigneur l'évêque de Chartres nous fit faire une supplique au Pape pour obtenir le changement de notre état séculier en régulier de l'ordre de Saint-Augustin ; nous signâmes toutes cette supplique, qu'on mit entre les mains du prélat. Il faisoit alors la visite annuelle de notre maison ; et étant entré dans le chapitre pour la conclure selon la coutume, il finit en donnant à madame de Loubert, notre supérieure, le livre des nouvelles constitutions écrites à la main, que M. Tiberge avoit rédigées selon les vues, et les intentions de ce prélat, de madame de Maintenon et même du Roi, sans le consentement duquel on ne faisoit rien ici de conséquence. Les constitutions ne furent données que par provision, et après les avoir lues plusieurs fois à la communauté, et écouté nos représentations, il ne voulut pas les arrêter définitivement, comprenant bien qu'il se trouveroit peut-être dans la suite des difficultés, dans l'observance de ces règles auxquelles il vouloit être maître de remédier ; ce qui se trouva véritable. Madame de Loubert reçut ce livre à genoux ; nous nous y mîmes aussi, pour marquer notre soumission à vouloir essayer de bonne foi la pratique de ces règles. Monseigneur de Chartres se chargea d'envoyer à Rome notre supplique ; il n'y avoit rien de si facile dans ce temps-là que d'en obtenir ce que l'on vouloit pour cette maison, le Roi en étant le fondateur; et on y tenoit aussi madame de Maintenon en grande considération, comme on l'a pu voir ci-dessus, par le bref du Pape à cette Dame. Ainsi, on crut bien que ce que l'on demandoit à Rome ne souffriroit aucune difficulté.

Cette année-là, monseigneur de Chartres, par un sentiment de religion, voulut abolir ici la coutume de se réjouir comme on fait dans le monde, la veille et le jour des Rois, ne croyant pas que cela convînt dans une maison où tout devoit respirer la piété. Il en parla à madame de Maintenon, qui le trouva très-bon; et il vint ici tout exprès le dimanche qui précède cette fête, pour faire l'explication de l'évangile; il fit tomber son discours sur l'origine de la solennité des Rois, et de la dévotion avec laquelle on la célébroit dans les premiers siècles de l'Eglise. Il nous dit que nous devions prendre en tout cet esprit de piété des vrais fidèles, et que, par conséquent, nous devions le faire paroître dans une fête où l'Eglise nous rappelle la mémoire de la grande grâce que Dieu nous a faite, de nous appeler, en la personne des mages, à la lumière de la foi sans laquelle nous serions demeurés dans les épaisses ténèbres des superstitions païennes; qu'au lieu de ces réjouissances profanes qui en sont un reste, nous devions passer cette grande fête dans les exercices d'une fervente dévotion, et pleines de reconnaissance d'un si grand bienfait. Après cette exhortation qui fut fort belle et fort touchante, tout le monde se tint pour dit qu'on ne feroit plus les Rois, car on savoit quelle déférence et quelle soumission madame de Maintenon avoit pour les sentiments de monseigneur de Chartres, et jusqu'à mademoiselle d'Aubigné qui n'avoit que quatre ou cinq ans, et qui avoit été à cette exhortation auprès de madame sa tante, l'entendit si bien, qu'étant revenue dans son appartement elle dit à sa gouvernante, en jetant son manchon sur un lit de repos, comme toute fâchée : Mignonne, nous ne ferons plus les rois ! Madame de Maintenon signifia aussi à ses gens après la prière du soir, (qu'elle faisoit régulièrement tous les jours chez elle,) qu'elle ne vouloit plus qu'on fît les rois comme on avoit coutume la veille et le jour de cette fête, et tâcha de leur inspirer les motifs qu'en avoit donnés, ici monseigneur de Chartres. Ils ne goûtèrent pas trop cette morale, quoique soumis à ses ordres ; et comme ils s'en retournoient, un palfrenier dit aux autres : Cela est bel et bon, mais je tremble pour le mardi gras. On les régala pourtant, mais ce fut après la fête. A notre égard on en fit autant, c'est à dire qu'on donna quelques jours après la récréation aux demoiselles et à la communauté, où l'on tira le gâteau comme à l'ordinaire, mais on interdit de crier : Le roi boit ! Ce qui s'est toujours observé depuis et a passé pour loi, quoiqu'il n'y ait rien d'écrit là-dessus dans les règles.

Mais je reviens au changement de notre état séculier en régulier; sur quoi j'ai dit qu'on avoit fait les diligences et les formalités nécessaires pour l'obtenir du saint-siége. Le Pape l'accorda sans aucune difficulté, et fit expédier pour cela un bref à monseigneur l'évêque de Chartres. Lorsqu'il eut reçu ce bref, on songea à nous faire faire un nouveau noviciat; on crut qu'il falloit que ce fussent des religieuses qui nous y conduisissent, tant pour nous donner l'esprit religieux, que pour la formalité. Monseigneur de Chartres et Messieurs des Missions étrangères pensèrent d'abord aux Ursulines, dont l'institut a plus de rapport au nôtre. Mais madame de Maintenon craignoit qu'elles ne voulussent nous donner toutes leurs coutumes et nous faire Ursulines; ce que le Roi ne vouloit point, ayant prétendu faire un établissement particulier et distingué des autres instituts; et en effet, le grand

19

nombre de jeunesses qu'il y a ici à élever demande des règles et des usages différents de ce qui se pratique ailleurs, et madame de Maintenon vouloit être maîtresse de ne prendre des autres maisons que ce qui pouvoit nous convenir, après avoir bien pensé à ce qu'il y avoit à faire sur cela et pris l'avis de ces messieurs. Ils conclurent ensemble de prendre des filles de Sainte-Marie, qui, n'ayant pour but dans leur institut que la vie intérieure et la régularité, viendroient seulement nous communiquer ces deux avantages sans toucher à ce qui regarde les demoiselles ; que madame de Maintenon se réservoit de régler avec nous, quand notre noviciat seroit fini, en cas qu'il y eût encore quelque autre chose à faire que ce qui avoit été pratiqué jusque alors. Elle avoit encore une autre raison de prendre des filles de Sainte-Marie, c'est qu'elle goûtoit fort l'esprit de saint François de Sales, dont elle avoit toujours tâché de nous remplir ; elle pensoit que ces saintes filles nous le feroient encore mieux aimer.

Entre les maisons de cet ordre, celle de Chaillot lui parut la plus propre au dessein qu'on avoit, à cause de la proximité et qu'elle passoit pour être une des plus régulières. La supérieure de cette maison étoit une des plus connues et estimées, c'est pourquoi on s'arrêta là ; ensuite on balança beaucoup sur la manière dont on nous feroit faire notre noviciat. Il y avoit deux partis à prendre : l'un, d'envoyer quelques-unes de nous à Chaillot, y faire leur noviciat, puis revenir ici après leur profession pour la faire faire à celles qui seroient demeurées ; l'autre parti étoit que les religieuses vinssent ici nous le faire faire à toutes en même temps ; ce dernier parut le meilleur, parce qu'on jugea que ces dames religieuses auroient plus de poids et d'autorité sur l'esprit de la communauté que leurs compagnes, quelque absence et quelques épreuves qu'elles eussent faites, n'étant ni plus âgées, ni plus habiles que celles qui auroient dû se soumettre à leur conduite. On pensa aussi que les mères étant dans la maison, seroient plus à portée d'entretenir madame de Maintenon, de savoir ses intentions, d'entrer dans son esprit et de voir de plus près ce qui nous étoit convenable ; qu'ayant plus d'expérience que nous, elles trouveroient aussi plus de croyance dans les esprits ; qu'elles auroient un meilleur discernement pour connoître la bonté ou la médiocrité des vocations et des sujets ; que s'il étoit à propos de renvoyer quelques-unes des dames, comme on le prévoyoit, il valoit mieux que ce fût sur des étrangères que cela tombât que sur nous qui étions leurs sœurs, et qui par cette raison n'en aurions peut-être pas le courage. Mais voici des notes que madame de Maintenon fit dans ce temps-là sur le pour ou le contre de cette détermination et qui l'expliquent beaucoup mieux que ce que je viens de dire.

NOTES DE MADAME DE MAINTENON, POUR DÉLIBÉRER SI NOUS FERIONS NOTRE NOVICIAT HORS D'ICI OU DANS LA MAISON.

Pour sortir.

L'édification d'une sainte maison.
L'oubli des manières séculières de celle-ci.
La commodité des religieuses.
La facilité de suppléer si elles tomboient malades.
La figure qu'elles feroient ici au chœur, et au réfectoire.
L'embarras de les avoir malades.

Le mélange de nos dames qui feroient les exercices du noviciat avec celles qui ne les feroient pas.

Les intelligences et la dissipation.

Pour faire venir les Religieuses.

La facilité de dresser les dames à une régularité convenable au lieu et à l'institut.

L'utilité de prendre leurs avis pour tout ce qui se passe dans la maison; être témoin de tout ce qu'elles diront aux filles, pour tenir la main dans la suite à le faire observer; elles me formeroient moi-même pour former les autres.

La crainte que nos filles ne demeurent où on les aura mises.

Voici encore d'autres Notes que madame de Maintenon fit sur les raisons de nous faire faire des vœux solennels.

Les filles peuvent sortir par amour de leur liberté, elles peuvent se marier, devenir riches; nous en avons déjà vu dont nous sommes bien embarrassés (1).

Une maison dans le parc de Versailles a besoin d'une grande régularité pour se soutenir contre les dangers qui seront toujours attachés à une maison royale, quand même elle cesseroit d'être la maison des rois.

La sûreté du temporel, et l'affermissement de la fondation pour les pauvres demoiselles. Si l'on fait les vœux solennels, on mettra plus de régularité et de barrière contre le monde : ce seroit un moyen de se défaire des mauvais sujets.

Le Roi a de la peine à les rendre plus austères. Cepen-

(1) C'étoit madame d'Ausy.

dant il se rendra à tout ce que l'on croira le meilleur ; on l'a déjà expérimenté.

Il est difficile qu'elles fassent un noviciat, n'y ayant point de filles de leur ordre : il faudroit pour cela trouver quelqu'un qui en fût capable.

Il est de la justice d'être chargé de celles qui de bonne foi se sont engagées à la maison par les vœux simples.

CHAPITRE XXII.

Les Mères de la Visitation de Chaillot viennent nous faire faire notre noviciat. — De quelle manière il se passa. — Du choix des premières professes.

La résolution étant prise de nous faire faire notre noviciat ici, il falloit, avant toutes choses, savoir de la maison de Chaillot si l'on voudroit bien s'en charger. Monseigneur de Chartres et Messieurs des Missions étrangères desiroient que ce fût la supérieure elle-même, qui étoit alors la mère Priolo, dont ils connoissoient le mérite et la vertu. Ils allèrent la voir et lui en firent la proposition du consentement de madame de Maintenon; ils lui firent envisager le bien qu'il y auroit à faire dans l'emploi qu'ils lui offroient, et même ce qu'il pouvoit y avoir de flatteur, selon le monde, dans l'acceptation de cette commission. Elle s'en excusa d'abord par modestie, et parce qu'elle étoit actuellement supérieure, disant que cette qualité la rendoit nécessaire à la maison, qu'elle ne pouvoit pas la quitter. Ils lui dirent qu'il ne lui seroit pas difficile de commettre quelqu'un durant son absence pour conduire sa communauté dans toutes les choses ordinaires; que pour celles qui seroient de quelque conséquence on pourroit aisément la consulter, et même lui rendre compte de tout, n'étant pas bien éloignée de sa maison; enfin ils lui suggérèrent toutes les facilités possibles, et la laissèrent un peu ébranlée, mais pas autant qu'ils l'auroient voulu. Ils en rendirent compte à madame de Maintenon, qui pour la mieux engager lui écrivit la lettre suivante :

« Ma très-révérende Mère.

» C'est assez que vous connoissiez l'intérêt de la gloire de Dieu dans l'affaire qui vous a été proposée, les raisons personnelles que vous me mandez sont convenables à votre vertu ; mais j'ose dire que vous n'êtes pas croyable sur ce chapitre, et qu'elles ne font qu'augmenter le desir que j'ai de vous voir à Saint-Cyr. Le Roi le desire, monseigneur l'archevêque vous l'ordonnera ; après cela je ne mérite point d'être considérée, et mon personnage sera de vous recevoir de tout mon cœur, et d'adoucir le plus qu'il me sera possible les peines que nous vous donnerons.
» La reine d'Angleterre fut effrayée de ma proposition ; mais elle se rendit, et oublia son intérêt, dès qu'elle eut compris le grand bien que vous pouvez faire en formant à la religion celles qui doivent soutenir un si grand et si saint établissement. N'y mettez point d'obstacles, et ne troublez point la joie que vous allez nous donner, en nous montrant une si grande répugnance. J'aurois bien envie de vous en aller conjurer moi-même ; mais ma visite feroit peut-être trop d'éclat, et si cette nouvelle est sue à Chaillot, je craindrois d'y être mal reçue. Si vous en jugez autrement, ma très-révérende Mère, je serois ravie de vous aller assurer que je suis, avec toute l'estime que vous meritez,

» Ma très-révérende Mère,
» Votre très-humble et très-obéissante servante,

» D'Aubigné. »

LETTRE DE MADAME DE MAINTENON A LA COMMUNAUTÉ DE CHAILLOT.

« Mes très-révérendes Mères,

» Si le dessein qu'on a pour Saint-Cyr ne regardoit que ma propre satisfaction, Dieu m'est témoin que je la sacrifierois à la vôtre et à celle de cette chère supérieure qui n'a pas moins de peine à vous quitter que vous en avez à la laisser partir. Mais si vous voulez bien vous détacher un moment de vos intérêts pour regarder le grand bien qui se prépare à Saint-Cyr, je m'assure que vous voudrez toutes y contribuer, et que vous serez ravies de faire à Dieu et à sa gloire le sacrifice de vous passer quelque temps du secours que vous trouvez dans la personne que nous vous demandons. Si elle avoit une maladie un peu longue, ou que par un plus grand malheur vous la perdissiez tout à fait, votre maison ne périroit pas; à plus forte raison se soutiendra-t-elle par des assistances et par les conseils de la mère Priolo qui sera à quatre lieues de vous. Croyez que je n'oublierai rien pour son soulagement et sa conservation, et pour adoucir le travail que nous lui donnerons. Elle retournera chez vous, s'il plait à Dieu, en bonne santé, et vous ne serez pas fâchées alors qu'elle ait formé des filles pour conduire un des plus grands établissements qui soient dans l'Église, et pour lequel j'espère que vous aurez à l'avenir une affection particulière. Les filles de la Visitation sont sorties pour des sujets moins importants; nous vous desirons par l'estime particulière que nous avons pour vous. L'esprit de votre saint fondateur est goûté chez nous. Seroit-il possible que vous vous opposiez à lui donner un si grand nombre de filles, et que votre tendresse ne cédât pas à un si grand bien ? Je n'ose vous en aller conjurer, n'ayant pas assez de courage pour voir la peine que je vous fais, quelque envie que j'eusse d'ailleurs de vous assurer que je sens déjà la reconnoissance que nous aurons pour vous, et que je serai toute ma vie attachée à votre communauté comme à la source de tout le bien qui se fera dans la nôtre.

» Je suis, mes très-révérendes Mères,

» Votre très-humble et très-obéissante servante,

» D'Aubigné. »

Ces lettres, avec les conseils que donnèrent à la mère Priolo ceux qu'elle consulta sur ce sujet, et bien plus l'ordre qu'elle reçut de monseigneur l'archevêque de Paris de donner cette satisfaction, la déterminèrent à donner son consentement, et à obéir au prélat. Elle répondit à madame de Maintenon avec toute sorte de soumission et de respect, et ne songea plus qu'à mettre chez elle tout l'ordre nécessaire pour être libre de venir au plus tôt ; elle chargea son assistante du gouvernement de la maison et marqua à ses principales officières ce qu'elles avoient à faire ; ordonna qu'on lui rendît compte de tout ce qui en vaudroit la peine, et choisit deux excellentes religieuses pour l'accompagner et pour lui aider dans l'ouvrage qu'on lui confioit ici. L'une s'appeloit la mère Marie-Constance Gaubert, et l'autre mère Marie-Elisabeth Lemoine. La première avoit bien de l'esprit, celui de son ordre et un zèle infatigable en ce qui regardoit l'honneur et le service de Dieu et des âmes. La seconde étoit une jeune professe très-fervente, régulière et toute propre à nous être un exemple de vertus et un modèle d'exactitude à toutes les observances religieuses. Le jour de leur départ, madame de Maintenon les alla prendre elle-même, dans son carrosse. La mère Priolo la pria de trouver bon que mademoiselle de Lamothe, qui demeuroit chez elle en pension, et qui avoit été fille d'honneur de la reine mère Anne d'Autriche, vînt avec elle, parce qu'elle comptoit s'en servir pendant qu'elle seroit ici pour aller et venir, tantôt à Chaillot porter les ordres, tantôt ici lui rendre compte de ce qui se passoit dans sa maison; car, n'étant point déchargée de la supériorité, elle se trouvoit obligée de gouverner de loin son monastère. Madame de Maintenon trouva fort bon que cette demoiselle fût de la partie, et amena ces dames ici, vers la fin du mois de novembre 1692. Elles arrivèrent sur les dix heures du matin. La communauté, se tenant avertie, fut toute prête à les aller recevoir en cérémonie et en grand manteau, à la porte cochère; dès qu'elles eurent mis le pied à l'entrée, on entonna le *Laudate*, que l'on continua de chœur en chœur jusqu'à l'église, où on les conduisit processionnellement; lorsqu'on y fut entré, on conclut le psaume et on entonna le *Te Deum*, qui fut chanté comme à l'ordinaire; ensuite on les conduisit dans la salle de communauté où nous les saluâmes; elles nous firent beaucoup d'honnêtetés, et nous pareillement nous leur témoignâmes aussi la joie que nous avions de leur arrivée. Après cela, l'heure du dîner étant venue, on se sépara; les dames religieuses furent conduites dans l'appartement qui leur étoit préparé, qui étoit celui de madame de Maintenon. Elle l'avoit fait accommoder pour loger ces dames et pour nous y faire faire notre noviciat, afin que nous fussions plus séparées du reste de la maison, pour faire nos exercices dans une parfaite tranquillité; car elle avoit bien à cœur que ce noviciat nous fût utile. Ces dames dînèrent dans cet appartement, et, l'après-midi, monseigneur de Chartres et madame de Maintenon eurent une longue conférence avec elles, sur la conduite qu'elles devoient tenir à notre égard. Quelques jours se passèrent sans qu'elles fissent autre chose que de prendre connoissance de la maison et des particulières qui devoient être sous leur conduite. Madame de Maintenon avoit tout disposé de manière que nous ne devions plus être en charge, afin que nous eussions le loisir de bien faire notre noviciat. Pour cela, elle fit venir des filles de la communauté du père Baré, qu'elle mit aux classes avec celles que nous y avions déjà. Comme nous étions peu dans les commencements, nous avions besoin de secours étrangers, et on les prenoit ordinairement dans cette communauté. Madame de Maintenon s'aida encore des noires pour les mettre dans les autres charges de la maison, sous l'inspection de mademoiselle Balbien, qui fut pour lors établie comme la supérieure de toutes les personnes séculières, et intendante de toute la maison, étant chargée par madame de Maintenon d'avoir l'œil à tout, et de gouverner l'extérieur : la mère Priolo ne se mêlant que de l'intérieur et du spirituel des dames novices. Madame de Maintenon étoit encore une supérieure par-dessus toutes. Comme elle avoit abandonné son appartement pour nous y faire faire notre noviciat, elle s'établit dans la salle de communauté, qu'elle sépara en deux, par une tapisserie qu'elle fit venir de chez le Roi. Cela fit comme deux chambres ; elle se tenoit dans la plus honorable où elle donnoit ses audiences, où elle écrivoit, et où elle expédioit beaucoup d'affaires. Elle fit venir la mère de mademoiselle Balbien, pour partager avec cette demoiselle le travail qu'elle avoit à soutenir, et la chargea particulièrement de la dépense et de la cuisine. C'étoit une très-vertueuse femme d'un bon esprit, d'une grande probité, franche, droite, et tout à fait aimable. Madame de Maintenon l'estimoit beaucoup, et se confioit tellement en elle, en sa sagesse et en son affection, qu'elle lui a donné plusieurs fois des demoiselles à former chez elle à Paris, sur les choses qu'elles ne peuvent pas apprendre ici. Mais je reviens à mademoiselle Balbien pour dire que, outre l'occupation que notre maison lui donnoit, elle en avoit encore une d'une grande importance, qui étoit celle de l'éducation de mademoiselle d'Aubigné, nièce de madame de Maintenon, dont elle étoit gouvernante. Cette jeune demoiselle étoit fille de M. le comte d'Aubigné, frère de madame de Maintenon, qui la lui donna lorsqu'elle n'avoit encore que dix-huit mois. Dieu l'avoit accordée aux prières et aux vœux de madame sa mère après une assez longue stérilité; c'étoit bien la plus aimable enfant qu'on eût pu voir, pour la figure et pour l'esprit. Mademoiselle Balbien, voulant accommoder le soin qu'elle devoit prendre d'un aussi précieux dépôt avec ceux qu'on lui avoit imposés par rapport à cette maison, la menoit partout avec elle, et nous avions l'honneur de la voir souvent. Elle croissoit pour ainsi dire sous nos yeux, non-seulement en grandeur, mais en agréments personnels et en d'autres qualités plus estimables que celle-là; on y remarquoit dès lors des traits de l'esprit qu'on a vu depuis briller en elle, et des indices de la bonté de son cœur qui n'ont pas trompé nos espérances. Elle a passé ici toute son enfance et une partie de sa jeunesse; pour nous, nous nous renfermâmes avec nos mères de Chaillot pour apprendre les devoirs de la vie religieuse, quoique nous ne fussions pas encore entrées tout à fait dans les exercices du noviciat, ce qui ne tarda pas.

Madame de Brinon, ayant appris que nous allions faire un nouveau noviciat, nous fit l'honneur de nous écrire la lettre suivante :

« J'ai appris, Mesdames, que vous entriez le premier dimanche de l'Avent au noviciat, sous la supérieure des filles de Sainte-Marie de Chaillot, qui est une excellente religieuse, pour vous préparer à faire des vœux solennels sous la règle de saint Augustin. Je ne puis m'empêcher de vous en témoigner ma joie et la part que je prends à votre bonheur, non-seulement parce que tout cela contribue à la solidité de votre établissement, mais aussi parce que je suis très-sincèrement persuadée que les saintes filles qui sont chargées de votre conduite, durant l'année de votre noviciat, rectifieront les fautes que je puis avoir faites dans celui que je vous ai fait faire, où, malgré mes bonnes intentions, et le soin que j'ai pris de ne vous pas communiquer mes misères et mes défauts particuliers, il est impossible qu'ils n'aient retardé la perfection de votre état. Ainsi, mes très-chères filles, je vous assure que je suis ravie que Dieu vous ait fait la grâce de vous soumettre avec tant de vertu à recommencer votre noviciat. Je voudrois être dans un âge et dans une situation qui me pussent permettre d'en faire autant à Maubuisson que vous en allez faire à Saint-Cyr. Je sens de bonne foi que j'en serois ravie, puisque le plus grand bonheur d'une religieuse c'est d'être à Dieu sans aucune réserve. Tout partage dans notre état fait le malheur de notre vie ; Dieu seul et sa volonté en fait le bonheur : et je vous puis dire, mes chères sœurs, qu'un peu de cette conformité m'a rendue supportable la séparation de madame de Maintenon et la vôtre, qui sans cela m'auroit accablée ; ayant pour elle autant d'attachement que j'en ai toujours eu, et vous ayant aussi toujours aimées comme une mère tendre aime ses enfants. La seule pensée que c'étoit l'ordre de Dieu, auquel j'ai toujours tâché de me soumettre dans tous les états de ma vie, a calmé la rébellion de mon cœur ; car pour ma volonté, par sa miséricorde, elle n'a jamais rien voulu que conformément à la sienne. Vous ne sauriez vous imaginer quel plaisir il y a dans les grandes et les plus fâcheuses occasions de savoir qu'on obéit à Dieu, et qu'on suit les ordres de la divine providence. Vous le pouvez éprouver du petit au grand, par ce que vous allez faire, et vous verrez par vous-mêmes combien Dieu est riche en miséricorde, à proportion du besoin que nous en avons, et avec quelle profusion il paiera dès cette vie vos sacrifices et votre dénûment. J'ai communié à votre intention, et il est vrai que, demandant à Dieu qu'il vous fît la grâce d'accomplir sa sainte volonté avec perfection, je me suis senti un redoublement de tendresse, qui est cause de la distraction que vous donnera ma lettre; mais quel moyen, mes très-chères sœurs, de ne vous pas demander vos prières dans un temps où vous allez trouver tant de faveurs auprès de Dieu? Je connois le bon fonds de vos âmes, et je suis persuadée que si vous étiez tombées, comme vous allez tomber, en de meilleures mains que les miennes, vous auriez fait un progrès merveilleux dans la vertu. Demandez pardon à Dieu pour moi de toutes les fautes que j'ai faites dans votre première éducation; oubliez-les, mes très-chères sœurs, et ne suivez jamais que les bons exemples que celles qui me succèdent vont vous donner. Je vous aurai beaucoup d'obligations si vous obtenez d'elles pour moi leurs saintes prières, et si vous leur donnez sujet de croire que mes sentiments ont toujours été de vous rendre meilleures que je ne suis. Je vous embrasse de tout mon cœur, et vous promets de faire prier pour vous toutes les plus saintes âmes de la maison où je suis.

» SOEUR DE BRINON. »

Le samedi de devant le premier dimanche de l'Avent 1692, madame de Loubert nous assembla dans la communauté, et nous fit un petit discours fort pieux, sur l'état présent où nous nous trouvions, et sur les dispositions avec lesquelles nous devions toutes nous soumettre au dessein de la Providence et à la conduite des religieuses, qui devenoient nos mères et supérieures ; elle nous dit qu'elle espéroit que la docilité et l'obéissance que nous avions eues jusque-là en tout ce qu'on avoit desiré de nous, et qu'elle nous exhorta d'avoir jusqu'à la fin, attireroient de nouvelles bénédictions sur notre maison et sur nous toutes ; puis, se mettant à genoux, elle nous demanda pardon des fautes qu'elle croyoit avoir commises dans son gouvernement, et nous assura qu'elle en voyoit la fin avec plaisir, et qu'elle s'estimeroit fort heureuse si on lui faisoit la grâce de la recevoir au noviciat. Cet exemple d'humilité nous édifia beaucoup, et nous lui demandâmes aussi pardon à genoux de toutes les peines et mécontentements que nous avions pu lui donner, et la priâmes de nous conserver l'amitié dont elle nous avoit donné tant de marques, et d'être persuadée du respect, de la reconnoissance et de l'attachement que nous aurions toujours pour elle, en quelque qualité qu'elle se trouvât. Après cela nous nous démîmes toutes de nos charges ; laquelle démission ne fut autre chose que de cesser d'en faire les fonctions, ayant auparavant remis, entre les mains de celles qui nous devoient suppléer pendant le noviciat, les soins et les choses dont nous étions chargées.

Ce même jour vers, les trois ou quatre heures après midi, monseigneur l'évêque de Chartres entra dans la maison avec M. de Savoye, supérieur de messieurs nos confesseurs ; nous eûmes ordre de nous trouver toutes dans la chambre de la mère Priolo ; quand nous fûmes entrées on nous fit asseoir, et alors monseigneur de Chartres nous fit une courte exhortation sur l'état présent où nous allions entrer ; nous déclara que nous ne faisions plus corps de communauté séculière ; nous dit qu'il déchargeoit madame de Loubert de la supériorité, qu'il en revêtoit la mère Priolo, et qu'il nous mettoit au noviciat sous sa conduite ; que ce seroit à elle que nous devions désormais toute notre obéissance, et à la mère Marie-Constance, qu'il établissoit notre mère des novices, et qu'il nous exhortoit à bien profiter de leur soins et de leurs instructions. Madame de Loubert mit à genoux, et dit qu'elle remercioit monseigneur de Chartres de la grâce qu'il lui faisoit de la décharger d'un emploi dont elle s'étoit toujours jugée indigne et incapable ; qu'elle avoit une grande joie de le voir remplir par une personne d'un si grand mérite ; qu'elle lui rendroit de bon cœur toute sorte d'obéissance, et qu'elle demandoit pardon à lui, à madame de Maintenon et à toute la communauté, des fautes qu'elle avoit commises dans l'exercice de sa charge. Monseigneur de Chartres lui donna beaucoup de louanges sur sa conduite passée, et sur le dégagement avec lequel elle se démettoit de l'autorité ; il reçut de la supérieure la croix qu'elle lui rendit, et n'oublia rien pour autoriser la mère Priolo, dont il faisoit beaucoup de cas. Nous fûmes de ce jour-là réputées au noviciat. Monseigneur de Chartres, après nous avoir donné sa bénédiction et souhaité beaucoup de grâces, s'en alla à Chartres pour achever le décret qu'il avoit commencé, en conséquence du bref que le Pape lui avoit adressé sur l'érection de notre maison en monastère régulier de l'ordre de saint Augustin.

Voici celles qui entrèrent au noviciat : mesdames de Loubert, du Pérou, d'Ausy, de Saint-Aubin, de Saint-Pars, de Buteri, de Gautier, de Fontaines de Montaigle, de Rocquemont de Thumery, de Radouai, de Monfort, Du Tour, de Blosset, de Villeneuve, de Veilhant, de Vancy, de Jas, de Montalembert, de Berval, de la Maisonfort, de Bouju.

Toutes celles-là, au nombre de vingt-quatre, étoient vocales ; il y avoit, dans l'ancien noviciat, des novices et des postulantes qui furent aussi admises dans celui-ci, et ce furent mesdemoiselles de Faures, de Riencourt, de Champigni, de Sailly, et quelques autres qui ne me sont pas présentes. On retira quelques postulantes qui étoient aussi dans cet ancien noviciat pour remplir quelques charges de la maison ; on les remit à faire le leur lorsque nous aurions fait profession ; notre mère de Glapion fut une de celles-là.

Quoique toute la communauté fût mise au nombre des novices, il y en avoit quelques-unes qui n'avoient pas envie de passer aux vœux solennels, et qui pensoient bien qu'on ne les y admettroit pas ; mais elles aimèrent mieux se conformer aux autres, comptant bien qu'elles auroient plus de loisir au noviciat, et plus de secours pour connoître ce que Dieu demandoit d'elles. Mademoiselle d'Ausy étoit déjà toute déterminée à quitter son état et à prendre un établissement dans le monde ; cependant comme il falloit du temps pour avoir la dispense de ses vœux simples, et faire les autres formalités nécessaires, on lui conseilla de demeurer et de faire comme les autres, jusqu'à ce que toutes les affaires fussent expédiées ; à quoi elle se soumit. Elle se comporta si bien dans le noviciat, que celles qui ne savoient rien de son dessein ne s'aperçurent pas qu'elle en eût d'autre que celui de persévérer dans son état.

Quelques jours après que nous fûmes entrées au noviciat, monseigneur de Chartres revint ici pour faire la cérémonie de nous donner le voile ; car nous n'étions encore réputées que postulantes, et non novices.

Madame de Maintenon et les mères de Chaillot eurent grand soin de nous dire, quelque temps avant le jour de cette cérémonie, que nous étions entièrement libres de faire ce que nous voudrions, comme si nous n'avions pris aucun engagement; que nous pouvions sortir et nous en aller en quelque autre communauté, vivre doucement en gardant nos vœux simples, ou nous faire religieuse ailleurs si nous l'aimions mieux; que, quelque parti que nous prissions, on pourvoieroit honnêtement à notre subsistance; que le Roi nous donneroit des dots ou des pensions raisonnables, qu'on nous rendroit toute sorte de justice; qu'on nous placeroit bien; enfin il n'y eut rien qu'on ne nous dit pour nous mettre en pleine liberté, et pour connoître par là la fermeté de notre vocation. On espéroit aussi que certaines filles, en qui on ne croyoit pas cette fermeté, se déclareroient, et que d'autres, dont on avoit envie de se défaire, et qui le sentoient bien, prendroient cette occasion de s'en aller d'elles-mêmes. En effet, cela en ébranla quelques-unes qui s'effrayèrent de ce nouveau noviciat, et d'être encore sujettes à l'examen. Madame de Thumery fut de ce nombre; elle sortit avant que nous eussions pris le voile; elle alla aux Ursulines de Magny, où elle se fit religieuse; les autres aimèrent mieux attendre plus tard et voir de quoi il seroit question : c'est pourquoi elles ne se déterminèrent pas si vite, et prirent le voile avec celles qui étoient dans le dessein de faire ici les vœux solennels, si on vouloit bien les y admettre.

Le jour marqué pour la cérémonie, qui fut le septième de décembre 1692, nous communiâmes toutes à la messe de huit heures; à neuf heures et demie nous retournâmes au chœur sans grand manteau, sans voile et sans croix. C'est ainsi qu'étoient les novices des vœux simples. Nous nous rangeâmes au haut du chœur, à une distance assez grande de la grille; nous nous mîmes sur des siéges qui étoient préparés et disposés en forme de cercle. Madame de Maintenon se plaça tout auprès de la grille, la mère Priolo se mit à côté d'elle, et les autres religieuses de l'autre côté. Monseigneur de Chartres, en habits pontificaux, vint à la grille, accompagné de Messieurs des Missions étrangères et de M. Lazare. On laissa les portes de l'église du dehors ouvertes pour en laisser l'entrée libre à tout le monde ; au lieu qu'on les tenoit fermées aux prises d'habit, et aux professions des vœux simples. Monseigneur de Chartres fit une belle exhortation sur le sujet qui nous avoit assemblées ; après laquelle mesdames de Loubert et du Pérou s'avancèrent proche de la grille, où s'étant mises à genoux, ce que les autres firent aussi à leur place ; elles portèrent la parole pour toutes, et lui demandèrent très-humblement la grâce d'être admises au noviciat, se servant de la même formule que celle d'aujourd'hui, qui fut composée par M. l'abbé Tiberge. Monseigneur de Chartres, après leur avoir répondu ce qui est prescrit dans cette formule pour les prises d'habit, nous accorda à toutes notre demande; puis, nous étant relevées, nous reçûmes de sa main et de celle de madame de Maintenon et de la mère Priolo, les unes après les autres, les mêmes voiles que nous avions quittés avant la cérémonie, qui furent bénis. On nous donna aussi en même temps à chacune un cierge allumé, et nous retournâmes à nos places, nous tenant debout. Quand tout fut fini, nous nous mîmes à genoux pour recevoir la bénédiction de monseigneur de Chartres, ensuite nous descendîmes au bas du chœur pour nous remettre dans nos chaises, où nous entendîmes la messe, qui se devoit dire à dix heures et qui fut retardée ce jour-là. Les gens de connoissance qui étoient au dehors ne purent retenir leurs larmes, lorsqu'ils nous virent sans grand manteau, sans croix et sans aucune marque de notre première profession.

Pour nous, Dieu nous fit la grâce de faire moins d'attention à ces dehors qu'à nous occuper au dedans de nous-mêmes de l'esprit et des dispositions dans lesquels nous devions entrer. Ce n'est pas que la nature n'eût quelque peine à rentrer ainsi dans une nouvelle carrière, surtout ne l'ayant pas prévue en faisant nos premiers vœux; mais la vue du plus grand bien de la maison, sa stabilité et le desir de notre perfection nous firent surmonter les réflexions qui se purent présenter à notre esprit sur cela; Dieu ayant la bonté d'adoucir par sa grâce ce qu'il y avoit de rude et de mortifiant dans ce changement.

Après la messe, nous retournâmes nous renfermer dans notre noviciat; nous y fûmes six mois sans aucune charge: on nous donna seulement certains soins pour nous occuper et nous faire pratiquer l'humilité, comme de balayer les corridors et autres lieux de la maison, de nettoyer les lanternes, d'accoupler le linge sale, de faire la fonction d'infirmière à l'égard de celles de nous qui tomboient malades, ou qui avoient quelques besoins et choses semblables. Pour ce qui est de l'infirmerie des demoiselles, c'étoient les sœurs de la charité qui en étoient chargées. On nous y envoyoit très-souvent les unes après les autres y faire des pratiques de charité, et ainsi de même en divers endroits de la maison où il y avoit des choses mortifiantes et humiliantes à faire. Notre noviciat étoit composé des dames de la communauté, des filles de l'ancien noviciat, de plusieurs postulantes qui vinrent alors du dehors et des classes, et des sœurs converses professes des vœux simples, de sorte que nous étions environ quarante.

La mère Priolo étoit la supérieure, ma sœur Marie-Constance Gaubert notre maîtresse des novices; elles nous faisoient des instructions l'une après l'autre; la première nous parloit ordinairement le matin et l'autre l'après-diner: elles avoient toutes deux bien du talent pour nous faire goûter leurs instructions. La jeune religieuse dont j'ai parlé, nommée ma sœur Marie-Elisabeth Lemoine, étoit notre sous-maîtresse et présidoit à tous nos exercices, prenant garde que nous fissions toutes choses en silence et d'une manière religieuse; quand nous y manquions, elle nous faisoit des avertissements, et son exactitude étoit si grande qu'elle remarquoit des défauts dont d'autres ne se seroient pas aperçus. Elle eut le bon esprit de profiter de l'occasion pour apprendre ce qu'elle ne savoit pas, et nous exerçoit à le lui montrer; et, dans les temps où elle voyoit qu'on étoit le plus pressé ou qu'on s'attachoit à quelque occupation, elle venoit nous dire : Ma sœur, je vous prie de me faire lire ou écrire, ou jeter, etc. Il falloit tout quitter pour cela, sans donner la moindre marque de volonté contraire ni de répugnance; car ç'auroit été une grosse faute qu'on n'auroit pas passée sans nous en reprendre, ou nous faire des avertissements, dont on prenoit occasion de nous mortifier et de nous instruire des devoirs de l'obéissance religieuse. Cette sous-maîtresse étoit toute propre à exercer notre patience, non par son humeur, ni d'autres mauvaises qualités, car elle étoit la plus douce personne du monde et la plus vertueuse; mais c'étoit pour ainsi dire par un excès de perfection qui la rendoit si littérale qu'elle en étoit incommode, par la gêne qu'elle se donnoit et qu'elle exigeoit des autres. Il est vrai que les ordres qu'elle avoit reçus des mères de Chaillot de chercher en tout à nous exercer y contribuoit encore autant que son caractère. Les mères l'avoient choisie pour nous être un exemple de ferveur et d'obéissance; ce qu'elle faisoit parfaitement bien. La mère Priolo se mettoit au chœur et au réfectoire à la place de la supérieure; les deux autres religieuses occupoient dans l'un et dans l'autre les premières places; au surplus, nous gardions toutes notre rang de profession.

Afin que tout se fît dans les formes pour l'érection de notre maison en monastère de l'ordre de saint Augustin, il fut nécessaire que l'évêque vînt faire une visite exacte de la maison. On y observa les mêmes cérémonies qui se pratiquent à la visite annuelle, excepté que la communauté, après l'avoir reçu à la porte de clôture chanta le *Veni Creator*, en le conduisant au chœur, au lieu du *Benedictus*. Monseigneur de Chartres dit l'oraison du Saint-Esprit, après laquelle nous allâmes dans la salle de communauté pendant qu'il visitoit le chœur d'un bout à l'autre; ensuite il se rendit dans cette salle. Y ayant pris séance, il nous fit une exhortation touchante sur le consentement que le Pape avoit donné au changement qu'on avoit jugé à propos de faire; nous faisant voir les marques toutes visibles de la volonté de Dieu en ce consentement, et en celui du Roi, et nous excitant à nous y conformer de toutes nos forces; nous assurant que notre Seigneur nous en tiendroit un grand compte. Après cela, il continua de visiter toute la maison, depuis le rez-de-chaussée jusqu'à tous les étages d'en haut et les dortoirs. Il visita aussi le pourtour de la clôture, qui fut trouvée très-régulière; il étoit accompagné de messieurs les abbés Tiberge et Brisacier, du supérieur, de messieurs nos confesseurs, du promoteur, et du greffier de l'officialité, qui dressèrent un procès-verbal du bon état des bâtiments et de l'ordre dans lequel ils avoient trouvé toutes choses. Cela achevé, il fallut encore que, pour la formalité, monseigneur de Chartres fît une enquête de la commodité ou incommodité de la maison et des biens qui en dépendent, afin de remplir à cet égard la qualité de commissaire du Pape, qui le chargeoit par son bref de s'assurer de toutes les choses avant d'éteindre le titre abbatial de Saint-Denis. Plusieurs personnes qualifiées furent assignées par exploit, pour déposer et dire vérité sur l'interrogation qui leur seroit faite de commodité ou incommodité de cette maison; lesquels sont: messire Louis-Alphonse de Valbel, évêque d'Alet; messire Léon Potier, duc de Gèvre; messire André Colbert, évêque d'Auxerre; messire Bruno de Fourbin de Janson, docteur de Sorbonne, être archidiacre et chanoine de l'église de Paris ; messire de Gèvre, abbé de l'abbaye de Saint-Bernard, docteur de Sorbonne; messire Michel Lepelletier, conseiller d'État ordinaire et intendant des finances; messire Louis-Phélypeaux de Ponchartrain, contrôleur-général des finances; messire Paul de Bauvilliers, duc de Saint-Agnan, pair de France, ministre d'État, premier gentilhomme de la chambre, chef du conseil royal des finances, gouverneur de monseigneur le duc de Bourgogne et de messeigneurs les ducs d'Anjou et de Berri, chevalier des ordres de Sa Majesté, et gouverneur du Hâvre-de-Grâce; messire Jacques-Bénigne Bossuet, évêque de Meaux; messire Anne-Jules duc de Noailles, maréchal de France; messire François de Langeron, prêtre, lecteur de monseigneur le duc de Bourgogne; messire François de Salignac de Fénélon, précepteur de monseigneur le duc de Bourgogne; messire Henri de Mornay, marquis de Monchevreuil, capitaine et gouverneur de Saint-Germain; qui tous déposèrent ce qui suit.

Ils dirent tous à peu près la même chose : qu'ils connoissoient la maison de Saint-Cyr, dont plusieurs l'avoient vue ; qu'ils avoient toujours considéré cet établissement comme ce qui se pouvoit faire de plus grand et de plus avantageux pour l'éducation des personnes du sexe, qui dans cette maison sont élevées au nombre de deux cent cinquante demoiselles, depuis l'âge de sept ans jusqu'à vingt ; que ces jeunes plantes se répandant ensuite dans les différents états de la vie, portent partout l'exemple et les préceptes d'une conduite véritablement chrétienne ; qu'un ouvrage si saint, si utile et si important, doit être affermi pour toujours; qu'il ne le peut être sans un revenu fixe qui corresponde à la dépense nécessaire pour la subsistance d'une si nombreuse communauté; qu'ils sont persuadés qu'on ne peut rien faire de plus convenable que l'union de la mense abbatiale de Saint-Denis, en faveur de cette maison ; que ces revenus seront plus utilement employé à l'éducation de la noblesse françoise qu'à l'entretien d'une seule personne; qu'il a plu aux souverains pontifes d'accorder de semblables unions, et que si jamais elles ont dû être accordées, c'est en faveur d'un prince qui ne sembl régner que pour faire régner Jésus-Christ, et pour un maison où le bon ordre est établi par une dame d'un piété exemplaire, qui en assure l'utilité jusque dans le siècles à venir; il ne s'y rencontre point d'inconvénient parce qu'il n'y aura aucune diminution dans le nombr des religieuses ni changements dans l'ordre et la splende du service divin qui se fait dans l'abbaye, de sorte qu'i n'y a que le titre d'abbé de supprimé, qui sera abondam ment récompensé par l'éducation qu'on donne dans cett maison à deux cent cinquante jeunes filles d'extractio noble, qui y sont entretenues gratuitement, saines et mala des, et formées dans tous les exercices convenables à leu condition, dont le public est fort redevable à une dam de haute vertu et piété, qui donne tous ses soins pou établir un bon ordre dans une si grande communauté.

Les dépositions de chaque particulier disent à peu prè la même chose : que c'est une maison grande et magni fique, qui répond au dessein que le Roi s'est propos d'y faire élever à la piété et à toutes sortes de louable exercices le nombre de deux cent cinquante demoi selles.

Toutes ces dépositions de chacun de ces messieurs e particulier sont au dépôt, et parlent très-honorablemen de cette fondation, de la piété du Roi, de celle de madam de Maintenon, et de l'avantage qui en doit revenir a public.

Toutes ces dépositions étant faites au nombre de treize dans les formes prescrites et nécessaires à la solidité de la chose, monseigneur de Chartres se fit apporter les comptes de la recette et de la dépense, depuis l'établissement de la maison jusque alors, dont il prit les arrêtés pour les passer dans son procès-verbal; après quoi il donna son décret d'érection, par lequel il rendit cette maison régulière de l'ordre de saint Augustin, de séculière qu'elle étoit auparavant. Ce décret est daté du premier jour de décembre 1692. Il fut enregistré au grand conseil, et confirmé par les lettres-patentes du Roi, qui approuvent ladite érection. Il n'y avoit pas longtemps que le Roi avoit fait pour nous l'acquisition des terres de Guyencour, de Voisin, de Valery, de Magny, de Redon et de Gonberville. Comme le corps séculier de notre communauté alloit finir, et que le régulier ne devoit commencer qu'après les nouvelles professions, on se pressa de nous faire signer les contrats d'acquisition qu'on avoit faits en notre nom, pour lesquels le roi paya la somme de trois cent quarante-un mille six cent quatre-vingt-douze livres, lesquelles terres, excepté Magny, Redon et Gonberville, furent données au Roi, en échange de la terre de Chevreuse qu'il nous donna pour remplir une partie des cinquante mille livres de rente qui restoient à mettre en fonds. Depuis ce temps-là, il est encore demeuré vingt et un mille livres de rente à mettre en fonds, qu'on nous paie par chaque année sur le trésor royal, en attendant qu'il se présente quelque bonne occasion où le Roi veuille bien les mettre en fonds de terre pour nous.

M. Delpèche fut confirmé, par arrêt du conseil du Roi, à l'administration du temporel de notre maison pendant notre noviciat, et monseigneur de Chartres donna pouvoir à madame de Loubert, notre ancienne supérieure, de signer les quittances qui seroient données audit sieur Delpèche, des sommes de nos revenus qu'on recevroit.

M. Pelletier, ministre d'État, avoit été chargé par le Roi

de veiller à la conservation du bien de notre maison, longtemps avant notre nouveau noviciat.

Quand nous y fûmes, madame de Maintenon, s'appliquant avec plus de soin qu'elle n'avoit encore fait à notre temporel, remarqua que ce ministre ne pouvoit y donner assez d'attention, à cause de ses autres affaires, qui le prenoient tout entier; c'est pourquoi elle supplia le Roi de nous donner M. de Ponchartrain, aussi ministre d'État et contrôleur-général des finances, qui étoit fort actif dans les affaires. Le Roi l'accorda, et comme les occupations ne lui permettoient pas de donner son application aussi entièrement qu'il étoit nécessaire à nos affaires, il choisit M. de Chamillard pour lui suppléer; à quoi le Roi et madame de Maintenon consentirent volontiers, par l'estime que Sa Majesté et elle avoient pour lui.

M. le duc de Chevreuse ayant échangé sa terre de Chevreuse avec le Roi, qui nous la donna, comme j'ai dit, ce duc proposa à madame de Maintenon de nous donner son intendant nommé M. Bernard; c'étoit un avocat du parlement de Paris, fort homme de bien. Madame de Maintenon l'accepta, comptant que, connoissant déjà les biens de Chevreuse, il seroit plus en état d'en connoître aussi l'étendue, d'en défendre les droits et de les conserver. Madame de Maintenon, de l'avis de MM. de Ponchartrain et de Chamillard, régla ses appointements à quatre mille livres par an, et croyoit alors que c'étoit une somme fort honnête, ayant moins d'occupation en ce temps-là que l'intendant n'en a eu depuis. Elle nous a dit sur cela que nous ne devions pas nous plaindre de payer largement un intendant quand on l'avoit bien choisi, et qu'on avoit sujet d'être assuré de sa probité, de sa capacité dans les affaires et de son affection; qu'on trouveroit bien des gens qui se donneroient à meilleur marché; mais que ce ne pourroit être que de petits solliciteurs de procès, sans aveu, qui nous voleroient ou gâteroient nos affaires; qu'il falloit que notre intendant eût, ce qui s'appelle, pignon sur rue, c'est-à-dire assez de bien pour pouvoir répondre de celui qu'il auroit souvent à nous entre ses mains.

Par tout ce que je viens de dire, on voit que notre temporel étoit en bonnes mains; celles à qui on nous avoit confiées pour le spirituel, ne l'étoient pas moins : elles s'en acquittèrent avec beaucoup de soin, de zèle et d'habileté, n'oubliant rien pour nous former à la pratique de toutes les vertus religieuses. Dieu donna beaucoup de bénédictions à leur travail; d'un côté, il nous fit la grâce d'être fort dociles, et de nous laisser mener comme on vouloit; de l'autre, leurs paroles furent si efficaces qu'elles nous firent beaucoup d'impression aussi bien que leurs bons exemples. Nous goûtions extrêmement leurs instructions, aussi parloient-elles très-bien, et on disoit chez elles de la mère Priolo, qu'elle étoit leur père Bourdaloue. On ne prenoit pas moins de plaisir à entendre la mère Marie-Constance; elle étoit bien propre à nous exciter à la ferveur. Ses discours, de même que ceux de la mère Priolo, étoient remplis d'onction, et d'un zèle tout ardent, quoique prudent; les récréations même se passoient dans des entretiens utiles, mais sans affectation et sans contrainte. La mère Marie-Constance avoit pour cela un talent merveilleux. Nous n'étions jamais plus gaies ni plus contentes que quand elle étoit à nos récréations; elle savoit mêler admirablement bien le solide à l'agréable, et nous sortions quelquefois de nos récréations plus animées à l'amour de Dieu qu'au sortir d'une conférence. Elle avoit la complaisance de nous faire jouer à des jeux innocents, dont elle se mettoit elle-même et sa compagne de la partie; les autres temps de la journée se passoient à nous exercer dans les pratiques et les vertus religieuses. Et je puis dire que ces mères nous en avoient donné tant d'estime, que c'étoit à qui s'humilieroit davantage, à qui courroit aux pénitences et aux mortifications. Quand nous avions dit ou fait quelque chose que nous croyions qui eût tant soit peu déplu au prochain, celle à qui cela étoit arrivé, ne laissoit pas passer la journée sans se prosterner aux pieds de leurs sœurs pour leur demander pardon, ce que les autres recevoient avec beaucoup d'humilité et de charité, selon que le marque la règle. Si on trouvoit dans son chemin quelque chose à faire ou à mettre en ordre, comme de ramasser ce qui traîne, d'ôter de devant les yeux des passants quelque malpropreté, d'ouvrir ou de fermer des fenêtres, et choses semblables, on n'attendoit pas qu'on nous le dît; on s'empressoit à chercher des pratiques; on les marquoit et il y en avoit qui en faisoient dans une journée des quatre-vingts et cent, même davantage ; les moindres étoient de trente et quarante; on en rendoit compte aussi bien que des autres exercices de piété. C'étoit une chose très-édifiante de voir la fidélité et la dévotion de nos sœurs dans leur reddition de comptes; elles les faisoient d'une manière si simple et si pleine de piété qu'on y sentoit la vérité et la ferveur. On ne nous laissoit rien passer, tout étoit repris avec force, mais avec beaucoup de gravité, de raison et de modération : ce qui est un bon moyen de faire respecter les répréhensions et de porter ceux à qui on les fait à en profiter. Madame de Maintenon étoit si charmée de cette manière de reprendre, qu'un jour, écrivant à ma sœur de Fontaines dont elle vouloit faire une supérieure, elle lui recommanda de s'appliquer à se former sur le modèle de ces mères. Apprenez, lui dit-elle, cette manière de commander avec douceur et de reprendre en peu de paroles, sans hausser le ton, sans perdre l'air modeste et grave, dont notre mère Priolo accompagne tout ce qu'elle fait et tout ce qu'elle dit. »

Elle n'étoit pas moins contente et édifiée de la manière dont les mères nous apprenoient à faire nos cérémonies au chœur, et à réciter l'office divin. Voici ce qu'elle en écrivit un jour à la mère Marie-Constance, qui marque l'attention qu'elle faisoit à tout, et que, quoiqu'il sembloit qu'elle nous eût absolument abandonnées entre les mains de ces mères, elle ne laissoit pas de veiller sur notre conduite, et d'avoir toujours pour nous des soins infinis. Voici donc ce que contenoit son billet. « A la mère Marie-Constance. Je ne puis vous exprimer la joie que j'ai eue aujourd'hui, ma chère sœur, en voyant nos filles faire l'office. La manière dont elles l'ont prononcé, les cérémonies qu'elles font, de sorte qu'il ne paroît qu'un même mouvement, m'ont donné l'idée de ces premiers chrétiens qui n'étoient qu'un cœur et qu'une âme. Je prie nos sœurs de rendre leur intérieur conforme à leur extérieur. J'aime mes chères filles si tendrement et si solidement que je ne puis leur voir faire le moindre pas dans la perfection sans en être ravie. J'en ai versé des larmes de joie aujourd'hui, et si elles continuent, comme je l'espère, je serai trop bien payée des petites peines que je prends pour elles. » Une des choses qui nous en fit le plus, durant ce noviciat, fut la séparation où nous fûmes de cette dame ; car elle s'abstenoit de nous voir même aux récréations, craignant que l'attachement que nous avions pour elle ne fût un obstacle à la perfection avec laquelle elle vouloit que nous fissions notre noviciat. Elle a eu la bonté de nous dire que cela lui avoit coûté autant qu'à nous. Elle avoit cependant de fréquents entretiens avec les mères, où elle s'informoit de nos nouvelles, et convenoit avec elles des choses que nous devions prendre ou laisser de leurs usages. Elles en avoient plusieurs dont on ne vouloit pas, comme de faire des pénitences publiques devant les demoiselles et d'autres au réfectoire de la communauté, que monseigneur de Chartres ne trouva pas assez graves. Il y en eut d'autres qu'il crut nous être plus convenables, et c'est celle que l'on fait aux approches des fêtes annuelles; le carême, dans les retraites et en d'autres temps, à sa dévotion, avec la permission de la supérieure, ou qu'elle-même impose.

Pour celles que les mères nous firent faire devant les demoiselles, comme par essai, on trouva que cela ne faisoit pas un bon effet parmi elles; elles en rioient et badinoient; on trouva que cela auroit pu avilir les dames qui ont besoin de beaucoup d'autorité pour les gouverner; celle qui souffrit le plus de difficulté, ce fut celle de la détestation de ses fautes: les mères la firent faire d'abord d'une manière propre à intimider; car il y en eut qui dirent des choses trop fortes, et des circonstances de leur vie passée qu'il auroit été meilleur de supprimer. Monseigneur de Chartres, à qui on en rendit compte, pria les mères qu'on ne dît plus rien que de général sur la vie passée, et qu'on s'en tînt à ne détailler que les fautes communes et ordinaires entre lesquelles il ne laisse pas d'y en avoir qui humilient et qu'on peut dire, pourvu qu'il n'y ait rien de trop malédifiant. Les mères firent elles-mêmes de ces détestations avec beaucoup d'humilité, mais sans les rendre trop longues; ce qui nous apprit la manière de les faire, et depuis ce temps on s'est servi utilement de cette pénitence, tant pour s'abaisser devant Dieu et devant les sœurs, que pour repasser les fautes qu'on a faites qui peuvent avoir mal édifié; mais il faut se souvenir qu'il ne convient point de se rendre ennuyeuse par une trop longue énumération de ses fautes: ce qui est à charge à celles qui sont à table, qui aimeroient mieux entendre la lecture du réfectoire qu'un tas de menues fautes dans lesquelles il est impossible qu'on ne tombe pas. Il en faut prendre quelques-unes de celles qui humilient davantage: c'est ainsi que les mères de Chaillot l'ont enseigné et pratiqué. Pendant ce noviciat, on s'assembloit assez souvent au parloir avec les mères de Chaillot, madame de Maintenon toujours à notre tête, Mgr. de Chartres et Messieurs des Missions étrangères : là on repassoit les constitutions qui nous avoient été données par provision ; on y retrancha plusieurs choses que l'expérience avoit fait voir peu praticables ; on y en ajouta d'autres dont les mères donnèrent la vue, et qui furent jugées bonnes et convenables ; comme la manière d'élire les supérieures et les conseillères; le nombre auquel ces dernières furent fixées, et certaines observances régulières. On s'appliqua aussi à régler le cérémonial ; on revit encore les règlements particuliers de chaque charge, que M. l'abbé Tiberge avoit commencés et même presque finis; il s'étoit donné la peine de consulter les officières avant de les écrire, et étoit entré dans un grand détail pour qu'on fût bien au fait de tout ce qu'il y avoit à y observer, pour se bien acquitter de ses emplois. La mère Marie-Constance les changea beaucoup, et mit les choses à peu près sur le pied de leur maison : ce qui fut cause que, dans la suite, on fut obligé de revenir presque sur tout; parce qu'il y a une si grande différence entre leur maison et la nôtre, qu'il étoit impossible que leur manière d'exercer leur charge pût être compatible avec ce que nous avons à faire ici ; il n'y a eu que l'ordre du jour des maîtresses des classes qui soit trouvé plus commode, comme elles le réglèrent, qu'il n'étoit auparavant ; je crois que c'est la seule chose à quoi on n'a pas retouché. Cependant on ne cessoit d'écrire, sous la mère Marie-Constance, les règlements, le cérémonial et les usages généraux et particuliers : il fallut recommencer tout cela plusieurs fois ; encore ne furent-ils pas en état d'être arrêtés à la fin de notre noviciat, quoique nous passâmes entièrement cette année-là à les écrire. Il est vrai que nous avions aussi tous nos exercices à remplir; mais ces écritures nous prenoient tout le reste de notre temps. Quelque occupation que cela donnât à nos mères, elles ne laissoient pas de s'appliquer au discernement des sujets pour les admettre ou les écarter ; il y en avoit parmi nous que madame de Maintenon n'eût pas été fâchée qu'elles eussent pris d'elles-mêmes le parti d'aller ailleurs ; les mères les y disposèrent tout doucement : celles-là furent mesdames de la Villeneuve, de Vancy et de Montfort. Cette dernière n'aimoit point les classes, et avoit des peines sur son état ; les deux autres avoient des infirmités si considérables qu'elles étoient inutiles et à charge à la maison : madame de Maintenon aima mieux qu'on leur payât une bonne dot ou une bonne pension ailleurs, que d'en avoir l'embarras. Madame de la Villeneuve fut aux filles de Sainte-Marie de Tours. Nos mères crurent faire plaisir à cette maison qu'elles savoient n'être pas bien à son aise, de leur donner une fille qui pouvoit leur attirer de la protection : madame de Vancy alla aux Ursulines de Saint-Germain, où elle demeura plusieurs années ; nous lui donnâmes huit cent livres de pension. Dans la suite, elle trouva que l'air de Saint-Germain lui étoit contraire, ce qui obligea à la mettre à Paris ; dans un couvent qui s'appelle Notre-Dame-de-Bon-Secours, rue Charonne, faubourg Saint-Antoine, où elle demeura simple particulière jusqu'à sa mort, qui arriva longtemps après. Les deux autres firent profession dans les couvents où elles allèrent ; madame de Montfort aux filles de Sainte-Marie de Melun, et madame de la Villeneuve à Tours, dans le même institut. Nous leur donnâmes à chacune six mille livres de dot. Il y avoit encore madame d'Ausy, dont j'ai déjà parlé, qui depuis longtemps s'ennuyoit de son état. Elle n'avoit jamais eu une véritable vocation, et étoit si jeune quand elle fit ses vœux simples, qu'on prétendoit qu'elle n'avoit pas seize ans accomplis, et elle disoit qu'elle n'avoit pas trop su ce qu'elle faisoit quand elle s'étoit engagée : c'est pourquoi on jugea que, n'étant pas bien appelée, il falloit la mettre en liberté, puisque cela se pouvoit. Mgr. de Chartres fit sur cela ce qui étoit nécessaire, et ne voulut lui donner les dispenses qu'au jubilé qui échut cette année-là à cause de l'élection d'un nouveau Pape : c'est pourquoi elle demeura quelques mois avec nous au noviciat, et s'y comporta aussi bien que si elle eût voulu passer aux vœux solennels. Le jour de son départ, elle sortit sans dire adieu à personne. Elle fut d'abord aux Cordeliers à Paris, où nous lui payâmes pension, et, au bout de cinq ou six mois, elle se maria, de l'agrément de madame de Maintenon, à un conseiller de Valence, qui l'emmena avec lui dans ce pays-là, et avec qui elle n'a pas été fort heureuse ; plusieurs années après, il la laissa veuve avec quatre enfants et sans biens : nous lui donnâmes six mille livres pour sa dot, dont je crois qu'elle n'a rien retiré. Voilà celles qui sortirent ; tout le reste des dames demeura ferme ; nous continuâmes de nous occuper de nos règlements, cérémonial et usage. Lorsqu'on y faisoit quelque changement considérable ou qu'on vouloit nous prescrire de nouvelles lois, on ne le faisoit pas sans le consentement de celles qui avoient fait les vœux simples ; quand on étoit de sentiment partagé, on prenoit les voix, et le côté qui en avoit le plus l'emportoit. De même Mgr. de Chartres n'arrêtoit aucune constitution ou règlement qu'il ne l'eût lu à toutes les dames des vœux simples et entendu leur sentiment; à quoi, il est vrai, qu'il n'avoit pas toujours égard, ni madame de Maintenon ; nous regardant l'un et l'autre comme de jeunes personnes qui n'étoient pas encore assez expérimentées pour bien juger des choses; mais ils ne laissoient pourtant pas de se rendre à plusieurs de nos représentations, et de réformer plusieurs articles sur nos observations. Après que nous eûmes fait six mois de noviciat, on nous mit toutes en charge, tant pour nous exercer qu'afin que nous essayassions, les unes et les autres, des nouveaux règlements; on ne nous y laissoit guère qu'un mois, puis on nous changeoit; ainsi nous passâmes dans la plus grande partie des offices sans les bien connoître, et sans avoir le loisir de remarquer suffisamment si les règlements étoient praticables. Cependant l'année de notre noviciat étant près de sa fin, Mgr. de Chartres, madame de Maintenon et Messieurs des Missions étrangères s'assemblèrent avec les mères de Chaillot pour faire le choix de celles qui devoient les premières faire profession de vœux solennels. Madame de Loubert auroit dû être de ce nombre, car elle s'étoit très-bien conduite dans le noviciat; elle n'avoit fait qu'augmenter en mérite et en vertu; mais elle ne voulut pas passer outre, et demanda à demeurer dans les vœux simples, sans sortir de la maison. Cela étoit d'autant plus faisable, qu'en quelque état qu'elle fût demeurée ici, elle y devoit être toujours fort utile, et, pour l'extérieur, il n'y avoit aucune différence entre elle et nous; car nous ne prîmes pas l'habit religieux. Le Roi, en consentant aux vœux solennels, avoit toujours donné l'exclusion à cet habit qu'il n'aimoit point : on ne changea rien au nôtre que d'en allonger les manches, d'avoir une coiffure encore plus modeste que la première, et d'accourcir la queue de notre manteau d'église, qui étoit de trois quarts de long : on la réduisit à une demi-aune. Comme cet habit étoit fort grave et fort modeste, il auroit pu passer pour celui d'un nouvel institut, qu'il n'auroit pas été nécessaire de changer si on n'avoit pas fait les réflexions que nous verrons dans la suite.

On accorda donc à madame de Loubert de demeurer dans les vœux simples, et on partagea par bandes toutes les qui persistèrent à vouloir faire les vœux solennels, qu'on jugea à propos d'y admettre ; la première bande composée de six, savoir : mesdames sœurs du Pérou, Saint-Aubin, de Fontaines, de Gautier, de Saint-Pars et [la] Tour; ensuite on nous mit toutes en retraite, tant [la] première bande que les autres qui ne devoient faire [pr]ofession qu'après. Nous fîmes cette retraite en hiver, au [m]ois de décembre, dans un temps fort rude, et nous ne [a]vions presque pas de feu, car la mère Marie-Constance, [q]ui étoit très-mortifiée, et vouloit aussi nous accoutumer [à] la mortification, n'en faisoit guère allumer que le soir [a]u noviciat. Notre retraite se passa presque tout entière [a]u parloir, à la réserve de quelques heures d'oraison et [de] lecture, parce que Mgr. de Chartres voulut encore [n]ous relire nos constitutions et règlements en présence [de] madame de Maintenon, de Messieurs des Missions [é]trangères et des mères de Chaillot, afin de voir si nous [n]'y trouvions rien que nous ne fussions résolues d'observer, et si nous n'aurions plus rien à objecter à l'égard [des] constitutions et des règlements généraux. On n'eut pas [grand']chose à dire, parce qu'on y avoit déjà touché à diverses reprises. Pour les règlements des offices, ils venoient d'être nouvellement réformés par la mère Marie-Constance, nous n'en avions pas assez essayé pour voir [s]ils seroient bien praticables ; cependant madame de [M]aintenon desiroit qu'ils fussent arrêtés avant notre profession, afin que nous nous tinssions plus obligées à les observer, et pour prévenir les changements dont elle étoit lasse ; ayant déjà employé tant de temps et fait tant d'épreuves qui n'avoient abouti à rien. Ainsi on agita [b]eaucoup dans notre retraite si on les arrêteroit ou non. Une partie de la communauté vouloit bien qu'on les arrêtât, voyant que c'étoit le sentiment de madame de Maintenon ; les autres croyoient, avec quelque raison, qu'il falloit en essayer davantage avant d'y mettre la dernière main, afin de pouvoir s'assurer qu'ils n'avoient rien d'embarrassant. On nous fit opiner les unes après les autres à genoux : Mgr. de Chartres avoit un notaire apostolique dans le parloir du dehors, qui écrivoit les questions qu'on nous faisoit et nos réponses. Quand nous eûmes toutes parlé, Mgr. de Chartres, voyant les avis partagés, jugea sagement qu'il étoit bon d'un côté d'arrêter ces règlements pour nous engager à les suivre avec plus de fidélité, afin d'en mieux connoître la facilité ou les difficultés; mais il ne voulut le faire que par provision, pour un an, afin qu'on pût avoir la liberté d'y faire les changements qui paroîtroient dans la suite être nécessaires au bien des charges. A l'égard des constitutions, elles furent arrêtées définitivement parce qu'on crut les avoir mises en tel état qu'on n'auroit plus à y retoucher, l'ayant fait tant de fois à diverses reprises. Elles ne différoient guère des anciennes qu'en ce qu'elles prescrivoient le lever à cinq heures au lieu de six; d'avoir son voile baissé au parloir devant les hommes ; de n'y pouvoir être plus de trois quarts d'heure sans permission, d'y avoir des accompagnantes ; le grand silence; de s'entr'appeler, ma Sœur au lieu de Madame ; la grande séparation des demoiselles quand on n'est pas auprès d'elles; les surveillantes et quelques autres articles d'une plus grande perfection. On ne donna pas plus de jeûne et de mortification, parce que Mgr. de Chartres et madame de Maintenon étoient persuadés que l'application des classes et des autres charges avoient, par elles-mêmes, assez de quoi fournir à la mortification, si on s'en acquittoit bien ; et ils ne voulurent pas nous surcharger, de crainte qu'en prenant trop sur nous, nous fussions moins en état de satisfaire à nos principales obligations, qui demandent de la santé et de la force; mais cependant, pour marquer l'estime qu'ils faisoient de la mortification qu'ils regardoient comme un grand moyen de perfection, ils ont laissé la liberté d'en demander à la Supérieure qui, selon eux, doit être réservée à en accorder.

CHAPITRE XXIII.

Profession des premières dames. — Election d'une supérieure. — Départ de la mère Priolo. — Le Quiétisme se réveille. — Maladie de la mère Marie-Constance.

Sur la fin de notre retraite, toutes choses étant conclues comme je viens de le dire, on ne songea plus qu'à nous faire faire profession ; madame de Maintenon prit la peine de se trouver elle-même à la répétition de notre cérémonie. Ce fut M. Tiberge qui la disposa et qui nous la fit répéter dans le chœur, lui étant à la grille du dehors ; madame de Maintenon la trouva fort bien, et c'est la même qu'on observe présentement. Le dernier jour de la retraite, nous répétâmes encore pendant la récréation du soir devant M. Tiberge qui étoit, pour ainsi dire, comme un maître de cérémonie, tout occupé du desir que cela allât bien. Ce soir-là même, on nous fit demander à genoux les prières de la communauté et la bénédiction de la Supérieure, comme il fut toujours observé depuis. Le lendemain, onzième de décembre 1693, la cérémonie des six premières dames se fit et commença à neuf heures du matin. Mgr. l'évêque de Chartres fut le célébrant, et M. l'abbé Tiberge le prédicateur ; il nous fit un très-beau sermon que nous avons ici par écrit, et qui se garde à la bibliothèque, dont le texte est pris de ces paroles de l'Apocalypse. « Celui qui étoit assis sur le trône dit : *Voici que je donne à toutes choses une face toute nouvelle.* » Ces paroles étoient très-convenables dans une action qui alloit faire prendre une nouvelle forme à notre institut, aussi traita-t-il cette matière d'une façon merveilleuse. Madame de Maintenon donna le voile aux nouvelles professes avec la mère Priolo. On avoit préparé une très-belle musique composée par M. Niver, et c'étoient des mots tirés du Cantique des Cantiques, et commençant par ces paroles : *Adjuro vos, filiæ Jerusalem.* Cette musique se chanta durant la messe; elle étoit si tendre et si touchante, qu'après qu'on l'eut chantée encore sept ou huit fois aux professions de celles qui nous suivirent, madame de Maintenon ne voulut plus qu'on la chantât, disant que ces beaux chants si touchants ne nous convenoient pas, par les raisons qu'elle marque dans une lettre qu'elle écrivit à la maîtresse du chœur, et que je mettrai ci-après, afin qu'on soit instruit de ce qu'elle pensoit sur ce sujet. Après la cérémonie, nous allâmes dans la salle de communauté, où madame de Maintenon et les mères de Chaillot nous firent beaucoup d'amitié; ensuite il ne se passa rien de remarquable jusqu'au premier jour de janvier 1694, que la seconde bande fit aussi profession. Elle étoit composée de sept, qui furent mes sœurs de Roquemont, de Buteri, de Blosset, de Veillant, de Berval, de Montalambert et de Salse. Tout se passa comme la première fois, Mgr. de Chartres étant officiant et M. Tiberge prédicateur.

Le troisième de mars, mes sœurs de Radouai et de Montaigle firent profession de la même manière.

Le vingt-neuvième d'avril, ma sœur de la Maisonfort.

Le neuvième de décembre de la même année, mes sœurs

de Bonjeu, de Sailli, de Fort, de Runcourt et de Champigni. Les sœurs converses professes des vœux simples firent aussi profession des vœux solennels, les unes après les autres, en cette même année, à la réserve de quelques-unes qu'on n'y voulut pas admettre, et d'autres qui aimèrent mieux aller ailleurs se faire religieuses. Il y en eut une qui fut aux Carmélites de Guingans et une autre à celles de Gisors, une autre aux Bernardines de Lyon et une autre dans un couvent de Bénédictines ; toutes firent profession ; la maison paya leur dot, et il me semble qu'on leur donna à chacune quinze cents livres ou même deux mille francs ; celles qui firent profession ici furent ma sœur Marthe, ma sœur Barbe, ma sœur Ludier, ma sœur Prévost, ma sœur Marie. Les autres sœurs qui firent profession dans la suite n'avoient point été des vœux simples, il y en avoit de celles-là qui n'étoient encore que postulantes quand nous fîmes nos vœux solennels, comme ma sœur Catherine, ma sœur Anne, ma sœur Pérégrine. Ma sœur Jeanne Monique demeura dans les vœux simples et ne fit profession qu'après plusieurs années.

Peu de temps après que les premières bandes eurent fait profession, on nous remit dans les charges, et on remplit le noviciat de la plupart des Noires qui les avoient exercées durant notre absence; on y joignit quelques demoiselles de la grande classe et des filles du dehors qui se présentèrent. Ces noires qu'on mit au noviciat furent mesdemoiselles de Glapion, de Laigni, de la Rosière, de Fauquenbergue, de Cuves, de Beaulieu, de Vandam, de Veillenne, de Baudart, de Lastic ; et il y en eut encore d'autres qui les suivirent quelque temps après, et de temps en temps il en venoit de nouvelles, soit du dedans, soit du dehors ; notre mère Hallé fut de ce nombre ; cela fit presque un aussi gros noviciat que le précédent, et il augmentoit tous les jours parce qu'on se hâtoit d'essayer de tous les sujets qui témoignoient avoir de la vocation afin de pouvoir choisir les meilleurs, tandis que nous avions une maîtresse de novices aussi capable d'en juger et de les former que l'étoit la mère Marie-Constance.

Au mois de janvier 1694, Mgr. de Chartres, madame de Maintenon et Messieurs des Missions étrangères avec les mères de Chaillot, firent choix d'une supérieure et des principales officières, car madame de Maintenon vouloit nous voir en fonction afin que nous pussions apprendre, sous les mères, à bien faire nos charges d'une manière religieuse.

Quoique nous ne fussions plus regardées comme novices, nous fûmes pendant quatre ans sans être vocales et sans pouvoir rien délibérer : c'étoit Mgr. de Chartres et madame de Maintenon avec Messieurs des Missions étrangères qui déterminoient de tout; mais ils en usoient avec tant de bonté, de considération, qu'ils ne laissoient pas de nous donner part à tout, et de vouloir savoir nos sentiments dans les cas importants, et même dans ceux de moindre conséquence. Lors donc qu'ils voulurent nommer une supérieure, la mère Priolo nous demanda à chacune en particulier, de la part de Mgr. de Chartres et de madame de Maintenon, sur qui nous jetterions les yeux, et que nous croirions être la plus propre à remplir cette place; nous lui nommâmes toutes ma sœur de Fontaines. Elle en étoit en effet très-digne et très-capable, ayant beaucoup de sagesse, d'activité et de vertu, et par-dessus cela elle avoit encore le mérite d'être fort goûtée de madame de Maintenon, qui avoit connu son bon esprit dans l'emploi de maîtresse des Bleues et de maîtresse générale. Nous crûmes ne pouvoir rien faire de mieux que de porter notre choix de son côté. Quand Mgr. de Chartres et madame de Maintenon surent les dispositions de la communauté à son égard, qui étoient conformes à leur vue, le prélat fit dresser des provisions pour elle et pour les autres officières qui devoient composer le conseil; et ayant pris jour avec madame de Maintenon pour la déclarer supérieure, il le fit, la communauté étant assemblée au chœur et lui à la grille du dehors, accompagné de Messieurs des Missions étrangères. Madame de Maintenon étoit au dedans avec les mères de Chaillot; nous nous rangeâmes proche la grille. Alors la mère Priolo se déposa; Mgr. de Chartres lui donna beaucoup de louanges et lui fit de grands remerciments de tout le bien qu'elle avoit fait ici; puis, s'étant retiré à sa place, il nous fit une courte exhortation pour nous inspirer d'honorer, de respecter, d'aimer et d'obéir à celle qu'il alloit nous donner pour supérieure ; et à la fin il nomma ma sœur de Fontaines. Aussitôt les mères la firent mettre à genoux au milieu de l'assemblée, Mgr. de Chartres lui dit quelques paroles de piété et d'encouragement sur le fardeau qui lui étoit imposé ; elle marqua assez par ses larmes qu'elle n'acceptoit pas cette charge avec joie. Mgr. de Chartres lui donna les marques de la supériorité, qui sont la croix particulière de la supérieure, le sceau de la maison et les clefs de la porte de clôture, cérémonie qu'on a observée depuis à toutes les élections ; ensuite on la conduisit sur le prie-dieu qui étoit préparé au milieu du chœur, après quoi on ouvrit les portes de l'église et on fit entrer les demoiselles à qui Mgr. de Chartres déclara qu'elles avoient pour supérieure ma sœur de Fontaines, et leur enjoignit de lui obéir. Elle fit aussitôt après sa profession de foi et le serment de fidélité, ensuite on la conduisit au bas du chœur où il y avoit un fauteuil placé au milieu, dans lequel on la fit asseoir. Toute la communauté vint alors lui baiser la main, pendant qu'on chantoit le *Te Deum* comme il se pratique aujourd'hui ; toutes les demoiselles observèrent aussi ce qui est prescrit dans cette occasion ; de là on l'installa dans la chaise de la supérieure, et après qu'elle fut sortie du chœur, elle vint dans l'appartement de madame de Maintenon où nous lui témoignâmes plus particulièrement la joie que nous avions de lui être soumises. Sur le soir de cette journée, on nous fit appeler au parloir d'en haut: c'étoit celui de madame de Maintenon, qui avoit son appartement tout auprès ; nous y trouvâmes Mgr. de Chartres, madame de Maintenon et Messieurs des Missions étrangères : le prélat nous dit qu'il nous avoit fait appeler pour nommer les conseillères, et après nous avoir fait un petit discours sur ce sujet, il nomma assistante ma sœur du Pérou, et maîtresse des novices ma sœur Marie-Constance. Elle ne fut pourtant pas comptée au nombre des conseillères en titre, quoiqu'elle fût toujours la plus autorisée dans le conseil où l'on étoit bien aise d'avoir son avis sur tout ce qui se proposoit ; on nomma pour simple conseillère ma sœur Saint-Aubin qu'on destinoit pour être maîtresse des novices dans la suite, et qu'on étoit bien aise qui apprît à bien faire cette charge sous ma sœur Marie-Constance, c'est pourquoi elle suivoit le noviciat et en fut première surveillante ; pour maîtresse générale on nomma ma sœur du Tour, et pour dépositaire ma sœur de Veillant. A mesure qu'on en nommoit, Mgr. de Chartres nous donnoit nos commissions par lesquelles il nous commettoit et autorisoit dans l'exercice de ces charges pour un an seulement, se réservant de nous changer ou de nous continuer à la fin de ce temps s'il le jugeoit à propos ; il n'y avoit que celle de la supérieure qu'il autorisoit pour trois ans, et ces formalités étoient nécessaires pour la validité des affaires que nous ferions, à cause que nous n'étions pas vocales.

Quelques jours après, madame de Maintenon avec la supérieure et les mères de Chaillot mirent dans les charges le reste des dames qui avoient fait profession et en parlèrent au conseil auparavant; madame de Loubert, qui n'avoit pas voulu faire des vœux solennels et qui étoit pourtant très-capable et de bonne volonté pour se rendre utile à la maison, ne demeura pas sans emploi. On la nomma première maîtresse des Bleues, les autres remplirent toutes les autres charges.

Le temps de la visite annuelle échut après tout cela. Mgr. de Chartres la fit à l'ordinaire, et à la fin du chapitre, notre mère de Fontaines le supplia d'engager madame de Maintenon à se regarder toujours comme notre première supérieure, et à continuer de nous gouverner comme elle avoit eu la bonté de le faire jusque-là. Mgr. de Chartres lui répondit que sa demande étoit trop juste et trop nécessaire au bien de la maison pour qu'il ne fît pas ce qui dépendoit de lui afin qu'elle fût reçue favorablement, et sur-le-champ, se tournant vers madame de Maintenon, il la pria de nous accorder cette grâce, lui disant que quoiqu'elle n'eût pas besoin de ces pouvoirs, étant d'ailleurs suffisamment autorisée, sachant pourtant que son respect pour l'Eglise l'empêcheroit de le croire si elle n'avoit mission du pasteur, il la lui donnoit tout entière; qu'il savoit combien elle avoit fait déjà de fruit dans cette maison, qu'il n'en espéroit pas de moindre à l'avenir, et qu'il étoit persuadé que ce seroit le plus grand mal qu'il nous pût arriver, si elle venoit à nous retirer son application, ses lumières, ses conseils, et tout ce que Dieu lui avoit donné de grâces pour notre maison. Puis, nous adressant la parole, il nous fit admirer notre bonheur d'avoir un tel soutien, et nous exhorta à ne nous en rendre pas indignes, mais à faire en sorte, par notre conduite, notre soumission, notre respect et notre attachement, de nous le conserver autant qu'elle vivroit. Madame de Maintenon se leva, et d'un air humble et modeste, lui répondit : C'est, Monsieur, leur affection pour moi qui leur fait demander cela comme une chose en quoi elles croient que je pourrai leur être utile ; jusqu'ici j'ai cru que le soin du temporel étoit mon partage et à quoi je devois me borner, m'estimant très-incapable de ce qui concerne le spirituel ; mais si vous, Monsieur, qui êtes le maître du temporel et du spirituel, jugez à propos de me charger de l'un et de l'autre, je reçois votre ordre avec la soumission que je vous dois. Nous témoignâmes assez par notre air que le discours du prélat et l'acceptation de madame de Maintenon étoient très-conformes aux dispositions de notre cœur, et que nous n'avions pas compté que les choses pussent être autrement, ce que nous marquâmes encore mieux à madame de Maintenon et à lui quand ce chapitre fut fini, car nous n'avions pas osé parler auparavant. Tout ceci cependant avoit été concerté entre eux et la mère supérieure ; madame de Maintenon ayant été bien aise d'être encore autorisée par la mission du prélat en présence de la communauté.

La mère Priolo ayant donné, pendant quelques mois, ses instructions à la nouvelle supérieure, elle songea à s'en retourner à Chaillot parce que étant encore supérieure de cette maison, sa présence étoit nécessaire et son triennat devoit bientôt finir ; madame de Maintenon ne voulut pas qu'elle nous quittât sans lui donner une grande marque de sa considération et de son contentement ; elle engagea le roi à venir ici, et il s'y prêta avec beaucoup de bonté, étant bien aise de témoigner lui-même à ces mères combien il étoit satisfait du service important qu'elles avoient rendu à cette maison, en contribuant à son affermissement. Il vint un dimanche, jour où tomboit la fête de saint François de Sales, et afin de leur faire plus d'honneur et de plaisir, il envoya devant lui la musique composée de plusieurs instruments et de voix ; elle se plaça dans l'église du dehors, proche la grille du chœur. Le roi arriva à l'heure de vêpres, qu'il entendit dans sa tribune. Nous n'en n'avions jamais eu de si belles : le chœur du dedans chantoit un psaume à l'ordinaire, et la musique du roi un autre, et ainsi alternativement jusqu'à la fin. Après les vêpres nous allâmes nous ranger dans la salle de communauté ; madame de Maintenon y amena le roi qui y fut assez longtemps, il nous fit asseoir, comme il avoit toujours coutume de faire, et gracieusa beaucoup la mère Priolo, lui témoignant son contentement de tout ce qu'elle avoit fait ici. Il fit aussi compliment à notre supérieure, lui disant qu'il jugeoit de sa capacité par le choix que Mgr. de Chartres, madame de Maintenon, les mères de Chaillot et toute la communauté avoient fait d'elle, et qu'il ne doutoit point qu'elle ne soutînt l'estime que l'on avoit pour la vertu et la régularité ; qu'il lui recommandoit la fermeté à faire observer tout ce qui se venoit d'établir, qu'à la fermeté il falloit joindre la douceur ; qu'il espéroit que ces dames de leur côté feroient connoître, par leur soumission et leur obéissance, que c'est de bon cœur et avec une parfaite liberté qu'elles se sont faites religieuses, et qu'elles ne se contenteront pas d'être religieuses de profession, mais qu'elles vivront de manière à persuader qu'elles sont de très-parfaites religieuses. « Il faut, ajouta-t-il, que chacune soit parfaite dans son état. » Il marqua ensuite être très-content de tout ce qui s'étoit fait, tant par le général que par les particulières ; il parla du dessein que l'on avoit eu d'abord de n'avoir que trente-six dames de chœur, mais qu'il comprenoit que ce n'étoit pas assez pour faire toutes les charges, parce qu'il étoit beaucoup meilleur que les dames se servissent elles-mêmes que de se faire servir dans leurs emplois ; que non-seulement les choses en étoient mieux faites, mais qu'il est plus convenable à une personne consacrée à Dieu de pratiquer l'humilité que de commander. Il recommanda le bon choix des sujets pour l'avenir, répétant plusieurs fois qu'il ne faut qu'un mauvais esprit pour gâter tout le bien qu'on a fait ici, et pour perdre une communauté entière. « Il ne faut jamais avoir de complaisance en ces sortes de choses, ni égards ni considérations ; un esprit mal fait me fait peur partout. » Le roi parut fort aise de voir du nombre des religieuses de Chaillot la mère Claire Angélique de Beauvais, que j'ai oublié de dire qui étoit venue quelque temps après les autres mères pour soulager la mère Priolo. Elle étoit sa secrétaire, c'étoit une fille d'esprit, qui avoit été à la Cour et favorite de la reine mère Anne d'Autriche. Le roi l'avoit fort connue, et il marqua bien qu'il s'en souvenoit par la manière dont il la gracieusa et les choses obligeantes qu'il lui dit, entre autres sur ce qu'elle lui témoigna être charmée de l'avoir entendu si bien parler sur les devoirs des religieuses. Il lui dit que quand elle voudroit il auroit une conférence avec elle, à laquelle il ne seroit pas nécessaire de se préparer parce qu'elle la soutiendroit fort bien. « Mais pour en faire une en public, je ne suis pas propre, dit-il, à une pareille expédition. » La mère de Beauvais, s'humiliant à son ordinaire, dit qu'elle n'étoit ici qu'un sujet de scandale. « De scandale, répartit le roi, si cela étoit vous n'auriez pas acquis l'estime que l'on a pour vous, non-seulement dans votre maison, mais partout ailleurs. Et adressant la parole à la mère Priolo : « On peut dire d'elle, dit Sa Majesté, que sa vocation a été bonne puisque rien ne l'a obligée à se faire religieuse ; on ne dira pas qu'on l'a forcée de l'être, la reine ma mère l'en a empêchée longtemps, et elle a bien soutenu ce qu'elle a bien commencé. Puis le roi regardant monseigneur le maréchal de Noailles qui étoit présent, et la mère Priolo, dit : « Il est tout Priolo Noailles. » C'est qu'il avoit parlé au roi du père de cette mère comme d'un homme d'esprit, et de son histoire en latin, que « je n'entends point dit le Roi ; vous le savez, s'adressant à la mère de Beauvais, car je suis un ignorant. » Il dit aussi à la mère Priolo : « Ma mère, il ne faut plus vous appeler de ce nom, vous êtes ma sœur la déposée ; » et ajouta : « Je sais les peines que vous vous êtes données pour mettre ici les choses dans une plus grande perfection, et combien vous avez sujet d'être contente de ce grand ouvrage. » Puis, en regardant madame de Maintenon, il dit : « J'espère que quoiqu'elle s'en aille bientôt elle n'abandonnera jamais Saint-Cyr, elle y aimera toujours le bien qu'elle y a fait. » La communauté témoigna qu'elle la respecteroit, qu'elle l'aimeroit aussi toujours comme leur mère. Madame de Maintenon prit la parole et fit les honneurs de cette supérieure déposée et de ses sœurs en des termes et des manières qui ne se peuvent bien exprimer. Le Roi, dans la suite du discours, parla d'une religieuse de la Visitation de Lyon, qu'il avoit vue mourir étant dans cette ville, et de laquelle un évêque qui l'avoit confessée rendit témoignage qu'elle n'avoit pas matière d'absolution. Il dit que c'étoit là le vrai bonheur de se donner à Dieu dès ses premières années. Le roi fit aussi un compliment à la mère Marie-Constance sur les soins qu'elle prenoit des novices, à quoi elle répondit qu'elle souhaitoit de pouvoir rendre ses services d'une manière qui fût agréable à Dieu et à Sa Majesté. Il répondit qu'elle en étoit très-capable ; enfin il s'en alla laissant ces mères comblées de ses bontés aussi bien que nous, à qui il n'en donna pas de moindres marques, car il étoit très-content de tout ce que nous avions fait pour l'affermissement et la solidité de notre institut, et de la docilité avec laquelle nous étions entrées dans tout ce qu'on avoit voulu. Fort peu de temps après cette visite du roi, la mère Priolo s'en alla à Chaillot avec la mère de Beauvais. La veille de son départ, elle nous assembla toutes et nous fit une exhortation fort touchante sur la fidélité qu'elle desiroit que nous eussions à la pratique de toutes les vertus religieuses, et à croître de plus en plus dans les bons sentiments où elle nous avoit vues tout le temps de notre noviciat ; elle nous donna des préservatifs contre les défauts qu'elle craignoit qui se glissassent parmi nous, s'humilia de ceux qu'elle croyoit avoir fait paroître en elle ; nous remercia de la soumission, dépendance, confiance et bonnes manières que nous avions eues à son égard, et nous promit que nous aurions toujours grande part à son amitié et à ses prières. Chacune de nous s'efforça de lui témoigner bien de la reconnoissance et de l'attachement en général et en particulier. Le lendemain, après la messe de huit heures, elle nous dit un adieu fort tendre, elle nous embrassa toutes ; nous versâmes des larmes de part et d'autre, et la reconduisîmes à la porte de clôture où un carrosse l'attendoit avec mademoiselle de la Mothe qui l'étoit venue quérir. La communauté fut charmée de la revoir et la reçut avec de grands témoignages d'affection et de joie.

Madame de Maintenon ne se trouva pas à cet adieu, mais elle lui avoit fait le sien en particulier d'une manière dont elle dut être contente, car elle l'estimoit fort, et se sentoit obligée du bien qu'elle avoit fait ici ; aussi protégea-t-elle ses parents et sa maison de Chaillot, selon les desirs de cette mère, et même elle fit plusieurs choses à l'avantage des autres couvents de son ordre, à la prière qu'elle lui en fit ; et la mère Marie-Constance qui demeura avec nous et sa compagne encore six ans, pendant lesquels elle nous forma de bons sujets, écarta ceux qui ne nous convenoient point, nous aida de ses conseils, de ses lumières, et nous donna l'exemple de toutes les vertus aussi bien que ma sœur Marie-Elisabeth.

Après le départ de la mère Priolo, comme nous venions d'être nommées dans les charges, nous nous appliquâmes à en exercer les règlements ; nous travaillâmes encore à notre cérémonial et à nos usages qui n'étoient qu'ébauchés. Nous passions assez souvent bien du temps au parloir avec M. l'abbé Tiberge pour régler le cérémonial, à quoi il avoit la bonté de donner autant d'application que si c'eût été un bel ouvrage. A mesure que nous voulions mettre en pratique les règlements des offices qui n'avoient été arrêtés que par provision, comme je l'ai dit, nous y trouvâmes des difficultés qui nous parurent dignes d'être représentées, pour ne nous pas lier à des choses qui nous auroient toujours embarrassées. Mgr. de Chartres nous permit d'y faire nos observations et même de les écrire pour les mettre plus au net : cela nous obligea à les repasser tous et à les revoir plusieurs fois. Il en fallut faire autant de plusieurs articles des règlements généraux ; il y avoit aussi quelques endroits des constitutions très-contraignants ; tout cela nous donna des affaires et nous occupa plus d'une année, d'autant plus que nous ne pouvions faire aucun changement sans Mgr. l'évêque de Chartres ; il falloit prendre son temps et sa commodité. Nous faisions quelquefois des séances de quatre ou cinq heures avec lui au parloir, et j'en ai vu de huit sans relâche, madame de Maintenon y étant toujours présente ; et au bout de tout cela il falloit souvent recommencer, parce qu'on trouvoit tous les jours quelque chose ou de meilleur à faire, ou à retrancher, ou à retourner autrement qu'elles n'étoient ; parce qu'on cherchoit à ne rien prescrire que ce qui étoit plus praticable, et pour réussir on faisoit souvent des essais avant de se fixer. Tout le triennat de notre mère de Fontaines se passa presque à cela sans qu'on eût beaucoup avancé; la mère Marie-Constance étoit toujours avec nous à toutes ces révisions, et nous fut d'un grand secours pendant les six années qu'elle demeura ici; notre mère de Fontaines ne faisoit presque rien sans la consulter. Cette supérieure répondit parfaitement aux espérances qu'on en avoit conçues, par un gouvernement sage et religieux, appliqué, pieux et rempli de bonté et de charité pour nous toutes. Le quiétisme se réveilla sous son triennat; mes sœurs du Tour et de la Maisonfort n'étoient pas aussi revenues sur cela qu'on l'avoit cru, et M. l'abbé de Fénélon, qui étoit un peu imbu de ces opinions, contribuoit à les entretenir dans cet esprit, car il venoit assez souvent ici, et dirigeoit en particulier madame de la Maisonfort. Mgr. de Chartres et madame de Maintenon, qui le tenoient pour leur ami, savoient bien qu'il avoit des expressions un peu semblables à celles des Quiétistes, dans ses discours et dans ses écrits de piété; mais ils les prenoient pour des paroles d'une personne bien pénétrée de l'amour de Dieu, qui poussoit la perfection de cet amour fort loin, et qui n'avoit pas le loisir de réfléchir assez sur les conséquences des maximes qu'il avançoit. Ils s'étoient persuadés qu'il n'en étoit pas moins soumis et fidèle à l'Église, c'est pourquoi ils lui laissoient dire ce qui lui plaisoit sans en prendre aucun ombrage, persuadés qu'ils étoient de ses bonnes intentions. Madame de Maintenon surtout le goûtoit fort; cependant, comme elle étoit très-clairvoyante et qu'elle avoit tant entendu parler contre les maximes qu'il donnoit, cela la mit sur la fin en quelque perplexité; elle consultoit Mgr. de Chartres sur certaines lettres spirituelles qu'il lui écrivoit, qui sont encore dans les petits livres qui nous sont restés d'elle.

Mgr. de Chartres avouoit qu'il y avoit dans ces lettres quelque chose qui ressembloit un peu aux maximes quiétistes, mais il l'attribuoit à un esprit délié et subtil qui prend la quintessence des matières sans les approfondir par des principes solides, mais qui ne faisoit rien au fond à la pureté de la foi. Ainsi il répondit à madame de Maintenon avec beaucoup de ménagements pour cet abbé, lui faisant voir néanmoins ce qu'il y avoit à prendre ou à laisser dans ce qu'il lui écrivoit ou lui disoit : et cela est fort bien marqué dans les petits livres que nous avons ici.

Cependant le Quiétisme faisant toujours du bruit dans l'Eglise, le pape le condamna par une bulle que nous avons dans notre bibliothèque, avec beaucoup de mandements que les évêques de France firent en conséquence de cette bulle ; Mgr. de Chartres nous donna bon nombre des siens, où l'on voit en détail toutes les absurdités contenues dans le *Moyen court et facile*, dans l'*Explication du Cantique des Cantiques*, ouvrages de madame Guyon, et dans un manuscrit qui étoit aussi d'elle, et qui avoit pour titre les *Torrents*. Il n'y a rien qui fasse mieux connoître jusqu'où peut aller l'illusion et combien on doit craindre d'y tomber. Ce prélat voulut ainsi que madame de Maintenon que nous eussions ici tout ce qui proscrit cette erreur et qui en fait voir le danger, afin que ce fût un préservatif contre de pareilles nouveautés ou autres. Ce qu'on nous disoit continuellement contre le quiétisme ne fit point d'effet sur celles qui avoient tant de goût pour les maximes de madame Guyon ; elles croyoient qu'à cause qu'elles ne donnoient pas dans les extrémités odieuses où le quiétisme entraîne, il n'y avoit rien à redire à leurs sentiments, et que tout ce qu'on faisoit pour les combattre devoit être regardé par elles comme des tentations que l'ennemi leur suscitoit par les gens de bien, et qu'elles estimoient davantage, pour leur faire perdre avec plus d'adresse l'esprit de prière, et l'amour qu'elles pensoient avoir pour cet exercice. Les choses étoient en cet état, lorsque l'archevêché de Cambrai vint à vaquer. Le Roi, qui ne se doutoit point qu'il y eût rien sur le compte de M. l'abbé de Fénélon, qui dût l'empêcher de l'élever aux dignités, le nomma pour remplir cette place, ayant pour lui beaucoup d'estime. Ce ne fut pourtant pas sans que madame de Maintenon, qui ne laissoit pas d'avoir quelque soupçon de ses sentiments, n'eût auparavant consulté monseigneur de Meaux et monseigneur de Chartres, pour savoir si elle ne devoit point communiquer ses soupçons au Roi. Ces prélats ne le lui conseillèrent pas, ne doutant nullement que leur ami ne fût dans le fond très-attaché à la doctrine de l'Eglise, et, comptant pour peu de chose les lueurs qu'on croyoit avoir vues du contraire ; au moins ils pensèrent qu'il ne seroit pas difficile de le ramener, parce qu'ils étoient persuadés de sa candeur, de sa sincérité, de sa bonne foi et de la confiance qu'il avoit en eux ; et ils pensoient si bien de lui, qu'ils étoient convaincus qu'il n'auroit pas voulu avancer et soutenir opiniâtrément des opinions contraires à celles de l'Eglise, comme il l'a assez fait paraître depuis. De plus ils se flattoient qu'il se rendroit à leur avis au moindre mot, parce qu'ils étoient fort de ses amis. Ainsi ils dirent à madame de Maintenon qu'ils ne voyoient pas d'inconvénient à le laisser nommer, et qu'il ne falloit pas, sur de foibles doutes, le rendre suspect au roi ; outre que les Flamands n'étant pas gens d'une spiritualité fort raffinée, il ne trouveroit guère d'entrée à leur insinuer celle du quiétisme. Il eut donc l'archevêché de Cambrai, et pour marquer à madame de Maintenon sa reconnoissance, il desira d'être sacré dans notre église ; la cérémonie s'en fit un dimanche, messeigneurs de Meaux et de Chartres furent les consacrants :

tout se passa comme au sacre de Mgr. de Chartres, excepté que ni lui ni aucun de ceux qui assistèrent à la cérémonie ne dînèrent ici. Ils furent tous à Versailles, où le nouveau prélat leur donna à dîner.

Tous ceux qui étoient dans les opinions du quiétisme ou qui les favorisoient, se réjouirent beaucoup de voir à leur tête un archevêque qu'ils croyoient de leur parti, madame Guyon surtout, et grand nombre de ses disciples, entre lesquels il y avoit plusieurs personnes de qualités, de distinction et de mérite. Cela les rendit plus hardis à parler plus ouvertement de leurs sentiments ; le bruit qu'ils firent alla jusqu'au roi, qui ignoroit toujours que Mgr. de Cambrai eût quelque part à cette cabale ; mais ayant été bien informé que madame Guyon en étoit le principal ressort, il la fit prendre et mettre à la Bastille. Alors Mgr. de Cambrai se montra hautement son défenseur, et fit un livre qu'il intitula *Maxime des Saints*, qui fut désapprouvé par les doctes et même condamné dans la suite par le Pape. Dès que ce livre fut imprimé, tout le monde le voulut avoir, surtout les amis de l'auteur, et les nouveaux mystiques qui s'efforcèrent de le faire valoir ; il n'étoit question d'autre chose dans les conversations, mais il ne trouva d'approbateurs que parmi ceux qui avoient intérêt à le soutenir. Mgr. de Cambrai ne l'avoit exposé à la censure de personne avant de le donner au public, et ses amis du parti quiétiste en firent hâter l'impression, ce qui put contribuer aux fautes contraires à la foi que des gens éclairés y remarquèrent. Messeigneurs de Meaux et de Chartres et Messieurs des Missions étrangères furent des premiers à s'en apercevoir; ils pressèrent fort Mgr. de Cambrai de se rétracter, mais voyant qu'il n'en vouloit rien faire, les deux prélats ci-dessus nommés écrivirent contre son livre; nos dames tournées au quiétisme se réveillèrent dans cette occasion, elles prirent fortement son parti, et regardèrent ce qui se passoit à son égard comme une persécution, aussi bien que l'emprisonnement de madame Guyon. Cela fut cause qu'elles firent entre elles une petite coterie qui paroissoit assez sensiblement dans la maison; elles se parloient souvent en secret, et s'excitoient à demeurer fermes dans leurs opinions, s'imaginant que l'opposition qu'on y avoit venoit de ce qu'on ne les entendoit pas; elles mettoient Mgr. de Cambrai et madame Guyon au rang des saints qui ont souffert pour la justice. Madame de Maintenon, qui voyoit avec douleur que ce mal ne s'étoit pas seulement conservé dans celles qui en avoient déjà été atteintes, mais qu'elles avoient encore communiqué leur sentiment à d'autres, faisoit ce qu'elle pouvoit pour les ramener: tantôt elle assembloit la communauté pour nous instruire de ce qui se passoit et nous prévenir contre cette nouveauté, nous disant quelques endroits des ouvrages que M. de Meaux fit dans ce temps-là sur ce sujet; tantôt elle nous exhortoit en particulier, les unes à se préserver de cette mauvaise doctrine, et les autres à la rejeter par une soumission humble et respectueuse à l'Eglise et à leur supérieure. Mais elle ne gagnoit pas grand'chose, principalement sur mes sœurs du Tour et de la Maisonfort, qui étoient comme les chefs de ce parti dans la maison, et qui sembloient avoir un bandeau sur les yeux. Il y avoit pourtant de bons moments où elles paroissoient prêtes à croire ce qu'on leur disoit, et à se ranger du bon côté; mais cela ne duroit pas. Dès qu'elles s'étoient parlé, on les trouvoit pires que jamais, de sorte qu'on ne voyoit rien de certain sur leur retour, quoique assurément Mgr. de Chartres et Messieurs des Missions étrangères, aussi bien que madame de Maintenon, n'y épargnassent pas leurs soins et leurs peines, pendant bien du temps, espérant toujours de les gagner à la fin.

Vers ce temps-là la mère Marie-Constance tomba dangereusement malade. On avoit tant d'intérêt à la conserver, qu'on y apporta tous les soins imaginables et tous les secours dont elle put avoir besoin, tant en bon médecin qu'en bon traitement; mais voyant que tout cela ne lui avoit pas apporté le soulagement qu'on auroit voulu, les mêmes médecins jugèrent que l'air de Chaillot lui étoit nécessaire; on l'y fit conduire accompagnée de ma sœur Marie Elisabeth et de quelques autres personnes d'ici propres aux malades. Nous demeurâmes fort tristes et fort fâchées de ce départ, car nous l'aimions fort et nous craignions que sa santé ne se rétablît pas assez pour revenir. Mais peu de temps après qu'elle fut à Chaillot, elle se porta mieux, et recouvra ses forces et sa santé dans l'espace de deux ou trois mois, au bout desquels elle revint avec sa compagne, ma sœur Marie-Elisabeth Lemoine.

CHAPITRE XXIV.

Renouvellement des charges du conseil. — Arrivée de la princesse Adélaïde de Savoie en France et à Saint-Cyr. — Profession de quelques dames et et sœurs. — On se prépare à renvoyer celles qui étoient attachées au Quiétisme.

Lorsqu'un an du triennat de notre mère de Fontaines fut écoulé, monseigneur de Chartres renouvela les commissions des conseillères et n'y changea rien; l'année suivante on nous changea de charges en nous donnant de nouvelles commissions : ma sœur de Saint-Aubin fut assistante, ma sœur du Pérou maîtresse générale, ma sœur de Veillant demeura dépositaire, la maîtresse des novices étoit toujours ma sœur Marie-Constance, ma sœur de Radouai fut conseillère. Le vingt-neuf du mois de juin 1695, ma sœur Halé et ma sœur Marthe firent profession : la première étoit une fille de Paris qui avoit bien du mérite et de la vertu, elle étoit entrée dans le noviciat presque dans le même temps que nous, et avoit pris l'habit avant notre profession, elle avoit bien alors quarante-cinq ans; on verra dans la suite qu'on la jugea digne d'être supérieure. Pour ma sœur Marthe, c'étoit la première professe des sœurs converses qui avoient fait les vœux simples; elle a rendu de bons services à la maison sans s'épargner, elle étoit très-zélée, observatrice du vœu de pauvreté, faisant tout dans ses offices avec ménage et épargne, dans la vue de pratiquer ce vœu, ce qu'elle observoit aussi dans tout ce qui étoit à son usage ; on peut dire que c'étoit une brave sœur converse et très-pieuse. Dans ce temps-là, la princesse Adélaïde de Savoie vint en France pour épouser monseigneur le duc de Bourgogne, héritier présomptif de la couronne, étant petit-fils du roi notre fondateur. Comme elle n'avoit encore que onze ans, il fut bien aise que madame de Maintenon suivît son éducation, ce qu'elle fit avec la bonne foi qui lui étoit naturelle, jointe à la piété et à toute la capacité dont elle étoit capable et à l'intérêt qu'elle prenoit à la maison royale. La première fois que cette princesse vint ici, toute la communauté l'alla recevoir en cérémonie ; notre mère de Fontaines lui fit un compliment qui avoit été dicté par M. l'abbé Tiberge, qui fut trouvé fort beau ; il avoit fait aussi une conversation sur le sujet de son arrivée en France que les demoiselles jouèrent devant elle, dans laquelle il leur faisoit dire des choses fort flatteuses pour elle, et très-propres à lui faire leur cour, aussi parut-elle y prendre plaisir et être bien contente de la réception qu'on lui fit.

Madame de Maintenon s'étant chargée de suivre l'éducation de la princesse à la prière du roi, elle ne voulut pas que l'application qu'elle y donnoit nuisît à Saint-Cyr, c'est pourquoi elle y venoit aussi souvent qu'à l'ordinaire, mais elle l'y amenoit et l'occupoit auprès d'elle, ou lui faisoit suivre les exercices des classes, où cette princesse avoit la bonté de se rendre fort familière ; elle faisoit l'honneur aux demoiselles de se récréer avec elles, mais j'aurai occasion d'en parler plus en détail ailleurs. Le vingt-troisième de novembre, mes sœurs de Laigni, de la Rousière de Glapion et de la Haye, firent profession ; elles furent les premières qui entrèrent au noviciat quand le nôtre fut ni, et s'y comportèrent avec tant de ferveur, de régularité et de piété, que leur réception ne souffrit aucune difficulté. Ces quatre novices étoient fort estimées de la mère Marie-Constance leur maîtresse; la première, qui est ma sœur de Laigni, à cause de son tendre amour pour Dieu, et de son zèle pour les classes, et qu'elle portoit beaucoup les demoiselles à Dieu ; ma sœur de la Rousière, à cause de son humeur égale, gaie et cordiale, sa bonne volonté et sa bonne vocation, son adresse et son intelligence qui l'a rendue capable de se bien acquitter des choses dont elle a été chargée, surtout aux classes, où elle a un grand talent de bien montrer les exercices. Ma sœur de Glapion est si connue par son mérite et les places qu'elle a si dignement remplies, qu'il n'est pas nécessaire de m'étendre ici sur ses louanges, outre que j'en parlerai ailleurs : je dirai seulement que dès le temps qu'elle étoit aux classes, madame de Maintenon l'aimoit et la regardoit comme un sujet qu'elle desiroit pour la maison. Ma sœur de la Haye étoit d'un caractère très-aimable, c'étoit la douceur même, d'une humeur charmante et capable de bien remplir ses charges, elle avoit une très-belle voix qui se fit remarquer à *Esther* quand on la joua devant le roi. Ce fut à la cérémonie de ces quatre dames que l'on chanta pour la dernière fois le mot *et adjuro vos* pris du Cantique des Cantiques que M. Nivers avoit composé pour les cérémonies de profession : madame de Maintenon le trouva trop beau et trop tendre, elle craignit que cela n'eût quelque inconvénient, c'est pourquoi elle le fit cesser pour toujours.

Le quatrième d'avril 1696, mes sœurs de Fauquenberque et Françoise-Thérèse firent profession, ayant donné pendant leur noviciat beaucoup de marques de bon esprit, de piété et d'exactitude à la régularité. Quant à ma sœur Françoise-Thérèse, nous avons toujours eu sujet d'être édifiées de sa piété, de son affection pour le travail, qui lui a fait trouver le moyen de se rendre utile dans les charges qu'elle a occupées, et dans les autres ouvrages, quoique Dieu l'ait affligée de plusieurs maux qu'elle a soufferts avec beaucoup de douceur, de patience et de résignation à la volonté de Dieu. Quoiqu'elle ait un bras impotent dont elle ne peut s'aider, elle ne laisse pas de se rendre tous les services qui lui sont nécessaires, sans le secours de personne, et de faire plus d'ouvrage que bien d'autres qui auroient les deux bras libres.

Le premier septembre 1696, ma sœur de Cuves fit profession avec ma sœur Barbe Chamelard, ma sœur Marie Madeleine Ludier et ma sœur Marie; la première refusa des partis avantageux dans le monde que M. de Préfontaine son frère lui proposa. Il étoit en état de contribuer à son établissement et avoit beaucoup d'amitié pour elle, c'est pourquoi il l'auroit bien pourvue. Sa vocation étoit des plus fermes et des plus ferventes, aussi a-t-elle continué à marcher d'un même pas depuis sa profession, et nous n'avons eu de sa conduite que des sujets d'édification; les trois sœurs converses qui accompagnoient son sacrifice du leur, ont été aussi des religieuses bien ferventes, bien régulières, laborieuses, et extrêmement zélées pour la conservation du bien de la maison, selon les charges qu'elles ont occupées.

Mais il faut revenir à nos autres affaires. Nos dames qui avoient eu quelque part au quiétisme continuèrent demeurer attachées à leurs opinions, c'est pourquoi monseigneur de Chartres et madame de Maintenon craignirent qu'elles ne fussent des pierres d'achoppement à leurs sœurs et à notre jeunesse; et considérant combien il étoit important que les religieuses de Saint-Louis n'eussent aucun sentiment particulier sur la doctrine, le mal qu'elles feroient si au lieu d'enseigner les vérités de la foi simpl ment, et telles que l'Eglise les propose, elles venoient à y mêler des opinions fausses et erronées; le tort qu'en recevroit toute cette noblesse qui, ayant à retourner ou dans leur famille ou dans les couvents, y porteroient ces nouveautés et les inspireroient à d'autres, enfin le préjudice que cela feroit à une infinité de personnes : monseigneur de Chartres et madame de Maintenon ayant fait toutes ces réflexions, ils crurent devoir prendre la résolution d'éloigner de la maison celles qui étoient les plus suspectes et opiniâtres. Mais avant que de s'y déterminer tout à fait, ils tempérèrent encore toutes sortes de moyen pour faire rentrer ces dames en elles-mêmes; ils s'appliquèrent plus que jamais à les suivre sur leur intérieur, à leur parler souvent, à leur témoigner de l'amitié et à les persuader; Messieurs des Missions étrangères firent aussi ce qu'ils purent. Tout cela étant inutile, monseigneur de Chartres et madame de Maintenon se déterminèrent enfin, quoiqu'avec beaucoup de peine, à les ôter ; mais comme le triennat de notre mère de Fontaines alloit finir, ils en suspendirent l'exécution jusqu'à ce qu'ils eussent nommé une autre supérieure. Ils auroient bien volontiers continué ma sœur de Fontaines dont ils étoient fort contents, s'ils n'avoient eu en vue de former plus d'une personne à cette place, tandis qu'ils le pouvoient, et qu'on avoit ici la mère Marie-Constance sur laquelle ils comptoient beaucoup pour éclairer et conseiller une supérieure, et lui apprendre à gouverner d'une manière sage et religieuse.

CHAPITRE XXV.

L'élection d'une supérieure. — Éloignement des dames attachées au Quiétisme. — Don du Roi de trente mille livres de rente. — Mariage de madame la duchesse de Bourgogne. — Comme elle se comportoit ici. — Professions de quelques dames et sœurs.

En l'année 1697 le triennat de notre mère de Fontaines étant fini, monseigneur de Chartres vint ici pour faire une nouvelle nomination. Le 28 de janvier il fit assembler la communauté au chœur, où, après nous avoir fait un petit discours de piété, ma sœur de Fontaines se déposa. Il loua fort la conduite sage et régulière qu'elle avoit tenue durant son gouvernement, et ensuite il nomma celle dont il étoit convenu avec madame de Maintenon, Messieurs des Missions étrangères, la mère Marie-Constance, la mère déposée, et même on peut dire toute la communauté, puisqu'il ne faisoit jamais ces sortes de choses sans la consulter. Cette nomination tomba sur ma sœur du Pérou : on y observa les mêmes cérémonies que la première fois. Il n'étoit pas si difficile d'être supérieure dans ce temps-là qu'il l'a été depuis, parce qu'on étoit guidé par madame de Maintenon qui étoit la principale supérieure, et les autres ne faisoient qu'exécuter ses ordres. Comme il n'y avoit encore rien de bien arrêté sur ce qui se pratiquoit dans la maison et qu'on étoit souvent en de nouveaux essais, une des leçons que madame de Maintenon donna à la nouvelle supérieure, fut de suivre ce qu'elle trouveroit établi sans se presser de vouloir rien changer, quand même il se présenteroit des vues qui paroîtroient meilleures à prendre que celles qu'on avoit eues jusque alors ; et sur ce que cette supérieure lui répondit qu'elle ne comptoit pas faire des merveilles, madame de Maintenon trouva cela fort bon, disant que ces pensées qu'on a quelquefois de croire que l'on fera mieux dans une charge où l'on entre que celles qui nous ont précédées, vient plutôt d'un manque d'expérience ou de quelque présomption, que d'un vrai zèle. Elle lui recommanda fort d'être un temps considérable sans proposer aucun changement, et lui dit encore de ne guère prendre de conseils des personnes du dehors, qu'excepté l'évêque, la supérieure et Messieurs des Missions étrangères, il seroit fort à craindre que les autres ne nous embarrassassent, et que ceux-là même pourroient le faire, quelquefois sans y penser, parce qu'il est impossible que, ne voyant pas de près ce qui se passe en dedans, ils puissent toujours juger des choses assez sainement pour donner à tout ce qu'on leur propose des conseils justes ; qu'on trouve ordinairement en dedans plus de lumières convenables, en consultant le conseil intérieur qui doit être composé de filles sages, ou de quelques-unes de la communauté selon les cas ; que toute notre force consistera plus dans notre union, et le concert des unes avec les autres, que dans celle qu'on pourroit tirer du dehors. La supérieure lui répondit que tandis que Dieu nous la conserveroit, nous n'aurions pas besoin d'aller ailleurs exposer nos doutes et faire de consultations : elle lui dit qu'elle étoit plus incapable que personne de les résoudre, mais qu'il étoit vrai que pour bien gouverner cette maison il étoit nécessaire d'avoir beaucoup de concert avec elle, parce qu'autrement elle ne pourroit agir avec connoissance de cause ; elle ne prétendoit pourtant pas qu'on lui parlât beaucoup de petits détails qu'il étoit aisé de décider, car elle ne vouloit pas gêner la supérieure, mais seulement la guider dans les cas plus importants. La mère Marie-Constance disoit, à propos des avis et des conseils que l'on pourroit demander et recevoir du dehors, qu'une supérieure gâteroit tout si elle vouloit toujours suivre à la lettre ceux qu'on pourroit lui donner, soit même les supérieurs majeurs ou autres, quelque droits et bien intentionnés qu'ils fussent, parce qu'en donnant un avis on ne prévoit pas toujours les inconvénients qui peuvent naître dans l'exécution, ou avant ou après, et qu'il falloit que la supérieure sût appliquer avec jugement et discrétion ce qui lui est dit selon les cas, les circonstances, les temps ou les différentes dispositions présentes des personnes ou des choses dont il s'agit. Madame de Maintenon disoit aussi qu'il ne falloit jamais agir avec précipitation ; que quand on avoit délibéré en soi-même de faire ou de dire quelque chose qu'on pense être utile, il faut attendre à l'exécuter qu'on y ait réfléchi plus d'une fois afin de se mieux assurer de la bonté de ses vues, les soumettre à des gens expérimentés, si on est en quelque doute, ce qui s'entend pour les choses qui le méritent ; qu'on ne gâte rien pour l'ordinaire en différant, et qu'on tombe presque toujours en faute lorsqu'on veut trop vite mettre ses projets au jour. Quand elle en avoit fait quelques-uns qui lui sembloient bons, elle disoit : Attendons à demain, peut-être que cette nuit il nous viendra d'autres lumières meilleures que celles-ci. En effet, il arrivoit souvent qu'elle étoit bien aise d'avoir différé, ayant trouvé d'autres expédients plus profitables que les premiers, car en tout elle cherchoit toujours ce qui étoit le mieux ; du reste elle a donné beaucoup d'autres belles instructions aux supérieures, par écrit, auxquelles celles qui sont en place feront bien d'avoir recours. Elle desiroit fort que la supérieure lût les œuvres de saint François de Sales, surtout ses épîtres: elle recommandoit cette lecture par-dessus toutes les autres, à cause qu'elle y trouvoit une instruction merveilleuse pour la piété, et pour former une conscience droite et aisée, et pourtant très-tendre et fidèle à la grâce. Elle disoit que ce grand saint menoit à la perfection sans qu'il parût demander rien d'extraordinaire, mais que cependant il n'y avoit point de directeur qui portât à un plus grand renoncement à soi-même, en quoi consiste la vraie perfection. Comme elle avoit fort à cœur que nous conservassions l'esprit religieux que les mères de Chaillot étoient venues nous donner, elle fit copier les explications que la mère de Chantal a faites pour les filles de la Visitation sur la règle de saint Augustin, où elle marque comment il faut l'entendre. Madame de Maintenon mit cette copie, reliée en deux tomes, entre les mains de la supérieure, afin d'en lire de temps en temps quelques articles à la communauté pour nous rappeler nos devoirs religieux, et quoique ces explications ne soient pas des règles pour nous, et qu'il y ait bien des choses qui ne regardent que les filles de la Visitation, il y en a aussi beaucoup d'autres qui nous conviennent parfaitement, comme engagées aux pratiques des vœux de la religion, sur quoi il y a dans ces écrits de très-beaux et profitables enseignements. Madame de Maintenon les goûtoit fort, mais elle avoit encore une estime particulière pour Rodriguez, et nous en a autant recommandé la lecture que celle de saint François de Sales. Elle y lisoit fort souvent; elle disoit qu'une religieuse de Saint-Louis qui possèderoit bien ces deux livres en sauroit autant qu'il faut sur la religion et la piété dont elle doit être remplie, et qu'elle est obligée d'enseigner aux demoiselles. Elle donna à toute la communauté des catéchismes du Concile de Trente, et monseigneur de Chartres ayant fait imprimer celui qu'il avoi fait pour son diocèse, en donna aussi pour toute la communauté et les demoiselles. Lui et madame de Maintenon nous exhortoient fort à nous remplir de la doctrin contenue en ces deux livres, comme étant la plus sûre.

Après la nomination de la nouvelle supérieure, on renouvela aussi les commissions des conseillères : ma sœur de Saint-Aubin fut assistante, ma sœur de Berval maîtresse générale, ma sœur de Fontaines dépositaire, ma sœur de Radouai simple conseillère, ma sœur Marie-Constance étoit toujours maîtresse des novices, sans être comptée du nombre des conseillères, quoiqu'elle assistât toujours au conseil. Quelque temps après ces nominations, on voulut mettre fin à l'affaire du quiétisme ; celles de nos dames qui en étoient imbues s'opiniâtrèrent si bien qu'on leur signifia qu'il falloit sortir ; elles reçurent cet arrêt avec fermeté, dans la persuasion qu'elles ne se l'étoient attiré que pour avoir embrassé une bonne cause, et se disposèrent aussitôt à partir. Cependant la veille de leur départ elles passèrent la nuit dans la chambre de la supérieure à pleurer, et à faire leurs paquets avec consternation. Ce fut pour elles une nuit bien triste, aussi bien que pour la supérieure. Le jour étant venu, elles prièrent qu'on ne les fît pas sortir par la porte de clôture ordinaire, pour éviter la rencontre des personnes du dehors de connoissance. Pendant la messe de huit heures elles furent conduites par la supérieure et ma sœur de Saint-Aubin à une porte du jardin qui donne dans le dehors, où notre carrosse les attendoit. Il n'y eut cette première fois que mes sœurs du Tour et de la Maisonfort qui sortirent; la première fut envoyée par lettre de cachet aux filles de la Visitation de Grenoble, et la seconde par même lettre aux filles de la Visitation de Meaux, où elle avoit souhaité d'être à cause de monseigneur l'évêque de Meaux qu'elle goûtoit, malgré son opposition au quiétisme, et parce qu'elle crut aussi que ce prélat, qui étoit fort en crédit auprès du roi et de madame de Maintenon, pourroit peut-être ménager son retour. Dès qu'elles furent parties, le bruit s'en répandit dans la maison qui, jusque là, avoit ignoré que cela dût aller si loin. Monseigneur de Chartres et madame de Maintenon ne jugèrent pas à propos d'en faire avertir la communauté, et crurent qu'il étoit meilleur qu'elle ne l'apprît qu'après le départ de ces dames pour éviter plusieurs mouvements qui en pourroient naître, mais la plupart se doutoient pourtant que cette affaire n'auroit pas une bonne fin ; lorsque la supérieure et sa compagne furent revenues dans la maison, la plupart de la communauté vinrent à elles en pleurant, et leur demandèrent ce qui étoit donc arrivé. Elles ne répondirent que par leurs larmes, disant seulement qu'elles le sauroient bientôt et qu'il falloit en attendant ne pas se répandre en plaintes. Cette sortie jeta presque tout le monde dans la crainte, chacun appréhendoit pour soi, les unes par une raison, les autres par une autre. Voyant que les vœux solennels qu'on avoit faits pour plus grande solidité n'exemptoient pas des lettres de cachet, et comme en pareille rencontre les réflexions grossissent encore les objets, on s'imaginoit qu'il ne falloit plus compter sur rien ; mais madame de Maintenon eut la bonté de venir ce jour là même pour rassurer la communauté et la consoler. Elle n'étoit pas moins éplorée que nous, car elle aimoit ces dames, et s'étoit fait une extrême violence en souscrivant à leur condamnation : mais le bien de la maison, qu'elle regardoit toujours avant toutes choses, l'emporta sur sa tendresse ; il nous restoit encore madame de Montaigle qu'on avoit laissée parce qu'on ne la croyoit pas si entêtée que les autres, mais elle dit quelque chose dans le chagrin que lui causoit la séparation de ses sœurs, qui fut rapporté à madame de Maintenon, et qui lui fit craindre qu'elle ne conservât dans le fond du cœur les sentiments qu'on vouloit abolir, ce qui lui attira aussi une lettre de cachet presque aussitôt après la sortie des autres; on l'envoya aux filles de la Congrégation de Notre-Dame-de-Châteaudun. A quelques jours de là M. l'abbé Tiberge arriva et nous assembla pour nous faire un discours de piété, dans lequel il tâcha de nous donner des motifs de consolation sur la perte de nos chères sœurs. Le lendemain, monseigneur de Chartres, accompagné de Messieurs des Missions étrangères, nous lut au parloir, en présence de madame de Maintenon, son mandement contre le quiétisme : il y avoit inséré un extrait des ouvrages de madame Guyon, intitulé le *Moyen court et facile*, l'*Explication du Cantique des cantiques*, les *Torrents*, etc., qui étoient pleins d'absurdités, et cependant c'étoient ces mêmes ouvrages qu'on avoit regardés ici comme d'excellents livres de piété. Voici quelques endroits des maximes de ces livres qui feront juger du reste.

« L'abandon parfait qui est la clef de tout l'intérieur, n'excepte rien, ne réserve rien, ni mort, ni vie, ni perfection, ni salut, ni paradis, ni enfer.

» Que craignez-vous, cœur lâche? vous craignez de vous perdre, hélas! pour ce que vous valez, qu'importe!

» Si un directeur oblige cette âme à prier, il lui fait un tort considérable, c'est alors qu'elle commence à ne pouvoir gagner les indulgences : l'amour ne lui permet pas de vouloir abréger ses peines.

» Il n'y a plus rien pour elle, plus de règlements, plus d'austérité, tous les sens et toutes les puissances sont dans le désordre. Ici l'âme ne doit plus et ne peut plus faire de distinction de Dieu et d'elle ; Dieu est elle et elle est Dieu.

» Les âmes dont je parle ne peuvent presque jamais se confesser, car lorsqu'elles veulent s'accuser, elles ne savent qu'accuser, car ici l'âme ne peut plus trouver de conscience. »

Il y a bien d'autres erreurs encore plus fortes, extraites dans ce mandement de monseigneur de Chartres. Cette lecture, sur laquelle il appuya fort pour nous en donner un plus grand éclaircissement, acheva de nous convaincre qu'on avoit eu grande raison d'éloigner celles que nous pleurions ; madame de Maintenon le faisoit comme une mère tendre auroit pleuré ses enfants qui lui seroient échappés malgré sa vigilance ; voici une lettre qu'elle écrivit dans ce temps-là à l'une de nous, qui en fera foi.

« Vous ne pleurerez jamais tant vos sœurs que je les pleure depuis quatre ou cinq ans, et encore plus depuis quatre ou cinq mois, que je voyois qu'il faudroit en venir à ce qui s'est fait. Je les aimois par inclination et par estime, les voyant très-vertueuses, mais je dois préférer le bien de la maison à toute autre considération, et j'espère de la bonté de Dieu pour Saint-Cyr, qu'il vous donnera des supérieures spirituelles et temporelles incapables de tolérer la moindre nouveauté sur la religion. Je vous envoie vos lettres, il n'y a rien que de bon ; et quand j'en jugerois mal, rien n'est dangereux entre les mains d'une fille qui est prête à tout quitter au premier mot des supérieures. Le silence intérieur ne m'épouvante point, quand je vois qu'on y joint le désir et l'exercice de toutes les vertus. Soyez en paix, ma chère fille, priez pour vos chères sœurs, demandez la docilité et l'humilité pour elles, c'est leur vrai besoin, et servez Dieu en la place où l'obéissance vous met sans en desirer d'autre; appliquez-vous votre lettre imprimée; en vous croyant indigne de tout, peut-être le confondrai-je, mais il n'importe. Adieu, priez pour moi plus que jamais. »

Ma sœur du Tour, qu'on avoit envoyée à Grenoble, y fut très-bien reçue par les dames de la Visitation et par monseigneur leur évêque, qui étoit le cardinal Le Camus; il prit grand soin d'elle, et Dieu permit que ses soins, joints aux réflexions que lui avoit fait faire son éloignement, la détrompèrent peu à peu, de sorte que dans la suite ces dames religieuses ne firent point difficulté de la recevoir au noviciat, puis à la profession, car elle voulut embrasser leur institut, et quoiqu'elle fût déjà professe, il fallut qu'elle recommençât tout, parce que c'étoit changer d'institut. On peut dire que ce fut grand dommage d'avoir été obligé d'éloigner cette fille qui étoit un très-bon sujet. A ses préventions près, elle parloit de Dieu comme un ange, toutes les demoiselles l'écoutoient avec grand plaisir, elle les touchoit, les édifioit, les portoit à tout le bien qu'elle vouloit. Avec cela elle étoit si régulière, si austère et si vertueuse dans toute sa conduite, qu'on la regardoit comme une sainte; madame de Maintenon disoit aussi qu'en cela elle étoit d'autant plus dangereuse parce qu'il étoit presque impossible qu'on ne passât de l'estime de la personne à celle de ses opinions; voilà pourquoi elle disoit encore qu'il ne falloit pas toujours juger de la pureté de la foi d'une personne par ses bonnes mœurs, et que tel pourroit paroître un saint par ses vertus qui seroit très à craindre par sa doctrine.

Madame de la Maisonfort, après avoir été quelque temps à la Visitation de Meaux, ne s'accommoda pas; on mit aux Ursulines de la même ville, où elle a demeuré plusieurs années comme pensionnaire, n'ayant point voulu prendre d'autres engagements que celui qu'elle avoit contracté ici : nous lui donnâmes 800 livres de pension ; elle étoit fort infirme, elle l'a été encore davantage depuis ; la vivacité de son esprit la consumoit, et lui a fait embrasser tous les mauvais partis, car dans la suite elle a donné sujet à monseigneur le cardinal de Bissi, évêque de Meaux, de la soupçonner d'être favorable au jansénisme, à raison de quoi il lui fit dire de se retirer hors de son diocèse : elle fut aux Bernardines d'Argenteuil, où nous lui payâmes mille livres de pension à cause de ses grandes infirmités, à quoi on crut que la charité exigeoit qu'on eût égard.

Madame de Montaigle se repentit bien des paroles qu'elle avoit lâchées, qui lui attirèrent sa disgrâce, mais voyant qu'il n'y avoit pas de remède, elle se fit religieuse dans le couvent où on l'envoya, aux Filles de la Congrégation de Notre-Dame, à Chateaudun, et s'y est conduite avec tant de vertu et de sagesse, que la communauté, plusieurs années après, l'élut supérieure, étant bien revenue de ses opinions. On fut très-content et très-édifié de son gouvernement.

Madame de Loubert, que nous avons vue demeurer ici dans les vœux simples, conçut un si grand chagrin de la sortie de ces dames, causé en partie par l'amitié qu'elle avoit pour elles, et en partie par l'inquiétude où cela la jeta par rapport à elle-même, à cause qu'elle avoit eu part à l'entrée du quiétisme dans cette maison, en la manière que je l'ai dit plus haut ; elle fut si agitée et frappée de tristesse, qu'elle ne put la surmonter, elle s'imagina que tôt ou tard elle verroit arriver pour elle une lettre de cachet, quoique pourtant ni madame de Maintenon ni monseigneur de Chartres n'en eussent nulles

pensées, car elle s'étoit rendue des premières à leurs remontrances, et avoit renoncé de fort bonne foi à ce qu'ell[e]
n'avoit embrassé d'abord que parce qu'elle n'y croy[oit]
rien que de bon ; mais elle ne put se persuader qu'ils n[e]
fussent toujours en défiance à son égard, et elle aim[a]
mieux demander à s'en aller que d'être sans cesse dans [la]
crainte d'un renvoi tel que celui de ses sœurs. Il se mê[la]
aussi à cette résolution quelque ennui de se voir ici comm[e]
une espèce d'étrangère, sans avoir part à rien, après [le]
personnage qu'elle y avoit fait. Toutes les fois qu'ell[e]
entendoit sonner le chapitre ou que l'on faisoit quelqu[es]
autres assemblées de cette nature, elle souffroit de n'[y]
avoir point d'entrée, et ce qu'elle crut en demeurant da[ns]
les vœux simples devoir faire sa joie et son repos, devi[nt]
pour elle une source de peine très-sensible. Elle pria don[c]
monseigneur de Chartres et madame de Maintenon de l[ui]
permettre de se retirer, alléguant pour prétexte sa mauvaise santé qui l'empêchoit d'être aussi utile à la maiso[n]
qu'elle l'auroit souhaité. Elle dit aussi qu'elle ne pouvoit plus vivre dans une maison où elle étoit seule un[e]
espèce particulière. Monseigneur de Chartres et madam[e]
de Maintenon la voulurent persuader de demeurer, ca[r]
ils l'estimoient fort, et n'avoient aucun dessein de la con-
gédier ; mais elle persista, et voyant qu'elle ne se rendoit
point, ils la laissèrent aller, et la mirent aux Ursulines de
Poissy, où nous lui payâmes mille livres de pension tout
le temps qu'elle y a vécu. Elle mourut neuf ou dix an[s]
après sa sortie dans tous les sentiments d'une âme pré-
destinée, ayant reçu les sacrements avec beaucoup d[e]
foi et de piété. Sa vie en avoit été remplie, et nous avio[ns]
vu en elle et dans toute sa conduite des exemples d[e]
vertu bien capables de nous y exciter et de nou[s]
édifier. Quoiqu'elle ne fût plus ici, nous ne laissâme[s]
pas de la regarder de notre corps et de lui faire

service et les autres prières marquées pour chacune de nous.

Nous fûmes fort fâchées de sa séparation, encore plus de sa mort, ce qu'elle avoit été ici et les marques d'amitié qu'elle nous avoit données nous ayant fort attachées à elle.

Le Roi avoit si à cœur de préserver la maison de tout ce qui ressentoit l'erreur, que dans la crainte que celles qui étoient sorties par lettres de cachet ne voulussent revenir quelque jour, lorsqu'il ne seroit plus en état de l'empêcher, il fit à la communauté l'honneur de lui écrire une lettre, par laquelle il lui ordonna de ne les jamais recevoir, si dans la suite elles demandoient à rentrer. On garde cette lettre au dépôt, dont voici la copie.

LETTRE DU ROI LOUIS XIV A LA SUPÉRIEURE ET AUX DAMES DE LA MAISON DE SAINT-LOUIS, A SAINT-CYR.

« L'intérêt particulier que je prends au bien de votre maison, et la connoissance que j'ai de quel préjudice il seroit pour elle que les dames du Tour, de la Maisonfort et de Montaigle, qui en sont sorties par mon ordre, avec l'obédience du sieur évêque de Chartres, pour les raisons que j'ai connues et que je lui ai communiquées, y rentrassent quelque jour; m'engagent à vous déclarer ici que mon intention en les renvoyant a été que ce fût sans espérance de retour; et pour vous mettre à couvert des entreprises qu'elles pourroient faire sur cela à l'avenir, après y avoir bien pensé, par toute mon autorité de roi et de fondateur, je vous défends et à toutes celles qui vous succéderont, de souffrir jamais, sous quelque prétexte que ce soit, que ces trois dames rentrent parmi vous. Je ne doute pas que tous ceux qui voudroient peut-être dans la suite les y faire rentrer, ne soient arrêtés par une déclaration aussi expresse que celle de ma volonté.

Fait à Compiègne le 5 septembre 1698.

Signé : Louis.

Sa Majesté n'en demeura pas là ; elle vint elle-même ici peu de temps après avoir écrit cette lettre, pour nous mieux signifier encore ses intentions. Il entra dans la salle de communauté où nous nous étions assemblées pour le recevoir; il nous fit asseoir, et après quelques paroles de bonté, il nous parla sur l'éloignement de nos sœurs d'une manière pleine de force et de piété, plaignant leur égarement, et la peine qu'il avoit eu lui-même à leur faire celle de les écarter, mais, disant que le cas dont il s'agissoit étoit d'une si grande conséquence pour cette maison, qu'il n'y avoit rien qu'il ne voulût faire, plutôt que de souffrir qu'elle fût exposée aux dangers d'une mauvaise doctrine. Il témoigna bien dans cette occasion son aversion pour les nouveautés quelles qu'elles fussent, et nous enjoignit d'être défiantes à cet égard pour ne rien laisser introduire ici de suspect, et de nous tenir toujours fermement attachées aux sentiments de l'Eglise et aux bons principes qu'on nous avoit enseignés ; enfin il nous dit de très belles choses que je suis bien fâchée de n'avoir pas écrites sur le champ pour les rapporter mot à mot.

Madame de Maintenon, à qui nos sœurs en question tenoient au cœur, s'attendrit de nouveau à ce discours, et nous aussi. Madame la duchesse de Bourgogne y étoit, et quoiqu'elle ne fût pas encore mariée, on la regardoit comme telle. C'est pourquoi le roi fut bien aise qu'elle fût présente à ce qu'il avoit à nous dire, afin que cela lui servît à elle-même, et qu'après lui elle soutînt notre maison selon ses intentions non seulement quant au temporel, mais aussi quant au spirituel. Car on ne prévoyoit pas qu'elle seroit sitôt enlevée à la France, et il lui inspiroit déjà, aussi bien que madame de Maintenon, d'être un jour notre protectrice. Quoiqu'elle ne fût encore qu'une enfant, elle avoit bien de l'esprit, savoit à merveille faire la cour au roi qui l'aimoit fort : et dans cette occasion où il parla de sa mort, les larmes vinrent aux yeux de cette princesse, ce qui fut regardé par le roi et madame de Maintenon comme un indice de la bonté de son cœur, dont ils la louèrent, et je crois que ces larmes là furent fort sincères ; car elle paroissoit véritablement attachée au roi.

Depuis ce temps là on n'entendit plus parler de quiétisme ici : il y fut entièrement éteint. Monseigneur de Chartres prit toutes les précautions nécessaires pour qu'il n'en restât rien : il fit visiter tous les livres de notre bibliothèque par M. l'abbé Tiberge qui ôta ceux qu'il jugea avoir quelque chose de suspect sur cette matière et même sur celle du jansénisme que l'on craignoit, quoiqu'il n'eût eu aucune entrée ici, et que nous n'eussions point de livre dangereux sur cette nouvelle doctrine, car on a toujours fait grande attention à ne nous en donner que de très-orthodoxes ; mais comme il se trouve quelquefois des maximes répandues dans les meilleurs livres qui peuvent tendre aux nouveautés, ou être mal interprétées on fit un grand examen de tous ceux que nous avions, et on en retrancha quelques uns auxquels on n'auroit pas fait attention dans un autre temps.

Monseigneur de Chartres nous ordonna aussi de lui remettre entre les mains tous les manuscrits que nous avions chacune en particulier, parmi lesquels les copies qu'on avoit faites des écrits de M. de Cambrai et de Mme Guyon tenoient le premier rang. Nous donnâmes tout, et nous fûmes de si bonne foi que nous ne réservâmes pas même ceux que nous savions bien ne contenir rien que d'indifférent, parce que nous regardâmes l'ordre de Monseigneur de Chartres comme une obéissance, à laquelle nous nous serions fait un grand scrupule de manquer. Nous brûlâmes ce qu'il n'auroit pas été convenable de montrer, c'est à dire des écrits de conscience; et pour les autres nous en remplîmes deux grands mannequins que nous passâmes au dehors à Monseigneur de Chartres, qui les fit porter à Chartres. Le prélat avait tant d'appréhension qu'on ne retombât dans le quiétisme, qu'il défendit la lecture de sainte Thérèse, à cause que ceux de ce parti-là s'étoient fort mal à propos servis des ouvrages de cette sainte pour appuyer leurs opinions; ils prétendoient que ses ouvrages leur étoient favorables, quoique dans le fond ils leur fussent fort contraires, étant pris dans leur véritable sens. Aussi nous permit-il peu de temps après de reprendre cette lecture, lorsqu'il vit la maison tout à fait purgée de la fausse mysticité. Il étoit si persuadé, et madame de Maintenon aussi, que la curiosité et le desir de savoir sont nuisibles à la piété et à la simplicité chrétienne et religieuse, et même au bon esprit qu'il vouloit établir parmi nous, qu'il fit refaire encore une seconde visite à notre bibliothèque par M. de Savoye, supérieur de Messieurs nos confesseurs. Il y trouva peu de chose à supprimer, car nous n'avions que des livres fort approuvés, et d'anciens bons auteurs.

J'ai dit qu'après notre noviciat nous devions être quatre ans sans avoir de voix ni active ni passive. Ces quatre années finirent comme ma sœur du Pérou étoit dans la première année de son triannat. Alors madame de Maintenon et la mère Marie-Constance lui dirent qu'il falloit écrire sur cela à monseigneur de Chartres, et lui marquer que nous n'étions nullement pressées de jouir de nos droits; que nous nous étions si bien trouvées de les avoir mis entre ses mains, que nous serions ravies qu'il les voulût toujours conserver; qu'elle le pouvoit assurer de la part de toute la communauté, que rien ne lui feroit plus de plaisir; que cependant, s'il jugeoit à propos de s'en décharger et de nous mettre dans le train ordinaire, nous le suppliions d'engager encore madame de Maintenon à continuer de nous guider, et de nous gouverner comme elle avoit fait ci-devant, et à user de tous les pouvoirs.

Monseigneur de Chartres écrivit à madame de Maintenon pour lui renouveler la prière qu'il lui avoit faite sur cela. Il fit aussi à la supérieure la réponse suivante. «Je me joins à vous et à votre communauté, ma très chère fille, pour conjurer madame de Maintenon de vous tenir toujours lieu de mère, dans toutes vos réceptions et assemblées. Elle ne peut vous refuser. Je suis ravi d'apprendre le progrès que vous faites dans la piété : cela me donne une nouvelle confiance que Dieu sera avec vous dans vos conseils, qu'il y présidera invisiblement, et que vos réceptions seront sans bruit, sans intérêt, sans brigue, sans amertume, et toujours pour la gloire de Dieu, et la plus grande utilité de la maison. Assemblez-vous donc et donnez vos suffrages en la présence de Dieu. Si je vous ai prêté mon nom, vous savez que je n'ai servi que d'instrument pour ainsi dire à votre voix, j'ai écouté vos sentiments communs, et les ai suivis parce que j'y ai trouvé toute la droiture que l'on y pouvoit desirer.»

On voit, par le soin que madame de Maintenon avoit de se faire autoriser par l'évêque à chaque changement qui arrivoit, qu'elle n'auroit pas voulu se prévaloir, ni du brevet que le roi lui avoit donné par lequel il la mettoit dans tous les droits des fondateurs, ni de ceux que les lettres patentes lui attribuoient aussi ; car elle n'auroit pas cru être suffisamment autorisée si l'évêque n'y avoit concouru, tant elle avoit de respect et de déférence pour l'Eglise, et tant elle vouloit aussi n'agir que par l'ordre de Dieu, qui lui paroissoit encore plus marqué par les supérieurs spirituels que par les temporels.

Pour nous nous devînmes vocales, et on peut dire que nous ne nous étions presque pas aperçues que nous avions cessé de l'être. Monseigneur de Chartres étant si bon et si honnête qu'il ne faisoit rien dans les choses essentielles que de concert avec nous, comme je l'ai marqué ci-devant. Quelque temps après le roi nous fit l'honneur de venir ici simplement pour une visite de bonté, dont il nous donna presque aussitôt après une grande marque, car madame de Maintenon, le lendemain de cette visite, nous manda qu'il faisoit don à notre maison de trente mille livres de rente, pour nous aider à en soutenir les charges qui sont devenues beaucoup plus grandes qu'on n'avoit cru au commencement de notre établissement. Madame de Maintenon nous ordonna de faire au roi nos remercîments par une lettre que nous eûmes l'honneur de lui écrire, et qu'elle voulut bien lui présenter. Ce furent mesieurs de Ponchartrain et de Chamillard qui représentèrent à sa majesté que la maison avoit besoin de cette augmentation pour les raisons que je viens de dire.

Dans ce même temps, nous rassemblâmes les lettres que madame de Maintenon avoit écrites à chacune de nous en particulier sur différents sujets très-utiles à la maison et à notre perfection. Nous pensâmes qu'il étoit bon que ces lettres ne servissent pas seulement à celles à qui elles étoient adressées, mais encore à toute la communauté ; pour cela nous en fîmes faire des copies qu'on fit relier en plusieurs livres qu'on mit dans une armoire dans la salle de communauté, afin que toutes les pussent lire, et se remplir des instructions merveilleuses qu'elles renferment, soit sur la vie intérieure et spirituelle, soit sur les devoirs de notre intérêt qui y sont très bien et très nettement expliqués, aussi bien que les intentions des fondateurs.

Toute la communauté entra si parfaitement dans les intérêts du bien public sur cela, qu'il n'y eut personne qui ne donnât de bon cœur ce qu'elles avoient de lettres ou d'écrits de madame de Maintenon, celles mêmes qui les regardoient directement, où il y avoit des avis et même des répréhensions, que d'autres moins simples et moins zélées n'auroient pas données si volontiers. Nous travaillâmes encore à plusieurs reprises, aux règlements, aux usages et au cérémonial ; et même nous fîmes quelques remarques sur certains articles des constitutions que nous trouvions un peu gênants, car on a tourné des choses en bien des manières avant de se fixer tout à fait. Presque tous les jours la princesse de Savoye venoit ici avec madame de Maintenon, qui, voyant notre jardin, que cette princesse aimoit beaucoup, en mauvais état, fit venir M. Mansard pour donner ses avis, afin de le mettre en meilleur ordre, tant pour le rendre plus agréable que pour l'améliorer. M. Mansard vint plusieurs fois à ce dessein ; la supérieure et les sœurs du conseil l'accompagnèrent dans tout le jardin ; ce fut lui qui ordonna les bosquets et les cabinets, qui fit planter des arbres fruitiers dans les carrés qui sont au bas du jardin, où l'on ne recueilloit auparavant que du foin, et fit encore d'autres arrangements utiles. Il crut qu'on ne devoit pas entreprendre de se mettre en trois pour rendre les carrés, où sont les arbres fruitiers propres aux potager et légumes, parce qu'il en auroit beaucoup coûté pour cela et sans espérance d'aucun bon succès, le fond du terrain étant par lui-même si mauvais qu'il auroit fallu faire de grandes dépenses pour y apporter de meilleures terres, non seulement la première fois mais encore dans la suite; et pour quoi? pour recueillir tout au plus pour trois ou quatre cents livres de légumes qui donneroient bien de la peine avant qu'on en pût profiter. Madame de Maintenon disoit que pour cette somme on en auroit au marché de toutes prêtes, plus qu'il n'en faudroit; qu'elle ne voyoit pas de manière à faire autrement : mais elle fut bien aise qu'on plantât des arbres fruitiers, le plus qu'il se pourroit, parce que les fruits sont ici bien nécessaires et profitables. M. Mansart perça aussi dans le bois plusieurs allées qui n'y étoient pas; il fit mettre de la charmille tout au tour du bois et dans les endroits trop clairs; il rendit notre jardin si agréable que le roi, étant venu ici quelque temps après, le trouva fort à son gré. Ce fut lui avec madame de Maintenon qui donna des noms à toutes les allées, et aux cabinets du jardin, et il les écrivit de sa main avec un crayon sur le plan : voici comme il les nomma : 1° *l'Allée de Versailles*, 2° *l'Allée Solitaire*, 3° *la Grande Allée*, 4° *l'Allée des Réflexions*, 5° *Allée Royale*, *Allée du Passage*, *Allée du Cœur*, *Bois de l'Eglise*, *Allée de l'Institutrice*, *Cabinet des Jeux*, *Salle de la Récréation*, *Cabinet de la Fontaine*, *Cabinet de Recueillement*, *Allée de la Ferme*, *Allée de l'Examen*, *Allée des Jaunes*, *Allée des Rouges*, *Allée du Milieu*, *Allée des Vertes*, *Allée des Bleues*, *Allée des Légumes*, *Allée Découverte*, *Allée de la Plaine*, *Bois de la Jeunesse*, *Cabinet du Repos*, *Allée des Dames*, *Cabinet Solitaire*, *Allée du Noviciat*, *Allée du Pavillon*, *Allée Sombre*, *Allée Circulaire*, *Allée des Plans*, *Allée Brute*, *Allée de la Symétrie*, *Allée de la Perspective*, *Banc de madame de Maintenon*.

La princesse de Savoye fut mariée au mois de février 1699. Madame de Maintenon la mena ici quelques jours après dans ses habits de noces, afin que nous l'y vissions. Elle étoit tout en blanc, et sa robe avoit une broderie d'argent si épaisse et si massive, qu'à peine pouvoit-elle la porter. Madame de Maintenon nous dit que c'étoit la coutume que les princesses se mariassent en blanc. Comme après son mariage elle n'avoit pas moins besoin d'être conduite qu'auparavant, madame de Maintenon continua de la mener ici presque aussi souvent qu'elle avoit fait jusque là. Elle avoit toujours avec elle Mlle d'Aubigné qui étoit à peu près de son âge ; d'autres jeunes dames de la première qualité, entre autres mesdames de Geuvrec, d'Estrées, de Beaumanoir, filles de M. le maréchal de Noailles, père de celui d'aujourd'hui, et quelques dames du palais, mais c'étoit avec Mlle d'Aubigné qu'elle se rendoit plus familière. Comme elles étoient toutes deux très enfants, elles se chamailloient quelquefois, après quoi elles n'en étoient pas moins bonnes amies. Un jour qu'elles s'étoient disputées, même un peu battues, de ces batteries d'enfants, le père Lecomte, jésuite, qui étoit confesseur de la princesse, vint pour la confesser. Mlle d'Aubigné ayant entendu que ce père envoyoit savoir l'heure de sa commodité, elle la regarda et lui dit: Oh! que la conscience me répugneroit si c'étoit moi qu'on demandoit pour me confesser! La princesse rougit et ne répondit rien.

Il arrivoit souvent qu'elle vouloit être habillée en dame de Saint-Louis, et les autres jeunes personnes qui étoient de sa suite, pour lui complaire, s'y habilloient aussi. La princesse vouloit avoir toutes les marques de la profession, c'est à dire, la croix d'or et le grand manteau ; mais par enfance elle ne vouloit pas que Mlle d'Aubigné les eût, se faisant un plaisir qu'elle ne fût réputée que novice, tandis qu'elle étoit regardé comme professe. C'étoit là souvent le sujet de leur dispute ; car Mlle d'Aubigné vouloit aussi être professe. Elles passèrent une fois tout un jour au noviciat, et en suivirent les exercices, allèrent comme les autres balayer et à toutes les pratiques; mais après avoir bien longtemps gardé le silence, elles s'en lassèrent, et se disoient des mots à la dérobée.

La princesse voulut un jour faire la maîtresse à une classe à l'heure de l'instruction, et le sujet sur lequel elle tomba fut celui du dernier jugement. Une demoiselle lui demanda où étoit la vallée de Josaphat; elle qui n'en savoit rien alloit demeurer court si elle ne s'en étoit tirée par lui répondre. Voilà une sotte question, mademoiselle, il est bien nécessaire de savoir cela. Puis elle vint raconter à madame de Maintenon fort plaisamment comme elle avoit habilement couvert son ignorance.

Une autre fois, une petite Rouge attrapa un oiseau qu'elle fit griller tout en vie. La princesse qui le vit le trouva fort mauvais, et l'en reprit comme d'une cruauté qu'il ne falloit pas même avoir pour les animaux. Cela fit un extrême plaisir à madame de Maintenon, jugeant par là de la bonté de son naturel, qui est une chose bien à désirer dans les personnes destinées à commander à tout un royaume, espérant qu'elle seroit bonne et compatissante.

Cette princesse se comportoit ici comme une particulière; elle étoit bonne et affable à tout le monde, alloit dans les offices, voyoit comme tout s'y faisoit, s'en informoit, se mettoit elle-même à faire mille choses qui, en la divertissant, ne laissoient pas de lui donner de l'intelligence. Surtout, elle alloit quelquefois tenir lieu de maîtresse au parloir, pour garder les demoiselles quand elles y alloient voir leurs parents, ce qui charmoit ceux qui venoient leur rendre visite, non seulement à cause de l'honneur qu'elle faisoit à leurs parentes, mais aussi parce que ce leur étoit une occasion bien favorable de la voir.

Elle alloit à la dépense avec ma sœur Marie, qui étoit dans ce temps là aux offices, lui aidoit à ranger les fruits, et les autres choses qui se gardent en ce lieu. Là, elle mangeoit des pommes ridées, du pain bis, qu'on faisoit pour les pauvres, et paroissoit y avoir plus d'appétit qu'aux bons mets qu'on lui servoit.

Un jour, elle eut la colique, elle n'en dit rien qu'à ma sœur Marie, qui ne fit pas autre chose que de lui mettre un vieux couvercle de pot de terre assez gros et bien chaud sur le ventre; qui lui fit passer la colique; elle s'en alla à Versailles avec le couvercle de pot, et quand on la déshabilla, il tomba par terre, ce dont on fut fort surpris; mais quand elle eut dit ce que c'étoit, on se mit à rire de la simplicité de la sœur, quoiqu'on lui sût gré de son remède qui avoit bien fait.

L'apothicairerie étoit aussi un lieu où elle alloit souvent, se plaisant à voir faire les drogues et y mettre la main. Nous y avions une bonne sœur qui se mêloit de la prêcher et Mlle d'Aubigné, leur parlant souvent de la vanité du monde; cette morale, débitée à la façon de cette sœur, les divertissoit et les faisoit aller tout exprès à son office pour l'entendre.

La princesse s'habilloit assez souvent en demoiselle de Saint-Cyr; elle leur faisoit l'honneur de jouer et de danser avec elles, et les traitoit fort familièrement; et lorsque le soir approchoit, on lui remettoit ses habits, et quelquefois avant de partir pour Versailles elle s'alloit ranger au chœur; on l'apostrophoit au catéchisme et aux autres instructions, sous le nom de Mlle de Lastic qu'elle avoit choisi : c'étoit celui d'une demoiselle qui étoit sortie pour être Carmélite, à celles de la rue Grenelle. Elle répondoit aux questions qu'on lui faisoit; mais on savoit auparavant sur quoi on devoit l'interroger, et elle étoit fière de ce qu'elle devoit répondre.

Un jour elle vit que les demoiselles alloient à confesse; elle dit à quelqu'une de celles qu'elle aimoit le plus, qu'elle vouloit aussi y aller; car il y en avoit qu'elle honoroit plus particulièrement de ses bonnes grâces, entre autres, Mlle Bosmond-Daucemont qui a été depuis Mme la marquise d'Avricourt. Celle-là la fit entrer dans le confessionnal d'un nommé M. Hourdel. Il ne savoit pas que c'étoit elle; mais il entendit un petit bruit que faisoit le taffetas dont elle étoit habillée, qui lui fit juger que c'étoit quelqu'un de la Cour. Il se crut obligé de profiter de l'occasion pour lui parler contre le luxe et la vanité. Lorsqu'elle sortit de son confessionnal, elle témoigna aux demoiselles qu'elle étoit très contente de ce confesseur, et alla dire à madame de Maintenon : « Ma tante, car c'est ainsi qu'elle l'appeloit, je viens d'un bon confesseur, il m'a dit que j'étois pire que la Madeleine. » Et cela la charmoit. Comme elle regardoit à tout, elle alloit voir, les jours de confessions, celles qui étoient marquées sur la carte. Elle n'y voyoit point la supérieure, parce qu'ordinairement elle prenoit d'autre temps pour aller à confesse. Elle dit à madame de Maintenon : « Ma tante, notre mère ne va point à confesse. » Et cela l'étonnoit fort.

Elle étoit si jeune que tout la divertissoit; elle aimoit à se rendre nécessaire et venoit au tour ou à l'économie pour tenir lieu de mère. Ma sœur de Radouai qui y étoit s'entendoit à merveille à l'occuper : elle lui donnoit des messages à faire, tantôt à la supérieure, tantôt à d'autres. Rien ne la charmoit davantage que de lui commander sans faire semblant qu'on pensât à ce qu'elle étoit. Je ne me serois point arrêtée à toutes ces particularités de peu d'importance, si ce n'est qu'il m'a semblé que nous ne devions rien perdre d'un souvenir qui doit nous être si précieux, et nous faire toujours un grand honneur. J'oubliois de dire qu'à une élection de supérieure, elle voulut être habillée en demoiselle de Saint-Cyr pour venir à la fête de la classe verte baiser la main de la nouvelle supérieure, cérémonie que les demoiselles font en cette occasion; la princesse le fit de la meilleure grâce du monde, et d'un air aussi respectueux qu'auroit pu faire la moindre particulière. Ce fut vers ce temps là que nous donnâmes à messieurs nos confesseurs une partie d'une pièce de terre que nous avions proche la maison pour en faire un jardin. Nous le fîmes entourer de murs. La principale raison qu'ils eurent, pour le demander, fut qu'ils ne pouvoient se promener sans être vus de bien des endroits, soit de la maison ou du village; et ce qui porta à leur donner ce jardin, c'est qu'ils étoient ici fort à l'étroit, sans aucun lieu pour prendre l'air et se promener. Comme leur vie est fort sédentaire, sérieuse et appliquée, il étoit juste de leur procurer un lieu où ils pussent se retirer.

Et à propos de ces messieurs, ils représentèrent à madame de Maintenon par monseigneur de Chartres que les ornements d'église étoient trop simples, et qu'on auroit dû, dans une maison comme celle-ci, en avoir de plus riches. Monseigneur de Chartres lui-même étoit entré dans ce sentiment; mais quelque déférence que madame de Maintenon eût pour ceux qu'il embrassoit, elle ne se rendit point à celui-là, et dit que pour les grandes messes et solennités nous en avions d'assez beaux pour une maison religieuse; que pour les jours ordinaires et les messes basses surtout, celles qui se disent à 6 heures et demie et autres heures semblables, il étoit bon qu'ils fussent plus simples; que nous n'étions pas faites pour être magnifiques, non plus à l'église qu'ailleurs, parce que nous devions nous empêcher de faire des dépenses peu nécessaires, pour donner davantage aux demoiselles.

Vers ce temps ci, ma sœur de Saint-Perrier fit profession, le vingtième de mars 1697. Madame la duchesse de Bourgogne lui fit l'honneur de lui donner le voile. Cette fille étoit un excellent sujet pour la piété et la capacité, elle fut presque toujours première maîtresse aux classes, où elle étoit crainte, aimée, respectée, et les conduisoit à merveille. Elle ne s'acquitta pas moins bien de la charge de maîtresse générale qu'elle remplit trois ans ; ensuite, madame de Maintenon la remit première maîtresse aux Bleues, où elle acheva de sacrifier sa vie avec beaucoup de zèle et de ferveur, et elle mourut en exercice de cette charge, ayant reçu tous les sacrements en de grands sentiments de religion et de piété.

Le quatrième de janvier 1698, ma sœur de Beaulieu fit profession. C'étoit une de ces belles voix qui avoient tant brillé à Esther et au sacre de monseigneur de Chartres. Madame de Maintenon aimoit fort à l'entendre chanter, et on admiroit que sa voix fût aussi belle en dessus qu'en basse ; mais il y a eu en elle des choses plus solides à remarquer : son amour pour sa vocation et sa fidélité à en pratiquer les vertus la rendirent plus estimable devant Dieu et devant les hommes, joint à une grande dévotion à la Sainte Vierge.

Le 14 mars 1698, ma sœur Van-Dam et ma sœur Jeanne Le Blanc firent profession. La première a toujours donné des marques de son zèle pour l'observance des règles et nos obligations envers les classes ; elle y a presque toujours été en première, et même maîtresse générale, et a bien fait valoir ses talents, qui ne sont pas médiocres ; car c'est une fille d'esprit, mais dont la piété est encore plus estimable. Pour la sœur Le Blanc, c'étoit une fille très pieuse, et qui auroit rendu de bons services à la maison, si sa dévotion avoit été plus droite et plus raisonnable ; car elle avoit de la force, de la santé, et une très bonne volonté ; mais elle les perdit pour vouloir imiter tout ce qu'elle entendit lire au réfectoire, de la pénitence et des longues prières des saints, sans considérer qu'elle n'étoit pas appelée au même genre de vie, sans vouloir se soumettre aux avis de ses supérieures ni à leur conduite ; c'est pourquoi elle devint fort embarrassante, et à la fin tomba dans un état de langueur qui la rendit inutile et à charge à la maison. Elle mourut presque d'inanition, après avoir reçu tous les sacrements.

Un peu d'esprit rend en quelque façon excusable son peu d'obéissance, et sa dévotion mal entendue ; il étoit si court qu'elle n'étoit pas capable d'entendre raison.

Le onzième de décembre de la même année, ma sœur de Veldens fit profession. Elle étoit allemande, fille du prince de la Petite-Pierre, qui avoit été de la religion luthérienne ; mais s'étant marié à une femme catholique, elle contribua à sa conversion, ce qui lui attira l'indignation de toute sa famille ; et on tient que son père qui étoit évêque luthérien l'ayant fait mettre en prison, le dépouilla de tous ses biens et le laissa mourir de faim et de misère. Sa veuve se vit par là réduite à une grande extrémité, avec deux filles qu'elle avoit eues de ce prince : et ne sachant que devenir, elle s'alla mettre sous la protection de monseigneur le Dauphin, fils de Louis XIV, qui se trouva dans ce temps là en Allemagne, où il faisoit la guerre contre l'empereur Léopold ; ce prince la reçut très favorablement et en écrivit au roi, qui voulut bien que cette dame passât en France avec ses filles et leur paya pension : il mit la cadette ici au nombre des demoiselles. Elle étoit si bien née, qu'on n'eut que du plaisir dans son éducation, et, étant devenue grande, elle aima mieux demeurer parmi nous que de retourner dans le monde. Ainsi, elle entra au noviciat, où elle se conduisit avec tant de ferveur, de régularité, d'humilité et de zèle pour notre institut, qu'on fut ravi de l'admettre à la profession, et depuis elle ne fit qu'augmenter en toutes les vertus. Elle avoit si fort oublié ce qu'elle étoit, qu'on ne remarqua jamais en elle aucun air ni aucune action, non plus qu'aucune parole qui pût faire penser qu'elle s'en souvenoit ; rien ne lui déplaisoit davantage que de lui en parler. Nous eûmes la douleur de la perdre avant même qu'elle eût fini les quatre années qu'on demeure au noviciat après la profession. Le mal dont elle mourut fut un abcès dans le corps, à quoi on ne put remédier ; elle supporta ses douleurs et la fièvre qui la consumoit avec une douceur et une patience admirables, qui venoit de son amour pour Dieu, et de l'esprit de pénitence pour lequel elle avoit un attrait particulier. On lui fit recevoir tous les sacrements, qu'elle demanda elle-même, et pendant qu'on les lui administroit, on remarqua dans tout son extérieur un air si dévot et si recueilli, qu'on pouvoit aisément juger qu'elle avoit l'âme encore bien plus remplie de Dieu qu'il ne paroissoit au dehors. Un peu avant sa mort, quelques unes de nos sœurs l'allèrent voir, et lui demandèrent si elle ne craignoit point de mourir, et n'avoit rien qui lui fît peine : « Non, dit-elle, une des choses qui me tient le plus en paix maintenant, c'est la confiance que j'ai toujours eue en mes supérieurs, qui a fait que je ne leur ai rien caché. » En effet, elle étoit très simple et fort candide, et dès qu'elle étoit tombée dans la moindre faute, ou qu'elle avoit quelque peine, elle venoit le dire avec une simplicité d'enfant. Nous la regrettâmes comme un des plus excellents sujets que nous puissions avoir.

CHAPITRE XXVI.

Nouvelle élection de supérieure. — Retour de la mère Marie-Constance à Chaillot.—Assiduité de madame de Maintenon aux classes.—Les changements qu'elle y fit. — Professions de quelques dames. — Mort de ma sœur de Saint-Aubin.

Les trois années du triannat de ma sœur du Pérou étant finies, on fit une élection dans les formes, en la manière qu'elle est prescrite dans le règlement; elle fut continuée. On fit aussi l'élection des quatre principales officières, selon qu'il nous est marqué : ma sœur de Jas fut élue assistante, ma sœur de Saint-Aubin, maîtresse des novices, ma sœur de Fontaines, maîtresse générale, ma sœur de Berval dépositaire. On nomma tout de suite aux autres offices; madame la duchesse de Bourgogne assista à ces élections des officières, madame de Maintenon voulant lui donner cette marque de confiance, et la porter à prendre intérêt à notre communauté; par la même raison elle la fit entrer quelquefois au chapitre pour la réception des filles par la secrétaire. Ce n'étoit pas qu'elle envisageât qu'elle dût dans la suite se trouver à ces assemblées quand bon lui sembleroit, ni y faire tourner les choses selon ses volontés, cela auroit été une trop dangereuse conséquence; mais madame de Maintenon croyoit qu'il n'y en avoit point alors, parce qu'elle n'étoit encore qu'une enfant.

La mère Marie-Constance, après avoir été encore un an ici, s'en alla à Chaillot. Sa maison, qui avoit besoin d'elle, la rappela. Il fallut la laisser partir, malgré la peine que nous faisoit cette séparation. Elle nous aimoit, et nous l'aimions réciproquement; nous fûmes assez longtemps à nous accoutumer à son absence. Quelque temps après, elle fut élue supérieure avec une satisfaction générale de sa communauté. Rien ne fait mieux son éloge que ce que monseigneur de Chartres en écrivit à madame de Maintenon, lorsqu'elle s'en retourna : voici comme il s'en expliqué : « Que cette bonne religieuse, qui mérite plus que les éloges que je lui donne, nous laisse, madame, en nous quittant, l'amour du premier esprit de la fondation, l'estime de la vocation religieuse de Saint-Louis, l'exacte observance des règles, un grand éloignement des nouveautés et singularités, toutes les charges les plus obscures et difficiles, aimée et bien servie, une obéissance plus aveugle et enracinée, l'estime cordiale des peines, prospérités et mortifications de la vie religieuse, car vie religieuse et pénitente est la même chose ; une profonde humilité, l'amour sincère de la pauvreté, le renoncement inviolable au siècle, le silence, qui sera un jour bien attaqué à Saint-Cyr, le desir de la perfection, le mélange de la vie active et contemplative, son zèle infatigable pour l'éducation des enfants, un choix de supérieures selon Dieu, des novices propres à l'institut, sans intérêt de recommandation ou de parenté, une ferveur constante dans le noviciat, et de dignes maîtresses de novices et de classes, voilà ce que j'ai cru bien digne d'être à Saint-Cyr, il me semble que c'est tout ce que nous avons à desirer et à travailler pour l'acquérir, en quelque degré. »

Peu de temps après la sortie de cette mère, madame de Maintenon s'appliqua plus que jamais aux classes, et les suivant de plus près, elle trouva qu'il y avoit quelques changements à y faire pour faciliter aux maîtresses l'éducation des demoiselles. Leur grand nombre empêchoit qu'on ne pût avoir pour chacune d'elle l'application nécessaire. Il y avoit dans chaque classe deux grandes tables qui tenoient d'un bout à l'autre; les demoiselles s'y plaçoient toutes, soit pour lire, soit pour écrire ou y faire d'autres exercices et même les récréations. Comme ces tables étoient fort longues, les maîtresses ne pouvoient étendre leur attention à tout ce qui s'y faisoit, d'où il arrivoit que les demoiselles se donnoient bien des petites libertés qui leur étoient préjudiciables, car entre des jeunes gens il ne faut pas s'attendre qu'ils tiendront des propos, qu'ils feront des choses bien sensées quand ils sont hors de la vue de ceux qui doivent veiller à leur conduite. C'est pourquoi il est nécessaire de veiller sur leurs actions et d'entendre leurs discours. Or cela étoit impossible à l'égard des demoiselles, par la manière dont elles étoient rangées à ces tables, quelque bonne volonté qu'eussent les maîtresses de leur être utiles. Madame de Maintenon, considérant ces inconvénients, pensa que pour y remédier il n'y avoit rien de meilleur que de les mettre par bandes de neuf ou de dix à des tables séparées, dans la classe même; mais avant que de s'y déterminer tout à fait elle en voulut faire un essai, et commença par les Rouges, dont on ôta les grandes tables et on en mit de petites que l'on plaça autour de la classe, et l'on fit mettre les demoiselles par bandes comme elles sont aujourd'hui, de manière que le devant de ces tables étant libre, les maîtresses les voient en face, peuvent en approcher aisément, et leur montrer commodément ce qu'elles doivent leur apprendre. On se trouva si bien de cet essai, et tout le monde en fut si content, qu'on ne tarda pas à faire faire des tables convenables pour toutes les classes, telles qu'elles sont à présent, où les demoiselles sont rangées par bandes en demi-cercle, et laissent le devant de ces tables vide pour les maîtresses. Madame de Maintenon fi[t] aussi plusieurs changements aux règlements des classes elle écrivit de sa propre main celui qui a pour titre Ordre des Classes, et qui est à la tête des autres, que [la] supérieure et son conseil repassèrent avec les usages, en y faisant tous les changements que madame de Mainteno[n] jugea à propos. On prit cette occasion de revoir aussi le[s] autres règlements et usages qui n'avoient été arrêtés qu[e] par provision. L'expérience nous avoit fait connoître qu'i[l] y avoit plusieurs articles peu praticables; on les ôta, e[t] on mit à la place ce qui sembla plus convenable au bien des charges et à l'ordre général de la maison, le tout après avoir été bien examiné dans le conseil, et avec nos sœurs de la communauté qui avoient presque toutes exercé ces règlements et usages. Nous les revîmes apr[ès] cela avec madame de Maintenon qui y fit ses observations, après quoi nous rédigeâmes par écrit les choses comme elle les avoit décidées, et nous passâmes une bonne année dans cette occupation, car il falloit souvent recommencer pour mettre bien au net ce qu'on vouloit qui tînt lieu de loi.

Tous les offices de la maison avoient chacun un règlement, et ces règlements devoient être arrêtés par l'évêque, ce qui leur donnoit presque autant de force qu'aux constitutions; cependant, comme ce ne sont que des détails d'une moindre conséquence, nous pensâmes que cela n'étoit pas assez grave pour être arrêté par l'évêque, c'est pourquoi nous en fîmes de simples usages qui furent arrêtés par madame de Maintenon et le conseil intérieur : c'est pourquoi il est permis, pour de bonnes raisons, d'y faire quelquefois des changements, pourvu qu'ils soient reconnus véritablement nécessaires ou beaucoup plus utiles qu[e] ce qui y est marqué ; mais il faut que cela soit avant et après voir mûrement considéré le pour et le contre des raisons qu'on croiroit avoir de faire ces changements, et pris avis des personnes de la communauté qui peuvent avoir plus de connoissance et d'expérience des charges, se gardant bien de donner sur cela ou à son inclination ou à des vues particulières, qui ne regarderoient pas un bien solide, car il n'y a que ces cas où il pourroit être permis de changer, étant certaines, selon que je l'ai remarqué et d'autres aussi, que lorsqu'on veut faire sans beaucoup réfléchir autrement que ce qui a toujours été fait, on se cause d'ordinaire plus d'embarras qu'on ne se procure d'aisance et d'utilité. Tout ce qui a été réglé a tant de rapport l'un à l'autre, qu'on ne peut toucher à rien qu'il n'engage à toucher presque à tout, et qu'il n'en résulte bien de l'inconvénient. Avant d'entreprendre ce travail, nous en demandâmes permission à monseigneur l'évêque de Chartres qui, voyant madame de Maintenon à notre tête et sachant tout ce que Dieu lui avoit donné de lumières pour le bon ordre de cette maison, n'eut pas de peine à nous le laisser faire. Nous séparâmes ce qui méritoit d'être regardé comme règlement d'avec les simples usages, et quand nous eûmes tout mis en état, nous le présentâmes à ce prélat. Il eut la patience d'en écouter la lecture d'un bout à l'autre, approuvant fort le partage que nous avions fait en convertissant plusieurs règlements en usages, et ratifia les changements faits à ce qui étoit resté en titre de règlement. Nous nous servîmes de cette occasion pour l'engager à retoucher à quelques endroits des constitutions qui nous avoient toujours paru très gênants, comme de n'avoir pas la liberté d'aller au jardin les fêtes et les dimanches, d'être presque toujours en exercices, qui se succédoient les uns aux autres ces jours là, et choses semblables. Monseigneur de Chartres accorda les modifications marquées à la fin des constitutions.

Pour revenir à l'application que madame de Mainten[on] donna aux classes dans ce temps là, elle fut presque de[ux] ans à les suivre du matin au soir, les jours qu'elle ven[oit] ici, qui étoient quasi tous ceux de la semaine, car elle n'[y] passoit que le moins qu'elle pouvoit à Versailles. Je l'a[i] vue souvent arriver avant six heures du matin afin d'êt[re] au lever des demoiselles, et suivre ensuite toute leur jou[r]née en qualité de première maîtresse, pour pouvoir mieu[x] juger de ce qu'il y avoit à faire et à établir, dans le des[s]ein où elle étoit de mettre les choses sur un pied où ell[es] pussent se soutenir. Elle aidoit à peigner et habiller l[es] petites, elle passoit deux ou trois mois de suite à un[e] classe, y faisoit observer l'ordre de la journée, leur pa[r]loit en général et en particulier, reprenoit l'une, encou[]rageoit l'autre, donnoit à d'autres des moyens de se co[r]riger. Les demoiselles étoient charmées de ses instructions[;] elle leur en faisoit sur toute sorte de sujets, mais prin[]cipalement sur la religion, la crainte de Dieu, l'horreu[r] du péché, l'amour de la bonne réputation qui doit êtr[e] en recommandation aux personnes de notre sexe, l[a] bonne gloire, la probité, la droiture, la raison, la sim[]plicité, la véritable dévotion si bien dépeinte dans le[s] œuvres de saint François de Sales, et prenoit souven[t] dans son Introduction les sujets de ses instructions, et nou[s] a bien recommandé d'en faire apprendre par cœur au[x] demoiselles les plus beaux chapitres. Comme elle étoi[t] persuadée de la nécessité de mettre de l'émulation parm[i] les demoiselles pour les exciter à profiter du soin que l'o[n] prend de leur éducation, elle établit différentes distinc[]tions qui tiennent lieu de prix à celles qui donnent l[e] plus de satisfaction et qui s'avancent davantage, soit dan[s] les exercices ou dans ce qu'on leur recommande. Ell[e]

disoit que dans tous les colléges il y a des récompenses
pour ceux qui apprennent le mieux et dont on est le plus
content; que s'il falloit nous mettre sur le pied d'en donner des deniers de la maison, cela nous coûteroit beaucoup: que les distinctions feroient le même effet, puisque l'envie de les obtenir porteroit les demoiselles à faire
tout ce qu'elles pourroient pour les mériter, et nous en
voyons la vérité; car comme on fait pour ainsi dire, les
promotions tous les trois mois dans les classes, et que
seulement d'être rehaussées d'une bande à l'autre, est une
sorte de prix qui se donne à celles qui ont fait du progrès
en quelque chose, cela tient cette jeunesse dans une
grande attention à leurs devoirs pour avoir la gloire ou
de monter ou d'avoir une distinction. Cela n'empêche
pas que la supérieure ne donne de temps en temps quelques bagatelles aux maîtresses pour faire des récompenses à leurs filles; mais je ne crois pas qu'il faille que cela
aille loin; car il m'a toujours paru que l'intention de
madame de Maintenon étoit qu'on épargnât ce qui ne
leur est pas vraiment nécessaire tandis qu'elles sont dans
la maison, afin de pouvoir plutôt leur donner davantage
quand elles sortent. Elle fit faire des croix d'argent pour
les distinguer, elle les paya, et il lui en coûta cent écus.
C'est elle qui établit les répétitions que l'on fait faire
aux demoiselles les dimanches. Comme ces répétitions se
font des choses qu'elles ont apprises la semaine, c'est un
moyen de leur exercer la mémoire sur des matières utiles
et profitables, et en même temps de leur apprendre en
les récitant à le faire de bonne grâce, et à avoir un main-
tien ferme et assuré. Elle ne vouloit pas qu'il n'y eût que
celles qui avoient de la facilité et de l'esprit qui fussent
à ces répétitions, mais que toutes y passassent les unes
après les autres, afin qu'il n'y en eût aucune de négligée.
Elle nous a souvent recommandé de ne pas laisser tom-

ber cet exercice, et elle envoyoit chercher ma sœur du Pérou qui étoit supérieure pour y assister et lui en faire remarquer l'utilité, afin qu'elle y tînt la main, que cela fût toujours observé aussi bien que les autres choses qu'elle avoit réglées pour le bien des classes, ce qu'elle espéré que toutes les supérieures feroient. C'étoit ordinairement elle qui faisoit la fonction de la maîtresse qui préside; il étoit très édifiant de la voir tout occupée de bien faire aller la classe, de veiller à tout, de faire passer d'un exercice à un autre avec une grande exactitude, de ne pas souffrir qu'elles manquassent au silence d'une manière marquée; car pour quelques paroles en passant, elle ne faisoit pas semblant de le voir; mais pour peu qu'elle s'aperçût qu'on faisoit le moindre bruit, ou aux bandes particulières, ou dans le général de la classe, aussitôt elle faisoit taire, ou par un air qui marquoit aux demoiselles qu'elle n'étoit pas contente, ou par quelque autre signe, ou même par une forte réprimande quand cela le méritoit.

Elle ne leur permettoit pas de hausser trop le son de leur voix à la récréation, parce qu'elle disoit qu'à la quantité qu'elles sont, il ne seroit guère possible aux maîtresses d'en supporter le bruit, ni d'employer ce temps utilement auprès des demoiselles; car elle vouloit qu'en les divertissant on songeât à cultiver aussi leur esprit, à former leur raison, et qu'on leur apprît à parler et à converser raisonnablement, à badiner même agréablement. C'est pour cela qu'elle les faisoit jouer à plusieurs sortes de jeux d'esprit. Je l'ai vue à ces heures aller de bande en bande, exciter les unes, voir ce que faisoient les autres, jouer elle-même avec d'autres, je l'ai entendue une fois imaginer un songe sur les lettres alphabétiques, le plus ingénieux du monde et le plus divertissant. Elle leur faisoit chercher les bonnes et les mauvaises qualités de quelque chose sur les mêmes lettres alphabétiques, ou bien jouer à quelques autres jeux semblables qui leur apprenoient les noms des rivières, des oiseaux, des poissons, etc. On a fait un recueil de ces jeux dont on se sert aux classes. Elle y fit mettre aussi dans chacune et à l'infirmerie des jeux d'échecs, de dames, de trou-madame, et autres pour les délassements des demoiselles, et afin qu'elles sussent jouer à ces jeux qu'elle disoit être honnêtes et de personnes bien élevées; mais elle n'auroit voulu pour rien au monde qu'elles eussent joué aux cartes. Elle ôta les jeux de mouvement dans la classe et dans les dortoirs, même dans les greniers, à cause que le grand nombre pourroient nuire au bâtiment et ébranler les planches; c'est pourquoi elle ne les permettoit qu'au jardin, cela s'entend de ces jeux où toute la classe ou un grand nombre se met.

Ce fut dans ce temps là qu'elle augmenta bien le nombre des conversations qu'elle avoit faites et qu'elle y ajouta les proverbes. On trouve dans les unes et dans les autres des instructions aussi solides qu'agréablement insinuées, j'en ai parlé ailleurs. Enfin, je ne finirois pas si je voulois raconter tout le bien qu'elle fit aux classes dans ces temps heureux, et de quelle manière elle apprit à les gouverner non seulement à celles qui étoient actuellement de ces classes, mais aussi à toutes les autres dames de la communauté; car, outre qu'il y en eut peu qui n'y passassent, celles mêmes qui n'y furent pas eurent le moyen de s'instruire par les conversations que nous avions avec elles aux récréations qui tomboient souvent sur cette matière. On en a fait un recueil comme de plusieurs choses qu'elles a dites en différents temps, à quoi on peut avoir recours, et où il est aisé de reconnoître son esprit et ses intentions.

En 1699, ma sœur Anne fit profession, et quelques

temps après, ma sœur de Gnielle, sœur Catherine et sœur Pérégrine. La même année, ma sœur de la Neuville fit aussi profession. Ma sœur de Gnielle avoit été demoiselle de Saint-Cyr, madame de Maintenon l'avoit reçue avec quatre de ses sœurs; les deux dernières sont mortes jeunes dans la maison, et les trois autres se sont distinguées par leurs mérites ici et ailleurs. Il y en a une qui, s'étant faite religieuse de la congrégation de Notre-Dame de Mont-Fort, y a été presque toujours supérieure. La cadette fut très bien mariée par M. de Chamillard, et étant devenu veuve et sans enfants, elle a épousé M. le duc de la Force. Ma sœur de Gnielle, qui étoit l'aînée des trois, a fait encore une plus belle alliance en se donnant à Dieu dans cette maison où elle s'est toujours conduite avec beaucoup de piété et de sagesse; elle a rempli les premières charges du conseil et des autres emplois de la maison.

La même année, nous fîmes faire profession à ma sœur du Londe. Elle fit ses vœux malgré madame sa mère, avec une grande volonté d'y être fidèle, aussi les a-t-elle observés aussi exactement qu'elle nous a été un sujet de grande édification et de bon exemple, surtout pour l'instruction des demoiselles, ayant beaucoup de zèle, et un talent particulier pour leur faire goûter ce qu'elle leur disoit. Cette année là, nous perdîmes ma sœur de Saint-Aubin, qui mourut de la petite vérole; d'abord on crut que ce n'étoit que la fièvre, on la mit à l'infirmerie; mais le lendemain on s'aperçut de la qualité de son mal et on délibéra si on la séparerait. Madame de Maintenon jugea qu'il étoit plus à propos de la transporter à l'infirmerie de la petite vérole que de la laisser au milieu de la maison, d'où le mal auroit pu se communiquer, comme on le croyoit alors. Cependant elle voulut, avant de s'y déterminer tout à fait, qu'on le proposât à ma sœur de Saint-Aubin, non point comme une chose décidée, mais seulement une vue qu'on avoit pour la santé des autres, lui laissant la liberté de demeurer si elle avoit trop de répugnance à s'éloigner. Elle n'hésita pas à choisir ce dernier parti, le croyant le plus parfait et le plus charitable, s'abandonnant du reste à la Providence, et prévoyant pourtant que le transport pourroit ne lui être pas favorable. On crut qu'en l'enveloppant bien, et faisant échauffer le lieu avant qu'elle y arrivât, elle n'en recevroit point de dommage. On prit toutes les précautions possibles pour cela; on mit auprès d'elle pour la gouverner ma sœur de Glapion qui s'entendoit bien aux malades, on y joignit deux sœurs converses, et on lui donna tous les secours dont elle put avoir besoin. M. Dodand, notre médecin et qui depuis l'a été du roi, traita cette maladie avec beaucoup de soin. Les sept premiers jours, la petite vérole paraissoit bien sortir, et prendre un bon cours; mais le huitième elle échoua, et le lendemain elle mourut sur les dix heures du matin. On n'eut que le temps de lui donner l'Extrême-Onction, parce que jusque là on avoit cru qu'il n'y avoit rien à craindre. Elle fut pourtant confessée la veille; mais elle ne reçut pas le saint viatique, parce qu'on fut surpris, ne croyant pas que cela seroit si prompt; ce qui fait voir qu'en ces sortes de maladies qui peuvent changer d'un moment à l'autre, et tourner à la mort lorsqu'on s'y attend le moins, il est nécessaire de prendre ses précautions pour faire recevoir les sacrements pour peu qu'il y ait à craindre. Cette mort nous fut très sensible à toutes, c'étoit une de nos premières sœurs qui étoit un sujet excellent pour sa piété, son amour pour l'institution, ses talents qui la rendoient propre à tout, son bon esprit, douce, paisible, aimable dans la société, et enfin ce qui fait le vrai mérite dans une religieuse. Madame de Maintenon en fut fort affligée.

La charge de maîtresse des novices étant vacante par sa mort, le chapitre élut ma sœur Hallé pour remplir cette place, et elle y donna de grandes marques de vertus, comme elle a fait dans toutes les autres charges qu'elle a occupées.

CHAPITRE XXVII.

cre de M. l'abbé d'Aubigné et de M. de Blois. — Réception de mes sœurs de Boissauveur et de Vertrieux de Garnier. — Maladie de madame la duchesse de Bourgogne. — Mariage de mademoiselle d'Aubigné. — Effets de la charité de madame de Maintenon. — Mariage de mesdemoiselles de Castéja et de Normanville. — Arrivée de MM. Treille et de Briderai.

Madame de Maintenon avoit un parent nommé M. l'abbé d'Aubigné, parfaitement homme de bien et très digne ecclésiastique, qui, voulant se former de plus en plus aux fonctions de son état ne pouvoit choisir aucun meilleur guide que monseigneur l'évêque de Chartres. C'est pourquoi il le pria de trouver bon qu'il fût son grand vicaire, ce que ce prélat accepta avec plaisir; et ayant tous deux les mêmes inclinations et le même zèle pour le bien, ils devinrent fort grands amis. Monseigneur de Chartres remarquant en M. l'abbé d'Aubigné toutes les qualités propres à l'épiscopat, en rendit de si bons témoignages que le roi lui donna l'évêché de Noyon. Ce nouvel évêque desira être sacré dans notre église, tant pour témoigner à madame de Maintenon sa reconnoissance, étant persuadé qu'elle avoit eu grande part à sa nomination, que pour donner cette marque de distinction à une maison qu'elle honoroit de ses bontés. Madame de Maintenon non seulement s'en fit un plaisir, mais elle donna ses ordres pour qu'il ne manquât rien à l'appareil de la cérémonie, et fit un repas magnifique aux conviés de cette fête qui étoient en grand nombre. Monseigneur l'évêque de Chartres fut le principal consacrant, je ne me souviens pas des autres. Quelque temps après, M. l'abbé Bertier, qui étoit fort ami de monseigneur de Chartres, fut aussi nommé évêque de Blois. Cet évêché est composé de quatre cents paroisses qui furent démembrées du diocèse de Chartres qui en avoit dix-sept cents. Ce nombre parut exorbitant à monseigneur de Chartres pour un seul évêque; la piété lui fit juger qu'il n'étoit guère possible qu'un pasteur pût veiller avec un soin égal sur un si grand troupeau; c'est pourquoi il sollicita ce démembrement, et le Roi s'y accorda, moyennant des accommodements que l'on fit, qui ne sont pas de mon sujet. Le Roi ayant donc érigé les quatre cents paroisses en évêché, en pourvut M. l'abbé Bertier, à quoi monseigneur de Chartres eut beaucoup de part. Celui-ci voulut aussi être sacré dans notre église. Monseigneur de Chartres fut aussi le principal consacrant, et tout se passa comme au sacre précédent, excepté que madame de Maintenon ne donna à dîner à personne et qu'il nous arriva de tomber dans une faute qu'elle releva d'importance. Le lendemain du sacre, on ôta de notre église tout le bois qui avoit servi aux estrades, et autres préparatifs qui se font en ces occasions. Ce bois étoit beau et bon; il y avoit une assez grande quantité de planches qui donnèrent envie à M. Thévenot, notre architecte, de les mettre dans notre magasin pour s'en servir à tous les ouvrages qu'il faisoit faire ici. Madame de Maintenon, à qui rien n'échappoit, en fut bientôt informée, et on ne pensoit pas à le cacher, n'y croyant point de mal; mais elle en parut très fâchée, en eprit fortement comme d'une contravention à la fondation, et en témoigna son mécontentement devant toute la communauté, disant que c'étoit aller directement contre les lettres patentes qui marquent que nous ne devons jamais rien recevoir de personne sous quelque prétexte que ce soit ; que c'étoit là un présent ; car en éclaircissant la chose, on trouva que monseigneur de Blois avoit dit qu'il donnoit le bois à la maison. Madame de Maintenon ne se contenta pas de nous dire sur cela tout ce qu'elle crut de plus fort pour nous faire voir la grandeur de cette faute ; mais afin de nous en mieux convaincre et nous empêcher d'y retomber, elle en parla au roi, qu'elle savoit bien qui le trouveroit très mauvais ; afin qu'ayant occasion de nous rapporter ce qu'il auroit dit là dessus, nous fussions encore plus convaincues qu'il ne falloit jamais rien faire de semblable. Voici ce qu'elle nous en écrivit de Versailles.

« Quoique ce qui s'est passé chez vous, sur ce qui vous est resté du sacre de monseigneur l'évêque de Blois, paroisse une bagatelle, je l'ai cru si important que j'en ai rendu compte au roi. Je ne puis vous dire à quel point il en est scandalisé. Il m'a proposé d'abord de vous aller encore signifier lui-même ses intentions sur cette matière, et je ne doute point qu'il ne le fasse quand il sera à Versailles, il a trouvé bien mauvais que je n'ai fait sortir sur le champ tout ce que vous avez laissé entrer dans votre maison, contre son intention. Prenez des vues plus droites, je vous en conjure. Mais revenons au roi à qui j'ai proposé mon projet pour vos sœurs domestiques. Il l'approuve autant que votre saint évêque l'a approuvé, et il me dit sur le dernier cas que je lui objectois : « Qu'est-ce que vous auriez à faire, si une fille mouroit sans parents et sans avoir disposé de ce qu'elle avoit gagné chez vous ? » Il décida que dans ce cas vous feriez savoir à l'évêque ce qui seroit arrivé, et prendriez ses ordres sur la bonne œuvre à laquelle il destineroit cette somme, tant que directement ni indirectement vous ne puissiez jamais en profiter. Mettez-le donc ainsi dans votre projet. J'écrirai à monseigneur de Chartres sur cet endroit de vos constitutions qui embarrasse, comme ma sœur de Buteri l'a très-bien représenté. La fondation est devant les constitutions ; ainsi il faut accommoder les dernières à la première. Que toute la communauté voie cette lettre, et nos professes du noviciat aussi. Vous ne pouvez trop étudier vos obligations, les mauvais exemple ne vous justifieront point, et encore moins les premières de Saint-Cyr que les autres qui viendront ; car vous savez d'origine et entendez tous les jours ce que votre fondateur veut qui soit observé chez vous. »

Madame écrit, au lit, à M. de Blois, pour lui mander que nous ne pouvions recevoir le bois qui avoit servi à son sacre, qu'elle le prioit de marquer ce qu'il vouloit qu'on en fît ; il lui manda qu'il le donnoit au petit séminaire de Saint-Cyr, et voici ce qu'elle en écrivit à la supérieure :

« Je viens de recevoir la réponse de M. de Blois sur ce qui a tant fait de bruit, il en a disposé en faveur du petit séminaire de Saint-Cyr. Faites donc remettre le tout entre les mains de M. le curé, ma chère fille, et faites le vous-même, afin d'y apporter une entière exactitude. M. Thévenot sait tout ce qu'il y a, il est très bon que tout le monde voie cet exemple ; j'espère beaucoup de profit de cette faute, et il n'en est plus question ; il ne faut penser, ma chère fille, qu'à remercier Dieu de la paix et à préparer des récréations pour notre retour. »

Voici encore une lettre qu'elle nous fit écrire par monseigneur l'évêque de Chartres, sur le même sujet.

« J'apprends, mes très-chères filles, par une lettre que

madame de Maintenon m'a fait l'honneur de m'écrire, que le Roi avoit trouvé mauvais que vous eussiez retiré chez vous le bois qui avoit servi au sacre de M. de Blois ; elle me paroît aussi très peinée que vous ayez fait cette faute contre votre fondation ; c'est à vous à vous justifier si vous avez quelque excuse légitime à alléguer ; peut-être avez-vous cru que ce bois étoit au Roi ; quoiqu'il en soit, vous devez, mes très chères filles, recevoir avec grand respect ce que madame de Maintenon vous ordonne sur cela, et prendre de grandes résolutions de ne plus jamais tomber dans une telle contravention aux lois de votre fondation ; vous devez garder précieusement dans vos archives la lettre que madame de Maintenon vient de vous écrire, avec tant de zèle et de charité, et je vous conseille de la conjurer d'être votre caution auprès de Sa Majesté, que vous garderez à l'avenir inviolablement et avec toute l'attention dont vous êtes capables, le désintéressement généreux qu'il vous prescrit par sa fondation.

» Oh ! que vous êtes heureuses d'être libres et hors de ces besoins qui assujettissent quelquefois les meilleurs couvents aux volontés des gens du siècle, c'est à dire à des servitudes et à des dépendances dont elles gémissent, et dont la régularité souffre ; jouissez donc de cette liberté ; il ne vous sera jamais permis d'enfreindre la loi de votre fondation ; on vous a mis dans l'impossibilité de rien acquérir de nouveau des étrangers, parce que vous ne devez être appliquées qu'à bien distribuer les libéralités de votre pieux fondateur.

» Oh ! qu'il vaut bien mieux donner que recevoir, dit notre Seigneur. Ne changez jamais votre condition, vous tomberiez dans un blâme universel, et dans un scandale intolérable ; dans une condamnation manifeste d'avarice et de cupidité, qui est, comme vous le savez, la racine de tous les maux, et qui précipite les hommes dans la mort et dans la damnation ; quand je vous écris ainsi, c'est avec une pleine confiance que vous ne tomberez jamais dans un si grand malheur. »

Ce n'étoit pas au fond que madame de Maintenon crût que nous eussions pris ce bois, par un esprit bas qui veut s'approprier les choses à la moindre occasion, non plus que pour avoir voulu manquer de propos délibéré à notre fondation ; elle étoit persuadée que cela s'étoit fait sans beaucoup de réflexion, et sans malice, mais elle étoit pourtant fâchée que nous n'eussions pas été assez frappées, de ce qu'il y avoit de contraire aux intentions du Roi notre fondateur, et aux siennes ; et elle voulut, en faisant ce bruit, nous instruire pour toujours de l'exactitude et ponctualité avec laquelle nous devions les suivre ; après cela elle pensa pourtant à faire nos excuses au Roi : pour cela, elle nous fit écrire à madame la duchesse de Bourgogne pour la supplier d'être notre médiatrice auprès de Sa Majesté, de lui témoigner le déplaisir où nous étions d'avoir eu le malheur de lui déplaire, et de nous faire la grâce d'obtenir notre pardon ; cette princesse se porta avec beaucoup de bonté, à nous rendre ce bon office ; et le Roi s'apaisa et il n'en fut plus parlé ; mais ce sacre coûta la vie à M. Fournier, assistant de messieurs nos confesseurs : il fit un effort qui lui causa un crachement de sang et un mal de poitrine, dont il mourut à Saint-Lazare, où il voulut aller, pensant qu'il y guériroit plus tôt ; mais il y trouva la mort, qui je crois fut précieuse devant Dieu ; car c'étoit un saint prêtre. En 1701, nous reçûmes, en qualité de postulante, ma sœur de Boissauveur ; elle étoit âgée de 27 ans, et venoit de Tréguier en Bretagne nous amener une de mesdemoiselles ses nièces, pour entrer au noviciat ; car, dans ce temps-là, n'ayant pas dans les classes autant de sujets, qu'il nous en auroit fallu, disposés à embrasser otre vocation, nous en cherchions en dehors : celle-ci donc, tant venue nous présenter sa nièce, nous fit entendre qu'elle avoit aussi fort envie d'être religieuse, et que si n vouloit bien essayer d'elle, elle feroit de son mieux our nous persuader la bonté de sa vocation; comme lle nous parut avoir de l'esprit, nous nous rendîmes voontiers à ses instances. Madame de Maintenon y consenit, et elle fut admise au noviciat, où elle donna des marues d'une piété si affermie, et de si bonnes dispositions pour la vie religieuse, et pour l'institut, qu'on la reçut à l'habit de novice, puis à la profession, après laquelle elle a presque toujours été seconde et première maîtresse aux grandes classes, qu'elle a très bien gouvernées.

Quelque temps après l'entrée de ma sœur de Boissaureur, l'évêché de Poitiers vint à vaquer, et madame de Maintenon ayant parlé à la récréation du besoin qu'on avoit là d'un bon évêque, ma sœur de Buteri dit qu'elle connoissoit un chanoine de Saint-Jean de Lyon, qui seroit très capable de remplir dignement cette place; elle en fit l'éloge et de deux sœurs qu'il avoit, qui vivoient retirées dans une communauté, qu'elles gouvernoient très-sagement et avec bien de l'édification; ce chanoine étoit de naissance comme le sont tous les comtes de Saint-Jean de Lyon, et se nommoit de La Poipe de Vertrieux. Peu de jours après cette conversation, il fut nommé à l'évêché de Poitiers. On ne douta point que madame de Maintenon n'y eût une grande part; quoiqu'elle ait toujours dit que c'étoit le père de La Chaise qui l'avoit proposé au Roi; mais on attribua cette façon de parler à sa modestie. M. de La Poipe, croyant bien en avoir aussi obligation à madame de Maintenon, vint ici pour la remercier : elle lui fit un très gracieux accueil; et monseigneur de Chartres étant arrivé quelques heures après lui, avec monseigneur de Noyon, depuis archevêque de Rouen, ils entrèrent tous trois dans la maison et la visitèrent avec madame de Maintenon, qui fut bien aise de la faire voir à M. de Poitiers ; il fit attention à tout et se récria fort sur tout ce qu'il vit, principalement sur l'ordre des classes et la manière noble et chrétienne dont on élevoit les demoiselles. Il étoit homme d'esprit, très poli, et savoit dire tout ce qu'il falloit pour plaire et se faire goûter : madame de Maintenon, en effet, le goûta extrêmement, aussi bien que monseigneur de Chartres, et sur ce que dans la conversation madame de Maintenon lui demanda des nouvelles de mesdames ses sœurs, il témoigna qu'il seroit ravi qu'elles pussent passer ici quelque temps pour en prendre l'esprit, et le porter ensuite à leur communauté. Madame s'enquit de tout ce qui les regardoit, et connoissant par les réponses que lui fit M. de Poitiers qu'elles n'avoient aucun engagement qui les lioit, leur communauté n'étant point stable, elle lui dit que, s'il vouloit les faire venir, elle se feroit un plaisir de les avoir dans la maison, tout le temps qu'il jugeroit à propos. Elle nous a dit depuis qu'elle ne s'étoit rendue si facile, que parce qu'elle pensoit qu'en cas que les dames lui parussent bonnes pour nous, elle les garderoit ; et que si, au contraire, cela ne se trouvoit pas, elle n'auroit qu'à les laisser retourner. Soit que M. de Poitiers ne pénétrât pas dans cette pensée, comme il y a apparence ; soit qu'il fût bien aise que ses sœurs vinssent sans aucune autre vue que d'engager par leur moyen madame de Maintenon à obtenir du Roi des lettres patentes pour leur communauté ; il accepta avec reconnoissance et avec plaisir l'offre qu'elle lui faisoit. Dès qu'il fut de retour auprès de ses sœurs, il ne manqua pas de leur raconter l'heureux succès de son voyage et la bonne volonté que madame lui avoit témoigné pour elles ; il les excita fort à s'en prévaloir : ce qu'elles firent dans la suite.

Un peu après ce temps là, madame la duchesse de

Bourgogne tomba dangereusement malade d'une fièvre maligne : madame de Maintenon qui l'aimoit fort, et qui se comptoit toujours pour rien, demeura fort assidue auprès d'elle. Apparemment que le mauvais air qu'elle respira et les fatigues qu'elle prit firent quelques impressions sur son tempérament, car, depuis ce temps là jusqu'à sa mort, elle fut sujette à de fréquentes fièvres qui la prenoient sans règle ni suite, et qui revenoient presque tous les mois, et même tous les quinze jours ; elle avoit avec cela bien d'autres incommodités ; mais elle les portoit sans cesser ses occupations ordinaires, et sans manquer à ses exercices de piété, auxquels elle donnoit bien du temps.

Dans le fort de la maladie de la princesse, Madame nous envoya dire, de faire ici des prières pour elle, nous fîmes assembler pour cela au chœur toutes les classes, avec la communauté, à certaines heures, pour y réciter quelques litanies, quelques psaumes et autres prières convenables ; le danger ne dura guère : et dès que la princesse fut rétablie, Madame continua de venir ici comme auparavant.

Vers ce temps là mademoiselle d'Aubigné fut mariée à M. le comte d'Ayen, fils de monseigneur le maréchal duc de Noailles. Le Roi lui donna en mariage, huit cent mille livres, et pour deux cent mille livres de pierreries. Il fut stipulé dans son contrat de mariage que si elle mouroit sans enfants, les deux cent mille livres de pierreries reviendroient à notre maison. Madame y avoit fait mettre cette close, tant elle étoit occupée en toute occasion de faire du bien aux demoiselles ; car ce n'étoit pas pour nous enrichir, mais pour leur donner ; quelque zèle que nous ayons pour elles, j'avoue que nous avons été ravies que cette destination n'ait eu aucun effet par la bénédiction que Dieu a donnée à ce mariage.

Je n'entreprendrai pas d'écrire ici tout le bien que Madame faisoit aux pauvres ; cela seroit infini, et même je n'en sais qu'une très petite partie ; car elle cachoit tant qu'elle pouvoit ses bonnes œuvres ; mais il étoit impossible qu'il n'en vînt pas plusieurs à notre connoissance, dont je citerai quelques exemples.

Lorsqu'elle venoit ici, c'étoit toujours assez matin, aussi bien en hiver qu'en été ; car elle se levoit toujours à la même heure, à moins qu'elle ne fût tout à fait malade ; je dis tout à fait, parce que pour ses fièvres ordinaires, ses migraines et autres incommodités, elle ne se dérangeoit point ; elle arrivoit ordinairement entre sept ou huit heures, quelquefois aussi plus tôt. Les jours qu'elle devoit communier, elle faisoit sa préparation dans son carrosse en venant ; lorsqu'elle arrivoit, elle trouvoit presque toujours à la porte de clôture un grand nombre de personnes qui vouloient lui parler : les unes, pour lui demander des grâces ; les autres, l'aumône, et d'autres pour lui faire le récit de leurs malheurs ou de leurs affaires, afin d'en obtenir quelques secours. Quand c'étoient des choses à quoi elle pouvoit satisfaire, elle répondoit en peu de mots avec beaucoup d'honnêteté ; elle se conduisoit de même, lorsqu'elle ne pouvoit rien faire ; et comme il arrivoit souvent que c'étoient des choses de cette nature qu'on lui proposoit, pour s'en débarrasser, elle entroit souvent dès qu'elle étoit descendue de carrosse, sans rien dire à personne. Un jour, toute une famille noble de Limoges, qui étoit réduite à demander l'aumône, vint de grand matin, pour l'attendre à la porte, avant qu'elle arrivât ; ils demandèrent à parler à la portière à qui ils racontèrent leur infortune ; c'étoit ma sœur de Radouai : elle leur conseilla que, dès qu'ils verroient arriver madame de Maintenon, ils se missent tous à genoux, implorant sa bonté ; ils n'y manquèrent pas, et étoient en équipage malheureux, capables d'attirer sa compassion ; elle ne parut pourtant pas y faire grande attention ; pensant en elle-même que leur nombre étoit trop grand, et quand elle leur donneroit quelques pistoles, que ce seroit peu de choses, eu égard à leur nombre et à leur naissance ; ainsi elle passa tout droit sans rien dire, et vint à l'église, parce que c'étoit le temps de la messe où elle devoit communier : elle alla se placer sur un prie-dieu, auprès de la grille, selon la coutume. Ma sœur de Radouai conseilla à ces pauvres gens qui étoient fort désolés de ce qu'elle ne leur avoit rien dit, d'aller se mettre devant la grille, où étoit madame de Maintenon, qui les reconnut pour être ceux qui lui avoient demandé l'aumône ; et, comme elle avoit le cœur fort compatissant, elle fut émue de l'état de pauvreté où elle voyoit ces personnes qui se disoient nobles. Il y avoit le père, la mère, trois ou quatre enfants, dont l'un pendoit à la mamelle, et deux sœurs du père ; elle se reprocha de ne leur avoir pas fait un accueil plus favorable, et leur fit dire après la messe de venir à son parloir, où elle envoya mademoiselle Dosmond, qui avoit été demoiselle de Saint-Cyr, et qu'elle avoit pour lors auprès d'elle ; à laquelle elle ordonna de savoir d'eux ce qui les avoit amenés, et la cause de leur infortune ; cette demoiselle les ayant entendus en fut tout attendrie, et en vint rendre compte à madame de Maintenon, les larmes aux yeux. Madame les voulut voir, vint à son parloir, et s'informa de tout ce qui les regardoit ; elle trouvoit que le père qui lui répondoit pour toute la bande lui parloit naïvement, simplement et raisonnablement, sans trop s'étendre sur sa misère, ni affecter de s'exciter à la compassion : elle vit la mère qui allaitoit un enfant et qui ne cessoit de pleurer ; ces circonstances lui firent juger que ces personnes étoient de bonne foi, et que la charité qu'elle exerceroit a leur égard seroit bien placée. Elle leur dit de s'en retourner à Limoges ; qu'elle s'informeroit d'eux à leur évêque ; que si ce qu'ils lui avoient dit étoit vrai, qu'elle leur feroit une pension de cinq cents livres, et qu'elle donneroit aussi aux deux sœurs de quoi se mettre dans un couvent, afin d'être plus honnêtement que de traîner comme elles faisoient dans le monde. C'étoient deux grandes filles assez bien faites, et madame de Maintenon songea à les mettre à l'abri des dangers où une pareille vie que celle qu'elles menoient les exposoit. En les congédiant, elle leur donna de quoi faire leur voyage, et retint une petite fille de neuf à dix ans, pour la mettre avec les demoiselles, en cas qu'elle pût faire ses preuves. Ils s'en retournèrent fort consolés. Tout ce qu'ils avoient dit se trouva véritable : le père revint apporter ses titres pour faire les preuves de sa fille, qui fut reçue au nombre des demoiselles, et madame de Maintenon a toujours assisté cette famille jusqu'à sa mort.

Une autre fois, une dame de Bretagne vint avec deux de ses filles implorer son assistance ; cette dame étoit fort affligée pour des pertes qu'elle disoit avoir faites, qui la réduisoit à une grande extrémité. Madame la voyant si désolée en eut compassion, et lui dit de la venir trouver à Versailles; lorsqu'elle y fut, Madame l'interrogea avec madame Dangeau sur toutes ses affaires : sur quoi cette dame lui détailla ses malheurs en femme d'esprit, et dépeignit très vivement l'embarras que lui causoit un nombre d'enfants qu'elle avoit, aux besoins desquels elle ne pouvoit subvenir; elle l'étendit entre autres sur une petite fille qu'elle disoit être très jolie, et s'attendrit fort en parlant d'elle. Madame, qui aimoit les enfants et qui vouloit soulager la mère, lui dit de lui amener cette petite qui n'avoit que trois ans, qu'elle en prendroit soin jusqu'à ce qu'elle en eût sept; auquel temps elle la mettroit à Saint-Cyr ; ensuite elle renvoya la mère avec des largesses propres à la consoler; et quelque temps après elle lui amena cette petite fille, qui étoit la plus aimable enfant du monde, par sa figure et par son esprit ; elle avoit mille petits raisonnements d'enfant, qui réjouissoient d'autant mieux qu'ils partoient de son fonds; elle l'habilla en demoiselle de Saint-Cyr, et la mena à Versailles où elle plut d'abord à madame la duchesse de Bourgogne et aux dames du palais. Il y en avoit une qui n'avoit point d'enfant, Madame pensoit à lui donner envie de la prendre, ou à madame la duchesse de Bourgogne. Un jour, cet enfant entra dans la chambre de madame de Maintenon, comme le roi y étoit; et n'ayant pas encore assez de connoissance pour faire la différence d'un roi à un autre homme, elle alla droit à lui, et se mit à jouer au ruban de sa canne, et à lui faire des questions d'enfant qui lui plurent; elle lui montra toutes les hardes qu'elle avoit sur elle, disant que c'étoit madame de Maintenon qui les lui avoit données; le Roi commença à l'aimer, et à s'en amuser dans les temps de délassements; elle avoit toujours quelque chose de joli à lui dire, qui le divertissoit. Madame de Maintenon, pensant que cela ne dureroit peut-être pas, voulut engager madame la duchesse de Bourgogne à s'en faire la bienfaitrice, ou cette autre dame du palais qui n'avoit point d'enfant; je crois que c'étoit madame la duchesse d'Estrées : celle-ci paroissoit en avoir envie; mais, par civilité ou autrement, elle la déféroit à madame la duchesse de Bourgogne, qui, par un retour de politesse, et peut-être aussi parce qu'elle ne s'en vouloit pas charger, la déféroit de même à madame d'Estrées. Madame de Maintenon pour les déterminer leur proposa de la jouer, et se mit de la partie : ce fut elle qui la gagna, elle la retint auprès d'elle à Versailles; et voyant qu'elle plaisoit au roi, elle l'habilla d'une manière convenable à la Cour, et lui donna pour gouvernante une de ses femmes, qui étoit très sage et vertueuse. Cette petite s'éleva ainsi auprès du Roi et de madame de Maintenon, avec tous les soins qu'on auroit pu prendre d'une fille de qualité de la Cour, et tous les agréments d'une petite favorite du Roi, qui l'aimoit beaucoup, et s'en amusoit fort : aussi étoit-elle bien plus libre avec lui, qu'elle n'auroit été avec un père qui se seroit familiarisé avec elle. Madame l'amenoit assez souvent ici, mais elle n'y couchoit pas. Je dirai ailleurs la suite de son histoire.

Deux autres dames eurent encore recours à madame de Maintenon dans la décadence de leurs affaires ; dont l'une fut madame de Barneval et l'autre madame de Villefort; la première étoit femme d'un officier irlandais, fort avancé dans le service, qui fut tué dans les guerres d'Italie, et laissa sa femme sans biens avec deux petites filles : cette dame se trouva comme tombée des nues, parce que, du vivant de son mari, elle avoit fait bonne figure, et, après sa mort, se voyant sans aucune ressource, elle vint réclamer la bonté de madame de Maintenon que chacun savoit être le refuge des affligés. Madame, l'ayant entendue, fut très touchée de son état, d'autant plus qu'elle vit une femme fort aimable, bien faite, et qui avoit un air de condition et d'une honnête personne, qui paroissoit bien n'être pas accoutumée à demander, par la timidité et la retenue qui accompagnoient son discours. Elle lui donna une pension pour se mettre dans une communauté à Paris, prit ses deux filles, les mit aussi en pension à Gaumer-Fontaines ; elles ne purent être ici, quoiqu'elles fussent bien demoiselles, parce que leur père étoit irlandais, et que la maison n'est établie que pour les nobles de France. Cette dame, après avoir demeuré quelque temps à Paris eut mal à la poitrine ; madame de Maintenon la fit venir ici, où par un privilége tout extraordinaire, elle la mit en dedans, dans une chambre proche de l'infirmerie des demoiselles, et nous chargea d'en prendre soin ; nous disant qu'elle avoit des raisons particulières d'en user ainsi ; mais que nous devions comprendre que ce n'étoit pas un exemple qui dût nous autoriser à faire pareille chose ; qu'elle usoit en cette occasion de tout le droit que le Roi et l'évêque lui avoient donné, et que personne n'auroit après elle ; encore vous voyez bien, nous dit-elle, que voilà la première fois que j'en use de cette manière. Cette dame fut trois ou quatre mois ici, pendant lesquels elle y prit du lait d'ânesse et fit d'autres remèdes, qui la rétablirent un peu ; après quoi elle s'en alla demeurer à Versailles, où Madame lui payoit son logement ; elle lui continua sa pension : ce qu'elle a toujours fait et à ses deux filles, jusqu'à sa mort.

L'autre veuve dont j'ai parlé étoit madame de Villefort, qui venoit de perdre son mari, et avec lui tout son bien ; parce qu'il avoit laissé beaucoup de dettes, et que, pour y satisfaire, elle fut contrainte de tout abandonner aux créanciers. Elle demeura donc fort embarrassée avec six enfants : dans ce désastre, elle vint à madame de Maintenon et se présenta à elle, comme elle montoit en carrosse avec madame Dangeau pour s'en retourner à Versailles. Cette dame étoit belle, bien faite et de bonne mine : ce qui leur fit faire plus d'attention à elle, et les excita encore davantage à lui vouloir du bien ; Madame l'écouta favorablement, et lui donna des secours, prit deux de ses filles, dont elle en mit une ici, et l'autre aux filles de Sainte-Marie de Melun, où elle lui paya pension, et en donna aussi une fort honnête à la mère. Et madame Dangeau, faisant réflexion à la bonne réception qu'elle avoit faite à cette veuve, lui dit agréablement : S'il vous vient encore quelques belles veuves, vous serez ruinée ; car il me paroît que vous ne pouvez tenir contre. En effet, Madame naturellement se prenoit assez par les agréments personnels ; mais, comme elle avoit soin de sanctifier tous ses penchants, elle tournoit celui-là à une bonne fin, et assistoit volontiers ces belles personnes de notre sexe, à cause qu'elles courent plus de risques que d'autres, quand elles sont dans l'infortune. Elle amenoit ici assez souvent madame de Villefort, l'entretenoit longtemps, lui trouvoit de l'esprit, beaucoup de raison, et toujours fort aimable ; ce qui lui a valu d'être sous-gouvernante des enfants de France, et de notre Roi d'aujourd'hui, Louis XV. Pour revenir à ce qui nous regarde nous fimes faire profession à ma sœur de Valbert, autrement de Sailli, en 1701 : elle étoit sœur de ma sœur de Berval et a été demoiselle de Saint-Cyr ; elle eut de fort bonne heure envie d'être religieuse ici, et madame de Maintenon, la voyant dans cette bonne intention, crut qu'ayant des parents aussi vertueux et raisonnables que l'étoient M. et madame de Berval, il n'y avoit aucun inconvénient de leur accorder la satisfaction qu'ils desiroient d'avoir leur fille auprès d'eux. Quelque temps avant qu'elle entrât au noviciat, afin de s'assurer de la bonté de sa vocation, on la leur donna, et après avoir demeuré avec eux un temps assez long pour essayer si elle s'accommoderoit mieux du monde que de la religion, elle se trouva toujours dans les mêmes sentiments, et fut bien aise de revenir. On la mit au noviciat sous ma sœur Hallé, qui, lui voyant de très bonnes dispositions pour la vertu, la forma avec soin ; elle y répondit si bien, qu'elle se rendit digne de faire ses vœux aussitôt après ses deux années de noviciat, et depuis ce temps là, elle n'a pas cessé de marcher d'un pas égal dans la pratique de toutes les vertus de son état.

La même année, ma sœur Louise fit aussi profession ; c'est une bonne sœur converse, de grand travail, bien pieuse, affectionnée aux devoirs de sa vocation et zélée pour le bien des offices où on la met.

J'ai oublié de dire que quelque temps après notre noviciat, madame de Maintenon prit auprès d'elle mademoiselle de Casteja, qui étoit du nombre de nos demoiselles, et une fille fort aimable, très sage, d'une humeur extrêmement douce, et la meilleure personne du monde ; elle se fit fort estimer à la Cour et du Roi même, par sa bonne conduite et sa modestie. Madame de Maintenon, après l'avoir gardée deux ou trois ans, la maria à un écuyer de monseigneur le duc du Maine, nommé M. de La Lande, qui la demanda et qui avoit la faveur de son maître, avec un bien raisonnable et espérance d'en avoir davantage dans la suite : le Roi la dota de deux mille livres de rente, et lui fit quelques présents aussi bien que madame de Maintenon. Elle demeura avec son mari six ou sept ans ; puis il mourut d'une chute de cheval, qu'il fit à la chasse. On ne peut dire les soins qu'elle prit de lui durant sa maladie, qui dura longtemps et qui devint très incommode : elle s'acquit les louanges de tout le monde par la manière dont elle vécut avec lui, et son assiduité à lui rendre service pendant cette maladie. Il laissa deux filles, qu'il avoit eues de son mariage avec elle ; la cadette mourut jeune ; l'aînée a été mariée à un gentilhomme de Picardie, nommé monsieur Darci : pour la mère, elle est toujours demeurée veuve et dans l'estime de tout le monde. Madame de Maintenon, en ayant conservé une particulière pour elle et une vraie amitié, lui procura d'être sous-gouvernante des enfants de France, nés de monseigneur le duc de Bourgogne ; elle l'a été de notre Roi d'aujourd'hui, Louis XV, et l'est encore de mes Dames ; elle s'est acquis les bonnes grâces de madame la duchesse de Vantadour, par son bon esprit, sa bonne humeur, et son assiduité au service des princes et princesses qui l'aiment fort : elle s'est aussi concilié l'affection de tous ceux avec qui elle a à vivre ; elle a toujours conservé une tendre amitié pour ma sœur de Fontaines, qui avoit été sa maîtresse, et qui contribua beaucoup aux bontés de madame de Maintenon pour elle. Quand elle fut mariée, ma sœur de Fontaines, qui étoit alors maîtresse-genérale donna à madame de Maintenon pour la remplacer mademoiselle de Normanville. Cette demoiselle étoit venue ici à l'âge de huit ou neuf ans ; elle avoit donné dès cet âge des marques d'un bon naturel et d'un aimable esprit; elle se distingua dans toutes les classes par des qualités très estimables, et se rendit agréable à tout le monde. Lorsqu'elle fut à la Cour, elle y réussit parfaitement, et gagna non seulement les bonnes grâces de madame de Maintenon, mais aussi celles du Roi. Il se servoit d'elle assez souvent pour écrire sous lui et faire des calculs : après avoir passé quelques années de cette sorte, elle fut mariée à M. le président de Chailly, et en considération de ce mariage, le Roi remit à lui et à sa famille une très grosse somme; à quoi ils avoient été taxés, à cause qu'ils étoient entrés dans des traités durant les guerres.

Les noces se firent chez M. de Chamillard, pour lors ministre d'état, qui avoit beaucoup contribué à l'établissement de cette demoiselle, pour faire plaisir à madame de Maintenon. Dès le lendemain des noces, M. de Chally emmena sa femme à Paris ; elle y reçut de grands compliments, et de grandes marques d'amitié de tous les parents et amis de son mari : la dame étoit fort gracieuse, d'une jolie figure, pleine d'esprit et fort raisonnable. Elle étoit si prudente dans ses paroles, qu'on disoit d'elle : Madame de Chailly ne dit que ce qu'elle veut dire. Elle se fit estimer et aimer, non seulement de son mari et de sa famille, mais aussi de tous ceux qui la connurent. Elle eut deux ou trois enfants, qui moururent fort jeunes; et après plusieurs années de mariage elle mourut aussi de la petite vérole, en revenant d'un voyage que son mari et elle avoient fait en Bourgogne ; elle n'eut que le temps de se confesser : le mal l'ayant expédiée plus tôt qu'on ne pensoit, comme il arrive assez ordinairement à ceux qui en sont attaqués. Elle avoit une sœur dans les classes qui fut mariée avant elle, n'ayant encore que dix-huit ans; madame de Maintenon la donna à M. de Loubert, frère de madame de Loubert que nous avions eue pour supérieure. Il vint prier madame de Maintenon de lui donner une demoiselle de Saint-Cyr; elle choisit celle-là, par l'amitié qu'elle avoit pour elle et pour sa sœur, croyant l'établir aussi avantageusement qu'elle pouvoit l'espérer. M. de Loubert étant un bon gentilhomme, qui avoit du service et quelques biens, avec des espérances qui l'auroient mis bien à son aise, si elles avoient eu leur effet: Madame joignit aux mille écus de la demoiselle, qu'elle voulut qu'on lui donnât quoiqu'elle n'eût pas vingt ans, par un privilège particulier qu'elle seule pouvoit lui faire: elle y joignit, dis-je, huit mille livres qu'elle lui donna, et bien du linge et des habits; elle se fit un vrai plaisir de préparer ce trousseau de noces: le mariage se fit à la paroisse de Saint-Cyr, et le dîner dans notre dehors aux dépens de madame de Maintenon. Tout se passa fort modestement: il n'y eut ni violons, ni danse, ni rien de semblable. On avoit si peu parlé de ce mariage dans la maison, que ma sœur de Veillant, qui étoit portière, crut en lui ouvrant la porte qu'elle s'en alloit pour être religieuse, et dans cette pensée se recommanda fort à ses prières.

Le même jour M. de Loubert emmena sa femme à Paris. Comme elle étoit fort jeune et peu déniaisée, il la gardoit à vue. Un jour qu'elle étoit dans une église avec lui, elle aperçut la couturière de la maison, nommée madame Gérar: c'étoit elle qui habilloit toutes nos demoiselles. Notre jeune femme fut ravie de trouver quelqu'un de connoissance, dans un lieu où elle ne voyoit que des personnes étrangères pour elle: la couturière fut aussi fort aise de la voir. Elles s'approchèrent l'une de l'autre et se firent grandes caresses. M. de Loubert, qui ne connoissoit point cette femme, et qui n'avoit pas vu d'abord que la sienne étoit sortie de sa place pour aller à elle, fut inquiet de la voir avec une vieille ; il craignit que ce ne fût une de ces femmes dont il faut se défier, d'autant plus que la sienne étoit jeune et jolie, et tout à fait neuve ; il vint au plus vite les séparer, et le fit fort brusquement ; la dame Gérar, ne devinant point la cause de ce procédé, et le prenant pour un malhonnête, s'en alla assez étonnée sans rien dire : madame de Loubert toute tremblante n'osoit aussi rien dire, n'imaginant pas ce qui avoit pu porter son mari à en user ainsi ; enfin il lui demanda d'un ton tout échauffé si elle savoit bien qui étoit cette femme, à qui elle avoit parlé ; elle lui répondit que c'étoit la couturière de Saint-Cyr : alors il se tranquillisa, et fut bien fâché de la méprise. Il alla voir madame Gérar pour lui en faire ses excuses, et depuis il plaisantoit agréablement de cette aventure.

Cette jeune femme à vécu comme une sainte dans son mariage, et est morte de même, douze ou treize ans après d'un mal de poitrine.

J'ai laissé bien loin monseigneur de Poitiers et mes dames ses sœurs ; il est temps que je les reprenne, pour dire que ce prélat, après avoir mûrement délibéré avec elles sur l'offre que madame de Maintenon avoit faite de les recevoir ici, et de les garder autant de temps qu'il voudroit, crut que c'étoit peut-être un moyen que la Providence lui présentoit, ou pour obtenir des lettres patentes par le moyen de madame de Maintenon, ou, si cela ne se pouvoit pas, de leur faire trouver un établissement plus solide en demandant de rester dans la maison, supposé qu'on voulût les y recevoir : cette résolution étant prise, elles écrivirent à madame de Maintenon pour la supplier de se souvenir de l'offre qu'elle avoit eu la bonté de faire à monseigneur de Poitiers, leur frère ; qu'elles l'acceptoient avec bien de la joie et de la reconnoissance, et qu'elles étoient toutes disposées à partir, quand il lui plairoit de leur donner ses ordres ; elles écrivirent aussi à la supérieure, qui étoit ma sœur du Pérou, sur le même sujet. Madame la chargea de leur mander qu'elle seroit ravie des les voir, et qu'elle les prioit de venir au plus tôt. Sitôt qu'elles eurent reçu cette réponse, elles se préparèrent à leur départ. Il n'y eut pourtant d'abord que l'aînée qui vint, parce que, étant incertaine de ce qu'elle feroit, elles ne voulurent pas toutes deux quitter leur maison, et pensoient que si le Roi leur accordoit des lettres patentes, elles ne songeroient à autre chose qu'à bien établir leur communauté, et que si au contraire cela devenoit impossible, et qu'on leur donnât place ici, alors celle qui étoit restée prendroit les mesures nécessaires pour défaire cette communauté et venir ensuite rejoindre sa sœur. La chose étant ainsi conclue, madame de Vertrieux, l'aînée des deux sœurs, qui étoit actuellement supérieure, remit tout à sa sœur, et alla trouver son frère qui étoit encore à Lyon, et devoit venir à Paris pour son sacre. Dans les visites qu'il nous rendit à son premier voyage, nous lui parûmes avoir besoin de sujets, et nous le priâmes même que s'il en rencontroit quelques bons qui pussent nous convenir, de nous le faire savoir. Il nous manda, quelque temps après son arrivée à Lyon, qu'il avoit pensé à ce que nous lui avions dit, et qu'il y avoit une demoiselle dont un de ses amis lui répondoit, qui pourroit être notre affaire : il en faisoit un éloge fort avantageux ; ce qui engagea madame de Maintenon à le prier de nous l'amener avec madame sa sœur, lorsqu'il reviendroit. Cette demoiselle étoit ma sœur Garnier, qui accompagna madame de Vertrieux : elles arrivèrent ici ensemble. Madame les reçut très gracieusement, et quelques jours après, nous mîmes ma sœur Garnier au noviciat. Pour madame de Vertrieux, elle demeura dans la maison à faire ce qu'elle vouloit ; elle suivoit cependant nos observances, venoit à nos récréations et voyoit de quelle manière tout se passoit aux classes et ailleurs. Madame, qui avoit ses vues et qui étoit persuadée qu'elle n'auroit point de lettres patentes, étoit bien aise qu'elle connût la maison, afin qu'elle fût en état de juger si elle s'accommoderoit de notre manière de vie, et si nous la trouverions à notre gré et convenable à notre institut ; elle passa ainsi trois ou quatre mois, au bout desquels, étant convaincue de la fermeté du Roi sur le refus des lettres patentes, elle se détermina à demander l'entrée du noviciat, pour elle et pour sa sœur : ce qui lui fut accordé avec joie. Le temps qu'elle avoit passé parmi nous n'ayant servi qu'à nous la faire desirer davantage ; elle manda à sa sœur de mettre l'ordre dont elles étoient convenues dans leurs affaires, et de la venir joindre au plus tôt ; ce qu'elle fit, et ne différa guère à entrer au noviciat, après sa sœur.

En 1703, nous fimes faire profession à mes sœurs de La Noue et de Boissauveur : la première étoit demoiselle de Saint-Cyr et une fille très fervente, d'un bon esprit, et dont le caractère particulier étoit l'humilité ; ayant un grand mépris pour elle-même et une haute opinion des autres ; le seconde ne fit que nous montrer dans son noviciat qu'elle nous avoit dit vrai, en nous assurant de sa bonne vocation, et que nous ne nous étions pas trompées en jugeant qu'elle avoit le mérite que nous cherchions.

En ce même temps M. de Savoye, supérieur de Messieurs nos confesseurs, se trouva hors d'état par ses infirmités de continuer les exercices de son ministère, surtout au confessionnal. M. le supérieur-général, qui étoit M. Pierron, et qui avoit succédé à M. Jolly, jugea à propos de l'en décharger ; mais il ne le retira pas d'ici pour cela,

parce qu'il avoit la confiance de madame de Maintenon
dont il étoit confesseur; il demeura pour elle seule jusqu'à
ce que ses maux étant augmentés, il demanda d'aller finir
ses jours à Saint-Lazare, où en effet il mourut fort peu de
temps après. C'étoit un homme de bon conseil, fort pieux,
exact observateur de la discipline ecclésiastique, zélé pour
l'Eglise et pour son institut ; ferme dans sa conduite, et
très patient à supporter un état continuel d'infirmités,
dans lequel il fut presque toute sa vie. Il avoit été longtemps directeur du séminaire de Saint-Lazare, où il avoit
formé plusieurs bons sujets, qui ont bien servi la congrégation. M. Pierron nous envoya à sa place M. Bridret, autre excellent directeur du séminaire, dont il se priva en
notre faveur : il fut aussi confesseur de madame de Maintenon, comme l'avoit été M. de Savoye, car elle alloit toujours
aux supérieurs, tant pour leur marquer sa considération,
que parce qu'elle étoit persuadée qu'ayant été choisis du
général, pour être ici à la tête de nos messieurs de Saint-
Lazare, ils devoient être encore plus capables que d'autres de bien conduire les âmes.

CHAPITRE XXVIII.

Élection d'une supérieure. — Sa mort. — Celle de M. le comte d'Aubigné. — Élection de notre mère de Fontaines. — Mariage de madame d'Avrincourt. — On nous donne M. Voisin pour chef de notre Conseil. — Madame de Maintenon prend mademoiselle d'Aumale. — Mort d'une de nos sœurs. — Profession de quelques Dames.

Le temps d'une nouvelle élection étant arrivé, le choix tomba sur ma sœur Hallé, qui avoit alors cinquante-cinq ans ; cette élection ne se fit pas sans difficulté ; car naturellement on auroit mieux aimé ma sœur de Fontaines qui, ayant déjà gouverné, étoit plus en état de le faire ; aussi ne put-elle l'éviter : car bientôt après la mère Hallé, qui avoit une très mauvaise santé, ne tarda pas à lui céder la place ; n'ayant été que deux mois supérieure, au bout desquels elle mourut d'une colique, à quoi tous les remèdes qu'on lui fit ne purent remédier, quelque envie qu'on eût de la sauver ; car nous aurions été ravies de la réchapper, parce que c'étoit une fille qui avoit bien du mérite et de la vertu. Elle reçut tous les sacrements, et, quoiqu'elle eût toujours mené une vie très chrétienne dans le monde, et que de bonne heure elle se fût adonnée aux bonnes œuvres, aux pratiques solides de la vertu, qu'elle

it été exacte à ses devoirs depuis sa profession religieuse,
que ce fût une fille d'oraison et très mortifiée, elle ne
laissa pas d'avoir de grandes craintes à la mort, se reprochant de n'avoir pas été assez fidèle à la grâce. Sans doute
que ce fut une disposition dans laquelle Dieu voulut la
mettre pour la purifier et la rendre digne de ses miséricordes, qu'il y a lieu de croire qu'il lui aura faites, durant
qu'elle vivoit encore et dans l'intervalle des deux mois
qu'elle fut supérieure, Madame de Maintenon perdit M. le
comte d'Aubigné son frère, et père de madame la duchesse de Noailles; elle l'aimoit beaucoup; et comme il
étoit fou du monde et galant, Madame travailla avec bien
du zèle à sa véritable conversion, par des prières ferventes, qu'elle offroit sans cesse à Dieu pour lui et qu'elle faisoit faire à cette intention, y ajoutant des messes, des aumônes et d'autres bonnes œuvres ; lui suscitant des gens
de bien et habiles, qu'elle prioit de lui parler de son salut, selon que les occasions s'en présentoient. Il avoit beaucoup d'esprit, et, comme dans les commencements les
discours qu'on lui tenoit sur ce sujet l'embarrassoient plus
qu'ils ne le touchoient, il disoit plaisamment : Les messes
de ma sœur me font tourner la tête. Cependant elle parvint
à la fin à le faire rentrer sérieusement en lui-même. Il se
retira cinq ou six ans avant sa mort dans une communauté de gentilshommes, qui étoient à Paris dans la paroisse de Saint-Sulpice, et qui, sans aucun engagement
particulier, faisoient profession de mieux observer l'évangile qu'on ne le fait d'ordinaire dans le monde. Madame,
voulant fortifier M. d'Aubigné dans les bons sentiments
où elle le voyoit, lui donna pour lui tenir compagnie un
digne prêtre de Saint-Sulpice, nommé M. Madot, qui étoit
homme d'esprit; il sut si bien gagner ce seigneur qu'il
en fut goûté; il eut sa confiance : ce qui contribua infiniment à le mettre dans les bonnes dispositions, où il parut

être à sa mort, qui arriva à Bourbon, où il étoit allé prendre les eaux ; car, dans sa maladie et jusqu'à son dernier soupir, il donna toutes les marques d'une véritable contrition, et reçut les sacrements avec beaucoup de religion et de sentiments de pénitence. M. Madot, étant de retour après sa mort, et racontant à madame de Maintenon ce qui s'y étoit passé, lui dit, entre autres choses, que, s'étant absenté quelques moments d'auprès de M. d'Aubigné, il y avoit laissé un capucin, qui, animé d'un zèle peu éclairé lui dit, en l'exhortant: Eh bien ! monsieur, ne voudriez-vous pas présentement avoir été un bon capucin. Le malade lui répondit avec beaucoup de présence d'esprit: Non, mon père, mais un bon chrétien. Madame ressentit vivement la perte d'une personne qui lui étoit si chère : mais elle la soutint avec son courage ordinaire, et se consola par sa résignation à la volonté de Dieu, et par les grâces qu'il avoit faites à monsieur son frère sur la fin de sa vie ; ce qui lui faisoit espérer que ses prières avoient été exaucées. Nous lui fîmes ici un service avec tout l'appareil dû à sa qualité, et à ce qu'il étoit à madame de Maintenon. Notre mère Hallé se donna beaucoup de mouvements pour que rien ne manquât de ce qui pouvoit témoigner à madame de Maintenon notre respect et la part que nous prenions à sa douleur : elle nous en remercia comme si elle eût été une particulière, à qui on eût fait cela par grâce ; et en tout elle se comportoit toujours de cette manière, de même que si elle n'eût pas eu ici toutes sortes de droits, et que nous n'eussions pas été obligées à toutes sortes d'égards et d'attentions pour elle. Monseigneur de Chartres, qui connoissoit mieux qu'un autre la bonté de son cœur, et la part qu'elle avoit à la bonne mort de monsieur son frère, lui écrivit sur ce sujet les lettres suivantes :

LETTRE AVANT SA MORT.

« Que je suis affligé, Madame, de l'état où se trouve d'Aubigné, et de ne pouvoir accompagner M. N..., pour vous marquer moi-même ma douleur. Dieu veut apparemment vous disposer aujourd'hui, Madame, à lui en faire le sacrifice; vous lui avez prêté non seulement les secours d'une excellente sœur, mais vous êtes sa mère par rapport à son salut, et vous avez la consolation de le voir mourir dans les sentiments d'un chrétien pénitent : vous lui avez donné un ange gardien, qui l'a suivi partout et qui le conduit encore visiblement dans le passage de l'éternité; et il faut donc, Madame, de votre part achever ce que vous avez commencé en l'abandonnant avec confiance à son fidèle Créateur. Peut-il tomber en de meilleures mains? Le paradis est fait pour les pénitents; Dieu y reçoit les enfants perdus; c'est là qu'il leur donne l'étole première, les habits de leur parfaite innocence, un nouvel être qui ne s'altèrera jamais; c'est là qu'ils goûtent le festin délicieux et les cantiques de joie qu'aucun changement ni tristesse ne troublera jamais; heureuse pénitence qui efface le passé et qui fait si aisément retrouver grâce devant un Père si puissant et si outrageusement offensé. Heureuse mille fois la sœur B.... qui a aimé si tendrement et si chrétiennement son frère, et qui lui a ouvert le chemin de la pénitence, en le faisant revenir de cette terre étrangère, où il s'étoit perdu. Dieu veut de vous, Madame, que vous lui offriez une victime que vous lui avez préparée, et que vous avez, par votre charité, rendue digne de lui. Un Père dit : que, dans les chrétiens, Dieu couronne la fin et non les commencements, c'est à dire que la fin décide de tout, selon cette parole de l'Évangile, celui qui aura persévéré jusqu'à la fin sera sauvé. Je vais, Madame, dans mon impuissance, joindre mes prières aux vôtres, et demander à Dieu d'achever son ouvrage dans monsieur votre frère, et de vous fortifier encore, pour tous les autres sacrifices que vous avez à lui faire. »

AUTRE LETTRE APRÈS SA MORT.

« Que je suis consolé, Madame, des dispositions vraiment chrétiennes où Dieu vous met; c'est votre Père céleste qui vous a révélé une sagesse à laquelle la chair et le sang ne peut atteindre. Continuez, Madame, à demeurer soumise à un si bon Père; vous n'avez plus à prendre d'autre conseil que de la volonté de Dieu, qui est bon à ceux qui le cherchent; comme vous avez un cœur droit, humble et dépendant, je suis sûr qu'il vous anime et remplit de son esprit. Tâchez, Madame, de le communiquer à vos filles, et s'il se peut aux fidèles de la Cour. Je donnerois ma vie pour augmenter votre grâce et votre consolation; je vais faire dire bien des messes à Chartres et dans tout mon diocèse : il faut bien que le troupeau entre dans la reconnoissance du pasteur. Je ferai dans ma cathédrale un service dès que je serai arrivé, et je donnerai ordre qu'on en fasse dans mon grand séminaire et dans tous les petits séminaires; les jeunes clercs obtiendront quelque rafraîchissement pour celui que vous perdez, ou plutôt que vous achevez de sauver. M. de N... ne veut pas officier à Saint-Cyr, je le ferai, Madame, à sa place, et je vous promets que ma vive reconnoissance et tous les sentiments que je sens bien que Dieu a gravés dans mon cœur, profondément pour vous, n'auront ici d'autres termes que celui de ma vie. »

Nous avons vu la mort de ma sœur Hallé. Après qu'on lui eut rendu les derniers devoirs, on procéda à une nouvelle élection, et ma sœur de Fontaines fut élue avec une égale satisfaction du dedans et du dehors ; elle avoit presque toujours été dépositaire et maîtresse-générale depuis sa déposition, et s'étoit attiré une augmentation d'estime et d'attachement de la part de la communauté et des demoiselles, par la bonté, la charité et le zèle avec lequel elle avoit exercé ses charges. Ce fut elle qui, après le mariage de mademoiselle de Normanville, proposa à madame de Maintenon, mademoiselle Dosmond pour la remplacer : elle n'avoit pas moins d'esprit et de bonnes qualités que la précédente. C'étoit une espèce de favorite de madame la duchesse de Bourgogne, qui l'avoit prise en amitié dès les premières années qu'elle fut en France, et qu'elle honora notre maison de ses fréquentes visites : elle lui continua toujours ses bonnes grâces, et lui en donna de plus grandes marques lorsqu'elle fut auprès de madame de Maintenon, où elle avoit l'honneur de l'approcher davantage. Le Roi avoit aussi beaucoup de bontés pour elle, et madame de Maintenon en étoit très contente. Quand elle eut passé quelques années auprès d'elle, M. et madame de Chamillard lui proposèrent de la marier à M. d'Avrincourt, gentilhomme d'Artois, et qui avoit servi en qualité de colonel du régiment d'Artois-Dragon. Madame de Maintenon ayant trouvé le parti avantageux, l'accepta et le fit agréer au Roi, qui donna cent mille livres en mariage à cette demoiselle, qui, pour entrer en cet état en bonne chrétienne, vint s'y préparer ici par une retraite. Notre mère de Fontaines, en qui elle avoit grande confiance, lui servit de directeur; dans ces jours de récollection ; elle lui donna d'excellents avis pour se conduire en femme vraiment chrétienne. Elle en a bien profité s'est acquis une haute réputation. Le jour de ses noces madame la duchesse de Bourgogne voulut, pour ainsi dire, être sa dame d'atour, et la para de ses propres pierreries ; elle lui donna en pur don de belles boucles d'oreilles aussi de pierreries, et quelques autres ornements dont je ne me souviens pas. Les noces se firent comme celles de mademoiselle de Normanville, chez M. de Chamillard, qui en fit les frais. Son mari l'emmena à Paris, où il avoit des affaires ; ensuite ils s'en retournèrent en province, où ils font une des meilleures figures du pays.

On tient que M. d'Avrincourt a cinquante mille livres de rente : la plus grande partie de son bien consiste en de beaux bois de haute futaie, qui lui furent conservés dans les guerres que Louis XIV eut en Flandre. Ce fut sa femme, par la protection de madame de Maintenon, qui lui valut cette conservation, sans quoi ils couroient grand risque d'être détruits ou du moins fort endommagés, étant situés du côté où étoit le fort de la guerre : cette faveur lui a valu davantage que si M. d'Avrincourt lui avoit apporté de plus grands biens ; il étoit si content d'elle qu'il disoit, plusieurs années après son mariage, qu'on lui avoit donné la meilleure de toutes les femmes.

Puisque j'ai parlé de M. de Chamillard, il faut dire qui il étoit. Nous avons vu ci-devant que M. de Ponchartrain l'avoit choisi pour lui suppléer dans l'administration de nos affaires temporelles, ne s'y pouvant donner aussi entièrement qu'il auroit été nécessaire, à cause de sa charge de contrôleur-général. M. de Chamillard avoit été maître des requêtes et intendant de province ; emploi dont il s'acquitta si bien qu'il mérita d'être conseiller d'état : ce fut en cette qualité que M. de Ponchartrain nous le donna, arce qu'il le connoissoit pour être un honnête homme et homme de bien, entendu aux affaires; le Roi l'agréa d'autant plus volontiers qu'il avoit l'honneur d'être connu de lui, et qu'il en étoit estimé. Quelques années après qu'il nous eut été donné, M. de Ponchartrain devint chancelier. Alors le Roi mit à sa place de contrôleur-général des finances, M. de Chamillard; et ainsi de suppléant qu'il étoit à M. de Ponchartrain, en ce qui regardoit notre temporel, il devint tout à fait chef de notre Conseil, qui a été un grand bien pour nous; car, croyant devoir son élévation à madame de Maintenon, dont il étoit quelque chose, il voulut lui en témoigner sa reconnoissance en nous procurant tous les avantages qu'il put. Ce fut lui principalement qui représenta au Roi, conjointement avec M. de Ponchartrain, que notre revenu ne suffisoit pas pour faire subsister notre maison, et ils le firent si efficacement que ce grand prince y ajouta trente mille livres de rente, comme je l'ai dit, pour aider à payer les charges. Ce fut lui encore qui fit fournir les deniers nécessaires pour relever les combles de notre maison, qui, étant faits à la mansarde, étoient fort incommodes, et auroient causé des dégradations considérables aux bâtiments par les pluies, qui ne trouvant point assez de pente pour s'écouler, séjournoient sur les toits, passoient dans les dortoirs, pourrissoient les poutres et les solives et y causoient d'autres dommages. Il en coûta au Roi plus de trois cent mille livres pour les mettre en l'état où ils sont : ce qui, outre l'avantage de n'avoir plus à craindre le dépérissement du bâtiment, nous a donné de beaux greniers dont nous avions grand besoin. M. de Chamillard entra dans le ministère, après une longue guerre qui avoit presque épuisé l'État : c'étoit celle du temps que toute l'Europe étoit liguée contre le Roi, et que le prince d'Orange, contre tout droit de justice, fut roi d'Angleterre. Ce magistrat s'étoit acquis une si bonne réputation que le peuple se réjouit de le voir contrôleur-général des finances. Il y avoit toute apparence qu'il ne se seroit pas trompé dans l'espérance qu'il avoit de quelque soulagement, si on n'avoit pas été obligé de recommencer une nouvelle guerre, pour conserver le royaume d'Espagne à la maison de Bourbon : ce qui engagea à de nouvelles levées, qu'on porta pourtant d'abord assez patiemment, à cause qu'on voyoit bien qu'il étoit de l'honneur de la France de soutenir cette guerre ; mais qui, dans la suite, ne laissa pas de faire crier contre le ministre. Nous fûmes les seules qui ne nous sentîmes guère de ces temps fâcheux, par les soins qu'il prit d'aller au devant de tout ce qui pouvoit contribuer au bien de notre maison. Il gagna tellement les bonnes grâces du Roi que M. de Barbezieux, ministre de la guerre, étant venu à mourir, Sa Majesté voulut qu'il le remplaçât sans quitter sa charge de contrôleur-général, trouvant qu'il lui seroit plus commode de réunir les deux charges dans une même personne, pour éviter les difficultés qu'il avoit eues à concilier le contrôleur-général et le ministre de la guerre ; parce que l'un demandoit toujours de l'argent, et l'autre n'étoit pas toujours disposé à en donner ; soit qu'il n'y en eût pas autant de prêt qu'on lui en demandoit, soit par d'autres raisons : le roi crut donc qu'en mettant ces deux charges sur la tête d'un même homme, les affaires en iroient mieux ; et qu'il lui seroit aussi plus aisé et plus agréable de n'avoir affaire qu'à un seul. Mais l'expérience fit voir que l'ouvrage étoit trop grand pour une seule personne, comme je le dirai plus bas ; dès qu'il fut chargé des affaires de la guerre, il vit bien qu'il lui falloit quelqu'un pour les nôtres ; il pria madame de Maintenon de le trouver bon : elle lui demanda sur qui il croyoit qu'on dût jeter les yeux ; il lui proposa M. Voisin, qui avoit été intendant en plusieurs provinces, principalement en Flandre, où il avoit rendu de bons services au Roi, qui l'estimoit. M. de Chamillard en ayant proposé un autre, dont j'ai oublié le nom, et qui étoit aussi un homme de bien et de tête, lui dit toutes les bonnes qualités de l'un et de l'autre ; elle lui demanda lequel des deux il croyoit le meilleur ; et lui, après avoir discouru encore sur le mérite des deux, il dit de M. Voisin : Ho! pour celui-là, il vaut mieux que moi. Madame de Maintenon lui répondit en riant : Prenons celui qui est meilleur que vous. Il fut donc conclu que ce seroit M. Voisin qui se tiendroit chargé de nos affaires, sous M. de Chamillard, qui voulut toujours continuer de les suivre de gros en gros : chose qui nous étoit fort avantageuse dans la place qu'il occupoit. Dès lors notre Conseil du dehors se tint chez M. Voisin ; il rendoit compte de tout à M. de Chamillard, et ne décidoit rien d'un peu important sans avoir su son sentiment. Il prenoit la peine de venir assez souvent conférer lui-même avec nous de nos affaires ; et lorsqu'on les agitoit dans le Conseil, qui se tenoit à Paris chez lui, il ne vouloit rien résoudre décisivement d'un peu important, non seulement sans l'avis de M. de Chamillard, mais aussi sans notre participation. Il disoit ordinairement : Il faut parler de cela aux Dames ; c'est aux Dames à voir si elles veulent ceci ou cela, et semblables phrases qui ne marquoient pas seulement sa bonté pour nous, mais encore qu'il avoit pris parfaitement l'esprit des lettres-patentes, qui ne nous donnent pas des administrateurs, mais des conseillers pour nous guider dans nos affaires, et empêcher que n'en fassions de mauvaises; et, sur cela, je puis dire qu'autant que madame de Maintenon nous desiroit soumises et dépendantes pour ne rien faire de mal à propos dans le temporel, autant souhoitoit-elle que nous ne nous laissassions pas mener comme des enfants, qui font à l'aveugle ce qu'on leur dit, sans en connoître les conséquences.

Pour revenir à notre Conseil du dehors, on n'étoit pas fâché en ce temps là d'en être le chef, à cause de la relation que cela donnoit à la Cour, et qu'on regardoit la faveur de madame de Maintenon comme un moyen d'avancer fortune; c'est pourquoi on se faisoit un mérite auprès d'elle des bons offices qu'on nous rendoit et des attentions qu'on avoit pour nous : aussi ne trouvions-nous guère de difficultés sur rien, tout le monde étant toujours prêt à nous obliger, croyant en cela faire leur cour; et, en effet, on peut dire que c'étoit un moyen de plaire au Roi, et que madame de Maintenon, se tenant fait à elle-même ce que l'on faisoit pour nous, favorisoit en tout ce qui dépendoit d'elle tous ceux qui nous faisoient plaisir. M. Voisin fut deux ou trois ans en second avec M. de Chamillard à la tête de nos affaires; après quoi, ce dernier, se trouvant extrêmement incommodé et hors d'état de continuer un aussi grand travail que celui qu'il avoit soutenu jusque là, pria le roi de l'en décharger, et proposa en même temps M. des Marais, pour remplir la place de contrôleur-général, et M. Voisin pour ministre de la guerre: ils furent acceptés tous deux, et nous demeurâmes toujours à M. Voisin jusqu'à sa mort, sans second; car, par une extrême bonté, il ne voulut point se décharger sur d'autres de nos affaires, qu'il a toujours gouvernées avec autant d'attention que s'il n'avoit pas été occupé de celles de l'État : il nous en donna une grande marque dans le soin qu'il prit de nous choisir un intendant après la mort de M. Bernard, qui arriva dans ce temps là. Plusieurs se présentèrent pour remplir cette place ; mais il crut ne pouvoir rien faire de mieux pour nos véritables intérêts, que de nous proposer M. Mauduit, qui étoit connu de lui depuis longtemps pour un habile homme, appliqué, plein de droiture, de probité, et tout à fait intelligent dans les affaires. Sur le portrait qu'il nous en fit, nous n'hésitâmes pas un moment à l'accepter, et nous nous en sommes parfaitement bien trouvées ; ayant reconnu, par expérience, qu'il nous auroit été avantageux de l'avoir eu plus tôt, parce qu'il a mis un grand ordre dans nos affaires, et les a conduites avec beaucoup de zèle et de capacité.

Je reviens aux demoiselles qui se succédèrent les unes aux autres auprès de madame de Maintenon. Après le mariage de madame d'Avrincourt, elle ne vouloit plus prendre de nos demoiselles, trouvant que c'étoit une affaire d'avoir à les établir, et elle craignoit que le Roi, à qui cela ne laissoit pas d'être à charge, ne s'en lassât : cependant nous avions ici mademoiselle d'Aumale, qui avoit bien du mérite et que nous desirions fort qui occupât cette place ; d'autant plus que c'étoit une fille à ne chercher d'autre fortune que le bonheur de plaire à madame de Maintenon, de la soulager et de passer sa vie auprès d'elle ; on lui parla tant des bonnes qualités de cette demoiselle, surtout notre mère de Fontaines, et toutes celles qui avoient été ses maîtresses, que madame de Maintenon se laissa persuader ; elle ne fut pas longtemps sans s'apercevoir que nous lui avions fait un bon présent, et nous en sut bon gré : elle s'acquit bientôt, par son esprit et sa sagesse, toute l'estime et même la confiance de madame de Maintenon ; elle eut ensuite beaucoup de part aux bonnes grâces du Roi : la première chose à quoi madame de Maintenon l'employa, fut de l'envoyer à Gaumer-Fontaines ; c'étoit une abbaye presque ruinée, que le Roi avoit donnée à madame de la Viéville, parente de monseigneur le cardinal de Noailles. Cette dame avoit été demoiselle de Saint-Cyr, et n'auroit pu par elle-même, quelque esprit et quelque bonne intention qu'elle eût, remettre une maison aussi dénuée que la sienne, tant au spirituel qu'au temporel ; il lui falloit pour cela un puissant secours qu'elle crut trouver dans la bonté et la charité de madame de Maintenon ; c'est pourquoi elle la supplia de vouloir bien la prendre sous sa protection. Madame de Maintenon, qui aimoit toutes les demoiselles de Saint-Cyr, et particulièrement celle-là, à cause qu'elle étoit fille d'esprit et de mérite, parente d'une maison qui lui étoit chère, et par dessus cela une excellente religieuse, se sentit tout d'un coup portée à l'aider, non seulement de son crédit et de ses libéralités, mais aussi de ses conseils ; elle regarda comme un bien que la Providence lui présentoit à faire, de contribuer au rétablissement d'une belle et ancienne abbaye, qu'elle avoit connue dans sa jeunesse et vue assez florissante : ce fut encore une des raisons qui lui fit prendre fort à cœur cette bonne œuvre, et on peut dire qu'il n'y en avoit guère où elle n'entrât volontiers, dès qu'elles lui étoient bien connues. Pour mieux réussir dans celle-ci, elle chargea mademoiselle d'Aumale d'aller à Gaumer-Fontaines, afin d'en voir de près les véritables besoins, l'en instruire, et faire de concert avec madame l'abbesse ce qu'elles croiroient de meilleur. Elle y demeura trois ou quatre mois, pendant lesquels elle travailla sans relâche avec madame l'abbesse, à mettre quelque ordre dans cette maison, où il n'y en avoit aucun. Les bâtiments étoient tout délabrés ; les dedans dégarnis de meubles et de toutes les choses nécessaires : elles se mirent, le marteau et la serpe à la main, à accommoder elles-mêmes des couchettes pour trois ou quatre demoiselles de Saint-Cyr, que madame de Maintenon avoit données à l'abbesse pour être religieuses, et lui aider à rétablir la maison dans la réforme ; lorsqu'elle fut bien informée par mademoiselle d'Aumale de la grande indigence de cette maison, elle envoya, pour y remédier, des sommes considérables, et dans la suite elle continua à faire de temps en temps la même chose ; non contente de cela, elle écrivit à l'abbesse des lettres excellentes sur la conduite qu'elle devoit tenir à l'égard de sa communauté touchant le spirituel, lui insinuant de ne pas suivre toute l'ardeur de son zèle dans le desir qu'elle avoit de la réforme, mais d'y porter ses religieuses avec un esprit de paix et de douceur, usant envers elles de beaucoup de support et de patience.

Mademoiselle d'Aumale revint quand les arrangements les plus considérables furent faits; elle continua de se rendre si assidue et si utile auprès de madame de Maintenon, que ce fut alors, comme j'ai dit, qu'elle gagna entièrement sa confiance; elle venoit toujours ici avec elle : comme cette dame aimoit la jeunesse, elle vouloit avoir dans son appartement une espèce de classe composée de celles des demoiselles qui se distinguoient par leur esprit et leur bonne conduite. Mademoiselle d'Aumale, pour entrer dans ses vues, se chargea de les perfectionner sur ce qu'on leur montroit aux classes ; elle leur apprenoit mille choses propres à former leur raison et leur cœur. Madame de Maintenon, dans ses moments de loisir, les voyoit aussi et leur parloit fort familièrement, dans l'intention de leur mieux insinuer les bons principes et les excellentes maximes, dont tous ses discours étoient remplis d'une manière toute naturelle ; c'étoit là son plus grand plaisir, tant elle avoit de zèle, et on peut dire de solide amitié pour les demoiselles.

Lorsqu'elle étoit retournée à Versailles, mademoiselle d'Aumale trouvoit de nouvelles occupations, tantôt pour le service de madame de Maintenon, tantôt pour préparer quelque délassement au Roi. Ce prince aimoit la musique et y prenoit un fort grand plaisir ; le temps qu'il y donnoit étoit quelques heures sur le soir, après avoir été appliqué presque tout le jour aux affaires de son État. C'étoit mademoiselle d'Aumale qui marquoit aux musiciens ce qu'ils devoient chanter; elle savoit très bien la musique, quoiqu'elle ne l'eût apprise d'autre maître que d'elle-même. Cela lui servit beaucoup auprès du Roi : il lui faisoit l'honneur de la faire chanter quelquefois avec lui, et trouvoit qu'elle se connoissoit très bien aux beautés et à la délicatesse de certains chants, qui l'emportent sur les autres ; elle n'avoit pas une grande voix, mais elle étoit fort douce, et la conduisoit bien : ce qui la rendoit très agréable. Elle étoit encore utile au Roi en des occasions plus essentielles : comme elle écrivoit bien, il s'en servoit pour des choses qu'il ne vouloit pas confier à ses secrétaires ; il conversoit souvent avec elle très familièrement, et enfin la distinguoit fort. La petite Jeannette (c'est cet enfant de Bretagne dont j'ai déjà parlé) continuoit à en être toujours fort aimée ; elle croissoit sous ses yeux et devint de plus en plus très jolie ; il s'en amusoit, et monseigneur et madame la duchesse de Bourgogne aussi. Mademoiselle d'Aumale avoit l'œil à son éducation, et madame de Maintenon la trouvoit si propre à tout, qu'elle se reposoit sur elle de mille choses, et qu'elle lui fut d'un grand soulagement.

12 août 1703 Nous avons vu l'élection de notre mère de Fontaines. On peut dire qu'on eut autant de sujet d'être satisfait de son gouvernement cette seconde fois, qu'on l'avoit été la première. Elle s'appliqua à nous faire marcher dans l'esprit de nos règles, à suivre en tout les intentions de madame de Maintenon, et à pratiquer ce qu'elle avoit appris des mères de Chaillot sur les vertus religieuses et pour la conduite de la maison ; elle donna bien des marques de son zèle, et par rapport aux demoiselles et en ce qui regarde la communauté. Sa charité et son amitié pour ses sœurs parurent principalement dans un temps de petite vérole, où il y en eut quelques unes de nous qui l'eurent. Nous eûmes la douleur de perdre ma sœur de La Haye, sujet très aimable, d'un esprit fort doux et qui avoit bien de l'amour de sa vocation ; c'étoit une de nos belles voix, la plus agréable qu'on puisse entendre. Il n'y a rien de pareil à la peine que notre mère de Fontaines prit pour la sauver, et deux autres de nos sœurs, attaquées du même mal, qu'elle eut la consolation de voir réchapper, et qui sont mes sœurs de Laigni et de Boufflers; ma sœur de Glapion, qui étoit leur prinpale infirmière, s'y épargna encore moins: elle ne se reposa presque pas pendant trois semaines ou un mois, et prit si peu de précaution pour elle-même, qu'elle en gagna une fluxion sur la poitrine, dont on eut bien de la peine à l'en tirer: ce qui fait voir qu'il ne faut pas toujours suivre l'ardeur de son zèle. Ce n'étoit pas la seule fois qu'elle s'étoit fatiguée auprès des malades. Comme elle avoit été destinée par madame de Maintenon à apprendre la pharmacie, à cause de sa facilité à comprendre toutes choses, elle étoit tantôt à l'apothicairerie avec une sœur de la charité, qui savoit très bien la composition des drogues, tantôt à l'infirmerie en qualité d'infirmière : on la laissa longtemps dans ces deux charges pour lui donner le temps de s'y rendre habile; en quoi elle réussit si bien qu'on en vint à s'y confier presque autant qu'au médecin. Mais je reviens à notre mère de Fontaines: durant qu'elle étoit en place, elle proposa à monseigneur de Chartres de retrancher du règlement de la journée l'heure de l'assemblée, à cause du peu de temps qu'on a ici par les grandes occupations que donnent les emplois, et parce qu'aussi les exercices, se succédant les uns aux autres, il arrive souvent qu'on n'a pas le temps de respirer. Monseigneur de Chartres ne voulut point, pour lors, entendre ce retranchement; disant que c'étoit le mieux qu'il pût arriver à des religieuses, que d'avoir peu de temps; que celles qui en ont davantage sont plus exposées aux tentations et au danger de s'ennuyer; de se dégoûter et de se déranger; qu'il étoit bien aise qu'il n'y en eût ici aucun de vide; que cela nous épargnoit bien des péchés et de vains amusements contraires à la perfection de notre état; qu'outre cela, il étoit commode à la supérieure de pouvoir naturellement rassembler ses sœurs, quand elle a quelque chose à leur dire de plus long que ne le comporte le temps de l'obéissance, sans en marquer de particulier; qu'enfin, il ne jugeoit point à propos qu'on changeât rien sur cet article. Cependant, ayant reconnu dans la suite plus clairement qu'il n'avoit fait, qu'on étoit bien chargé ici par les affaires, et qu'on n'avoit pas même le loisir de s'y donner aussi entièrement qu'il est nécessaire; qu'on étoit aussi très appliqué toute la journée à des exercices sérieux; il permit qu'on se dispensât ordinairement de l'assemblée; ce qu'on a observé depuis: et il disoit que cet élargissement devoit rendre plus attentive à s'y trouver quand la supérieure l'ordonne.

J'ai dit que madame de Vertrieux étoit entrée au noviciat. Sa sœur vint quelques mois après, et y entra aussi. Quand il fut question de la prise d'habit, on ne parla que de l'aînée, parce qu'il y avoit déjà du temps qu'elle étoit ici, et qu'on ne connoissoit pas encore si bien l'autre; on reçut donc ma sœur de Vertrieux avec ma sœur Garnier. Monseigneur de Poitiers étoit encore à Paris avec monsieur son frère et madame sa belle-sœur; ils assistèrent à la cérémonie, et le prélat en fut le célébrant. Peu de temps après, il s'en alla dans son diocèse; sa seconde sœur n'avoit guère moins de mérite que son aînée; cependant on crut voir qu'elle n'avoit pas de goût pour les classes, et que même quelques unes de ses bonnes qualités y étoient opposées : comme une bonté excessive, qui la portoit à tout excuser, et à ne pouvoir entrer dans notre esprit, sur le fait de la vigilance et de la fermeté qu'exige la conduite d'un si grand nombre de jeunesses. Madame de Maintenon craignit, qu'étant déjà âgée de plus de quarante ans, il ne fût pas aisé de la redresser sur ce point; c'est pourquoi on la congédia le plus honnêtement que l'on put. Elle étoit elle-même fort en balance, ne se sentant pas un grand attrait pour notre institut: elle alla aux filles de Sainte-Marie de Saint-Amour, dans son pays, où elle fit profession; elle y fut depuis maîtresse des novices et supérieure: elle étoit en effet plus propre à cet institut qu'au nôtre.

J'ai oublié de parler de ma sœur de Boufflers, à qui nous fîmes faire profession avant mes sœurs de Vertrieux et de Garnier: ce fut le 29 de décembre 1703; elle nous avoit donné, dès les classes, de grandes marques de son ardeur pour la vie religieuse, qui la portoit même à vouloir embrasser l'un des ordres les plus austères; son premier dessein ayant été de se faire capucine, madame de Maintenon l'en détourna, croyant qu'elle n'en auroit pas la force, et la tourna de ce côté ci, lui faisant voir qu'il y avoit de grands biens à y faire: elle se soumit à ses conseils, demanda le noviciat, y soutint avec courage de bonnes épreuves, et enfin mérita, par sa persévérance et son attachement à ses devoirs, qu'on la reçût à faire ses vœux, qu'elle a toujours très régulièrement observés. M. le maréchal de Boufflers et madame sa femme assistèrent à sa cérémonie, et lui donnèrent bien des marques d'amitié: ce qu'ils ont toujours fait en toute occasion. Elle s'attacha, depuis sa profession, à en remplir tous les devoirs, avec beaucoup de ferveur et d'exactitude, dont toute la maison a été très édifiée.

Je reprends ma sœur de Vertrieux pour dire que, n'étant encore que novice, nous la fîmes sous-maîtresse du noviciat. Madame de Maintenon, jugeant à propos que nous profitassions de bonne heure de ses talents et de sa capacité, disant qu'il ne nous serviroit de rien de prendre des filles âgées et expérimentées, si nous ne les mettions pas en charge plus tôt qu'on ne fait ordinairement de jeunes filles, qui ont besoin d'être formées dans l'intérieur avant de les répandre au dehors. Dès qu'elle eut fait profession, on la continua dans cet emploi, afin qu'en cas de besoin, on s'en pût servir pour le remplir tout à fait, en qualité de première maîtresse des novices; car madame de Maintenon avoit déjà en vue de la faire passer par les principales charges de la maison.

En 1706, mes sœurs de Launay, de Lincmare et de Roussy firent profession; la première étoit nièce de mes sœurs de Gauthier et de Fontaines; elle avoit un esprit fort doux, beaucoup de piété, une égalité d'humeur charmante, et nous promettoit une société aussi aimable et édifiante que celle de mesdames ses tantes; mais la mort nous l'a ravie de bonne heure; elle fut emportée en moins de huit jours par la petite vérole, après avoir reçu les sacrements avec édification.

Ma sœur de Lincmare eut un si grand empressement de se donner à Dieu, qu'elle vint au noviciat à dix-sept ans, et, comme selon les lettres patentes nous ne pouvons donner l'habit qu'à dix-huit, elle fut un an postulante, qu'elle passa fort fervemment, aussi bien que ses deux années de noviciat, au bout desquelles on la reçut avec joie à faire ses vœux. La conduite sage, prudente, fervente et régulière qu'elle a toujours tenue, et les bons services qu'elle a rendus aux classes, où elle a été longues années première, et ce que je dirai dans la suite nous a fait voir que nous avions sujet de nous applaudir de notre choix.

J'en dois dire presque autant de ma sœur de Roussy, puisqu'elle n'a pas moins bien fait son noviciat, et qu'après sa profession elle est demeurée constamment attachée à ses devoirs. Elle a été aussi des temps considérables première et seconde maîtresse aux classes, et qu'elle s'est particulièrement distinguée dans l'esprit de pénitence et de vrai zèle pour notre institut.

Ce fut à peu près dans ce temps là que nous perdîmes ma sœur de Buthéri, qui mourut après d'une maladie de deux mois, qu'on prétendoit qui avoit été causée pour n'avoir pas bien fait un remède, qui n'est pas indifférent quand on ne le sait pas bien conduire : c'étoit le remède d'un appelé Rotrou. Cette religieuse étoit des premières de la fondation et la meilleure personne du monde ; pleine de charité pour le prochain, et particulièrement pour les malades, auprès desquels elle avoit été souvent employée en qualité d'infirmière, tant à la communauté qu'aux demoiselles : elle se seroit sacrifiée pour eux, ne comptant point ses peines lorsqu'elle pouvoit les soulager. Dans sa maladie, il n'y eut rien de si édifiant que de la voir souffrir avec douceur, patience, et une conformité parfaite à la volonté de Dieu ; elle se reprochoit quand elle perdoit sa présence ; et, quelques heures avant sa mort, se trouvant fort assoupie, elle vouloit qu'on la réveillât, disant : Ah ! il ne faudroit pas dormir à présent. Elle étoit affable à tous ceux qui approchoient de son lit, les remercioit très gracieusement des moindres services qu'on lui rendoit ; elle le fit d'une manière particulière à monsieur notre médecin : elle eut le bonheur de recevoir tous les sacrements, et même communia plus d'une fois durant sa maladie. Elle donna tant de marques de foi, de contrition, d'amour de Dieu et de confiance en sa miséricorde, que nous avons sujet de compter sa mort au nombre de celles qui sont précieuses devant Dieu.

Peu à près nous perdîmes encore une de nos sœurs, mais d'une manière plus supportable, quoiqu'elle ne fût pas moins sensible : ce fut par la sortie de ma sœur de Montalembert, pour aller aux capucines. Elle avoit eu toute sa vie un attrait particulier pour un état plus solitaire et plus austère que celui-ci. Ses supérieurs, à qui elle découvroit de temps en temps ses dispositions, l'en avoient toujours détournée, comme d'une tentation; mais, voyant que cela revenoit souvent, ils s'appliquèrent avec plus de soin à discerner quel étoit l'esprit qui lui inspiroit ce desir, et après bien des prières et des épreuves, ils crurent y reconnoître celui de Dieu; c'est pourquoi ils consentirent à ce qu'elle souhaitoit. On la proposa aux dames capucines, qui répondirent fort honnêtement qu'elles la recevroient de tout leur cœur, venant de la part de madame de Maintenon et de cette maison, et aussi sur le portrait qu'on leur en faisoit, voulant bien en cette occasion supprimer les formalités ordinaires, qui sont diverses visites que les postulantes doivent rendre à ce monastère, pour se présenter et témoigner leur ardeur; elles se contentèrent d'une et la dispensèrent du reste, à cause qu'il ne convenoit pas qu'étant religieuse elle fît tant de sorties, ni d'allées et de venues; elles mandèrent donc, après l'avoir vue une fois, qu'elle pouvoit venir quand elle voudroit, et que la porte lui seroit ouverte avec joie. Quelque envie qu'elle eût de suivre l'attrait que Dieu lui donnoit, elle ne le fit pas sans combat; elle avoit l'honneur d'être parente de madame de Maintenon, à qui elle étoit fort attachée; elle aimoit aussi notre maison et nous toutes, car elle avoit un bon cœur. La démarche qu'elle faisoit ne venoit point d'inconstance ni d'aucun motif humain : tout étoit surnaturel dans cette vocation extraordinaire; mais quelque forte que soit la grâce, elle n'ôte pas toujours le sensible, inséparable de l'humanité ; et Dieu le laisse d'ordinaire, pour triompher de nous avec plus de gloire et pour rendre l'obéissance que nous lui rendons plus méritoire : il en fut ainsi de ma sœur de Montalembert ; d'un côté elle vouloit de tout son cœur aller où Dieu l'appeloit, et en avoit recherché les moyens avec empressement, de l'autre elle souffroit infiniment de se voir obligée de se séparer de madame de Maintenon et d'une maison qui lui étoit chère ; ainsi on peut dire qu'elle s'arracha à elle-même et à nous aussi ; elle le fit sans dire adieu à personne, et le plus secrètement qu'elle put, de sorte que la communauté ne sut le parti qu'elle avoit pris et que nous ne l'avions plus parmi nous, qu'après que l'équipage qui l'avoit menée fut de retour, car tout ce qui l'avoit précédée s'étoit passé entre les supérieures et elle, et on n'en avoit point parlé dans la maison : cette sortie ne laissa pas de faire quelque mouvement dans les esprits. C'étoit ce qu'on craignoit : il y en avoit encore parmi nous qui penchoient aux austérités, et qui furent en perplexité sur cet exemple, pensant si elles ne feroient pas bien de le suivre. On les rassura, ne reconnoissant pas dans leur attrait les mêmes marques de la volonté de Dieu, qu'on avoit fait en celui de ma sœur de Montalembert à qui, outre cela, on avoit eu des raisons particulières de satisfaire ses desirs qui ne se trouvoient pas dans les autres ; on nous dit bien dans ce temps là que ce seroit une dangereuse tentation d'ouvrir la porte à toutes les vues de changements qui pourroient venir, sous prétexte d'une plus grande perfection ; qu'on ne nous avoit fait faire des vœux solennels que pour empêcher des inconstances ; et qu'à regarder les choses selon ce qu'elles sont, il y a encore plus de bien à faire dans cette maison, qui est toute dévouée au service du prochain, que dans un ordre plus austère, où l'on ne travaille qu'à sa sanctification particulière ; que celles qui voudront s'acquitter fidèlement des devoirs de notre état y trouveront de quoi pratiquer la mortification et toutes les autres vertus, et que notre salut ne dépend pas d'un peu plus ou d'un peu moins d'austérités corporelles, mais d'un véritable renoncement à soi-même, dont on a plus d'occasions ici qu'ailleurs. Durant l'année de noviciat de ma sœur de Montalembert, madame de Maintenon fut à Paris à l'occasion du grand Jubilé, qui tomba dans ce temps là : elle l'alla voir aux Capucines, et l'entretint longtemps. Elle vit aussi toute la communauté dont elle fut fort édifiée, mais encore plus de notre chère sœur, qu'elle trouva dans des dispositions de ferveur et de dépouillement d'elle-même admirables, quoique pourtant elle lui avoua qu'elle avoit souvent à se roidir contre elle-même; pour étouffer les sentiments naturels qu'elle avoit toujours forts vifs sur ce qu'elle avoit quitté, cette courageuse fille, fit profession à la fin de l'année de son noviciat. M. Treil, qui avoit été son confesseur ici, y assista avec M. Vatel, supérieur général de la congrégation de Saint Lazare, et plusieurs de nos amis : nous donnâmes une somme pour ses accommodements et fîmes les frais du régal qu'on fait ordinairement aux religieuses dans ces occasions, et depuis nous lui avons toujours donné deux cents francs de pension jusqu'en l'année chère, que nous lui augmentions encore de cent francs, à cause des temps durs et difficiles qu'on a eu à passer, où nous avons su que les Capucines étoient moins assistées qu'auparavant, à cause que chacun s'est trouvé moins en état de le faire. Nous lui faisons encore de temps en temps de petits présents en signe d'amitié, et pour qu'elle en soit plus aimée et considérée dans son couvent.

Le Roi, dans ce temps là, n'étoit pas longtemps sans nous honorer de quelques unes de ses visites; il vint une fois tout exprès pour se montrer aux classes où il y avoit plusieurs demoiselles qui ne l'avoient jamais vu, et qui avoient grande envie de le voir : notre mère de Fontaines et nos sœurs du conseil eurent l'honneur de l'accompagner avec madame de Maintenon. Madame la duchesse de ourgogne prit la commission d'aller devant et ouvrir outes les portes pour avertir en chaque lieu de l'arrivée lu roi; elle recommandoit aux demoiselles de tenir bonne ontenance, et regardoit sur son passage s'il n'y avoit ien qui ne fût dans l'ordre; enfin elle faisoit les honneurs le la maison; le Roi et madame de Maintenon regardoient cela avec complaisance comme une marque de l'intérêt qu'elle y prenoit, et la princesse avoit assez d'esprit pour avoir aussi envie de faire sa cour, sachant bien qu'elle plaisoit au Roi en faisant paroître son zèle pour Saint-Cyr; Sa Majesté, en cette occasion, témoigna bien le peu de cas qu'elle faisoit d'elle-même, lorsqu'elle dit aux bleues: « Je viens, mesdemoiselles, parce qu'on m'a dit que vous desiriez de me voir; je trouve cependant assez ridicule de donner ma figure en spectacle, et il me semble que cela à l'air des animaux singuliers qu'on montre quelquefois à la foire. »

CHAPITRE XXVIII.

Nouvelle élection. — Révision des réglements et recueils des instructions de madame de Maintenon. — Habits religieux. — Mort de Mgr. l'évêque de Chartres, des deux Dauphins, de la Dauphine, etc.

18 mai 1706

Ma sœur de Fontaines ayant achevé le temps de sa supériorité à la satisfaction de toute la communauté, on procéda à une nouvelle élection qui tomba sur ma sœur du Pérou : aussitôt après on fit l'élection des conseillères : ma sœur de Fontaines fut une des assistantes, ma sœur de Vertrieux maîtresse des novices ; il s'en falloit un an qu'elle n'eût ses quatre années de profession marquées par les constitutions pour être vocale ; monseigneur de Chartres la dispensa de cette année, et elle devint tout d'un coup une des principales de la maison, ce que son mérite lui acquit, aidé de la bonté que madame de Maintenon, qui l'estimoit fort, avoit pour elle, et des bons témoignages qu'on lui en rendit. Ma sœur de Glapion fut maîtresse générale, et ma sœur de Berval continuée d'être dépositaire ; on changea la plupart des autres charges : je ne me souviens pas de l'arrangement qu'on y fit, seulement je sais bien que ma sœur de Riencourt demeura économe. Quand chacune eut pris sa place et que nous fûmes dans le train ordinaire, nous retouchâmes encore aux règlements et usages, et y donnâmes la dernière main aussi bien qu'au cérémonial, qu'on n'avoit pas encore entièrement arrêté. Cela nous prit bien du temps; on régla ce qui regarde les chants du chœur, ce qui n'empêche pas qu'avec la permission de monseigneur l'évêque de Chartres on ne puisse ajouter quelques motets ou en retrancher et en mettre d'autres en leur place, observant toutefois la simplicité tant recommandée par madame de Maintenon sur les chants, c'est à dire que quoiqu'on puisse chanter en partie comme l'on a fait de son temps, il faut observer que ce soit seulement à deux et sans une recherche trop curieuse et d'un goût trop délicat, sur ce qu'il peut y avoir de plus beau sur la musique.

Lorsque nous fûmes débarrassées de cet ouvrage, nous en entreprîmes un autre qui nous parut encore plus important : ce fut de mettre au net le recueil des entretiens que nous avions eus avec madame de Maintenon, sur l'esprit dans lequel nous devions entendre nos obligations, et surtout celles qui regardent les classes et la manière de bien élever nos demoiselles. Nous donnâmes à ce recueil, nos sœurs du conseil et moi, beaucoup de temps, et après les avoir transcrits plusieurs fois à loisir, nous les montrâmes à madame de Maintenon qui les lut d'un bout à l'autre, qui mit bon, et un apostille à chaque cahier, par lequel elle adopte tout ce qui y est contenu, et le reconnoît pour avoir été dit par elle et être de son esprit; en ce même temps elle voulut donner un plaisir à Messieurs nos confesseurs, qui fut de leur faire jouer, au parloir, Jonathas, par les rouges, qui firent très bien leur personnage, pour des enfants, et ces Messieurs y prirent un vrai plaisir, et en furent fort contents. Une autre fois monseigneur l'évêque de Noyon étant ici, (c'étoit M. d'Aubigné, parent de madame de Maintenon,) elle voulut lui faire voir aussi une de nos belles pièces : elle fit jouer *Athalie*, au parloir, par les grandes demoiselles. Messieurs nos confesseurs s'y trouvèrent aussi ; les demoiselles jouèrent si bien leur rôle, que monseigneur de Noyon et toute la compagnie en furent très satisfaits, et en effet, on peut dire qu'elles n'avoient guère moins bien réussi que dans les premiers temps, où d'habiles maîtres leur avoient montré ; aussi n'en étions-nous pas encore fort éloignées; ces demoiselles, quoique en habits de Saint-Cyr, avoient très bonne grâce, se présentoient bien et déclamoient à faire plaisir. Madame de Maintenon, qui d'abord n'avoit été occupée que du desir de donner à monseigneur de Noyon et à Messieurs nos confesseurs, quelques heures de délassements innocents, se reprocha ensuite, par des réflexions qu'elle fit, d'avoir eu cette complaisance, et appréhenda que cet exemple ne nous autorisât, quand elle n'y seroit plus, à faire jouer nos demoiselles au parloir : elle communiqua ses pensées à monseigneur l'évêque de Chartres, qui approuva qu'elle nous écrivît la lettre suivante. C'est à ma sœur du Pérou, pour lors supérieure, à qui elle l'adressa : « Il m'a toujours paru que vous desiriez que j'écrivisse sur les choses qui pourroient être de quelque conséquence dans votre maison ; je mets dans ce rang là les représentations des belles tragédies que j'ai fait faire pour vous, et qui pourront peut-être, à l'avenir, être imitées: mon dessein a été d'éviter les mauvaises compositions des religieuses, telles que j'en avois vu à Noisy ; j'ai cru qu'il étoit raisonnable et nécessaire de divertir des enfants, et je l'ai vu pratiquer dans tous les lieux où l'on en a de rassemblées, mais j'ai voulu, en divertissant ceux de Saint-Cyr, remplir leur esprit de belles choses, leur donner de grandes idées de la religion, élever leur cœur aux sentiments de la vertu, orner et cultiver leur mémoire de choses dont elles ne seront point honteuses dans le monde, leur apprendre à prononcer, les occuper pour les retirer de la conversation qu'elles ont entre elles, et amuser surtout les grandes qui, depuis quinze ans jusqu'à vingt, s'ennuient un peu de la vie de Saint-Cyr : voilà mes raisons pour continuer chez vous ces représentations tant que vos supérieures ne vous les défendront pas, mais vous devez les renfermer dans votre maison et ne les jamais faire à la grille, sous quelque prétexte que ce soit ; il sera toujours dangereux de faire voir à des hommes des filles bien faites, et qui ajoutent des agréments à leur personne en faisant bien ce qu'elles représentent. N'y souffrez, dis-je, aucun homme, quel qu'il soit, ni pauvre ni riche, ni jeune ni vieux, ni prêtre ni séculier, je dis même un saint s'il y en a sur la terre. Tout ce qu'on pourroit faire, si un supérieur vouloit voir ce que c'est en effet que ces pièces, seroit de faire jouer les plus petites comme nous avons fait. Je ne suis pas sans peine sur ce que nous fîmes hier ; vous savez comment nous nous y sommes embarquées, mais j'espère, et je vous conjure, que ce soit la dernière fois. Signé Maintenon. 1701. »

Ce n'est pas que madame de Maintenon crût dans le fond qu'il y eut du danger de faire jouer nos demoiselles devant un évêque tel qu'étoit monseigneur d'Aubigné, et des prêtres aussi sages et vertueux que Messieurs nos confesseurs, qu'on choisit avec soin quand il est question de nous les donner ; mais c'est qu'elle étoit persuadée que si une fois on faisoit jouer facilement des tragédies au parloir, on ne s'en tiendroit pas à ceux que je viens de marquer ; qu'insensiblement d'autres gens, sous divers prétextes, s'y trouveroient ; qu'il en pourroit, à la fin, arriver des inconvénients qui feroient que l'évêque, pour en ôter l'occasion, nous défendroit non seulement de jouer au parloir mais aussi dans la maison, comme venoit de faire monseigneur le cardinal de Noailles à toutes les religieuses de son diocèse, à cause que quelques unes faisoient jouer au parloir. C'est ce qu'elle me dit dans ce temps là, et ajouta qu'il falloit bien se garder de rien faire qui portât messeigneurs les évêques à nous ôter ces belles pièces que nous avons, qui peuvent être très utiles aux demoiselles par les raisons que j'ai dites.

Ce fut vers ce temps à qu'on travailla à relever les combles de la maison, et que M. de Chamillard obtint du Roi les sommes nécessaires; M. Tévenot, notre ancien architecte, mourut comme on alloit commencer cet ouvrage; M. Marcou, son parent et architecte du Roi, prit sa place, et étoit aussi très honnête homme et habile en son art; le Roi l'estimoit, ce qui fut une des principales raisons qui le fit choisir : ce fut donc lui qui fit relever nos combles et qui éleva l'église du dehors et la mit en l'état où elle est aujourd'hui, car auparavant elle étoit à la mansarde et tout écrasée; c'est lui encore qui a remis des poutres presque partout; et, à propos de poutres, je ne dois pas omettre, pour l'instruction de celles qui viendront après nous, que le bois propre aux bâtiments étant devenu moins facile à trouver en ce temps là, surtout celui dont on fait les poutres, M. Marcou proposa d'en mettre à deux brins, prétendant qu'elles seroient bien meilleures que les autres. On le crut et on lui laissa mettre partout de ces poutres dont on s'est repenti, non qu'elles ne soient en effet très fortes et de longue durée, mais parce qu'il se trouve que, quelque soin qu'on ait pris de bien joindre les brins l'un à l'autre, on n'a pu empêcher qu'il n'y ait des fentes entre ces jointures, qui donnent des vents coulis dans les lieux où il y en a, dont on est fort incommodé par le froid que cela y communique, et autres inconvénients dommageables à la santé; notre infirmerie des demoiselles, qui étoit très chaude avant que ces poutres y fussent, est devenue si froide, qu'on a peine à l'échauffer en hiver, et qu'on y sent même du froid auprès du feu; ce même architecte rendit aussi les dortoirs des demoiselles assez froids, tant par ses poutres que par les cloisons qui séparent un dortoir de l'autre, qu'il proposa de ne pas élever jusqu'aux solives, disant que cela déchargeroit les planchers; cette raison, qu'il faisoit valoir, n'étoit pas la principale, car il n'y a point de plancher ici qui ne puisse porter une cloison entière, les fondements et les soutiens étant très bons, mais c'est qu'il vouloit ménager la bourse du Roi. Madame de Maintenon eut assez de peine à se rendre à ces demi-cloisons, prévoyant bien l'incommodité qu'on en recevroit par le grand froid que cela causeroit dans les dortoirs, mais elle se laissa persuader par M. Marcou, qui assuroit qu'ils n'en seroient pas moins bons; l'expérience nous a fait voir qu'il se trompoit, les demoiselles et les maîtresses ayant beaucoup souffert du froid de ces dortoirs, ce qui a obligé à relever les cloisons jusqu'en haut, dont on se trouve très bien.

Quand tout ce qui regardoit nos bâtiments fut fini, on travailla chez Messieurs nos confesseurs qui manquoient de commodités nécessaires. Ils avoient demandé qu'on relevât le comble de leur maison comme on avoit fait les nôtres, mais on jugea que les fondements n'étoient pas assez bons pour cela, ce bâtiment n'ayant été fait qu'après coup sur celui qui n'avoit été destiné d'abord que pour des écuries et le logement du jardinier. Madame de Maintenon leur donna un pavillon qui étoit au dessus de l'appartement de monseigneur de Chartres, où ils y ont fait des chambres; on fit encore chez eux plusieurs autres ouvrages qui leur étoient nécessaires et qui leur ont donné des commodités dont ils avoient besoin. Pour passer de ces choses temporelles aux édifiantes, je ne veux pas omettre un trait digne de remarque de l'une de nos demoiselles, c'étoit mademoiselle de Buidbarre, fille très bien faite de visage et de taille. Un page de madame la duchesse de Bourgogne, qui l'accompagnoit ordinairement lorsqu'elle venoit ici, ne manquoit pas d'aller à l'église aux heures que les demoiselles y sont, et les regardoit par la grille. Mademoiselle de Buidbarre lui plut entre toutes les autres : il trouva le moyen de le lui faire savoir, par une lettre qu'il lui écrivit et qui lui fut rendue sans qu'on le sût. Cette demoiselle, qui étoit aussi vertueuse que belle, ayant lu cette lettre, en fut fort indignée et la porta à sa première maîtresse, la priant de faire dire à ce page de n'être pas si hardi à l'avenir, que de lui écrire de pareilles lettres, ni de la regarder ; à quoi on ne manqua pas. Le page eut une verte réprimande de madame la duchesse de Bourgogne même, et elle ne l'amena plus. Depuis ce temps là, mademoiselle de Buidbarre, qui devoit être, selon son rang, auprès de la grille, ne s'y mit plus : elle obtint de sa maîtresse d'être au bas du chœur, et elle avoit grande attention à négliger sa coiffure et à brider sa coiffe comme une vieille, pour se mieux cacher. Dieu récompensa sa vertu, car quelque temps après sa sortie, elle fut établie très avantageusement en Lorraine, qui étoit son pays, et s'y est acquis la réputation d'une femme de vertu et de mérite ; aimée et estimée de son mari, de toute sa famille et de tous ceux qui la connoissent, et par dessus cela dans les bonnes grâces de monsieur et de madame la duchesse de Lorraine, étant avec madame sa mère des principales dames de leur cour.

Voici un trait d'une autre espèce, qui fait voir la délicatesse de madame la duchesse de Bourgogne sur ce qui nous regardoit, et son attention à faire respecter notre maison. Un jour de fête qu'elle étoit ici, il y avoit beaucoup de monde à la grille qui, pour la mieux voir et les demoiselles, firent si bien qu'ils ouvrirent peu à peu les petits rideaux entièrement, les tirant avec des cannes et éventails : cela déplut à la princesse, qui trouva que c'étoit trop de hardiesse : elle alla elle-même, d'un air fort sec, refermer tous les rideaux de la grille, non seulement les petits, mais encore les grands ; chacun se retira au plus vite bien confus.

Une autrefois la princesse étant venue à ténèbres durant les trois jours, ses pages avoient apporté toutes sortes de petites machines pour faire du bruit, et à la fin de l'office ils se joignoient à celui qu'on fait au chœur, et faisoient un tintamarre étrange ; madame la duchesse de Bourgogne leur en fit faire une réprimande si sévère, qu'ils n'y retournèrent pas.

Madame de Maintenon avoit toujours eu envie, depuis notre profession des vœux solennels, de nous faire prendre l'habit religieux, et ce n'avoit été que par déférence pour le Roi, qui n'aimoit pas cet habit, qu'elle ne nous l'avoit pas donné lorsque nous fîmes notre seconde profession ; mais elle conserva en elle-même la volonté de le faire dès qu'elle en trouveroit une occasion favorable. Ce fut dans cette vue que monseigneur de Chartres avoit mis dans la constitution des habits, que nous ne pourrions jamais faire aucun changement à celui qu'il nous prescrivoit, que pour en prendre un plus modeste. La raison que madame de Maintenon avoit de préférer cet habit au premier, qu'elle-même avoit imaginé, ne venoit pas d'un goût particulier qu'elle eût plutôt à ce dernier qu'à l'autre, qui étoit extrêmement honnête, modeste et conforme à notre état, mais c'est qu'elle étoit persuadée qu'un extérieur encore moins séculier, et tout à fait hors de l'usage des personnes du monde, ne laisseroit pas de contribuer à nous en tenir plus séparées et plus humbles : que l'habit religieux a quelque chose qui inspire de la gravité, de la simplicité, du recueillement et du mépris de soi-même ; qu'on seroit honteux d'avoir sous cet habit un air haut, évaporé, mondain, et enfin peu conforme à la profession dont il fait souvenir ; que dans le monde on étoit toujours en doute si nous étions religieuses ou non ; que dans la suite cela pourroit avoir des conséquences ; que des gens mal intentionnés pourroient nous faire regarder, par ceux qui gouverneroient après le Roi, notre fondateur, comme des filles de communauté qu'on peut défaire quand on veut ; que quoiqu'il nous fut facile de prouver la solidité de notre établissement, on ne laisseroit pas, en attendant cet éclaircissement, de nous inquiéter ; que tôt ou tard on en viendroit à vouloir nous faire prendre cet habit, soit par ces raisons soit par d'autres ; qu'elle aimoit mieux que nous le tinssions de sa main, croyant que cela nous feroit plus de plaisir, et qu'elle se flattoit de nous le composer de meilleur goût que ceux qui voudroient le faire. Elle attendit à exécuter ce dessein qu'elle trouvât le roi mieux disposé à l'écouter sur ce point qu'il n'avoit encore fait. Cela arriva en 1707, où la chose fut conclue. Mais avant d'en parler au roi, elle fit habiller une poupée comme nous le sommes à présent et la lui montra, et voici comme elle dit que cela s'étoit passé. Le jour de la Pentecôte de l'année 1707, étant avec nous à la récréation, elle nous dit qu'elle avoit une grande nouvelle à nous apprendre ; que le roi s'étoit enfin rendu au désir que nous avions de prendre l'habit religieux, et qu'il nous en accordoit la permission. Voici comme elle raconta que cela s'étoit passé : Le roi, dit-elle, ayant voulu que vous conservassiez votre habit séculier en faisant vos vœux solennels malgré nos remontrances, et le pape y ayant consenti, je ne pensois plus du tout à lui en parler, ne voulant pas le chagriner inutilement pour une chose qui n'est point essentielle ; mais comme ce carême, en lui parlant de Saint-Cyr, je lui disois que votre établissement s'affermissoit tous les jours, et qu'il me sembloit qu'il n'y avoit plus rien à desirer pour la perfection, que de vous voir l'habit religieux, le roi reprit vivement : Est-ce qu'on pense encore à cela? Il faudra bien, lui dis-je, qu'elles le prennent quelque jour ; pourquoi seroient-elles singulières dans l'Eglise? Elles comptent si fort là dessus qu'elles m'ont priée de leur faire un modèle qu'elles gardent. Elles veulent donc le prendre après ma mort? répartit le roi ; cette idée me fait de la peine. Je n'aime point qu'elles soient tentées de la desirer, et j'aime mieux qu'elles le prennent dès à présent, s'il faut qu'elles le fassent. Je lui répondis que quelque envie que vous eussiez d'avoir cet habit, cela ne nous empêcheroit pas de demander à Dieu sa conservation avec bien de l'instance, et que je croyois même qu'il ne pouvoit douter qu'il ne fût bien aimé à Saint-Cyr. Quelle sorte d'habit leur donnerez-vous? dit le roi. Je ne leur donnerai, lui dis-je, celui d'aucun ordre. Nous en avons imaginé un dont elles m'ont paru fort contentes. Il me dit d'un air de compassion : Leur ôterez-vous leur grand manteau, leur croix d'or et leurs gants? Non, lui dis-je, il y a bien des religieuses qui en portent. Je voudrois voir le modèle que vous avez fait faire? Je promis de le lui montrer. Quelques semaines se passèrent pendant lesquelles il me disoit de temps en temps : Madame, faites-moi donc voir votre modèle d'habit? Mais je ne me pressois point, voulant exciter sa curiosité. Enfin, je fis porter cet habit à Marly, sur une poupée, dans une boîte. Le roi étant seul dans ma chambre, me dit : Quand sera-ce que vous me ferez voir l'habit que vous destinez aux dames de Saint-Louis? Je lui répondis d'un air indifférent : La poupée que j'ai fait habiller est sur ma table, si vous la voulez voir. Il la tira lui-même de la boîte et la considéra avec beaucoup d'attention ; il la trouva fort bien. Il ne goûta pourtant pas d'abord le scapulaire ; mais quand je lui eus dit que je vous le donnois, parce que vos robes s'ouvrent par devant, afin d'en cacher l'ouverture, il l'approuva comme le reste de l'habillement ; la poupée n'avoit point de gants, le roi voulut que nous en eussions de noirs bronzés comme auparavant. Après ce consentement, madame de Maintenon apporta ici cette poupée pour nous la faire voir avec encore plus d'attention que nous n'avions fait, et nous déclara l'intention où elle étoit de nous faire prendre cet habit plus tôt que plus tard ; nous lui dîmes que nous étions très disposées de le faire quand elle voudroit. Plusieurs de nous cependant auroient mieux aimé conserver celui que nous avions ; mais nous étions si accoutumées à nous conformer au goût et au sentiment de cette dame, non seulement par le respect et la déférence que nous lui devions, mais aussi par inclination, qu'il n'y en eut pas une qui n'applaudit à cette proposition, en sorte qu'il ne parut rien des sentiments contraires que quelques unes purent avoir. Madame nous dit, que le plus tôt que nous pourrions exécuter ce dessein ce seroit le mieux ; ce qui fit, que peu après, nous fîmes une supplique pour M. l'évêque de Chartres, par laquelle nous lui demandions ce changement, comme il en étoit déjà prévenu. Il nous l'accorda sans retardement, et aussitôt nous nous mîmes à faire des habits et du linge semblables au modèle. Ils furent prêts pour nous en revêtir le jour de l'Assomption de la sainte Vierge, en 1708. Ce jour là, monseigneur de Chartres vint ici pour autoriser de sa personne et de quelque espèce de cérémonie ce nouveau changement. On travailloit dans ce temps là à l'exhaussement de notre église, et à cause de cela nous faisions tous nos exercices dans la grande tribune. Nous entendions la messe à la chapelle de la Croix, l'exhortation des dimanches, et nous y fîmes aussi des cérémonies de vêture et de profession. Ce fut là que monseigneur de Chartres se rendit sur les deux heures après midi, revêtu de ses habits pontificaux. A notre égard, nous nous étions habillées chacune dans nos cellules, et vînmes ensuite nous ranger dans la grande tribune sans grands voiles, mais ayant seulement ceux de dessous et le grand manteau. Quand nous fûmes toutes arrivées à l'heure prescrite, nous nous mîmes devant la grille assises par terre; madame de Maintenon étoit à côté. Monseigneur de Chartres nous fit une courte exhortation sur le sujet présent, puis il bénit nos grands voiles, après quoi nous allâmes toutes, l'une après l'autre, les recevoir de sa main et de celle de madame de Maintenon. La supérieure y aida aussi, quand elle eut reçu le sien; puis, après quelques prières, nous nous retirâmes. Nous fûmes quelque temps à nous accoutumer à la coiffure et à la guimpe qui nous gênoit un peu la tête, mais cela ne dura pas. Comme nous n'avions que des habits faits à la hâte, nous en fîmes faire à loisir, pour l'hiver, de serge de Londres, et nous commandâmes exprès de l'étamine noire pour les voiles de la longueur et de l'épaisseur dont on les vouloit; car madame de Maintenon n'auroit pas aimé que nous eussions eu des voiles aussi clairs que le sont ceux de la plupart des autres religieuses, et ce n'auroit pas aussi été notre goût. Quand on eut bien pris toutes les mesures nécessaires pour la manière dont cet habit devoit être fait et composé, on le rédigea par écrit, comme il est dans le règlement des habits, que nous fîmes approuver par monseigneur l'évêque de Chartres, successeur de celui qui nous l'avoit accordé, et qui mourut avant que ce règlement fût en état de lui être présenté, car on ne se pressoit pas, afin d'avoir le temps de mieux voir ce qui seroit le plus convenable et le plus commode.

Quelque temps avant la mort de monseigneur l'évêque de Chartres, Paul de Godet des Marais, ce prélat fit recevoir monsieur son neveu coadjuteur à son évêché ; il n'avoit encore que vingt-six à vingt-sept ans, mais le grand crédit de son oncle et l'estime particulière que le Roi avoit pour lui, joints aux qualités personnelles du neveu qui étoit plein de piété et d'excellentes dispositions pour les vertus épiscopales, porta le Roi à lui accorder cette grâce. Monseigneur de Chartres comptoit qu'il vivroit encore assez pour le former à l'épiscopat, mais comme il étoit fort usé par des infirmités qu'il avoit eues presque toute sa vie, et par un travail extraordinaire auquel il s'étoit fortement appliqué dans ses dernières années pour s'opposer aux mauvaises doctrines, il n'eut pas le temps de faire sur cela ce qu'il s'étoit proposé : il se trouva si épuisé qu'il ne fit que languir jusqu'à sa mort, qui arriva lorsqu'il n'y avoit encore que dix mois ou tout au plus un an qu'il s'étoit fait donner le coadjuteur. Sa mort fut aussi sainte que l'avoit été sa vie ; il reçut les sacrements avec une foi et une piété très édifiantes ; donna des avis salutaires à son clergé et à son neveu, et fit paroître beaucoup de fermeté et de paix à ce dernier moment ; et on dit que quelque temps avant de rendre l'esprit, et même pendant toute sa maladie on lui entendit souvent répéter ces paroles de saint Paul : Soit que nous vivions, soit que nous mourions nous sommes à Dieu. Il fut inhumé dans sa cathédrale, mais il ordonna par son testament que son cœur seroit apporté à Saint-Cyr, ce qu'on exécuta aussitôt après sa sépulture. M. Vatel, supérieur général de la congrégation de Saint-Lazare et le nôtre, vint exprès ici pour le recevoir. Ce fut M. l'abbé de la Vieilleville qui le déposa entre ses mains dans notre église, où le clergé étoit présent en surplis, et monsieur le supérieur général en chape. Pour en dedans, les demoiselles étoient debout rangées dans leurs rangs, et la communauté aussi debout n demi-cercle auprès de la grille. Tant les dames que les lemoiselles avoient chacune un cierge. M. l'abbé de la Vieilleville ayant posé le cœur du défunt sur l'appui de la grille, fit un petit discours sur le sujet présent, qu'on trouva fort beau. M. Vatel y répondit de l'abondance du cœur, mais très bien ; ensuite nous fîmes un beau service où nous avions toute l'argenterie de la paroisse de Versailles, et même une partie de celle de la Chapelle. L'église étoit tendue de noir : après le service on mit le cœur de monseigneur de Chartres dans la muraille près du sanctuaire, du côté droit, où l'on voit son épitaphe. Ceci arriva le 24 de septembre 1709. Ce prélat étoit un grand évêque, dont je rapporterai quelque chose de sa vie et de ses vertus, que ceux qui l'avoient le plus connu me donnèrent par écrit en ce temps là, entre autre M. Bonnet, successeur de M. Vatel, qui avoit été son confesseur pendant qu'il étoit supérieur du grand séminaire de Chartres, et avoit été fort familier avec lui. Il l'accompagnoit souvent dans ses visites ou dans les missions que ce prélat faisoit dans son diocèse. M. Renaud, son aumônier, est aussi un de ceux qui m'a laissé un petit abrégé des choses édifiantes qu'il lui avoit vu pratiquer durant plusieurs années, ne l'ayant pas quitté depuis qu'il étoit évêque.

Monsieur le coadjuteur fit dans cette occasion tout ce qu'on pouvoit attendre d'un aussi bon cœur que le sien. Il demeura fort assidu auprès de lui durant sa maladie, lui administra les sacrements avec beaucoup de larmes, et lui donna, dans tout ce qui précéda sa mort et la suivit, des marques sincères de son attachement et de son respect ; il est vrai qu'il lui devoit toute sa tendresse puisque ce prélat lui avoit servi de père ; car, ses parents l'ayant laissé orphelin dans un bas âge, monseigneur de Chartres prit soin de son éducation et de ses études ; lui donna un des meilleurs canonicats de sa cathédrale ; lui fit avoir une bonne abbaye, et cultiva de bonne heure sa piété dont il profita si bien, que ceux qui le connoissoient à fond disoient qu'il avoit une grande disposition aux vertus qui ont fait les saints. En effet après la mort de son oncle, il commença par s'acquitter fidèlement envers lui de tous les devoirs que la piété requiert en pareil cas ; exécuta avec beaucoup d'exactitude ses dernières volontés, et joignit ses prières à celles qu'il avoit ordonnées ; lui dit un annuel de messes, et eut tant de respect pour ceux qu'il avoit réglés ou ordonnés dans le diocèse et dans cette maison qu'il se fit un devoir de suivre et de maintenir ce qu'il avoit établi. Il vint ici quelques jours après sa mort, et dans la conversation qu'il eut avec madame de Maintenon, il lui témoigna ne vouloir agir que par ses conseils, et la supplia de le guider en ce qu'il auroit à faire, et même de le redresser quand elle apprendroit qu'il manqueroit en quelque chose. Madame de Maintenon, de son côté, en usa à son égard avec autant de marques de considération et de déférence qu'elle auroit pu faire envers un ancien prélat bien autorisé, le regardant déjà comme son évêque, l'étant de cette maison ; car elle avoit une si merveilleuse piété, qu'elle ne voyoit que par les yeux de la foi tous ceux qui étoient honorés de la prélature, en qui elle regardoit notre Seigneur Jésus-Christ. C'est dans cet esprit qu'elle honoroit singulièrement messeigneurs les évêques, et qu'elle leur rendoit toutes sortes de bons offices auprès du Roi, en sorte que ses amis lui disoient quelquefois agréablement, qu'il auroit fallu l'appeler la femme d'affaires des évêques. Feu monseigneur de Chartres, qui avoit longtemps conduit sa conscience, avoit trouvé en elle de grandes dispositions à la pratique des vertus les plus parfaites ; elle s'y étoit beaucoup avancée sous sa direction, et elle lui obéissoit avec la dernière docilité.

Plusieurs bons prédicateurs firent des oraisons funèbres à la louange de ce prélat : la meilleure, à ce que l'on prétendit, fut celle de monsieur l'abbé Le Prévôt, qui est dans notre bibliothèque. Cet abbé, avant de la prononcer, vint ici la faire voir à madame de Maintenon, afin qu'elle jugeât si elle étoit convenable ; elle la trouva belle, mais elle ne crut pas la devoir laisser prononcer dans notre église. On l'a lue seulement au parloir devant toute la communauté.

Pour revenir à monsieur son neveu, madame de Maintenon eut une attention particulière à lui procurer auprès du Roi les faveurs dont il avoit besoin. Ce fut par ce moyen qu'il eut de Rome ses bulles assez promptement et en partie gratis. Son sacre se fit à Paris, Madame n'ayant pas voulu qu'il se fit ici : je n'en sais point la vraie raison.

Il n'est peut être pas hors de propos de mettre ici une lettre que monsieur le coadjuteur lui écrit aussitôt après la mort de son oncle, qui marque et sa douleur et de quelle manière il vouloit regarder notre maison.

LETTRE DE M. LE COADJUTEUR.

Je n'avois jamais expérimenté, Madame, une douleur pareille à celle que j'ai ressentie pendant la maladie de M. de Chartres et à sa mort ; aussi n'y a-t-il rien de comparable à la perte que je fais ; je l'aurois suivi de près si sa maladie eût été longue ; j'en avois absolument perdu le sommeil et l'appétit, tant ma douleur a été vive et continuelle. Sans me donner aucun relâche, je voulois toujours le voir dans sa maladie et l'on m'en empêchoit, les derniers jours de sa vie, parce que je ne pouvois approcher de son lit sans fondre en larmes. Je suis bien résigné aux volontés du Seigneur, qui est le maître, et dont j'adorerai toujours la Providence. On a grand besoin, dans ces fâcheux accidents, que les sentiments de religion, et l'espérance d'une vie future et bienheureuse, viennent au secours de ceux de notre nature, qui sont accablants. Si je pouvois, Madame, imaginer une personne aussi dévouée aux dames de Saint-Cyr, que je le suis, je lui cèderois volontiers la place que j'occupe, car c'est ce qui m'y attache le plus fortement, et le desir aussi de maintenir le bien que M. de Chartres a commencé dans son diocèse, sans parler d'une passion très grande que je me sens d'édifier l'Église, et de procurer la gloire de Dieu, même à mes dépens et par mes exemples, enfin à quelque prix que ce puisse être, pour n'avoir rien à me reprocher à ce passage terrible qu'il me faudra faire tôt ou tard, et qui n'est peut-être pas bien éloigné.

J'ai promis quelque chose sur la vie et les vertus du défunt prélat. Voici ce que M. Bonnet me fit l'honneur de m'en écrire en ce temps là.

SOMMAIRE DES GRACES, BONNES QUALITÉS ET SAINTES OEUVRES DE DÉFUNT MONSEIGNEUR PAUL DE GODET DES MARAIS, ÉVÊQUE DE CHARTRES.

« Une protection de Dieu, toute visible, sur lui, dans tous les âges de sa vie, pour le garder de tout péché, et l'appliquer aux vertus et aux bonnes œuvres.

» Une vie très innocente et exempte des péchés mortels dans tous les âges ; une pureté angélique au corps et en l'âme, depuis son enfance jusqu'à sa mort.

» Une grande élévation, étendue, et facilité d'esprit, et une science éminente, après vingt-cinq ou trente années d'étude assidue.

» L'humilité et la docilité d'un petit enfant pour la conduite de son âme, dans une si grande sublimité de science et d'état.

» Une charité encore plus étendue et plus parfaite que la science, et plus digne d'honneur que la dignité même.

» Une pureté d'intention dans toutes ses actions grandes ou petites, capable de gagner le cœur de Dieu et ceux des anges et des saints.

» Un extrême éloignement des plus légers péchés véniels, jusqu'à être près de se laisser brûler vif, plutôt que d'en commettre un seul de propos délibéré.

» Un travail continuel pour Dieu, pour l'Église et pour les âmes qui lui étoient confiées.

» Un détachement entier et général de toutes les choses de la terre, n'ayant rien qui ne fût à ses pauvres, donnant quelquefois jusqu'à mille livres par aumône.

» Enfin, une perpétuelle tendance d'esprit et de cœur vers Dieu, dans toutes les saintes fonctions de notre saint ministère, ne tenant à rien pour lui, et étant prêt à tout sacrifier pour Dieu. »

SES PRATIQUES DE DÉVOTION.

« Il faisoit tous les jours une demi-heure d'oraison mentale, plutôt affective que de spéculation.

» Il lisoit et méditoit la sainte Ecriture dans tous les temps libres des fonctions de son épiscopat.

» Il conversoit solidement et très volontiers des choses de piété, et du bonheur d'être à Dieu et d'y attirer les âmes.

» Il disoit la sainte messe tous les jours de santé, et l'entendoit dans le temps de ses maladies ou indispositions.

» Il faisoit sa retraite tous les ans, avec celle de ses séminaristes, et s'y laissoit conduire comme un petit enfant.

» Il faisoit sa principale pénitence des travaux inséparables de l'épiscopat, et usoit avec une extrême peine des soulagements nécessaires à ses infirmités, en sorte qu'il falloit user d'autorité pour le faire obéir au médecin pour le choix de ses aliments.

» Il n'écrivoit guère de lettres où il n'y eût quelques bons mots de Dieu, et il en a écrit de très saintes et de très édifiantes à toutes sortes de personnes, au roi, aux princes, au pape ; il y en a une, entre les autres, au roi d'Espagne, qui est digne des premiers siècles de l'Église.

» Il faisoit lui-même la prière au milieu de ses domestiques qu'il choisissoit bien, et qui étoient tous vertueux et sages comme des prêtres ou des religieux, ainsi que je l'ai souvent admiré.

» Il prêchoit volontiers à la ville et à la campagne ; il avoit un grand talent pour prêcher, toucher, attendrir et convertir les cœurs.

» Depuis le matin jusqu'au soir il couloit ou couroit d'une bonne œuvre à l'autre, sans se lasser, et faisoit chaque chose comme en se jouant, en quoi paroissoit la grâce et l'esprit de l'épiscopat.

» Occupé de plusieurs grandes affaires, il s'abaissoit volontiers aux petites, et il leur donnoit du relief par la ferveur et la pureté de son amour.

» Enfin, sa grande pratique étoit la conformité à la volonté de Dieu en toutes choses, bonnes ou mauvaises, agréables ou désagréables, pour la gloire et l'honneur, pour l'estime et le mépris, pour la vie et pour la mort. »

FRAGMENT D'UNE LETTRE DE MONSIEUR DE LA HITARDIE, CURÉ DE SAINT-SULPICE, A MADAME DE MAINTENON, SUR LA MORT DE FEU MONSEIGNEUR L'ÉVÊQUE DE CHARTRES.

« Je vous assure, Madame, que votre douleur ne m'afflige guère moins que la perte que nous avons faite ; j'en vois, ce me semble, toutes les suites, et tous les endroits par où elle me doit être sensible ; l'Eglise perd un grand prélat, et une lumière éclatante, d'une saine et profonde doctrine, d'une vie exemplaire, d'une conduite sage, d'une autorité capable de réunir tous les ecclésiastiques bien intentionnés, d'être à leur tête, sans orgueil, et de s'opposer aux novateurs sans emportement. »

VOICI AUSSI CE QUE M. RENAUD, SON AUMÔNIER, M'EN ÉCRIVIT.

« Feu monseigneur de Chartres se faisoit lire, le soir en se couchant, dans quelques livres de piété, jusqu'à ce qu'il fût endormi.

» Le matin, il se faisoit lire de même pendant qu'il s'habilloit, et qu'on lui faisoit les autres choses nécessaires.

» Les livres qu'il se faisoit lire plus ordinairement

étoient, pour le matin, le *Nouveau Testament de Notre Seigneur*, l'*Imitation*, l'*Année chrétienne*; il m'a dit plusieurs fois qu'il aimoit ce livre, parce qu'il y avoit de bonnes choses, et que cependant il se croyoit obligé d'en défendre la lecture, à cause qu'il y en avoit aussi de fort mauvaises, sur quoi il avoit fait des remarques. Après cette lecture il nous faisoit retirer pendant qu'il faisoit sa prière.

» Le soir, il se faisoit lire dans l'*Ancien Testament*, dans l'*Histoire ecclésiastique*, non pas de suite, mais certains endroits qu'il indiquoit : tantôt un concile général, tantôt un autre endroit. Lorsqu'il se faisoit lire pendant le jour, c'étoit quelquefois l'*Ecriture sainte*, quelquefois l'*Histoire ecclésiastique*, ou quelque autre histoire qui y a rapport, comme la *Vie des Pères du Désert*, l'*Histoire du Luthéranisme*, etc. ; souvent les œuvres de saint François de Sales, principalement le *Traité de l'amour de Dieu*, l'*Introduction à la vie dévote*, et ses *Lettres*. Je ne l'ai jamais vu seul sans rien faire ; il n'aimoit pas non plus à voir ses gens oisifs, et il leur faisoit souvent des reproches quand ils ne s'occupoient pas dans l'antichambre à lire, écrire, tricoter, ou à quelque autre chose, et quand il en voyoit quelques uns s'occuper, cela lui faisoit un grand plaisir.

» Il avoit fort à cœur que sa maison fût bien réglée, et s'informoit souvent si personne ne sortoit de son devoir ; si on faisoit exactement la prière du soir et du matin quand il n'y étoit pas ; si tout le monde s'y trouvoit ; et si l'on faisoit le catéchisme comme il l'avoit ordonné.

» Il étoit fort exact à donner audience à tout le monde, et ne faisoit attendre personne, à moins qu'il ne fût incommodé ; en ce cas, il les renvoyoit à quelques uns de Messieurs ses grands-vicaires, ou leur donnoit une autre heure pour revenir : il en usoit ainsi principalement à l'égard des curés et des autres ecclésiastiques de la campagne, qu'il ne vouloit point du tout qu'on fît attendre. Lorsqu'il faisoit dire à sa porte qu'il ne voyoit personne, c'étoit toujours excepté les curés de la campagne ; et quoiqu'il fût enfermé, ou qu'il fût au conseil, il trouvoit toujours bon qu'on l'avertît, lorsque ces Messieurs témoignoient avoir quelque affaire pressée, ou être obligés de s'en retourner. »

CE QU'IL FAISOIT DANS SES VOYAGES.

Il menoit ordinairement trois personnes avec lui dans son carrosse, savoir : un de messieurs ses grands-vicaires, son aumônier, et un troisième, pour l'aider dans les affaires qui pouvoient survenir. Quand il étoit monté en carrosse, son premier et principal soin étoit de prier Dieu, soit vocalement, soit mentalement. Après s'être un peu recueilli, il commençoit ordinairement par la prière prescrite aux ecclésiastiques qui font quelques voyages, qu'on appelle l'*Itinéraire* ; il faisoit lui-même cette prière à haute voix, quand il étoit en santé, ou la faisoit faire par quelqu'un de ceux qui étoient avec lui, quand il étoit indisposé. Après cette prière, il disoit son office avec son aumônier ; ensuite il faisoit lui-même ou faisoit faire une lecture spirituelle, qui lui servoit de sujet d'oraison, à laquelle il s'appliquoit une grande demi-heure ; après quoi, s'il alloit en visite, il lisoit les mémoires qu'il portoit ou faisoit porter avec lui, concernant les affaires de la paroisse ou autres lieux qu'il alloit visiter, et s'en entretenoit avec son grand-vicaire.

Après quelque intervalle, il se faisoit faire une lecture, c'étoit pour l'ordinaire des *Epîtres* de saint Paul, ou de l'*Imitation*, ou de saint Yves de Chartres; ou bien il s'entretenoit avec la compagnie, tantôt de choses indifférentes, tantôt de quelques points de doctrine ou de piété, tantôt de quelques passages de saint Paul, qu'il possédoit en perfection, tantôt des matières sur lesquelles il travailloit, car il étoit continuellement appliqué au travail, soit par le zèle qu'il avoit pour la pureté de la foi, soit par l'amour qu'il avoit pour l'Eglise; il étoit toujours prêt à parler sur toutes sortes de sujets qui se pouvoient rencontrer, avec une éloquence qui sembloit lui être naturelle.

Quand il étoit obligé de rouler toute la journée, l'après-dînée se passait à peu près comme la matinée; il entremêloit ses actions, tantôt de lectures capables de délasser son esprit, tantôt de son office qu'il achevoit vers les quatre ou cinq heures, tantôt de quelques cantiques spirituels, composés par M. Racine qu'il savoit par cœur, puis il entroit dans un profond silence et dans un grand recueillement qui duroit environ une demi-heure. Quand il approchoit d'une ville ou d'un village où il y avoit une église, il saluoit le saint Sacrement, et faisoit une prière à la sainte Vierge et à tous les saints; il se découvroit, et disoit *tantum ergo*, le verset et l'Oraison du saint Sacrement, et autres prières à la sainte Vierge.

Il y avoit un laquais chargé de porter toujours avec lui de la petite monnoie pour donner l'aumône à tous les pauvres qui s'approchoient du carrosse; et si ce laquais ne la donnoit pas promptement, on voyoit que ce bon prélat souffroit, et son bon cœur ne pouvant supporter ce retardement et que les pauvres demandassent deux fois, il lui faisoit une sévère réprimande.

Il portoit ordinairement dans ses voyages la sainte

ible en un volume, le *Nouveau Testament* en deux
mes, l'*Imitation de Jésus-Christ*, les *Épitres* de saint
ves de Chartres, quelques tomes de l'*Histoire ecclé-
iastique*, et quelques *Sermonaires*.

Il ne voyageoit point dans son diocèse, qu'il ne fît por-
er avec lui, dans son carrosse, sa crosse, sa mitre, sa
hape, son étole, son pontifical, le saint Chrême, son
amail, son rochet, et son bonnet carré, afin que, s'il se
rencontroit en chemin faisant quelques adultes non confirmés, en danger de mort, il fût en état de leur administrer le sacrement de la Confirmation, avant que le malade mourût; et pour cela son aumônier avoit soin de
demander à M. le curé, à la descente du carrosse, s'il y
avoit à la paroisse quelques malades qui n'eussent pas été
confirmés, l'occasion s'en étant présentée plusieurs fois
de ma connoissance.

Je l'ai vu entrer une fois, en habits pontificaux, dans
une étable ou écurie fort étroite, pleine d'ordures et de
fumier, qui n'avoit que des pailles étendues sur des per-
ches, au lieu de plancher, si basses qu'on n'y pouvoit
demeurer autrement que courbé, dans laquelle il y
avoit un pauvre malade qui n'avoit pas été confirmé; il
lui donna la Confirmation, lui parla avec sa douceur ordinaire, lui donna l'aumône et sortit de ce lieu infect, sa
chape et sa mitre toute couverte de poussière et de toiles
d'araignées; c'est ainsi que notre saint prélat passoit les
journées de ses visites.

Quelque temps après la mort de Mgr. de Chartres,
Mgr. le Dauphin, fils de Louis XIV, notre fondateur,
tomba malade de la petite vérole après les fêtes de Pâques, et en mourut en moins de huit jours à Meudon;
d'autres que moi décriront mieux la grandeur de cette
perte, et la douleur du Roi et de toute la France; celle
de notre maison ne fut pas des moindres; nous lui fîmes

un service tel qu'il convenoit ; l'église tendue de deuil, et tout le reste à proportion, tant en argenteries qu'en marques de la dignité du prince. Madame de Maintenon fut trois semaines à Marly avec le Roi, où il étoit allé pour s'éloigner davantage de l'objet de cette mort. Mgr. le duc de Bourgogne devint Dauphin, et s'acquit une grande réputation aussi bien que madame la duchesse de Bourgogne, ce qui releva les espérances de la France, et la satisfaction que le Roi en reçut, commençoit à le consoler de cette perte, lorsqu'il plut à Dieu de l'affliger de nouveau, par des coups infiniment sensibles : ce fut premièrement la mort de madame la Dauphine, qu'il aimoit beaucoup, et dont le mérite la faisoit regarder comme une princesse de qui on se promettoit bien des avantages; elle ne fut que cinq jours malade, d'une douleur violente qui lui prit tout d'un coup à la tempe, et à laquelle la fièvre continue se joignit; cette fièvre devint maligne et la porta au tombeau le cinquième jour, malgré l'habileté des médecins et tous les soins qu'ils prirent de mettre en usage ce que leur art a de plus souverain. Le père de La Rue, jésuite, étoit depuis peu son confesseur, il fut appelé pour l'assister à la mort; mais s'étant aperçu que la princesse n'avoit pas en lui toute la confiance nécessaire en pareil cas; il lui conseilla lui-même d'en faire venir un autre, ce qu'ayant accepté, elle demanda un récollet de Versailles, qui étoit en réputation d'homme de vertu ; il la confessa et la disposa à bien mourir ; elle reçut tous ses sacrements avec piété et résignation à la volonté de Dieu. Le Roi apporta toutes sortes de soins, et fit venir les plus habiles médecins pour tâcher de la sauver, car il l'aimoit tendrement; et l'on peut dire que cette princesse s'en étoit rendue digne par son assiduité auprès de lui, et par toutes les marques qu'elle lui donnoit de son respect et de son attachement, dans les grandes et petites occasions. Madame de Maintenon nous a conté qu'un jour qu'elle ne se portoit pas bien, on lui conseilloit de ne pas suivre le Roi à Marly, où il devoit aller, elle répondit : « Je ne veux pas l'accoutumer à se passer de moi. » Aussi étoit-elle de toutes les parties, de tous les voyages, et de tous les délassements qu'il prenoit ; et elle étoit regardée comme une Dauphine favorite. Le Roi fut touché vivement de sa mort, et Mgr. le Dauphin, son mari, en eut une douleur inexplicable. Ils étoient fort unis ; et comme il avoit beaucoup de piété, il faisoit ce qu'il pouvoit pour y mettre la princesse ; mais elle, étant encore fort jeune, aimoit beaucoup le plaisir, ce qui est un grand obstacle à la dévotion. Cependant comme elle avoit un bon esprit et un grand fonds de religion, il est à croire qu'il n'auroit pas perdu ses soins, s'ils avoient vécu plus longtemps l'un et l'autre ; pour madame de Maintenon, on ne peut dire combien son cœur souffrit, elle ne la quitta pas durant sa maladie, et après qu'on lui eut administré les sacrements où elle assista fondant en larmes. Quand monseigneur fut parti elle se retira un peu à l'écart, en disant : « Laissez-moi pleurer mon enfant. » Sa tendresse étoit extrême pour cette princesse, qu'elle avoit pris soin de former depuis qu'elle étoit en France ; la princesse réciproquement avoit pour elle bien de l'amitié et de la déférence ; elle l'appeloit sa tante, paroissoit n'avoir pas de plus grand plaisir que d'être avec elle, se rendoit à ses avis avec une docilité qu'on peut dire pleine de respect et de confiance ; elle auroit été très fâchée de lui déplaire ; nous avons ici quelques lettres d'elle à madame de Maintenon qui en font foi, telles que celles-ci :

« J'apprends que vous demeurez ici, et je me suis fort sottement embarquée à aller dîner à la ménagerie ; j'ai pris le jour que je n'avois aucun prince, pour tâcher de me tranquilliser, et de faire un peu ma volonté; mais on ne la sauroit jamais faire. Un moment a changé la mienne; car, sans aucune flatterie, j'aimerois bien mieux être avec vous, et si j'osois, j'abandonnerois volontiers mon dîner pour vous tenir compagnie; mais j'aurois peur que vous ne fussiez aussi lasse de moi, que je le suis de principautés, et que par là ma présence ne vous choquât; j'espère pourtant que vous m'ôterez de ce grand nombre insupportable; et si je pouvois vous être bonne à quelque chose, vous ne craindriez point de me déranger. »

AUTRE.

« L'ennui que j'ai eu ce soir n'ayant jamais osé faire un petit papillon, de peur que l'on ne dise que je ne songe qu'à me divertir, m'a fait faire réflexion, qu'on trouvera peut-être mauvais dans le monde, que j'aille à la revue à cheval, parce qu'on le regardera comme un plaisir; mandez-moi, je vous prie, ma chère tante, ce que vous en pensez, et ce que le Roi veut que je fasse; si en cas que vous ne trouviez aucun inconvénient que j'y aille, si je rassemblerai toutes les dames qui montent à cheval. Bonsoir, ma chère tante, je ne puis me coucher sans vous embrasser. »

AUTRE.

« Je suis dans une grande inquiétude de votre santé, quoi que vous m'en puissiez dire; si vous continuez à avoir la fièvre, il n'y a point de porte qui puisse m'empêcher de vous aller voir. J'ai été fort contente de la façon dont le Roi m'a reçue ; la joie que lui et ses courtisans ont eue de me voir, me prouve l'ennui excessif qu'ils ont à Meudon ; je n'ai jamais pu me contenter de ne voir le Roi qu'en passant ; j'ai été jusqu'à Marly , et je m'en trouve fort bien ; j'en ai rapporté beaucoup de gaîté , et une grande satisfaction de m'être retrouvée avec gens dont je ne saurois jamais m'accoutumer d'être éloignée. Bonsoir, ma chère tante, portez-vous bien ; faites-moi savoir bien souvent de vos nouvelles, et quand je vous verrai. »

AUTRE.

« Je suis au désespoir, ma chère tante, de ce que vous êtes fâchée contre moi ; je vous assure que je ne le mérite point, et que je ne songe , depuis le matin jusqu'au soir, qu'à vous plaire et qu'à me rendre toujours de plus en plus digne de votre amitié, par ne point faire de sottises. Je vois bien que c'est la tendresse que vous avez pour moi, qui vous fait être si vive sur ce qui me regarde; je vous assure que je ne m'en plains point du tout ; au contraire, j'en suis ravie et je voudrois bien que cela ne diminuât pas. Par toutes les choses qu'on vous dit de moi, dont je puis vous assurer qu'il y en a bien qui ne sont point vraies, je vois bien que vous commencez à vous dégoûter de moi , et que , dans peu de temps , vous ne m'aimerez plus. Vous auriez raison de ne me plus aimer, s'il étoit vrai que je me cachasse de vous, et que je ne vous disse point la vérité, comme vous commencez à le croire; mais je vous assure qu'il n'est point vrai, et jamais je ne vous ai tant aimée. Je suis bien malheureuse que vous ne croyiez plus ce que je vous dis; voyez jusque où cela ira si vous me croyez menteuse , car il est impossible, que vous n'ayez point du mépris pour moi, d'abord que vous aurez cette opinion là de moi. Quand je songe que je m'en vais perdre votre amitié, je suis au désespoir, et ce n'est pas tant par ma faute que par de faux rapports. Je suis prête à faire tout ce que vous voudrez pour que cela ne m'arrive pas. Monseigneur m'avoit conviée à retourner mardi à Meudon, parce que je n'avois pas pu me promener aujourd'hui, et que s'il faisoit beau, je pourrois le faire; sinon, s'il faisoit vilain, l'on joueroit. Voyez, ma chère tante, ce que vous voulez que je fasse; si vous voulez que je n'y aille point, je manderai à Monseigneur que je n'y saurois aller; enfin, il n'y a rien que je ne fasse pour pouvoir garder l'amitié que vous avez pour moi, que je me flatte qui n'est pas encore partie. Je suis au désespoir, ma chère tante, de faire toujours des sottises et de vous donner lieu de vous plaindre de moi; je suis bien résolue de me corriger et de ne plus jouer à ce malheureux jeu, qui ne sert qu'à nuire à ma réputation et à diminuer votre amitié, ce qui m'est plus précieux que tout. Je vous prie, ma chère tante, de n'en point parler, en cas que je tienne la résolution que j'ai prise. Si j'y manque une seule fois je serai ravie que le Roi me le défende, et d'éprouver ce qu'une telle impression peut faire contre moi sur son esprit. Je ne me consolerai jamais d'être la cause de vos maux, et je ne pardonnerai point à ce maudit lansquenet. Pardonnez-moi donc, ma chère tante, mes fautes passées; j'espère que dorénavant ma conduite réparera généralement mes sottises, et que je mériterai votre amitié. Tout ce que je souhaite au monde, ce seroit d'être une princesse estimable par ma conduite; ce que je tâcherai de mériter à l'avenir. Je me flatte que mon âge n'est pas encore trop avancé, ni ma réputation assez ternie, pour qu'avec le temps, je n'y puisse parvenir. Je suis comblée de toutes vos bontés et de ce que vous m'avez envoyé pour achever de payer mes dettes. J'ai été bien fâchée tantôt de ne pouvoir vous en parler, et comme je ne ferois que recommencer ce que j'ai fait tant de fois, j'ai cru qu'il valoit mieux vous écrire, afin de ne vous point donner encore un nouveau sujet de vous faire mal. Je suis au désespoir de vous avoir déplu ; j'ai abandonné Dieu, et il m'a abandonnée. J'espère qu'avec son secours, que je lui demande de tout mon cœur, je me corrigerai de tous mes défauts, et qu'il vous rendra une santé qui m'est si chère, et que je suis la cause que vous avez perdue, pour mon malheur. Je n'oserais me flatter que vous ayez oublié mes fautes ; je vous redemande, ma chère tante, une amitié dont je me suis rendue indigne ; j'espère pourtant qu'avec bien du temps, je la remériterai : c'est la seule occupation que je vais avoir. »

Il y a encore plusieurs autres lettres d'elle à madame de Maintenon, à peu près dans le même style d'amitié, dont nous avons fait un recueil.

Tout le monde regarda sa mort comme une grande perte, car elle avoit si bien profité des leçons de madame de Maintenon, jointes à ses grandes qualités personnelles, qu'on étoit persuadé que dans son temps elle auroit contribué au bonheur de la France. Elle laissa deux princes dont l'aîné avoit cinq ou six ans ; il s'appeloit le duc de Bretagne ; le second étoit à peine sorti du maillot et s'appeloit le duc d'Anjou, tous deux beaux et bien faits. Mgr. le Dauphin, son mari, tomba malade avant même qu'elle fût inhumée ; il eut une fièvre semblable à la sienne, qui l'emporta aussi promptement qu'elle. Sa piété se fit remarquer autant que sa maladie le lui put permettre, par sa patience, sa résignation à la volonté de Dieu, sa dévotion dans la réception des sacrements, et son esprit de pénitence, qui lui fit se reprocher quelques plaintes qui lui étoient échappées dans l'ardeur de sa fièvre ; elle lui faisoit sentir comme un feu qui lui brûloit les entrailles. Ayant donc fait connoître cela à ceux qui étoient auprès de lui, il se reprit, en disant : Ah ! je souffrirai bien un autre feu dans le purgatoire. Comme le corps de madame la Dauphine étoit encore exposé lorsqu'il mourut, on mit le sien auprès d'elle. Dans le même temps, monseigneur le duc de Bretagne, leur fils aîné, fut attaqué de la même fièvre, et mourut aussi assez promptement pour être joint à eux; on le mit aux pieds de son père et de sa mère, et on les porta tous les trois en même temps à Saint-Denis. Le Roi, quoique fort affligé, porta sa douleur avec une grande fermeté d'âme, ainsi qu'il a toujours fait dans toutes les adversités qui lui sont arrivées, non seulement par grandeur de courage, mais par principe de religion et de piété, regardant la volonté de Dieu dans tous ces événements, et s'y conformant avec une foi très soumise et respectueuse. Quand on lui annonça la maladie du duc de Bretagne, cela joint avec les pertes qu'il venoit de faire, redoubla sa tristesse; mais lorsqu'on lui vint dire qu'il étoit mort, il dit aux courtisans qui étoient autour de lui, consternés : Ah ! c'est un ange ; il faut bénir Dieu de l'avoir pris dans son innocence. Il donna ensuite tous les ordres nécessaires pour le convoi de ces trois personnes qui lui étoient chères, avec une tranquillité admirable.

Madame de Maintenon pleura madame la Dauphine longtemps. Tout ce qui lui en rappeloit le souvenir la faisoit fondre en larmes; mais au milieu de sa douleur, elle disoit : Qu'elle est heureuse que Dieu l'ait retirée de bonne heure de ce monde, et dans des dispositions où il y a lieu de croire qu'il l'aura reçue dans sa miséricorde : peut-être qu'elle se seroit perdue si elle avoit vécu davantage; si Dieu me demandoit présentement : Voulez-vous que je vous la rende ? il me semble que je ne le voudrois pas, car je la crois plus en sûreté qu'elle ne seroit vivante, exposée, comme le sont ces personnes là, à mille dangers.

M. le duc d'Anjou fut aussi très mal dans le même temps que son frère, le duc de Bretagne ; mais Dieu le conserva pour ne pas ôter toute consolation au Roi et à la France. Nous fûmes des plus affligées et tâchâmes de rendre les devoirs funèbres à ces illustres défunts le mieux qu'il nous fut possible ; nous fîmes un service solennel pour monsieur et madame la Dauphine, ensemble, l'église tendue de deuil et la représentation ornée de tout ce qui est convenable en pareil cas.

J'ai laissé trop loin la suite des réceptions de nos sœurs à la profession religieuse, et j'en suis demeurée à celle de mes sœurs de Launay, de Linnemare et de Roussy, en 1706. Je dis maintenant qu'en 1707, nous reçûmes ma sœur de Penenverne, nièce de ma sœur de Boissauveur. Elle n'étoit point de nos demoiselles, mais se sentant de la vocation pour la vie religieuse, elle nous fit prier de lui donner une place de régale, n'osant se proposer pour ici, parce que, étant fort humble, elle ne s'en jugeoit pas digne ; et nous, qui ne la connoissions point, lui donnâmes une place que nous avions à Péronne. Lorsqu'elle y fut, elle trouva la maison dans une grande pauvreté, et quoique elle y manquât du pur nécessaire pour la nourriture et pour tout le reste, elle étoit résolue d'y demeurer, si monseigneur l'évêque de Noyon, qui étoit M. d'Aubigné, passant par cette abbaye, qui étoit de son diocèse, n'en eût connu par lui-même le mauvais état, dont il nous écrivit et nous manda qu'il y avoit conscience de laisser une fille dans cette maison. Sur cela, nous la retirâmes et la fîmes passer par ici ; l'ayant vue et entretenue, nous crûmes qu'elle pouvoit bien nous convenir, et voulûmes au moins en essayer, avant de la renvoyer dans une autre place. Elle nous parut si pieuse, si raisonnable, si humble et si remplie de bonne volonté, que nous la reçûmes à l'habit, et ensuite à la profession. Ainsi, nous la regardions comme un bon sujet dont nous aurions retiré beaucoup d'utilité, mais elle étoit encore toute jeune professe du noviciat, lorsque la mort nous l'enleva par une colique violente, qu'elle souffrit avec une grande patience, et dans la crainte qu'elle avoit de la perdre, à cause des douleurs excessives qu'elle sentoit, elle prioit tous ceux qui l'approchoient, de demander à Dieu pour elle de la lui donner jusqu'à la fin. Elle fut exaucée, car elle reçut tous les sacrements avec beaucoup de piété, et mourut le jour de l'Ascension, à midi, qui est l'heure où l'on croit que notre Seigneur monta au ciel. Nous prîmes cela à bon augure pour l'assurance de la miséricorde que Dieu lui avoit faite, ayant d'ailleurs tant de sujet de bien présumer de son salut; puisque on peut dire qu'elle étoit toute vertueuse, et il n'y avoit personne ici qui ne l'estimât et qui n'en eût été très édifié.

En 1708, nous fîmes deux autres professes, qui furent mes sœurs d'Assy et de Solare. Elles avoient été toutes deux élevées ici; la première étoit un esprit fort doux et bien fait; elle n'avoit que de bonnes inclinations; l'innocence et la candeur étoient peintes sur son visage, qui, jointes à sa beauté naturelle, la rendoient fort aimable. Aussi, ceux qui la connoissoient à fond, la regardoient comme une âme qui ne connoissoit point le mal, et qui étoit toute portée au bien. Sa dévotion pour Dieu étoit tendre et affectueuse; elle en avoit aussi une très grande à la sainte Vierge. Nous comptions bien d'en faire un très bon sujet, mais elle fut attaquée de maux qui lui causèrent des plaies qui la firent beaucoup souffrir pendant un an, car il fallut y mettre le fer et le feu, et encore sans aucun succès. Il lui survint par dessus cela un mal de poitrine qui contribua à l'expédier plus promptement. Pendant toutes ces souffrances, elle ne se plaignit jamais; toute sa grande peine étoit, disoit-elle, de ne pas accomplir son vœu d'instruction ; elle craignoit aussi de manquer à celui de pauvreté, parce qu'elle se trouvoit trop bien soignée et traitée; et à celui d'obéissance, parce qu'on ne lui commandoit rien. M. Treil, qui étoit son confesseur, la rassura en lui disant qu'elle pouvoit accomplir son vœu d'instruction, en offrant à Dieu ce qu'elle souffroit, pour qu'il donnât aux maîtresses des classes, les grâces et les lumières dont elles ont besoin pour bien élever les demoiselles; qu'elle pratiqueroit bien la pauvreté, en ne demandant point les choses dont elle auroit envie; en supportant, sans rien dire, les privations que causent les maladies; en recevant tout ce qu'on lui donneroit en esprit d'aumône ; et, qu'à l'égard de l'obéissance, il n'y en avoit pas une plus belle, que de faire tout ce que le médecin et les infirmières lui ordonneroient, sans témoigner de répugnance. Elle observa exactement ces avis, et se comporta en sainte pendant sa maladie, reçut les sacrements de même, et mourut dans l'octave de l'Assomption de la sainte Vierge, à qui, comme j'ai dit, elle avoit une très grande dévotion. Je crus voir, pendant son agonie, et ceux aussi qui y assistèrent, qu'il lui arrivoit quelque chose d'extraordinaire ; car, quelques moments avant son dernier soupir, elle leva les yeux au ciel, et paroissoit regarder fixement quelque chose qui lui donnoit de l'admiration ; en même temps, elle devint beaucoup plus belle qu'elle n'avoit encore été dans le temps de sa meilleure santé; mais d'une beauté toute céleste, qui inspiroit de la dévotion. Elle rendit l'esprit très paisiblement presque aussitôt après. Nous la regrettâmes fort, mais l'espérance bien fondée que nous eûmes de son bonheur nous fut une grande consolation.

Ma sœur de Solare fit sa profession dans le même temps

que celle dont je viens de parler. Si on vouloit faire son éloge entier de son mérite et de ses vertus, il y auroit beaucoup à dire; mais pour abréger, je louerai seulement la bonté de sa vocation, la solidité de sa piété et de son bon esprit; son zèle pour les classes, où elle a presque toujours été employée, sans se lasser, et qu'elle a conduites en première et en seconde maîtresse, avec beaucoup de succès. Son talent pour contenir les demoiselles, en sorte qu'elles donnent moins de peine, étoit surtout remarquable. C'est un point bien nécessaire, qui contribue extrêmement à la bonne éducation des demoiselles.

En 1709, nous reçûmes encore à la profession religieuse, ma sœur de Vadencourt. Nous la prîmes de la main des Ursulines de Gournay, où elle étoit actuellement pensionnaire depuis quelques années, et avoit alors vingt-deux ans. Elle nous parut si remplie de bonne volonté et d'estime pour notre Institut, pendant son noviciat, que nous l'admîmes à faire les vœux à la fin de ses deux années. Elle s'est, depuis ce temps là, principalement signalée dans la charité du prochain, et afin de lui être plus secourable, à perfectionner le talent qu'elle avoit pour la saignée et les malades, dont elle a fait bon usage tant qu'elle y a été employée; se livrant aussi volontiers aux maux où il peut y avoir du danger qu'aux autres ; ce qui parut encore plus dans un temps de petite vérole, qu'elle gagna en soignant celles qui en étoient atteintes. La sienne fut des plus dangereuses et la mit à deux doigts de la mort, dont elle réchappa, en se faisant traiter avec présence d'esprit, en la manière qu'il lui convenoit.

En 1710, nous eûmes le malheur de perdre M. Vatel, supérieur général de la Congrégation de la Mission, et le nôtre. Ce fut pour nous une vraie affliction, car il avoit beaucoup de bonté pour notre maison, et nous en avoit donné souvent de solides marques, soit pour le choix de

MM. les confesseurs ordinaires et extraordinaires, ce qu'il faisoit avec attention, et le meilleur qu'il lui étoit possible ; soit pour nous donner toutes les autres assistances qui dépendoient de lui lorsqu'il en étoit requis, car il ne s'avançoit jamais sur rien, par prudence et par sagesse, qualités qu'il possédoit éminemment, aussi bien que celle de la bonté. Pour mieux juger de son caractère et de sa vertu, il n'y a qu'à jeter les yeux sur la lettre suivante, que M. Bonnet écrivit à la Congrégation, après sa mort, et dont il nous fit part.

LETTRE DE M. BONNET.

« Messieurs mes très chers frères, la grâce de notre Seigneur soit avec nous à jamais.

» La Compagnie vient de faire la plus grande de toutes les pertes qu'elle pouvoit faire sur la terre, par le décès de feu M. François Vatel, notre très honoré père et très digne supérieur général, arrivée ce matin sur les neuf heures trois quarts. Il entra en retraite le 21 du mois passé, avec la première bande de messieurs nos prêtres, qu'il a conduite avec zèle et ferveur durant les trois premiers jours de la retraite ; nonobstant deux atteintes de la fièvre maligne, qui l'a fait mourir. Le quatrième jour, après avoir fait sa confession générale et dit la messe, il fit la méditation du Paradis ; sur les dix heures, le frisson le prit, il fut forcé de sortir de l'examen particulier pour s'aller mettre au lit ; la fièvre parut d'abord double tierce, puis tierce réglée, et enfin elle est devenue continue, et l'a jeté dans une léthargie qui ne l'a plus quitté jusqu'à la mort, en sorte que nous n'avons pu lui donner le saint viatique, mais seulement la pénitence et l'extrême-onction. Vous savez, messieurs mes très chers frères, quelle a toujours été sa sagesse, sa bonté, sa piété, son attachement inviolable à l'esprit, aux règles et aux constitutions, dans tous les états par lesquels il a passé dans la congrégation ; toujours égal, régulier, fidèle à Dieu, constant dans le bien ; ce que nous admirions le plus en lui dans cette maison, c'étoient sa simplicité, son humilité, sa douceur, sa paix et sa fidélité parfaite à tous les exercices de la communauté.

» Pour la conduite de la congrégation, tous messieurs les assistants ont toujours remarqué qu'il la formoit, autant qu'il lui étoit possible, sur celle de M. Vincent, notre très honoré Père, dont il regardoit toutes les maximes et toutes les réponses comme des règles inviolables. La Compagnie perd beaucoup dans un si bon père, et un si digne supérieur, mais toute sa confiance doit être en Dieu, en toutes les occasions fâcheuses, et surtout dans celle ci. Je ne doute pas, messieurs mes très chers frères, que vous ne vous joigniez à nous de très bon cœur pour lui rendre les devoirs prescrits par nos constitutions, pour le repos de l'âme d'un supérieur général, c'est à dire, du moins deux messes par chaque prêtre de la compagnie; et par les clercs et nos frères, une communion et l'office des morts. Ceux d'entre nos frères qui ne savent pas lire doivent réciter le rosaire à la même intention. Je vous demande aussi, messieurs mes très chers frères, l'assistance de vos prières, pour obtenir de Dieu la grâce de bien servir la Compagnie jusqu'à la prochaine élection ; car après l'ouverture de la cassette, que nous avons faite ce matin, il s'est trouvé que feu notre très honoré Père, m'avoit nommé pour cela, dans sa retraite du mois d'octobre 1703. »

Et, quelques temps après, Dieu voulant consoler la congrégation et nous, permit qu'on élût, en la place de

M. Vatel, M. Bonnet, qui a bien montré, par la manière dont il s'est acquitté d'un si important emploi, qu'il en étoit très digne, et on peut dire qu'à notre égard il a encore surpassé son prédécesseur, en témoignages de bonté et d'affection paternelle, étant certain qu'il n'y a personne ici qui n'en ait ressenti les effets, tant en général qu'en particulier.

En 1711, mes sœurs de Cateuil et d'Escoublant furent admises à la profession. Elles avoient été toutes deux des classes, et y donnèrent tant de satisfaction, qu'elles passèrent par toutes les distinctions. Ma sœur de Cateuil avoit toujours eu de bonnes inclinations, qui, s'étant entretenues et perfectionnées par la piété, se sentit de bonne heure portée à la vie religieuse : elle vouloit être Carmélite par goût pour la pénitence et le recueillement, mais on lui conseilla de prendre plutôt notre vocation, où on lui fit voir qu'il y a plus à faire pour la gloire de Dieu qu'aux Carmélites, puisque de contribuer au salut des âmes est au dessus de toutes les austérités corporelles, et engage à des travaux et des peines de corps et d'esprit qui les valent bien. Elle se rendit à ses raisons, ne cherchant qu'à faire la volonté de Dieu dans la manière qui lui seroit la plus agréable. Dès qu'elle fut déterminée à prendre ce parti, elle demanda à entrer au noviciat, quoiqu'elle n'eût encore que 17 ans, et que nous ne pussions, selon les règles, lui donner l'habit qu'à dix-huit, mais une année de postulage ne lui fit pas peur ; elle s'y soumit de bon cœur, elle la passa aussi bien que ses deux années de noviciat, avec beaucoup de ferveur. Depuis sa profession elle a constamment rempli ses devoirs, surtout aux classes, où elle a souvent été en qualité de première, seconde et troisième maîtresse, la douceur de son esprit et de son humeur, la bonté de son cœur, son agrément dans la conversation, et plusieurs autres bonnes qualités, la rendent d'une aimable société.

Ma sœur d'Escoublant ne nous fait pas moins goûter le plaisir qu'il y a d'être unies avec des personnes qui font leur capital de faire soigneusement ce qui leur est prescrit par l'obéissance. Nous l'avons toujours vue occupée à pratiquer ses devoirs avec piété et religion, et à se donner de bonne foi aux choses dont elle est chargée. Madame de Maintenon à qui elle avoit l'honneur d'être alliée, voyant qu'elle avoit une belle voix, lui fit apprendre la musique dès son enfance, et pour cela la tint longtemps à Versailles auprès d'elle, où elle faisoit venir un des meilleurs maîtres lui montrer. Elle eut souvent l'honneur durant ce temps là de jouer avec madame la duchesse de Bourgogne et les autres princesses de la Cour, même devant le Roi, qui s'amusoit quelquefois à les regarder. A mesure qu'elle croissoit, sa voix cultivée par la musique embellissoit; quand elle la sut parfaitement, madame de Maintenon la remit aux classes où elle montra à d'autres demoiselles, car ç'avoit été une des intentions de Madame en la lui faisant apprendre, de la rendre capable de la montrer aux classes. Elle voulut aussi qu'il y eut des dames religieuses en état de l'apprendre aux demoiselles, ou de voir si celles qui leur montrent le font bien, tant pour maintenir les chants de la maison, sans être obligées d'aller au parloir à un maître, que pour exciter l'émulation nécessaire pour cet exercice qui peut être utile aux demoiselles. Elle prévoyoit que ma sœur d'Escoublant pouvoit bien devenir dame de Saint-Louis, et c'étoit une des raisons qui l'avoient portée à lui faire apprendre à chanter. Cette demoiselle profita si bien de cet avantage qu'elle se rendit très habile. Ce talent et tout ce qu'elle avoit vu de plus brillant à la Cour ne lui firent point tourner ses pensées vers le monde; au contraire, elle conçut le dessein de s'en détacher tout à fait, en se faisant religieuse, et, dès qu'elle eut atteint dix-huit ans, elle demanda l'entrée du noviciat, : on l'y reçut avec plaisir. Elle en soutint la régularité et les exercices d'une manière très édifiante : ce qui lui mérita d'être reçue à la profession avec ma sœur de Cateuil. Sa conduite depuis ce temps là ne s'est point démentie, soit dans les classes où elle a été souvent maîtresse, soit aux infirmeries des dames et des demoiselles, où elle a été en première et en seconde, où elle a donné bien des marques de son zèle et de sa charité.

CHAPITRE XXIX.

Élection de notre mère de Vertrieux et des conseillères. — On nous lit la bulle *Unigenitus*. — Le zèle de madame de Maintenon contre les nouveautés. — Plusieurs professions de Dames. — Mort de trois. — Jardin de Fontenay. — Mort du Roi. — Retraite de madame de Maintenon ici.

Sur la fin de l'année 1711, ou au commencement de 1712, le temps de faire une nouvelle élection arriva. Monseigneur l'évêque de Chartres vint, et on procéda à l'élection d'une nouvelle supérieure qui tomba sur ma sœur de Vertrieux dont j'ai déjà fait connoître le mérite et la vertu. Ce n'est pas qu'il n'y en eût d'autres sur le catalogue qui ne la valussent bien, et qu'on eût pu même avec justice lui préférer, mais madame de Maintenon avoit envie d'essayer de celle-là dans cette place, afin d'en avoir plusieurs qui y eussent passé de son vivant, et que dans la suite on en eût davantage à choisir. Elle ne hasardoit rien à ces épreuves, parce qu'étant la principale supérieure, les autres ne seroient que guidées par elle.

La mère de Vertrieux fit ce qu'elle put pour empêcher son élection. Elle écrivit à monseigneur l'archevêque de

Rouen, en qui elle avoit quelque confiance, pour le prier de s'y opposer. C'étoit celui qui auparavant avoit été évêque de Noyon, de sorte qu'il étoit parent de madame de Maintenon et ami de la maison. La mère de Vertrieux pour l'engager à empêcher son élection, lui fit le portrait d'elle-même, le plus désavantageux qu'elle put, et tel que son humilité le lui représentoit exagérant ses défauts autant que la vérité le pouvoit permettre. Monseigneur de Rouen montra sa lettre à madame de Maintenon et à quelques unes de nous. Bien loin que cela fit changer de vue sur elle, on n'en fut que plus persuadé qu'étant humble, elle attireroit sur elle et sur la maison une plus grande protection de Dieu. On l'élut donc, et elle, voyant que c'étoit sa volonté, s'y soumit sans faire paroître aucune peine ni embarras, ce que madame de Maintenon loua fort, regardant cette façon d'agir, comme la marque d'une vertu solide, parce qu'après avoir fait ce qui dépendoit d'elle pour éviter une place qu'on doit toujours craindre, voyant pourtant la chose faite, elle ne songea plus qu'à prendre les moyens de s'en bien acquitter, se confiant en la bonté et en la sagesse de Celui qui la lui avoit imposée, sans s'amuser à se lamenter; ce qui peut être quelquefois autant de l'amour-propre que d'une véritable humilité.

Après cette élection on fit celle des conseillères : ma sœur de Glapion fut assistante ; ma sœur du Pérou mademoiselle des novices ; ma sœur de Fontaine mademoiselle générale ; ma sœur de Berval dépositaire ; ma sœur de Saint-Périers première mademoiselle des bleues ; ma sœur Vandam le fut des jaunes. Je ne me souviens pas assez de celles qui remplirent les autres charges pour le pouvoir dire.

Durant ce premier triennat, la bulle du pape Clément XI, portant condamnation du livre du père Quesnel fut publiée.

Madame de Maintenon nous la fit lire en sa présence dans une assemblée de communauté, et voulut aussi qu'on lût au réfectoire les mandements de messeigneurs les évêques qui reçurent cette bulle, et qui tombèrent entre ses mains. Elle avoit un soin particulier de nous instruire de tout ce qui se passoit par rapport à cela, pour nous prémunir contre les mauvaises impressions qu'on pourroit dans la suite vouloir nous donner, et elle nous inspiroit en toute occasion un grand respect pour notre saint Père, et un vrai zèle pour l'Eglise, qu'elle ne faisoit pas consister à discourir, à raisonner, ni à disputer sur des matières de la religion, nous disant que cela n'étoit nullement convenable à des filles, mais à nous tenir bien attachées au saint siége, comme à la principale colonne de l'Eglise; à en recevoir les décisions avec une parfaite soumission, à avoir un grand éloignement de tous les partis qui y sont contraires; à tenir pour suspects ceux qui en sont, ou qu'on soupçonne d'en être; à nous en garder sans les juger, ni en parler; à ne donner jamais lieu de douter de nos sentiments sur cela, soit par un silence à contre-temps, ou par des façons de parler qui pourroient nous faire regarder comme des personnes neutres; car elle disoit qu'il ne falloit pas l'être là dessus, ni le donner à penser le moins du monde. Ainsi, autant qu'elle n'auroit pas approuvé que nous fussions entrées dans des discussions au dessus de notre portée, touchant ces matières, autant n'auroit-elle pas aimé que nous nous fussions fait un principe de prudence, de n'oser dire un mot en faveur de la bonne cause et de ceux qui la soutiennent quand il s'en présente des occasions naturelles, surtout entre nous, où il n'y a point à craindre de partage, pensant toutes sur cela les unes comme les autres; ce qui ne peut servir qu'à nous affermir de plus en plus dans la fidélité que nous devons garder inviolablement à l'Eglise notre mère, au Roi notre fondateur, qui avoit une si grande passion que nous fussions inébranlables dans la pureté de la foi, et à madame de Maintenon qui nous en a donné de si grands exemples, et qui avoit pris tant de peine à nous enraciner pour ainsi dire dans les vrais sentiments qu'on doit avoir pour la doctrine de l'Eglise. Cette femme si sage et d'un si grand esprit faisoit dire aux gens du parti : C'est grand dommage qu'elle ne voie que des gens constitutionnaires ; elle seroit un esprit supérieur sans la simplicité de sa foi. Ils disoient cela à cause de la répugnance qu'elle montroit hautement sur ce qui s'opposoit à l'Eglise romaine en ce qui regarde la religion. Il y avoit plusieurs personnes qui par cette raison en faisoient moins de cas : elle ne s'en soucioit point du tout, et en rioit quelquefois avec nous.

Elle avoit une attention extrême à écarter d'ici tous ceux qui lui étoient tant soit peu suspects, et en instruisoit toutes celles de nous qui pouvoient avoir quelque part au gouvernement, afin qu'elles fussent bien au fait là dessus, et en état d'aider de même à nous garder. Elle n'avoit pas moins de vigilance sur les livres et sur les écrits qui étoient ici, ne mettant jamais rien dans notre bibliothèque, qu'elle n'eût fait examiner ou par monseigneur de Chartres lui-même, ou par ceux à qui il en avoit donné la commission, qui ont été ordinairement les supérieurs de Messieurs nos confesseurs. Non seulement elle craignoit les choses suspectes en fait de religion, mais elle craignoit aussi celles qui sont trop remplies de savoir, parce qu'elle étoit persuadée par l'expérience que lui donnoient son âge et son rang, étant des choses qui lui avoient passé par les mains, que cela est fort dangereux aux personnes de notre sexe, et en quelque façon encore davantage aux religieuses, parce que le trop grand savoir détruit d'ordinaire en elles l'esprit de simplicité, vertu principale de l'esprit religieux et de la dévotion, sans laquelle on ne peut s'y soutenir.

En 1713, nous fîmes faire profession à mes sœurs de Montorcier, de Croisille et de Bosredon ; ma sœur de Montorcier étoit sœur de celle que nous avons présentement; elle n'avoit pas été élevée dans la maison : nous l'avions prise à vingt-deux ou vingt-trois ans pour la mettre au noviciat; la douceur de son esprit, sa bonne volonté, sa sagesse, et plusieurs autres qualités, la firent recevoir à faire ses vœux qu'elle avoit bien envie de pratiquer, et de se rendre utile à la maison. Mais Dieu permit qu'elle n'en eût pas le loisir; car peu de temps après sa profession il lui prit un mal de poitrine qui la réduisit en langueur, et ensuite au tombeau. Elle porta ses maux avec beaucoup de patience, de douceur et de résignation à la volonté de Dieu ; elle reçut tous les sacrements en de saintes dispositions; elle mourut de même : ce qui nous a donné sujet de bien espérer de son salut. Mes sœurs de Croisille et de Bosredon ont été toutes deux élevées ici, et ont passé par toutes les distinctions des classes. Elles donnèrent de bonne heure des marques de leur vocation. Madame de Maintenon les regardoit comme de bons sujets : elle étoit bien aise qu'ils se formassent pour la maison. C'est pourquoi, afin de leur donner plus de connoissance et d'usage des choses du monde qu'on ne peut en acquérir ici, elle les envoya chez M. de Groissi, homme attaché à notre maison : on les y laissa quelque temps, où madame sa femme et mademoiselle sa fille qui sont des personnes de mérite et d'expérience, firent de leur mieux aussi bien que lui pour leur être utiles. Madame de Groissi les menoit avec elle lorsqu'elle alloit faire des visites ou des emplettes et en d'autres occasions, qui pouvoient servir à leur apprendre de quelle manière les choses se passent dans le commerce de la vie. Quand elles eurent été suffisamment dans cette maison, elles revinrent et presque aussitôt après on les mit au noviciat, dans lequel elles donnèrent d'assez bonnes marques de leur vocation pour être reçues à l'habit, et ensuite à la profession. Depuis elles ont été souvent employées aux classes et en d'autres charges dont elles se sont bien acquittées. Elles ont toutes deux de quoi bien remplir les fonctions des emplois où on voudra les appliquer, mais par dessus tout, une vraie piété sans laquelle le reste ne seroit pas à compter. Ma sœur de Bosredon ayant été quelques années seconde au dépôt, s'y est si bien appliquée à se mettre au fait des affaires qui regardent la maison, qu'elle s'est rendue capable d'être élue dépositaire quand ma sœur de Bervale n'a plus été en état d'y être employée.

En 1714, nous reçûmes à la profession ma sœur de Gènetine; elle vint ici à sept ans, et dès ce bas âge on remarqua en elle de l'esprit et des qualités fort aimables. Elles ont toujours crues avec elle; elles y ont fait monter les distinctions qui se donnent dans toutes les classes. Lorsqu'elle fut en âge de connoître ce que Dieu demandoit d'elle, elle crut sentir que c'étoit de se faire religieuse ici. Elle demanda de bonne heure le noviciat : on le lui accorda volontiers. La principale chose à laquelle elle s'appliqua fut à bien entrer dans toutes les pratiques de l'obéissance et de l'observance des règles. Joint à cela, nous lui trouvâmes un esprit si raisonnable et si doux, que lorsqu'il fut question de décider sur sa réception, nous crûmes devoir passer par dessus sa foible santé, et nous n'avons pas eu sujet de nous en repentir, parce que, malgré le peu de force de son tempérament, elle ne laisse pas d'être bonne à mille choses par ses talents, et de se bien acquitter des emplois dont on la charge.

En 1715, nous reçûmes aussi mes sœurs de Tessières,

de Malvoüe, de Nobleval, et de Dragueville ; les trois premières sont des classes, et parvinrent par leur sagesse et leur application, à être du nombre des distinguées. Ma sœur de Tessières pressa tant pour entrer au noviciat, lorsqu'elle n'étoit encore que du nombre de celles qui portent le ruban couleur de feu, qu'on l'y mit sans la faire passer par les noires ; elle s'y comporta très bien et nous parut un esprit doux, sociable, raisonnable et plein de bonne volonté ; ce qui lui mérita d'être reçue à la profession, après laquelle elle s'est toujours conduite en fille qui aime sa vocation, et qui a beaucoup d'envie de se rendre utile à l'institut. Entre plusieurs talents qui la rendent estimable et nécessaire, elle sait très bien l'apothicairerie, et s'entend aussi très bien aux malades, saigne en perfection, et se signale dans la charité du prochain, étant toujours prête, en quelque temps que ce soit, à rendre toutes sortes de services aux malades ; elle est d'une application toujours égale et infatigable ; elle est capable de bien d'autres choses, selon que les supérieures la voudront employer ; mais ce qu'il y a encore plus à estimer en elle, c'est la solide et véritable piété.

Ma sœur de Malvoüe avoit un beau naturel, bien de la piété, et née toute vertueuse ; il est à croire qu'elle auroit été dans la suite un de nos meilleurs sujets, si la mort ne l'avoit pas prise très peu de temps après sa profession. On peut dire que son zèle et sa charité la lui procurèrent ; car ce fut parce qu'elle se dévoua à servir les malades de la petite vérole, dans un temps où nous en avions plusieurs. On n'avoit pas cru d'abord devoir l'y envoyer, à cause qu'elle étoit jeune, et qu'elle ne l'avoit point eue ; mais elle se sentit si pressée de s'aller offrir pour cela à la supérieure, et elle le fit avec tant d'instance, que notre mère de Vertrieux ne crut pas devoir le lui refuser, regardant cette disposition comme un mouvement de grâce, par lequel Dieu faisoit connoître sa volonté. Elle fut donc prendre soin de ces malades auprès desquelles elle gagna le mal, qui ne parut pas le même au dehors que celui des autres, mais qui se marqua pourtant par une fièvre très maligne, qui l'emporta fort promptement; elle ne put être que confessée, et reçut l'extrême-onction, car on fut surpris; mais elle avoit par avance mis bon ordre à son intérieur; et il sembloit qu'elle eût eu un pressentiment de ce qui lui devoit arriver; puisque, fort peu de temps avant de tomber malade, elle avoit fait ses préparatifs avec son confesseur, comme si elle eût su qu'elle eût dû mourir; elle se sentit alors un accroissement d'amour de Dieu extraordinaire, avec un grand détachement de la vie; sans doute que c'étoit la récompense du sacrifice qu'elle en avoit fait, qui devoit d'autant plus avoir son mérite devant Dieu, que cette jeune personne avoit de la beauté, jointe à d'autres avantages naturels, qui la rendoient très aimable.

Ma sœur de Nobleval ne nous fourniroit pas de moins bonnes choses à dire d'elle, s'y j'entreprenois de faire des éloges entiers, ou plutôt si j'en étois capable. On avoit toujours eu beaucoup de satisfaction de sa conduite dans les classes, jusqu'à mériter toutes les distinctions; mais quelques temps après qu'elle fut noire, elle se dérangea pendant un certain temps, perdit tout à fait le goût de la piété, en eut beaucoup pour le monde, pour le plaisir, pour la parure, enfin en tout ce qui s'appelle vanité; elle passa bien un an comme cela; mais Dieu qui la vouloit sauver ne la laissa pas aller plus loin; il se servit pour la faire rentrer en elle-même, des charitables avis de sa maîtresse et de son confesseur. Les soins qu'ils prirent d'elle, la déterminèrent à la fin, à faire une confession générale; elle y procéda de si bonne foi, et y reçut tant de grâce, qu'elle se trouva toute changée, eut un déplaisir extrême du temps qu'elle avoit si mal passé, et un grand desir de le réparer par la pénitence ; elle en conçut de si vifs sentiments, qu'elle n'étoit occupée que de se mortifier, et au lieu qu'auparavant elle ne pouvoit ni prier, ni faire aucun acte de dévotion, elle auroit bien alors passé des journées en prières, à genoux sans branler; du moins elle y employoit bien des heures, et se préparoit avec grande attention et ferveur à la réception des sacrements, dont elle s'étoit fort éloignée durant son dérangement. Vers ce temps là, ses parents lui vinrent proposer un mariage qu'ils lui croyoient avantageux, et dont ils avoient fort envie ; elle le refusa constamment, ayant déjà pris la résolution d'être religieuse; son desir la porta de ce côté ici, pour tâcher, disoit-elle, de réparer le mal qu'elle avoit fait en donnant mauvais exemple aux demoiselles, se proposant d'employer toute sa vie à les édifier et à les exciter au bien. Dans cette pensée, elle demanda le noviciat avec beaucoup d'instance et d'humilité, s'en reconnoissant très indigne. On ne crut pas lui devoir refuser cette grâce ; les marques de son retour paroissant très sincères, elle y entra avec joie, et le fit avec toute la ferveur possible ; nous en fûmes si satisfaites et si édifiées, que nous la reçûmes à faire profession. Ce fut pour elle une consolation inexplicable. Monsieur son père, qui avoit d'autres desseins sur elle, fit ce qu'il put pour y mettre obstacle ; mais elle surmonta courageusement tous ces efforts, et étouffa en elle les sentiments naturels de sa tendresse, pour un père dont l'amitié lui étoit chère, et qu'elle couroit pourtant risque de perdre en ne se rendant pas à ses volontés ; comme en effet il ne lui en donna plus aucun témoignage depuis sa profession, à laquelle il ne voulut point assister comme il l'auroit pu faire facilement, demeurant à Paris ; et dans la suite il ne lui rendit aucune visite, et ne lui fit pas même réponse aux lettres qu'elle lui écrivoit; cela lui étoit pénible à porter, parce qu'elle l'aimoit fort; mais le sujet qui lui causoit ces disgrâces la consoloit, et elle n'en étoit que plus attachée à la vocation pour laquelle elle ne trouvoit pas que ce fût encore un assez grand sacrifice. Dieu ne tarda pas à lui demander celui de tous, qui est le plus entier et le plus difficile, puisqu'il permit que dans la première année de sa profession, il y eût ici plusieurs personnes attaquées de la petite vérole dont elle fut du nombre, et mourut après avoir reçu tous les sacrements avec connoissance et donné toutes sortes de marques de piété, non seulement dans ce temps là, mais durant sa maladie, qui dura huit ou dix jours; elle ne cessoit de faire des actes d'amour de Dieu, de contrition et de résignation à sa sainte volonté pour la vie ou pour la mort.

Il me reste encore à parler de ma sœur de Dragueville; elle n'a point été élevée ici : elle connut de bonne heure la vanité du monde, et comprit qu'il n'y avoit point de meilleur parti à prendre pour assurer son salut que d'embrasser la vie religieuse. Pour en venir à l'exécution, elle se fit connoître à nous par M. l'abbé de Préfontaine, et par M. le curé de Saint-Sulpice; ils nous en écrivirent comme d'une demoiselle dont ils répondoient de la sagesse et de la vocation; nous l'examinâmes et nous lui trouvâmes d'assez bonnes dispositions pour l'admettre au noviciat, et ensuite à l'habit et à la profession, après laquelle elle a passé par plusieurs charges, dont elle s'est acquittée avec capacité, surtout aux classes où elle a été plusieurs années même en première.

La mère de Vertrieux gouverna avec beaucoup de sagesse, de régularité et de vertu, en sorte que chacun en fut très édifié et très content, ainsi que l'on peut voir dans la lettre circulaire qu'on fit après sa mort et que l'on insèrera à la fin de ces Mémoires ; il me semble qu'il ne se passa rien de bien remarquable durant son premier triennat, que l'acquisition d'une maison à Fontenay. Le Roi étant dans le dessein de l'acheter pour lui et les terres qui en dépendent, par raison de convenance. Madame de Maintenon lui fit agréer de nous donner la maison et le jardin, qui lui étoit peu nécessaire, afin que nous en fissions un lieu de promenade pour MM. les confesseurs qui ont besoin de ces sortes de délassements, à cause de l'application et du sérieux de leur vie. La maison dont il s'agit n'est qu'à un quart de lieue d'ici, et a un jardin et un petit bois taillé, avec une vue charmante ; il y a aussi une petite chapelle où l'on peut dire la messe. Le Roi voulut bien nous faire don de tout cela, et aussitôt nous en mîmes nos Messieurs en jouissance ; elle n'est pas à eux en propre ; s'ils venoient à nous quitter, nous serions les maîtresses d'en faire l'usage que nous jugerions à propos, sans qu'ils y pussent rien prétendre. Cette maison leur fit tant de plaisir que, pour en témoigner leur reconnoissance à madame de Maintenon, ils firent la chanson suivante, sur l'air des folies d'Espagne :

1

Louis-le-Grand, au comble de sa gloire,
Fondant Saint-Cyr, fit l'œuvre d'un grand roi.
Las d'entasser victoire sur victoire,
Il consacra ses lauriers à la foi.

2

Deux cent-cinquante jeunes demoiselles,
Que par ses soins on élève à Saint-Cyr,
Instruiront mieux que Namur et Bruxelles,
De ses grandeurs les siècles à venir.

3

Dans Saint-Louis, cette jeune noblesse,
Joint les vertus à l'éclat de son sang ;
La piété s'unit à la sagesse
Pour la former aux talents de son rang.

4

Vierges, en tout imitez le modèle
De votre illustre et chrétienne Pallas :
Copiez-la, secondez son grand zèle,
Elle précède, avancez sur ses pas.

5

Pour diriger ces innocentes âmes,
Le fondateur choisit la mission.
Les prêtres font brûler de saintes flammes
Ces jeunes cœurs sans interruption.

6

Dans cette vigne, où le choix les attache,
Ces ouvriers plantent la piété ;
Laborieux, ils veillent sans relâche,
A la garder de toute nouveauté.

7

Pour prendre l'air, une fois la semaine,
On les contraint de cesser leurs travaux.
Pour obéir, ils vont chercher la plaine
Ou respirer le grand air des coteaux.

8

Près de Saint-Cyr est un lieu de plaisance,
Dont à Pallas fit présent Apollon.
Pomone et Flore y font leur résidence,
Et tour à tour règnent dans ce vallon.

9

Ces ouvriers, pour reprendre leurs forces,
Vont visiter Fontenay-le-Fleuri ;
C'est là ce lieu plein de douces amorces,
Ou du Printemps le séjour favori.

10

Là, leur maison au pied du mont bâtie,
Présente aux yeux un agréable aspect ;
Quoique fort simple, elle est bien assortie ;
Commodité, tout s'y trouve à souhait.

11

Un beau jardin, d'une juste étendue,
Si tôt qu'on sort de la salle à manger
De mille fleurs frappe, enchante la vue ;
Le Printemps seul y sait tout ménager.

12

A quatre pas, sont les fruits de l'automne,
Dans un verger, l'honneur de la saison ;
Les arbres y sont cultivés par Pomone,
Qui l'enrichit avec profusion.

13

De tous côtés, prunes, cerises, pêches,
Font succomber l'arbre sous le fardeau ;
Dans la saison, on a des fraises fraîches,
Tout est chargé, jusque au moindre arbrisseau.

14

Un bois voisin, planté par la nature,
Rehausse encore la beauté de ces lieux ;
Zéphyre y fait entendre son murmure,
Les rossignols leurs chants mélodieux.

15

L'air tout serein, que partout on respire,
Bannit les maux, la fièvre et la langueur ;
De la santé on y ressent l'empire,
Là, d'Esculape on brave la rigueur.

16

Si vous voulez vous livrer à l'étude,
Lire un bon livre, apprendre des sermons,
Dans Fontenay, plus d'une solitude
Contentera vos inclinations.

17

Vu de Dieu, seul à l'ombre d'un bocage,
Si vous voulez célébrer ses grandeurs,
Des oisillons là, le tendre ramage,
A le louer, semble inviter les cœurs.

18

Desirez-vous égayer vos pensées :
La plaine aux yeux offre son tapis vert ;
Descendez-y, comme aux Champs-Elysées,
Une charmille y conduit à couvert.

19

Dans ce séjour chéri de la nature,
Manqueroit-on de l'agrément des eaux ;
Au haut du bois, une source d'eau pure
S'offre à couler, et cherche des canaux.

20

Dans un bosquet est un bel oratoire
Qu'un sage prêtre a soin d'entretenir,
C'est son ouvrage, il en fait seul la gloire,
On l'entend là, chanter, prier, gémir.

21

Si tôt qu'il entre en ce saint tabernacle
Il sent son cœur touché de piété,
Il se tient là comme dans un cénacle
Pour recevoir l'esprit de vérité.

22

De tous côtés ce petit oratoire
Présente aux yeux le ciel et ses beautés ;
On le prendroit pour un observatoire
D'où l'on peut voir mille objets enchantés.

23

Si satisfait de la voûte azurée,
Vous promenez vos yeux sur les vallons ;
De tous côtés la campagne dorée,
Offre ses fleurs, ses fruits et ses moissons.

24

Là un bassin, d'une vaste étendue,
Est couronné d'agréables coteaux :
Là, mille objets divertissent la vue ;
On y peut voir de superbes châteaux.

25

Comme un soleil, celui de nos monarques,
Brille entre tous par l'éclat de ses toits ;
Ces pavillons sont tous autant de marques
Qu'il n'appartient qu'au plus puissant des rois.

26

L'homme de Dieu contemple ces richesses
Comme des dons de la divinité ;
Mais il attend de plus grandes largesses,
Il court après l'immortelle beauté.

Ce fut encore sous la mère de Vertrieux qu'on accommoda la chapelle de la petite infirmerie, comme elle est aujourd'hui. Ce n'étoit auparavant qu'un lieu fort étroit, où à peine le prêtre et le clerc pouvoient tenir, sans parler d'un autre inconvénient qui étoit fort indécent ; ces raisons la firent élargir et tourner l'autel d'un autre côté. Pendant qu'on y travailloit, quelqu'un proposa de faire une porte qui donnât sur le dehors, afin de pouvoir envoyer quérir par là les prêtres durant la nuit, lorsqu'il y auroit des malades en danger de mourir, pour leur faire recevoir les sacrements, sans recourir à la supérieure par le dedans, parce que cela allonge beaucoup ; et qu'avant qu'on ait éveillé ceux qui doivent porter cette nouvelle, et qu'on ait averti ces Messieurs, une malade est bien exposée à mourir avant qu'on ait pu venir à elle, étant encore plus en danger de cela dans la petite vérole qu'en aucun autre mal ; cela fut examiné dans le conseil, devant madame de Maintenon, qui, après avoir entendu les raisons pour et contre, décida qu'on feroit cette porte ; mais, pour prévenir les inconvénients et les irrégularités qu'on pouvoit craindre, elle ordonna que la supérieure et l'assistante auroient chacune une clé de cette porte, qu'elles ne pourroient l'ouvrir l'une sans l'autre ; et que, dans les temps de petite vérole, elle les confieroient à la principale infirmière qui seroit à la petite infirmerie, et à son aide ; et qu'on observeroit encore d'autres formalités que je n'ai pas présentes, mais que je crois qui sont écrites dans le livre du conseil. Monseigneur de Chartres consentit à cette nouvelle porte, et approuva tout ce que Madame avoit réglé là dessus.

On fit aussi en ce même temps une espèce de petite tribune au dessus de la chapelle de l'infirmerie des demoiselles, d'où celles qui sont auprès des malades des chambres d'en haut, peuvent entendre la messe, lorsqu'il y a quelques maladies contagieuses. On y a fait une grille par laquelle les personnes peuvent se confesser et communier.

Nous perdîmes en ce temps là ma sœur de Saint-Périer, qui étoit un de nos meilleurs sujets, et pour lors madame des bleues; elle avoit toujours eu la poitrine délicate, et elle ne s'étoit soutenue que par les soins qu'on en avoit pris : le lait et d'autres remèdes de cette nature, joints au régime de vie, l'avoient conservée jusque alors en assez bon état, pour remplir ses devoirs comme une autre, soit aux classes, ou ailleurs. Cependant, il arriva malheureusement que, par un zèle plus louable que discret, elle se poussa trop loin durant un carême; croyant raccommoder ce qu'elle gâtoit de sa santé, par le maigre et par le jeûne, elle prenoit tous les matins des vulnéraires, qui ne servirent qu'à lui échauffer la poitrine, et la réduisirent en un assez triste état. Après Pâques, elle ne fit que languir pendant près d'une année; elle ne laissoit pourtant pas d'être assidue à sa classe autant qu'elle pouvoit; mais à la fin, elle empira de telle sorte, qu'il fallut la mettre tout à fait à l'infirmerie, où, après avoir beaucoup souffert pendant quatre ou cinq mois, elle mourut munie de tous les sacrements qu'elle reçut dans de très saintes dispositions. Madame de Maintenon, qui l'aimoit extrêmement, en fut très affligée, et nous n'en eûmes pas moins de déplaisir, regardant cette mort comme une très grande perte; on en peut juger par le billet funèbre qu'on en écrivit pour la recommander aux prières. Quoique ce ne soit qu'un fort petit abrégé de ses principales vertus et bonnes qualités, il ne laisse pas d'en donner une idée assez juste et édifiante; cet abrégé se trouvera dans un cahier à part à la fin de ces Mémoires.

On mit ma sœur de la Neuville, première maîtresse des bleues pendant sa maladie; après sa mort, on la remplaça par ma sœur de Vandam. Alors ma sœur de la Neuville devint seconde à la même classe ; bien loin d'avoir la moindre pensée que cela dût l'abaisser après avoir été première ; elle n'en eut que plus de joie, et disoit agréablement, qu'on lui avoit fait grand plaisir de lui changer son bénéfice à charge d'âme, en un simple. Ce procédé lui fit plus d'honneur, que si elle avoit eu toutes les primautés imaginables.

A peu près dans ce temps là, il y eut une demoiselle à la classe jaune, qui devint dangereuse aux autres par des discours et des façons de faire, peu conformes à la pudeur et à la modestie chrétienne, dont les personnes de notre sexe doivent faire leur capital. Madame de Maintenon n'en eut pas plus tôt connoissance, qu'elle la fit sortir sans retardement, parce que cette fille étoit d'un caractère à ne pas espérer grand amendement ; elle la rendit à sa famille, après avoir pris les mesures de prudence nécessaires en pareil cas. La raison qu'elle eut d'en user ainsi, étoit pour ôter l'occasion au défaut qu'elle avoit de le communiquer aux autres, comme il est à craindre parmi de jeunes personnes, quand on ne sépare pas promptement ceux en qui on le remarque. A l'égard des autres défauts, Madame nous exhortoit fort à la patience, et à en attendre l'amendement avec charité ; mais pour celui-là, elle ne croyoit pas qu'il fallût lui donner de quartier, à cause du dommage qu'il peut faire dans nos classes. Elle disoit qu'il n'y avoit pas de meilleur moyen pour les en garantir, que d'expulser les sujets qui auroient ces mauvaises inclinations d'une manière assez marquée, pour avoir sujet d'appréhender qu'elles ne gâtassent les autres ; car pour quelques fautes en passant que les jeunes personnes peuvent commettre par ignorance, plus que par malice, quand elles n'ont pas d'ailleurs un mauvais fonds, ni contracté de mauvaises habitudes; elle vouloit qu'on en prît soin, et qu'on leur aidât à se corriger; qu'on les châtiât même s'il étoit nécessaire pour leur en donner plus de crainte; car, selon elle, il ne faut pas agir mollement quand il s'agit de cette matière; elle nous enseignoit cependant d'être fort circonspectes et prudentes en ces cas, pour ne pas donner connoissance aux autres, des fautes qui se seroient commises en particulier; mais d'y appliquer aussi en secret les remèdes convenables, sans les publier dans la classe, et par là ouvrir l'esprit de ces demoiselles, sur des choses qu'il seroit à souhaiter qu'elles ignorassent toute leur vie. C'est un grand bien à leur faire de les tenir dans l'innocence; et s'il y en avoit qui en sussent davantage, rien ne leur est meilleur que de le leur laisser oublier, en ne leur présentant jamais rien à l'esprit, qui puisse tant soit peu réveiller les idées des choses passées.

Après le premier triennat de notre mère de Vertrieux, elle fut réélue pour la seconde fois, les mêmes conseillères furent aussi continuées; il n'y eut non plus guère de changements dans les autres charges. Ce fut dans la première année de ce triennat, qui fut en 1715, que nous eûmes la plus grande affliction qui pouvoit jamais nous arriver, la mort nous ayant enlevé et à toute la France, le Roi, notre fondateur. Toutes les circonstances de cette mort, sont si belles et si édifiantes, que je ne pourrois les omettre sans priver ces Mémoires de leur plus bel ornement : c'est pourquoi je les vais écrire selon ce qui en a été recueilli dans ce temps là, par des personnes dignes de foi, et qui étoient présentes lorsque le Roi tomba malade, et à sa mort.

Le Roi commença à se trouver mal huit ou dix jours avant l'Assomption de la sainte Vierge; il changeoit même à l'extérieur, dont quelques particuliers seulement s'alarmoient, les médecins n'apercevant aucun danger;

la Cour étoit à Marli, et Sa Majesté prit jusque au jour qu'elle en revint, ses plaisirs ordinaires, ce qui rassuroit ceux qui craignoient pour sa santé. Cependant le Roi ne put faire ses dévotions le jour de la fête de la sainte Vierge selon sa coutume, se trouvant plus incommodé qu'auparavant; il commença à se plaindre d'une douleur de jambe, qui l'empêchoit de s'appuyer dessus; d'une grande foiblesse, et d'une extrême altération qui le faisoit boire presque à treize fois durant la nuit; il avoit souvent des sueurs abondantes; il fondoit à vue d'œil. Néanmoins, on se tranquillisoit encore sur ce qu'il ne paroissoit point au pouls avoir de fièvre, quoiqu'il y eût de la fréquence. Quelques médecins assuroient pourtant que la foiblesse où le Roi étoit, empêchoit la fièvre de se marquer; mais comme on aime à se flatter, on comptoit que du moins il en avoit peu; cela dura jusque au vingt-quatre, que Sa Majesté, se trouvant beaucoup plus mal, demanda à se confesser : ce qu'il fit avec sa piété et son application ordinaire. Après cette action, madame de Maintenon l'ayant interrogé sur la disposition présente; il répondit : Je suis en paix, je me suis bien confessé; et à une autre question qu'elle lui fit encore, il répéta : Je suis en paix, et ajouta, Mon confesseur veut que j'aie une grande confiance en Dieu; vous me le dites; puis, en pleurant, il éleva sa voix bien haut : Mais je ne me consolerai jamais de l'avoir offensé. La nuit suivante se passa dans une grande agitation, et à tout moment on l'entendoit dire des prières qu'il faisoit ordinairement dans son lit, frappant sa poitrine au *Confiteor*, et nommant les personnes pour qui il prioit, comme le Roi, mon père, la reine, ma mère, etc. Le lendemain, fête de saint Louis, il fut plus tranquille; et comme il entendit une symphonie que ses musiciens lui donnoient tous les ans sous les fenêtres de sa chambre, il les fit ouvrir, disant avec bonté : Il faut du moins leur donner le plaisir de voir que je les entends. Le même jour sur les cinq heures du soir, Sa Majesté tomba dans une grande syncope, qui la fit croire à l'extrémité, et qui obligea de lui donner les derniers sacrements, quand elle fut revenue à elle ; elle les reçut avec une piété édifiante, et parut n'être occupée que de son salut. Peu de temps après, il dit à madame de Maintenon qui étoit auprès de lui : Je ne croyois pas qu'il fût si aisé de mourir : on m'assure de mon salut, on me dit qu'il n'y a qu'à espérer en Dieu. Madame de Maintenon ayant repliqué, que cela n'étoit pas si aisé à tout le monde, surtout quand il faut commencer par le catéchisme auprès d'un mourant, qui a été impie toute sa vie, qui tient encore à des engagements, qui a la haine dans le cœur, ou des restitutions à faire. Ah ! dit le Roi, pour des restitutions, je n'en dois à personne comme particulier ; mais pour celles du royaume, j'espère en la miséricorde de Dieu.

Les médecins et chirurgiens après avoir visité plusieurs fois la jambe où le Roi souffroit depuis longtemps, et qui étoit fort livide, jugèrent qu'il y falloit faire une incision ; Sa Majesté ne la sentit pas, ce qui fit connoître que la gangrène y étoit, et acheva d'alarmer tout le monde. Le Roi, voyant les médecins forts inquiets et affligés, leur dit : M'aviez-vous cru immortel? pour moi je ne me le suis point cru. Madame de Maintenon lui ayant demandé s'il pensoit à Dieu, il répondit : De tout mon cœur, et le dit plusieurs fois.

On lui présenta des cordiaux, en disant, On veut, Sire, vous rappeler à la vie ; Sa Majesté répondit : La vie, la mort, tout ce qu'il plaira à Dieu. Le lendemain, le Roi, ayant entendu la messe, fit approcher les cardinaux de Rohan, de Bissy, et leur dit en présence d'un grand nombre de courtisans, qu'il étoit satisfait du zèle et de l'application qu'ils avoient fait paroître pour la défense de la bonne cause ; qu'il les exhortoit à avoir la même conduite après sa mort, et qu'il avoit donné de bons ordres pour les soutenir ; il ajouta que Dieu connoissoit ses bonnes intentions, et le desir ardent qu'il avoit eu d'établir la paix dans l'Eglise de France ; qu'il s'étoit flatté de la procurer, cette paix desirée ; mais que Dieu ne vouloit pas qu'il eût cette satisfaction, que peut-être cette grande affaire finiroit plus promptement et plus heureusement en d'autres mains que dans les siennes ; que quelque droite qu'eût été sa conduite, on auroit cru qu'il n'auroit agi que par prévention, et qu'il auroit porté son autorité trop loin ; et enfin après avoir fortement exhorté ces deux cardinaux à soutenir la vérité, avec le même courage qu'ils avoient fait paroître jusque alors, il leur déclara qu'il vouloit mourir comme il avoit vécu, dans la religion catholique, apostolique et romaine, et qu'il aimeroit mieux perdre mille vies, que ces sentiments. Ce discours dura longtemps, et le Roi le fit dans des termes si nobles, si touchants, et avec tant de force, quoiqu'il fût très mal, qu'on pouvoit aisément connoître qu'il étoit pénétré de ce qu'il disoit.

M. le curé de Versailles, étant venu, dit au Roi que tout le monde faisoit des vœux pour sa conservation ; Sa Majesté répondit : Il n'est pas question de ma vie, mais de mon salut, et je vous prie de le bien demander pour moi ; car j'ai confiance en vos prières.

Le même jour, le Roi régla les affaires de l'Etat avec une présence d'esprit admirable ; il travailla deux ou trois heures avec M. Voisin chancelier, madame de Maintenon présente, mettant lui-même ordre à sa cassette pleine de papiers qu'il lut tous, et fit brûler les inutiles ; puis, faisant approcher les princes et les seigneurs qui étoient proches de sa chambre, il leur dit : « Messieurs, je vous demande pardon du mauvais exemple que je vous ai donné; j'ai bien à vous remercier de la manière dont vous m'avez tous servi, et de l'attachement et fidélité que vous m'avez toujours marqués; je suis bien fâché de n'avoir pas fait pour vous tout ce que j'aurois voulu, je vous demande pour mon petit-fils, la même application et la même fidélité que vous avez eue pour moi; j'espère que vous contribuerez tous à l'union, et que si quelqu'un s'en écartoit, vous aideriez à le ramener. Je sens que je m'attendris et que je vous attendris, je vous en demande pardon. Adieu, Messieurs, je compte que vous vous souviendrez quelquefois de moi.

Ayant fait venir Mgr. le Dauphin, le Roi lui dit : « Mon enfant, vous allez être un grand Roi; ne m'imitez pas dans le goût que j'ai eu pour la guerre, ce qu'il répéta plusieurs fois; pensez toujours à rapporter à Dieu toutes vos actions; faites-le honorer par vos sujets, je suis fâché de les laisser dans l'état où ils sont. Suivez toujours les bons conseils; aimez vos peuples; je vous donne le père le Tellier pour confesseur. N'oubliez jamais la reconnoissance que vous devez à madame la duchesse de Vantadour; pour moi, Madame, en s'adressant à elle qui étoit présente, je ne puis trop vous témoigner la mienne. Il embrassa deux fois le jeune prince, en lui disant : Venez, mignon; il lui donna sa bénédiction; et comme il s'en alloit, le Roi leva ses mains au ciel, et fit une prière en le regardant. On ajoute encore à ce qui vient d'être dit, que le Roi recommanda à Mgr. le Dauphin, de ne pas l'imiter dans ce qu'il avoit fait de mal, mais d'aimer autant ses sujets qu'il les avoit aimés, et de juger par l'état où il le voyoit, du peu de cas qu'il devoit faire des grandeurs humaines; ce jeune prince parut plus touché qu'on n'auroit osé l'espérer de son âge; il eut de la peine tout le jour à prendre de la nourriture; et on dit que, de temps en temps, il se cachoit pour essuyer ses larmes. Au sortir d'auprès du Roi, quelqu'un lui ayant dit, qu'il ne devoit jamais oublier ce qu'il venoit d'entendre, il répondit : Je ne l'oublierai pas, car il sera bien écrit.

Le Roi vit ensuite Mgr. le duc d'Orléans et lui dit, qu'il l'avoit toujours aimé, qu'il ne lui avoit point fait de tort, et qu'il le verroit par la disposition de ses dernières volontés ; il lui recommanda sur toutes choses d'avoir de la religion, puisqu'il n'y avoit que cela de bon ; il l'embrassa deux fois très tendrement, disant : « Mon cher neveu, je vous ai toujours aimé, » et lui recommanda très particulièrement madame de Maintenon, comme la plus sincère amie qu'il eût jamais eue ; avouant qu'elle lui avoit été bonne à tout ; mais encore plus pour son salut, dont après Dieu, il lui étoit obligé ; il lui marqua d'aller au devant de ce qu'elle pourroit desirer, pour elle, pour ses parents et ses amis, ajoutant qu'il étoit fâché de ne l'avoir pas rendue aussi heureuse qu'il le devoit.

Il recommanda à M. le duc et à M. le prince de Conti de contribuer à l'union qu'il desiroit qui fût entre les princes, et ajouta à M. le prince de Conti, de ne pas suivre les exemples de ses ancêtres sur la guerre.

Le Roi vit aussi M. le duc de Maine et M. le comte de Toulouse, et parlant aux princes des dispositions de ses volontés, qu'il n'avoit faites qu'après en avoir été pressé plusieurs fois, leur dit que s'ils trouvoient quelques choses de meilleur, ils le pourroient faire.

Il fit aussi entrer toutes les princesses pour leur dire adieu, et comme elles pleuroient bien haut, le Roi leur dit en riant : Il ne faut pas crier comme cela ? Elles s'approchèrent toutes de son lit, et il leur dit à chacune ce qui leur convenoit ; exhortant deux princesses qui étoient mal ensemble de bien vivre entre elles, et de se raccommoder, ce qu'elles firent dès le même jour, l'une des deux ayant envoyé supplier l'autre de lui donner son amitié.

Le Roi fit venir M. le maréchal de Villeroi à qui il dit : Monsieur le maréchal, je vous donne une nouvelle marque de mon amitié et de ma confiance en mourant. Je vous fait gouverneur du Dauphin, qui est l'emploi le plus important que je vous puisse donner après ma mort. Vous saurez par mon testament ce que vous devez faire à l'égard du duc du Maine. Je ne doute pas que vous me serviez avec la même fidélité après ma mort que vous l'avez fait pendant ma vie. J'espère que mon neveu vivra avec vous avec la considération et la confiance qu'il doit avoir pour un homme que j'ai toujours aimé. Adieu, Monsieur le maréchal, j'espère que vous vous souviendrez de moi.

Enfin le Roi recommanda les finances à M. de Maret, et les affaires étrangères à M. de Torcy.

Après avoir ainsi satisfait aux devoirs d'un grand roi, Sa Majesté s'occupa uniquement des devoirs d'un bon chrétien, ne pensant plus qu'à se disposer à la mort. Comme on lui demanda s'il souffroit beaucoup, il répondit non, et c'est ce qui m'afflige.

De temps en temps dans la journée, on voyoit qu'il levoit les yeux au ciel en priant Dieu intérieurement.

Sa Majesté, en réglant quelques cérémonies, nomma lui-même M. le Dauphin, du nom de Roi : les personnes qui l'entendirent firent une espèce de frémissement. Le Roi dit : Et pourquoi? cela ne me fait point de peine.

Il dit à M. de Pontchartrain d'un ton bien ferme : Faites expédier un brevet pareil à celui du feu Roi mon père, sans y rien changer, pour que mon cœur après ma mort soit porté aux Jésuites. On demanda au Roi s'il n'avoit rien contre monseigneur le cardinal de Noailles. Non, dit le Roi : et s'il veut venir tout à l'heure je l'embrasserai de bon cœur, pourvu qu'il se soumette au pape, car je veux mourir, comme j'ai vécu catholique, apostolique et romain.

Le matin du 28 on lui proposa un bouillon, il répondit : Il ne me faut plus parler comme à un autre homme, ce n'est pas là ce qu'il me faut : appelez mon confesseur. Le même jour le Roi dit encore : je suis le plus heureux homme du monde ; car j'espère que Dieu m'accordera mon salut. Dans une autre occasion il dit : Nous n'avons qu'une chose à faire qui est notre salut; mais on y travaille trop tard.

Ce même jour il perdit connoissance, et, quand elle lui fut revenue, il dit au père le Tellier : Mon père, donnez-moi une absolution générale, à laquelle il se disposa en faisant de fervents actes de contrition. Chacun admiroit les sentiments et la piété édifiante du Roi, mais le père le Tellier témoigna n'en être pas surpris, étant accoutumé à le voir dans ces dispositions, et à lui entendre tenir semblables discours. Le Roi voulut qu'il ne le quittât point, et voyant qu'après un long entretien qu'il avoit eu avec lui, il s'éloignoit à l'approche des médecins, Sa Majesté le rappela, disant : Mon père, j'ai encore quelque chose à vous dire.

La nuit du 28 au 29, le Roi dit : O mon Dieu! quand me ferez-vous la grâce de me tirer de cette misérable vie! il y a longtemps que je le desire, et je vous le demande de tout mon cœur. Il dit aussi une autre fois : Cela durera-il longtemps? Durant le cours de sa maladie il répétoit souvent : O mon Dieu! ayez pitié de moi, selon votre grande miséricorde! j'en ai bien besoin de toute façon.

Quoique les derniers jours de sa vie il eût la tête foible et embarrassée, il revenoit toujours à lui dès qu'on lui parloit de Dieu.

Les derniers jours qu'on dit la messe dans sa chambre, on lui apportoit son chapelet comme à l'ordinaire, et il le disoit. Il parloit souvent, et quand on approchoit pour écouter, on n'entendoit que des prières.

Le révérend père le Tellier lui expliqua les dernières paroles du *Sancta nunc et in hora mortis*, *etc*. Depuis ce temps là le Roi les répétoit souvent, et dit à madame de Maintenon qui étoit auprès de lui : Cela veut dire, Maintenant, présentement et à l'heure de notre mort. Ce furent aussi les dernières paroles qu'il proféra à l'agonie avec celles-ci : Faites-moi miséricorde, mon Dieu, venez à mon aide! hâtez-vous de me secourir! Madame de Maintenon ne quittoit presque pas le Roi le jour ni la nuit, y demeurant quelquefois quatorze heures de suite, et y passant encore la nuit sur un matelas. Malgré son affliction, elle avoit le courage de n'en rien laisser paroître devant lui : ce qui ne se pouvoit sans qu'elle se fît une extrême violence; mais dès qu'elle rentroit chez elle, elle donnoit liberté à sa douleur. Elle parloit souvent au Roi avec tant de zèle et d'une manière si élevée, que ceux qui l'entendoient étoient ravis d'admiration, et dirent que ce n'étoit pas une femme, mais un ange qui parloit.

Le Roi dit trois fois adieu à madame de Maintenon : la première, en lui disant qu'il n'avoit de regret que celui de la quitter; mais, ajouta-t-il, nous nous reverrons bientôt. Madame de Maintenon le pria de ne plus penser qu'à Dieu, et se retira.

La seconde fois, il lui demanda pardon de n'avoir, disoit-il, pas assez bien vécu avec elle, qu'il ne l'avoit point rendue heureuse, mais qu'il l'avoit toujours aimée et estimée également. Il pleuroit, et demanda s'il n'y avoit personne dans la chambre : elle lui dit que non, il répondit : Quand on entendroit que je m'attendris avec vous, personne n'en seroit surpris. Madame de Maintenon s'en alla pour ne lui point faire de mal.

Au troisième adieu, le Roi lui dit : Qu'allez-vous devenir, car vous n'avez rien? Elle lui répondit : Je suis un rien, ne vous occupez que de Dieu, et elle le quitta. Quand elle eut fait deux pas, elle pensa que, dans l'incertitude du traitement que lui feroient les princes, elle devoit lui demander qu'il la recommandât à monseigneur le duc d'Orléans pour qu'il eût de la considération pour elle. Il le fit de la manière dont ce prince le publia sur le champ. Voici ses paroles : Mon neveu, je vous recommande madame de Maintenon; vous savez la considération et l'estime que j'ai eue pour elle ; elle ne m'a donné que de bons conseils, j'aurois bien fait de les suivre ; elle m'a été utile en tout et surtout pour mon salut : faites tout ce qu'elle vous demandera pour elle, pour ses parents, pour ses amis et ses alliés ; elle n'en abusera pas ; qu'elle s'adresse directement à vous pour tout ce qu'elle voudra. A quoi monseigneur le duc d'Orléans répondit en des termes extrêmement obligeants et polis. Il a bien fait voir que ce n'étoit pas de purs compliments, par la manière dont il en a usé pour madame de Maintenon.

Le 29 au soir, voyant que le Roi n'étoit pas loin de sa fin, elle se vint rendre ici en faisant à Dieu le sacrifice de la mort de ce grand prince. Elle congédia tous ses domestiques, qui se désoloient de perdre une si bonne maîtresse et aussi leur fortune ; car il n'y avoit point chez elle qui ne la fissent quand ils avoient quelque mérite. Il y eut un de ses valets de chambre qui s'évanouit en la voyant entrer dans notre maison ; son arrivée y jeta une alarme générale, chacun pensant que le Roi fût mort; mais nous apprîmes que ce malheur n'étoit pas encore arrivé, quoique peu éloigné : toute la communauté courut à la porte de clôture bien consternée, pour recevoir madame de Maintenon, qui dit en entrant : Il ne me faut plus que Dieu et mes enfants. Monseigneur l'archevêque de Rouen et monseigneur l'évêque de Chartres qui étoient ici, et M. Briderai son confesseur, vinrent aussitôt pour la consoler. Son premier mouvement, en voyant monseigneur de Chartres, fut de se jeter à genoux, à ses pieds, pour lui demander sa bénédiction : il s'y mit aussi de son côté, en lui disant quelques paroles d'humilité et de consolation que je n'ai pas retenues.

Dès le même soir, elle dit à la mère supérieure : Je ne vous dit point, ma mère, que je ne me consolerai jamais, car je le suis déjà par les saintes dispositons dans lesquelles le Roi meurt, et si je verse des larmes ce sera malgré moi.

Cependant, le Roi qu'elle avoit laissé sans aucune espérance ni connoissance, fut mieux la nuit suivante, et, comme il donna quelques lueurs d'espérance, M. Voisin et quelques seigneurs envoyèrent prier madame de Maintenon de retourner auprès de Sa Majesté; ce qu'elle fit pourtant avec répugnance, ne croyant pas que cette espérance fût bien fondée : ce qui ne se vérifia que trop.

Le Roi eut encore ce jour là des intervalles de connoissance, et dit à madame de Maintenon, voyant qu'elle ne le quittoit pas : J'admire votre courage et votre amitié d'être toujours là, et à un si triste spectacle, ce qu'il dit en se regardant avec une espèce d'horreur : mais j'espère, ajouta-t-il, que cela ne durera pas longtemps, et que nous nous reverrons bientôt : il lui dit adieu et perdit toute connoissance.

Le 30, madame de Maintenon, voyant qu'elle ne pouvoit plus lui être utile et que rien ne l'arrêtoit davantage à la Cour, revint ici sur les trois heures après midi, résolue de n'en plus sortir.

La sainte habitude que Sa Majesté avoit prise de s'entretenir avec Dieu, fit qu'il continua ce saint exercice, quoique privé de connoissance.

Enfin, malgré les prières publiques qui se faisoient de tous côtés, et en particulier dans cette maison, où ce devoir de la plus juste reconnoissance, ne cessoit ni jour ni nuit, il plut à Dieu de retirer à lui ce pieux prince le premier de septembre sur les neuf heures du matin. A l'ouverture de son corps on reconnut qu'il mouroit d'une fonte de sang, dont il ne se trouva pas une chopine en tout ; du reste les parties nobles étoient les plus belles du monde, et sembloient promettre encore plusieurs années de vie.

Il seroit inutile de dire jusqu'à quel point madame de Maintenon sentit vivement une telle séparation, personne n'en pouvant douter ; mais elle porta sa douleur avec un courage chrétien, et une vertu fort au dessus du commun, se soumettant parfaitement aux ordres de Dieu, et trouva une consolation solide dans la mort sainte et chrétienne dont la bonté de Dieu favorisa le Roi, et dans l'espérance de son salut, qui a toujours été le principal objet de ses desirs depuis qu'elle fut à la Cour sur le pied qu'elle y étoit. Elle faisoit presque toutes ses charités et ses autres bonnes œuvres à cette intention ; elle le recommandoit souvent aux prières de gens de bien, et lorsqu'elle honoroit de ses lettres les élèves de Saint-Cyr, elle les exhortoit à demander le salut du Roi avec instance. On peut croire que ses vœux ont été pleinement exaucés puisqu'elle a vu mourir ce grand prince aussi uni à Dieu, aussi détaché de la vie et des grandeurs humaines, aussi contrit, et dans une tranquillité aussi grande que le pourroit être un saint religieux dans la solitude.

Je ne veux pas omettre ce que j'ai lu dans un bon auteur du déplaisir qu'on eut à Rome à la première nouvelle du danger où étoit le Roi. Cet auteur qui est l'évêque de Citéron, étoit alors dans cette grande ville, et voici ce qu'il en a écrit : « Rome étoit dans la même désolation que si chaque famille eût été sur le point de perdre son appui. Je ne dis pas trop : la consternation y fut universelle ; le concours devint général dans l'église nationale de Saint-Louis ; le Saint-Sacrement y étoit exposé jour et nuit pour la guérison du Roi ; le pape s'y rendit tout en pleurs ; il y trouva presque tout le sacré collège assemblé ; un composé de toutes les nations mêla ses prières et ses larmes à celles de Sa Sainteté ; mais ces vœux furent inutiles : le Roi mourut, la France perdit en sa personne le plus grand de ses rois, et la religion le plus puissant et le plus zélé de ses protecteurs. Il l'étendit par ses armes, il l'enrichit par ses largesses, il la fit respecter par ses exemples. Un de ses principaux soins fut de demeurer toujours uni au saint siège, et d'extirper les hérésies. Le calvinisme succomba sous son autorité ; ses temples furent démolis, ses assemblées proscrites, ses collèges détruits, ses ministres exilés, et tous ses sectateurs forcés à plier sous les ordres d'un si puissant monarque. »

Le Jansénisme avoit reçu bien des coups de cette main puissante ; il étoit sur le point de rentrer dans l'oubli, et bientôt ses partisans alloient n'avoir plus d'autre ressource que de se travestir encore une fois en fantômes. Le Roi s'en souvint au dernier jour de sa vie, et il regretta de n'avoir pas eu le temps de l'anéantir. Monseigneur le cardinal de Rouen et monseigneur le cardinal de Bissi, furent les dépositaires des derniers souhaits que ce vertueux prince forma sur l'extirpation d'une erreur qu'il avoit toujours combattue. J'aurois souhaité, leur dit-il, voir finir les troubles de l'Eglise ; Dieu ne l'a pas permis ; il fait tout pour sa gloire ; le public a peut-être cru que j'agissois par prévention et pour signaler mon autorité. Dieu le sait ; si j'avois fini l'affaire de la réunion des évêques, peut-être ne l'auroit-elle pas été si avantageusement que par une main plus agréable au Ciel. Je meurs catholique, apostolique et romain; j'ai vécu longtemps dans la foi de mes pères; je ne changerai pas à la mort, je mourrois plutôt mille fois. Soutenez toujours la cause de l'Église; Dieu l'ordonne, et vous le devez par reconnoissance pour moi. Ressouvenez-vous quelquefois de moi en la présence du saint autel.

Madame de Maintenon se retira ici, selon le projet qu'elle en avoit fait, dès que Saint-Cyr fut bâti ; elle s'y adonna plus que jamais à la prière et aux bonnes œuvres, faisant à Dieu de continuels sacrifices du juste sujet de sa douleur, et se soutenant avec une grande fermeté.

Un jour que quelques unes de nous lui dirent que, elles et plusieurs autres s'étoient offertes de tout leur cœur à Dieu, pour obtenir la conservation du roi, elle répondit : Ce que Dieu a fait est le mieux; et dans une autre occasion, elle assura que si on lui donnoit le choix de l'état où elle étoit avant la mort du Roi, ou de celui dans lequel elle se trouvoit, elle préféreroit ce dernier, qui étoit beaucoup plus conforme à son inclination, qui l'avoit toujours portée à la retraite et à l'instruction de la jeunesse. Elle ne fit pas comme ceux qui aiment à entretenir leur douleur, en se la remettant sans cesse devant les yeux; elle cherchoit, au contraire, à dissiper la sienne, et nous fit dire, dans les commencements, de ne lui en point parler.

Elle alloit passer quelques heures dans les classes, et venoit ordinairement aux deux récréations de la Communauté, dont elle faisoit tout l'agrément, et mêloit toujours dans la conversation quelque chose d'utile et d'instructif ; mais sans aucune contrainte. Elle suivoit plusieurs de nos exercices d'une manière tout à fait édifiante ; ce qui fut pour nous un nouveau motif de renouvellement et de ferveur. Elle se défit de son équipage, quoique on la pressât de le garder, disant qu'elle ne pouvoit se résoudre à nourrir des chevaux, pendant qu'un si grand nombre de demoiselles étoient dans le besoin, et qu'elle pourroit en assister quelques unes, de ce qu'ils lui coûteroient à entretenir.

Elle n'avoit ici qu'un très petit appartement, qu'elle ne voulut pas augmenter ni rendre plus commode ; les meubles en étoient extrêmement simples, n'ayant presque rien apporté de Versailles ; parce que tout ce qu'elle y avoit, étoit du garde-meuble du Roi. Elle se retrancha au pur nécessaire, et employa son autorité à empêcher que nous ne suivissions sur cela d'autres mouvements que ceux qui la portoient à se priver généralement de tout ; ce qui mit notre obéissance à une pénible épreuve.

Dès le jour de la mort du Roi, tout ce qu'il y avoit de plus grand à la Cour lui écrivit ou envoya des exprès savoir de ses nouvelles, et lui faire compliment. Monseigneur le duc d'Orléans et madame la Douairière, sa mère, vinrent eux-mêmes lui rendre visite, lui firent toutes les honnêtetés possibles et les offres les plus obligeantes, sur tout ce qu'elle pourroit souhaiter. Le premier eut une assez longue conversation avec elle, que l'on a trouvée, après sa mort, écrite de sa main, et que voici :

« Ce prince me dit qu'il venoit m'assurer de toute la considération que je pouvois desirer. J'ai voulu le remercier ; il m'a interrompue en disant qu'il ne faisoit que son devoir, et que je savois ce qui lui avoit été prescrit par le Roi. Je lui dis que je voyois avec plaisir la marque de respect qu'il donnoit au feu Roi, en me faisant cette visite. Il répartit qu'il n'avoit garde d'y manquer par cette raison là, et qu'il le faisoit aussi par son estime pour moi. Il me dit qu'il avoit pris des mesures pour qu'on me donnât exactement ce que le Roi me donnoit de sa cassette. J'ai répondu qu'on me l'avoit appris hier au soir, et que je l'en remerciois très humblement; que c'étoit trop, dans l'état où sont les finances, et que je n'en desirois pas tant. Il a répliqué que c'étoit une bagatelle; mais qu'il étoit vrai que les finances étoient en mauvais état. J'ai dit que ce qu'il me donneroit, seroit employé à des prières pour lui obtenir de Dieu le secours dont il avoit besoin. Il m'a répondu qu'il sentoit déjà le poids du fardeau qu'il portoit; je lui ai dit qu'il le sentiroit encore davantage.

» Il m'a dit qu'il seroit à Vincennes le plus souvent qu'il pourroit. C'est que le jeune Roi y devoit demeurer, selon le projet du feu Roi; mais cela ne dura pas; on trouva plus commode qu'il fût au Louvre; mais que les affaires l'appelleroient souvent à Paris; qu'il alloit faire son possible pour les rétablir; que c'étoit là toute son ambition, et qu'il s'estimeroit trop heureux s'il pouvoit, dans quelques années, rendre au jeune Roi le royaume en meilleur état qu'il n'étoit. Je lui ai dit que ce projet étoit très glorieux. Il me dit qu'il n'y avoit personne qui eût tant d'intérêt que lui à la conservation du jeune Roi; qu'il avoit présentement toute l'autorité, et qu'il seroit ravi de la lui remettre pour jouir de l'honneur et du repos qu'il se seroit acquis. Je lui ai répondu que s'il n'avoit point le desir insatiable de régner, dont il avoit toujours été accusé, ce qu'il projetoit étoit une fois plus glorieux. Il m'a répondu que si on perdoit le jeune Roi, il ne règneroit pas en repos, et qu'on auroit la guerre avec l'Espagne.

» Je l'ai prié de ne rien écouter de tout ce qu'on voudroit lui imposer sur mon sujet; que je connoissois la malice des hommes; que je n'avois plus rien à dire; que je ne pensois qu'à me renfermer, et que la seule obligation que je lui avois d'un bienfait dont il m'assuroit, suffisoit pour m'engager d'honneur à ne jamais rien dire ni rien faire contre lui ; qu'on pouvoit m'accuser de commerce en Espagne; que tout cela seroit faux, et que je ne pensois plus aux affaires, que pour prier pour le bonheur de la France.

» Il m'a renouvelé toutes sortes de protestations pour moi et pour Saint-Cyr, et m'a prié de m'adresser à lui directement. Je lui ai répondu que mes plus grandes instances seroient pour achever la fondation de Saint-Cyr.

» Après cette conversation, monseigneur le Régent voulut voir toute la communauté, et nous fit l'honneur de nous dire, d'une manière très gracieuse, que le Roi nous ayant recommandées à lui, il venoit nous assurer qu'il se feroit un plaisir de nous faire sentir combien cet ordre lui étoit précieux et agréable ; qu'il n'auroit pourtant pas été nécessaire, puisque la considération qu'il avoit pour madame de Maintenon, et la distinction particulière qu'il faisoit de notre maison, qu'il savoit être fort utile à la noblesse de tout le royaume, la lui rendoit assez recommandable ; et ajouta, dans des termes les plus favorables, que nous n'avions qu'à nous adresser à lui dans toutes les occasions où il pourroit nous être utile. Nous lui fîmes de très humbles remercîments, et il s'en alla sans s'arrêter davantage. Toute la communauté le reconduisit jusqu'à la porte de clôture, où, avant de sortir, il se retourna et nous fit une révérence fort gracieuse.

Madame la Douairière vint quelques heures après ; elle étoit en grand habit, ce qui marquoit bien sur quel pied elle regardoit madame de Maintenon. Elle fut quelque temps avec elle, où elle lui donna beaucoup de marques d'estime et d'amitié; aussi, avoit-elle dit après la mort du Roi, que madame de Maintenon étoit un ange, par la manière dont elle avoit usé de sa faveur, et celle dont elle avoit parlé au Roi dans ses derniers moments, aussi bien que par son désintéressement. Lorsqu'elle la quitta pour s'en aller, elle voulut voir la maison, et n'en visita que les bas, parce qu'elle avoit peine à marcher et à monter ; elle loua beaucoup tout ce qu'elle vit, surtout l'ordre du réfectoire, où toutes les demoiselles se trouvèrent, parce que c'étoit l'heure du dîner. Nous la reconduisîmes à la porte de clôture, c'est à dire, la supérieure et plusieurs de nous. En s'en allant, elle nous fit un adieu d'un air fort gracieux.

J'ai oublié de dire que la communauté l'alla recevoir en cérémonie, lorsqu'elle entra, ayant été avertie assez tôt de l'heure qu'elle devoit arriver. Pour monseigneur le duc d'Orléans, personne n'alla au devant de lui, parce que l'on fut surpris; il attendit même à la porte de clôture, et comme on lui en faisoit des excuses, il dit : J'attendrai ; il n'y a rien là qui ne soit dans l'ordre.

La Reine d'Angleterre donna aussi à madame de Maintenon, dans cette occasion, une grande marque de l'estime et de l'amitié qu'elle lui avoit témoignée depuis qu'elle étoit en France. Sa Majesté l'étant venue voir quelques jours après la mort du Roi, dont elle étoit elle-même fort affligée, cette grande Reine l'aborda, en lui tendant les bras dès qu'elle l'aperçut, l'embrassa très tendrement, et l'une et l'autre fondirent en larmes. Dans l'entretien qu'elles eurent, madame de Maintenon raconta à la Reine toutes les marques de piété que le Roi avoit données durant sa maladie, et jusqu'à la mort. Sa Majesté l'écoutoit avec édification, et dit : Mon saint Roi ne faisoit pas mieux (voulant parler du Roi, son mari) ; ce que madame de Maintenon nous répéta plusieurs fois depuis, comme une chose qui lui donnoit grande consolation de penser que les dispositions du Roi, notre fondateur, approchoient de celles du roi d'Angleterre, Jacques II, que chacun sait être mort en odeur de sainteté. Quand la Reine sortit de la chambre de madame de Maintenon, elle se récria fort à notre mère de Vestrieux, qui l'attendoit dans l'antichambre avec une partie de nos anciennes sœurs, sur l'édification qu'elle venoit de recevoir, admirant les saintes dispositions où elle voyoit madame de Maintenon. Notre mère lui dit que l'exemple de Sa Majesté étoit bien propre à lui inspirer de pareils sentiments ; la Reine, levant les yeux au ciel, fit un air qui marquoit assez combien elle étoit éloignée de le penser; ensuite, elle alla devant le Saint-Sacrement, où elle fut quelque temps à genoux, d'une manière si pénétrée de religion et d'abaissement, que nous en fûmes extrêmement touchées. En s'en allant, elle fit l'honneur à notre mère de la prendre sous le bras, et ne pouvoit se lasser de parler de la vertu de madame de Maintenon, et de ce qu'elle lui avoit entendu dire du Roi, répétant : Il me sembloit entendre parler de mon saint Roi. Nous la reconduisîmes à la porte, où elle fit à notre mère un adieu plein de bonté, se recommandant, et le Roi son fils, à ses prières ; et se retournant du côté de nous autres qui la suivions, elle nous fit l'honneur de nous dire la même chose.

M. le duc et madame la duchesse du Maine, M. le maréchal de Villeroi, M. le duc de Noailles, vinrent aussi rendre visite à madame de Maintenon. Bien d'autres auroient voulu le faire, mais elle fit dire qu'elle ne voyoit personne, et qu'elle vouloit garder exactement sa retraite. On fut neuf ou dix jours que mademoiselle d'Aumale ne pouvoit fournir à aller recevoir au parloir les compliments de presque toutes les personnes de la Cour. Madame d'Orléans lui écrivit; madame la princesse, madame la duchesse, madame la princesse de Conti, la Douairière et autres dames de ce rang envoyèrent souvent savoir de ses nouvelles.

M. le duc du Maine venoit de temps en temps la voir ;

M. le maréchal de Villeroi et M. le duc de Noailles plus souvent. M. le maréchal de Villars lui fit demander plusieurs fois à venir, et se voyant toujours refusé, parce que madame de Maintenon disoit que ce n'auroit pas été être en retraite de voir tant de monde, il lui manda agréablement qu'il avoit envie de mettre le siége devant notre maison; à la fin, elle lui accorda quelques visites.

Quelques jours après la mort du Roi, M. Voisin, chancelier, vint aussi rendre visite à madame de Maintenon, et lui apprit bien des choses qui se passèrent en ce temps là, et qui l'attendrirent fort.

La retraite de madame de Maintenon fut admirée de tout le monde; on fut surpris de ce que, ayant été si longtemps à la Cour sur le pied qu'elle y étoit, elle n'en remportoit rien que sa terre de Maintenon; elle fit apporter ici ses meubles qui, assurément, n'étoient pas magnifiques. Ce qu'elle avoit de plus considérable, étoit un peu de vaisselle d'argent, qui alloit au plus à dix mille écus, et c'est une chose digne d'étonnement que le Roi ne pensa pas à lui faire aucun don, et qu'elle ne fit et ne dit rien, ni durant sa vie, ni à sa mort, pour lui en inspirer la vue; il savoit pourtant bien qu'elle n'avoit pas thésaurisé, et les paroles que nous avons rapportées ci devant, qu'il lui dit un peu avant que de mourir, en font foi.

Aussitôt qu'on sut le parti qu'elle avoit pris de se retirer ici, et la manière désintéressée dont elle étoit sortie de la Cour, tout le monde chanta ses louanges. Ce fut alors qu'on lui rendit plus de justice que peut-être on n'avoit fait auparavant; car des gens mal informés ou mal intentionnés en avoient débité des choses très fausses, infiniment opposées à son caractère et à sa vertu.

Elle demeura donc ici comme dans une retraite continuelle, ne voyant que très peu de personnes, passant ses journées à prier, à instruire, à travailler des mains pour s'occuper, et aussi par respect pour la pénitence que Dieu a imposée à l'homme ; son ouvrage ordinaire étoit de faire des lacets, sa foiblesse et son âge ne lui permettant pas de faire des choses plus difficiles; elle alloit aussi aux classes quand elle pouvoit, y passoit quelque temps, et y faisoit toujours du bien. Elle avoit une bande de demoiselles à son appartement, à qui on faisoit faire les exercices; elle les instruisoit; elle voyoit les religieuses, leur parloit en particulier, ou pour leur consolation, ou pour leur instruction. La journée étoit ainsi partagée en prières, en bonnes lectures, en travail et en œuvres de charité, corporelles ou spirituelles, car elle faisoit encore de grandes aumônes. M. le duc d'Orléans lui continua ce que le Roi lui donnoit de sa cassette, qui étoit quatre mille francs par mois; cela, avec son revenu de Maintenon et quelques pensions, étoit employé en aumônes. Comme après la mort du Roi, on fit une grande réforme des troupes, plusieurs soldats et même des officiers venoient ici lui demander quelques secours ou de quoi gagner leur pays. Ils n'étoient presque jamais éconduits. On étoit si persuadé de sa charité, et on y avoit une telle confiance, que les malheureux avoient toujours recours à elle.

Elle ne garda qu'un valet de chambre, deux femmes de chambre, et ne se réserva pour tout équipage qu'une chaise à porteur. Lorsqu'elle vouloit s'en servir, c'étoient des garçons de notre jardinier qui faisoient l'office de porteurs. Elle leur donnoit chaque fois largement de quoi les dédommager de leur temps et de leur peine. Elle se faisoit porter dans les jardins, lorsqu'il faisoit beau, et quelquefois dans le village, pour y faire quelques bonnes œuvres, et se faisoit presque toujours accompagner des demoiselles qu'elle tenoit dans son appartement; elle entroit dans les maisons des plus pauvres et des malades ; elle s'informoit de leurs besoins et leur donnoit de quoi y satisfaire.

Elle se levoit, pour l'ordinaire, à six heures, entendoit une messe à six heures et demie, à laquelle elle faisoit souvent ses dévotions, qui alloient bien à trois ou quatre fois la semaine, selon les temps et les fêtes. Elle retournoit à une seconde messe; et étoit près d'une ou deux heures chaque fois à prier; l'après-dîner, elle étoit encore bien autant dans son oratoire.

Il n'y avoit rien de si frugal que ses repas; son dîner étoit composé ordinairement d'un potage, d'un petit plat de bouilli, d'un poulet, ou choses équivalentes, dont elle mangeoit très peu; son dessert étoit aussi très médiocre.

Elle ne faisoit pas meilleure chère à son souper, et souvent il consistoit en un bouillon ou un potage. Son plaisir auroit été de manger avec nous au réfectoire, comme elle avoit toujours fait auparavant, mais elle étoit devenue trop incommodée pour y pouvoir durer, le lieu étant froid et humide. Elle alloit à l'église faire ses prières assez longuement avant de se coucher.

Elle craignoit d'intéresser la régularité, et ne faisoit jamais rien de ce qui n'avoit pas coutume de se faire, sans en avertir la supérieure, et même sans lui demander si elle le vouloit bien. Elle eut envie d'avoir une clef du jardin et du chœur, pour y pouvoir aller à certaines heures que les portes en sont fermées, elle le demanda à la supérieure, comme auroit pu faire une particulière.

Elle nous étoit un exemple du respect qu'on doit à la supérieure, car elle n'entroit jamais dans le lieu où elle étoit, qu'elle ne se levât pour lui faire la révérence, et en tout lui portoit honneur, et cela dans tous les temps.

Lorsqu'elle se vit ici, elle pria son confesseur de la regarder, comme il auroit pu faire une fille de la Charité, et de la reprendre avec autant de liberté qu'il feroit la dernière de ses pénitentes.

Voilà à peu près comme elle passa les quatre années

qu'elle vécut encore; mais il faut avouer que mademoiselle d'Aumale contribua beaucoup à lui rendre sa solitude plus agréable qu'elle n'auroit dû l'être naturellement, car elle lui étoit une compagnie fort amusante, et lui fut d'une grande consolation pendant la maladie et la mort du Roi. Quand elle l'eut quitté pour venir ici, cette demoiselle ne songea qu'à s'y renfermer avec elle, et fut tout occupée d'aider à lui dissiper son chagrin, quoique elle-même eût bien sujet d'en avoir pour ce qui la regardoit personnellement, car le Roi avoit beaucoup de bontés pour elle; et, sans doute, sa fortune auroit été meilleure s'il avoit vécu davantage; mais madame de Maintenon lui tenoit plus au cœur que ce qu'elle perdoit en particulier; c'est pourquoi, s'oubliant entièrement, elle s'appliqua à faire tout ce qui dépendoit d'elle pour lui complaire en toutes choses. Comme elle a bien de l'esprit, elle la récréoit dans la conversation, et imaginoit souvent des manières différentes de l'amuser, aussi agréables les unes que les autres; en quoi elle étoit secondée par notre mère de Glapion, qui avoit toujours été fort aimée de madame de Maintenon, et dont les qualités de l'esprit et du cœur lui plaisoient infiniment.

CHAPITRE XXX.

Mort de notre mère de Vertrieux. — Élection de notre mère de Glapion. — Plaisirs que madame de Maintenon nous a donnés. — Ses charités d'Avon. — Ses Instructions au noviciat. — Deux professions. — Maladies de madame de Maintenon. — Sa mort.

Dans la seconde année du triennat de notre mère de Vertrieux, il se déclara un grand mal qu'elle avoit au sein, dont personne n'avoit connoissance, parce qu'elle n'en avoit rien dit à qui que ce soit : c'étoit un cancer qu'on croit qui lui étoit venu d'érésipèles mal gouvernés ; à quoi elle étoit sujette. Ce cancer s'ouvrit, et comme elle ne vouloit en parler à personne, elle se pansoit elle-même, et pour qu'on ne s'aperçût de rien, elle y mettoit du papier au lieu de linge. Bien loin de la soulager, cela envenima son mal, de telle sorte qu'elle ne put plus le cacher. Dès qu'on le sut, on y apporta tous les soins possibles, mais il étoit trop tard, et on ne put que lui prolonger la vie encore de cinq ou six mois, pendant lesquels elle voulut toujours se panser elle-même et laver ses linges, par considération pour les autres, de peur d'infecter celles qui lui auroient rendu ce service, et aussi parce qu'elle étoit extrêmement mortifiée. Cela contribua beaucoup à avancer sa mort ; car le mouvement qu'elle se donnoit pour faire ce que je viens de dire, lui faisoit perdre beaucoup de sang par sa plaie, et la rendoit plus considérable. Elle ne s'alita pourtant que quelques jours avant sa mort; jusque là elle avoit agi comme à son ordinaire dans tous les devoirs de la supériorité, et elle donna des marques en ce temps comme en tout autre, d'un grand détachement de toutes choses, d'une grande résignation à la volonté de Dieu, et une grande patience, quoiqu'elle souffrît beaucoup. Elle ne se plaignoit que de ce qu'on avoit trop de soin d'elle, et reprit même une de nos sœurs de ce que, pour la fortifier et lui donner quelque soulagement, elle lui jeta un peu d'eau de la Reine d'Hongrie, disant que cela n'étoit bon qu'à satisfaire les sens, et n'étoit point du tout nécessaire. La communauté étant assemblée autour d'elle, fort affligée, elle lui recommanda l'union, la paix et le zèle pour les classes, et tout cela avec autant de présence d'esprit, et dans des termes aussi forts que si elle eût été en pleine santé. Elle demanda pardon avec beaucoup d'humilité, des fautes qu'elle croyoit avoir commises; enfin, elle mourut après avoir reçu tous ses sacrements, dans les plus saintes dispositions qu'on puisse souhaiter.

Peu de jours après sa mort, on procéda à une nouvelle élection, qui tomba sur notre mère de Glapion. Madame de Maintenon se fit un plaisir de former dans cette place une fille de ce caractère, qui étoit bien capable d'en profiter, et qui le fit, en effet, d'une manière à satisfaire tout le monde. Ma sœur de Fontaines fut élue assistante ; ma sœur du Pérou, maîtresse des novices ; ma sœur de Vandam, maîtresse générale. On continua ma sœur de Berval, dépositaire; les autres charges furent nommées : ma sœur de Riencourt remplit celle d'économe; ma sœur

de Boissauveur demeura première maîtresse des Bleues.
Je ne me souviens pas trop bien des autres ; mais elles
ont toujours été assez bien pourvues, puisque toutes nos
sœurs n'ont jamais connu autre chose que de s'acquitter
en conscience des devoirs qui leur ont été proposés par
l'obéissance.

Le desir qu'avoit madame de Maintenon qu'on ne
s'attachât ici qu'au solide, ne l'empêchoit pas de donner
aux demoiselles et à nous, des amusements quand l'occasion s'en présentoit. Lorsqu'elle étoit encore à la Cour,
elle nous fit voir un éléphant qui faisoit quelques gentillesses, comme de compter avec son pied tous les nombres
qu'on lui nommoit. Elle voulut que le dedans et le dehors
le vissent tout à l'aise. Ce fut dans cette occasion que
M. de Savoie, supérieur de MM. nos confesseurs, dit, en
admirant sa complaisance, qu'elle avoit l'esprit de gouvernement, voulant marquer que c'étoit une des qualités
nécessaires aux supérieurs, de savoir donner à propos
quelques délassements et amusements à ceux qu'ils gouvernent. Elle paya largement celui-ci; et une autre fois,
elle nous fit voir un singe qui dansoit et faisoit des tours
de passe-passe. Son maître l'appeloit *Divertissant*, et on
prétend qu'il gagnoit beaucoup à le montrer. Il fut encore
très bien payé par madame de Maintenon. Elle voulut
aussi nous faire entendre les trompettes, les timballes, les
tambours et les fifres dont on se sert dans les troupes, à
la guerre. Pour cela, elle pria le Roi d'envoyer ici quelques uns de ses gens de guerre destinés à cela. Ils furent
amenés par M. d'Avignon, un de leurs commandants, et
un autre officier distingué. On les fit entrer dans la cour
royale; les trompettes et les timbaliers étoient à cheval,
les tambours et les joueurs de fifre à pied. Toutes les demoiselles eurent ordre de se mettre à toutes les fenêtres,
depuis le premier étage jusqu'au haut; la communauté se

mit au rez-de-chaussée avec madame de Maintenon ; les messieurs et leurs gens firent deux ou trois fois le tour de la cour, gravement, en jouant, chacun de leur instrument, des airs guerriers; les trompettes à part avec les timballiers, et les tambours et les fifres ensemble. Il me semble qu'ils étoient quatre ou six trompettes, un timbalier, deux tambours et deux fifres. Ce fut un plaisir fort majestueux et agréable.

Une autre fois, après les fêtes de Noël, elle nous fit entendre une belle symphonie, par les musiciens du Roi. Ils avoient joué devant Sa Majesté, *Or, nous dites Marie*, d'une manière si merveilleuse, que cela touchoit et inspiroit de la dévotion. Le Roi en fut charmé, et comme il étoit plein de bonté, il pensa que ce seroit là un plaisir du goût d'une communauté comme la nôtre, où il étoit persuadé qu'on aimoit les choses qui portoient à la dévotion. Il le proposa de lui-même à madame de Maintenon, qui l'accepta d'autant plus volontiers, qu'elle étoit ravie quand le Roi nous faisoit quelques faveurs. Nous eûmes donc le plaisir d'entendre la plus belle symphonie du monde, au parloir de la communauté; il étoit plein des plus habiles musiciens qu'eût Sa Majesté; il y avoit des basses de violes, des flûtes douces, des violons, des hautbois, un beau basson et autres. On croyoit être au ciel, et y entendre la musique des anges.

Si j'avois écrit sur le champ toutes les curiosités que madame de Maintenon nous a fait voir, et tout ce qu'elle nous a procuré de récréatif, j'en aurois beaucoup à dire; mais je ne m'en souviens pas aussi bien que de celles dont je viens de parler, qui sont des exemples suffisants pour faire voir jusque où alloit son extrême bonté pour nous; d'autant plus qu'il lui en coûtoit toujours assez raisonnablement.

Elle faisoit venir assez souvent de Versailles de la pâtisserie, ou de beaux fruits et choses semblables; tantôt pour des collations, tantôt pour d'autres repas. Elle vouloit que tous les corps de la maison y eussent leur part, jusqu'aux sœurs converses et simples sœurs. Quelquefois, dans les beaux jours, elle arrivoit ici, dès six heures du matin, et entroit par la porte du jardin; elle nous avoit fait dire de l'y venir trouver. Elle étoit environnée là de paniers de belles cerises, qu'elle avoit apportées de Versailles, ou du beurre frais, et nous faisoit déjeuner auprès d'elle.

L'Hôtel-de-Ville lui faisoit, tous les ans, présent d'un bon nombre de boîtes de confitures sèches et de dragées; elle nous les distribuoit toutes, et ainsi de mille autres choses. Il ne se passoit guère de mois qu'elle ne nous donnât quelque chose; et la plupart du temps, c'étoit de vrais présents, soit pour la sacristie, ou autre accommodement. Tous ceux qui lui venoient du Roi, étoient apportés ici. Nous avons eu comme cela quantité de beaux ouvrages de broderie ou de petit métier, dont on s'est servi utilement à la sacristie. Nous avons encore quatre ou cinq grands coffres en velours rouge, que le Pape avoit envoyés au Roi, pleins de pains d'Agnus, qui nous furent donnés par Sa Majesté et par madame de Maintenon. Toutes nos Reliques viennent de leurs libéralités, et mille autres choses qui sont répandues dans cette maison, car on peut dire que tout abondoit ici de leur vivant, et d'une manière magnifique.

Dans les commencements que nous fûmes ici, madame de Maintenon nous fit, durant trois ou quatre années, des loteries, où nous avions toutes quelque chose; et la plupart des lots étoient composés de pièces de prix, tirées du garde-meuble du Roi. Elle nous donna, une fois, à chacune, une paire de tablettes de chagrin noir, garnies d'acier très fin et très poli, avec un étui de poche, aussi d'acier, qui avoit en dessus une ciselure fort délicate, et en dedans, il étoit plein de petits ferrements d'acier pour nettoyer les dents. D'autres fois, c'étoient des livres, des écritoires garnies et choses semblables. Dans la suite, les loteries qu'elle continua de faire de fois à autre, ne furent plus si belles, parce qu'elle avoit peur de nous faire manquer à la pauvreté religieuse; ainsi, elle ne mettoit que des bagatelles, mais utiles et commodes. De temps en temps, nous recevions ainsi quelques marques de son attention à nous faire toutes sortes de plaisirs, et toujours aux unes comme aux autres. C'est par elle que nous sont venus les psautiers français selon l'hébreu, que nous avons; car, quoique ce fût mademoiselle de Montpensier qui les donnât à madame de Maintenon pour ici, c'étoit à sa seule considération, et pour lui faire plaisir. Il y en avoit deux cents exemplaires. C'est aussi madame de Maintenon qui nous donna les psautiers de M. Mascé, et toute notre bibliothèque n'est presque composée que des livres qu'elle y a mis. Les présents que lui faisoient les Papes étoient aussi pour nous. C'est de là que nous avons eu quantité de beau chapelets bien garnis, avec des médailles d'argent et choses pareilles.

Quelquefois, elle nous faisoit l'honneur de jouer avec nous, et mettoit souvent sur le jeu des bourses de petit métier, d'or et d'argent, des chapelets peu communs et choses semblables. D'autres fois, elle y mettoit de l'argent, comme un écu ou deux, de quelque valeur qu'ils fussent, et donnoit la permission, avec la supérieure, d'en faire ce que l'on voudroit. Je puis dire que ce n'étoit pas de l'argent mal employé; car celles qui le gagnoient n'en ont jamais fait que de bons usages, soit en faisant dire des messes pour quelques bonnes intentions, ou en donnant la charité à ceux dont elles connoissoient le besoin.

Madame de Maintenon avoit ainsi mille manières de nous récréer, que sa bonté, et si je l'ose dire, son amitié pour nous lui suggéroit. Elle ne plaignoit point la dépense qu'elle faisoit pour cela.

 J'ai bien oublié de parler en son lieu de la charité qu'elle exerça, durant plusieurs années, envers les pauvres d'un village nommé Avon, qui est tout proche Fontainebleau. On sait que le Roi alloit tous les ans à cette maison royale, et que madame de Maintenon l'y accompagnoit. Pendant le séjour qu'elle y faisoit, elle s'occupoit, comme ailleurs, de toutes les bonnes œuvres qui se présentoient à faire, ou qu'elle-même cherchoit. C'est souvent de là qu'elle nous a écrit les plus belles maximes de conduite qu'elle nous ait données. C'étoit là aussi qu'elle employoit la meilleure partie de son temps à la prière et à la visite des pauvres et malades. Elle alloit, certains jours de la semaine, à ce village que je viens de nommer, entroit dans les maisons, s'informoit de l'état des familles, servoit de ses mains ceux qu'elle trouvoit au lit, malades, les consoloit, et leur donnoit de quoi se faire soulager; fournissoit aux autres ce qui leur étoit nécessaire; mais, non contente de pratiquer envers eux les œuvres corporelles de miséricorde, elle voulut encore faire les spirituelles, car elle prit soin de l'instruction des enfants, qu'elle faisoit assembler en un même lieu, et les catéchisoit elle-même. Madame la marquise d'Angeau se mit de la partie, étant presque toujours de toutes les bonnes œuvres de madame de Maintenon; qui, pensant que ses instructions tomberoient quand elle n'y seroit plus, voulut y pourvoir, et demanda au curé de ce lieu, s'il n'auroit point quelque homme à lui donner, dont on pût faire un maître d'école pour les garçons, et s'il n'y auroit point aussi dans le village une femme qui fût bonne à être maîtresse d'école pour les filles. Le curé lui donna un bon habitant du village, qui en savoit un peu plus que les autres, et qui lui parut propre pour les garçons, et une femme pour les filles. Elle les établit tous deux maître et maîtresse d'école, et les payoit pour cela. Elle entroit dans un détail admirable sur ce qui regardoit les bonnes gens de ce lieu là; elle les faisoit venir au château pour leur parler ou les catéchiser, quand elle ne pouvoit les aller voir. Mais rien ne fera mieux juger de ce que je viens de dire, que quelques lettres de mademoiselle d'Aumale sur ce sujet. Les voici.

LETTRES DE MADEMOISELLE D'AUMALE A MADAME DU PÉROU, SUPÉRIEURE.

« Jamais madame de Maintenon n'a si bien rempli une journée qu'aujourd'hui ; elle a été de village en village, et de maison en maison, faisant partout des charités, il faut vous dire, ma mère, toute sa journée, qui lui a paru fort courte à ce qu'elle a dit en arrivant : à sept heures et demie, elle a été à la messe ; à huit heures et demie, elle est partie pour commencer sa mission : elle a été d'abord à Avon à l'école des garçons, elle y a instruit près d'une heure ; ensuite elle a été dans celle des filles, tout autant. Quand elle parle de Dieu à ces paysannes, on voit une grande joie sur son visage, et une grande envie de le leur faire connoître ; à onze heures, elle est partie pour aller aux Loges, entendre encore une messe ; elle y a dîné assez médiocrement ; à trois heures, elle a été à Saint-Aubin, qui est un village dépendant d'Avon ; elle y a assisté quatre ou cinq familles, de là à Valoin ; elle a été dans six pauvres ménages de paysannes, toutes plus mal les unes que les autres, et a donné aux unes de quoi avoir du blé, aux autres, pour acheter du pain, pour habiller leurs enfants, et pour payer leurs tailles ; enfin le dernier où elle a été, elle a donné bien du linge à une pauvre femme ; son mari est un peu libertin, elle l'a converti à moitié. Dieu et elle achèveront ; il n'avoit pas de respect ni d'obéissance pour son curé, elle l'a rendu fort docile. Elle a rentré chez elle à sept heures bien fatiguée, mais se portant bien. »

AUTRE.

« Madame de Maintenon se porte bien ; elle a été à sept heures aux Loges ; c'est une solitude occupée par des carmes ; elle y a entendu la messe, communié et bien prié Dieu ; de là elle est allée dans son Paradis terrestre ; elle a commencé par l'école des petites filles, qu'elle a instruites comme à son ordinaire. Sur son visage il y avoit écrit : C'est pour Dieu seul que je le fais ; elle répète vingt fois la même chose, s'échauffe à parler, et ne gronde pas une de ces petites filles ; elle a été à l'école des petits garçons, où elle a parlé avec le même zèle ; elle est revenue s'habiller et dîner. »

AUTRE.

« Madame de Maintenon vous a écrit ce matin, ma mère, je la trouve mieux cet après-dîner, ou pour mieux dire ce soir, je vais vous dire sa vie d'aujourd'hui ; elle a été à la paroisse à neuf heures jusqu'à onze ; elle a dicté des lettres jusque devers une heure, qu'elle a dîné ; après, elle a encore dicté ; elle est allée prier Dieu une demi-heure à la paroisse ; et de là est allée à Avon, distribuer des images, des chapelets aux écoliers, et bien d'autres choses ; elle y étoit entourée de petites paysannes; elles les a questionnées elle-même, avec une grande bonté. Elle a trouvé la journée fort courte, c'est à dire moins grande qu'à l'ordinaire; elle disoit ce matin : Il faut que Saint-Cyr me tienne lieu de bien des choses, car les jours ici me paroissent des siècles, et si je ne l'avois pas, je mourrois. »

AUTRE.

« Madame de Maintenon se porte bien ; elle a été toute la matinée dans les rochers, et dans la forêt, visiter les pauvres; elle avoit dans son carrosse vingt-quatre bouteilles d'hypocras, pour les malades, et vingt-quatre petits pains mollets. Plusieurs ont bu devant elle, car elle les y obligeoit, et leur donnoit souvent elle-même ; ils disent que ce vin leur ôtera le poison de dessus le cœur; ceux qui sont bien malades, disent qu'ils sont débauchés, et ceux qui ne sont pas encore rétablis, sont ébauchés. Une femme disoit l'autre jour à madame de Maintenon, que son mari étoit très bon homme, et qu'il ne lui souffriroit pas une syllabe; on ne sait pas bien comment expliquer cette phrase. Retenez bien, ma mère, toutes ces jolies expressions ; madame de Maintenon les aime fort, et vous la ravirez de l'en faire ressouvenir. »

Mais je reviens à la manière dont madame de Maintenon employoit son temps ici après la mort du Roi. Outre ce que j'en ai dit, elle voulut encore s'appliquer à instruire le noviciat ; pour cela, elle faisoit venir les novices deux fois le jour dans sa chambre, une heure le matin, et autant l'après-dîner. Elle leur parloit sur des sujets de piété et autres, et principalement sur l'esprit de notre institut, leur donnant la permission de lui faire des questions, et y répondoit avec beaucoup de bonté. On ne peut dire avec quel zèle elle tâchoit de leur inspirer l'amour de leur vocation, et celui de l'éducation des demoiselles ; elles en sortoient toutes touchées et animées à se donner aux classes, et aux vertus religieuses avec une nouvelle ferveur ; elle en faisoit venir quelques unes en particulier de celles qui savoient moins bien lire et écrire, et leur montroit elle-même les exercices ; enfin, il n'y avoit rien qu'elle ne fît pour satisfaire son zèle.

Quelque temps après qu'elle se fut retirée ici, il nous vint une petite demoiselle nommée de la Tour, qu'il sembloit que la providence envoyoit pour lui faire plaisir, car elle étoit toute jolie par son esprit et ses manières. Madame, qui a toujours fort aimé les enfants, voyant celle-là plus petite qu'on ne l'est d'ordinaire à sept ans, et assez délicate, ne voulut pas qu'on la mît d'abord aux classes ; elle la tint dans son appartement, afin de l'accoutumer, et de la laisser fortifier avant d'entrer tout à fait dans les exercices des classes : cette petite devint si aimable et gagna tellement l'amitié de Madame, qu'elle ne voulut plus qu'elle sortît d'auprès d'elle, et la traitoit comme elle auroit pu faire sa fille, si elle en avoit eu une ; aussi lui permit-elle de l'appeler sa maman. Son dessein n'étoit pas simplement de s'en amuser ; elle lui tourna cette faveur à utilité, s'en faisant elle-même la maîtresse, et lui montrant à lire, à écrire, lui apprenant son catéchisme, et lui donnant en tout une bonne éducation. Cette enfant de son côté s'attacha fort à elle, et la réjouissoit par mille petits traits d'esprit ; ainsi ce fut un amusement très innocent, qui ne laissa pas d'aider à lui faire passer moins tristement bien des moments sérieux. L'amitié qu'elle avoit pour elle se répandit sur sa famille ; elle prit deux de ses sœurs, l'une pour être au noviciat, et l'autre aux classes ; elle payoit pension à quelques uns de ses frères, pour qu'ils étudiassent ; elle lui acheta de l'argenterie pour lui faire peu à peu un petit fonds.

En 1719, nous fîmes faire profession à mes sœurs de Montchevreuil et de Courville. Madame de Maintenon aimoit la première, à cause qu'elle étoit petite-fille de madame la marquise de Montchevreuil, qui avoit été une de ses particulières amies, et qui étoit une femme de mérite et de distinction, et aussi parce que cette novice faisoit espérer par sa piété et son bon esprit, qu'elle seroit une fille de mérite et de vertu, qui seroit capable de rendre service à l'institut, comme nous l'avons expérimenté. Ma sœur de Courville eut le bonheur de lui plaire, et d'avoir part à ses bonnes grâces, à cause de sa droiture et de sa bonne foi, de son zèle pour sa vocation, et de sa conduite sainte et régulière ; elle fut donc fort aise de les voir engagées dans la maison ; mais elle ne put être à leur cérémonie, sa santé commençant dès lors à être plus mauvaise qu'elle n'avoit encore été, ce sont les seules à qui elle n'ait pas donné le voile, toutes les autres ayant eu l'honneur de le recevoir de sa main ; car elle s'en faisoit un devoir et un plaisir, par la bonté infinie qu'elle avoit pour toutes celles qui composoient ou qui devoient composer la communauté ; elle fut depuis ce temps là toute languissante, et traîna encore environ trois mois, pendant lesquels on voyoit avec douleur qu'elle alloit en dépérissant ; qu'elle avoit presque toujours une petite fièvre qui n'effraya pas d'abord parce qu'elle y étoit sujette : mais elle augmenta un mois avant sa mort assez considérablement ; le médecin se crut obligé de la faire saigner, cela parut lui avoir fait du bien. Cependant cette fièvre qui étoit tantôt moins forte, tantôt plus, ne la quitta point, et la réduisit dans un tel état de foiblesse, qu'elle ne put plus se lever pour aller à la messe, et faire ses dévotions comme elle avoit fait jusque alors. Monseigneur de Chartres permit qu'on dît la messe dans sa chambre, à quoi elle ne consentit qu'avec peine, quelque consolation qu'elle en dût recevoir, à cause qu'elle craignoit que cela ne fût pas assez respectueux pour notre Seigneur, ne donnât de la peine au prêtre qui devoit venir très matin, et ne troublât l'ordre ; car elle a toujours été d'une circonspection extrême sur ce qui la regardoit, évitant qu'on ne fît rien d'extraordinaire à sa considération, ni qui causât le moindre mouvement. C'est ce qui fit que huit jours ou environ avant sa mort, elle cessa de commnnier aussi souvent qu'à l'ordinaire, parce qu'elle ne pouvoit attendre jusqu'au matin à prendre quelque chose, et que par discrétion elle ne vouloit pas faire lever le prêtre la nuit ; son attention aux autres l'ayant portée jusqu'à fin de ses jours à aimer mieux se priver de ce qui pouvoit lui faire le plus de plaisir, et à prendre sur elle plutôt que de donner la moindre peine ou la moindre contrainte aux autres : et on peut dire qu'en cela elle poussoit trop loin la délicatesse, et que même elle gênoit bien davantage ceux envers qui elle avoit ces égards, que si elle en avoit usé avec moins de ménagements ; mais le fonds d'où cela partoit étoit admirable, dans une personne qui pouvoit commander ici tout ce qui lui plaisoit, et à qui on se tenoit heureux d'obéir quelque difficile qu'eût été ce qu'elle auroit pu ordonner.

Un peu avant sa mort elle voulut changer de chambre, qui nous fut un mauvais présage ; en effet elle ne tarda pas à se trouver plus mal. Deux jours avant celui où elle expira, notre mère de Glapion et mademoiselle d'Aumale, la voyant empirer, lui proposèrent de recevoir le saint Viatique ; elle vit bien ce que cela vouloit dire, et répondit : « Il faut donc prendre cette grande résolution. Il fut aisé de juger qu'elle étoit préparée depuis longtemps, car il ne parut en elle ni crainte ni trouble, mais une grande paix, avec laquelle elle reçut le saint Viatique, et le lendemain l'Extrême-Onction sur les dix heures du matin ; elle dit avant de le recevoir : « J'aime beaucoup l'Extrême-Onction. » Après cette action, on la pria de donner sa bénédiction à la communauté qui étoit présente, et dans une grande affliction, elle répondit : « Je n'en suis pas digne. » Depuis cela, elle devint si abattue qu'elle ne parla plus, mais entra en agonie pendant laquelle elle avoit un plaint fort souffrant ; cependant il y a apparence qu'elle ne se sentoit plus guère. M. Brideray, son confesseur et le nôtre, l'assista jusqu'à la fin, lui disant de temps en temps quelques paroles de Dieu ; mais il ne paroissoit pas qu'elle l'entendît. Mgr. et madame la duchesse de Noailles qu'on avoit avertis arrivèrent dans ces derniers moments et vinrent auprès de son lit ; on lui dit qu'ils étoient là ; mais elle ne les vit pas, ni n'entendit ce qu'on lui disoit. Elle expira sur les cinq heures après midi ; alors ce ne fut qu'un cri dans toute la maison, et on peut facilement s'imaginer quelle fut notre douleur de nous voir séparées pour toujours de celle qui auparavant, faisoit après Dieu, notre bonheur et notre félicité en cette vie. Nous la pleurâmes bien amèrement, et tout ce qui nous en rappelle le souvenir nous est toujours un grand sujet d'attendrissement. Mgr. le maréchal de Noailles, pour qui madame de Maintenon avoit toujours eu beaucoup d'estime et d'amitié, montra bien son mérite par la douleur qu'il témoigna et la manière dont il s'acquitta de tous les devoirs de piété envers elle. Madame sa femme comme on le peut croire, fut très sensible à cette mort, par toutes les raisons qu'on sait bien qu'elle devoit en avoir.

Ce fut ici un deuil plus grand qu'on ne peut dire ; notre mère de Glapion et mademoiselle d'Aumale s'allèrent enfermer pour pleurer plus à leur aise. Le soir de cette journée, M. le maréchal de Noailles, M. Bonnet supérieur général de la congrégation de Saint-Lazare et le nôtre, M. Brideray confesseur, M. Noiret assistant de M. Bonnet, les gens de notre partie de Chevreuse, un intendant de M. le maréchal de Noailles, M. Mauduirt qui est le nôtre, et le conseil du dedans s'assemblèrent dans la salle de communauté, pour y lire le testament de madame de Maintenon, en présence de toutes ces personnes. Mademoiselle d'Aumale qui savoit où il étoit l'alla querir et l'apporta dans une écritoire fermée à clé; Monseigneur le maréchal de Noailles ouvrit l'écritoire, ensuite on décacheta le testament qui étoit écrit fort simplement de la main de madame de Maintenon; elle n'y faisoit aucune disposition de son bien, parce qu'elle le regardoit comme devant appartenir à madame la maréchale de Noailles sa nièce; elle chargeoit seulement cette héritière de donner quelques pensions viagères à différentes personnes qu'elle avoit assistées, et qu'elle vouloit qui le fussent encore après sa mort. Elle ordonnoit dans ce testament qu'on l'enterrât dans notre cimetière avec les religieuses; on crut n'être pas obligé de suivre en ce point les mouvements de son humilité, et on jugea qu'il étoit bien plus à propos de la mettre au milieu de nous dans le chœur, pour y recevoir plus fréquemment les marques de notre reconnoissance par nos prières, et afin que ce nous fût un souvenir perpétuel de tout ce qu'elle nous avoit enseigné pendant sa vie, par ses paroles et ses exemples.

Après la lecture du testament, Mgr. le maréchal de Noailles alla coucher à Saint-Germain, et revint le lendemain avec madame sa femme, dès le matin, donner tous les ordres nécessaires pour les funérailles de madame de Maintenon. Il fit embaumer son corps et faire un caveau au milieu du chœur, où est sa tombe ; elle demeura deux jours exposée sur son lit et avec un air si doux et si dévot, qu'on eût dit qu'elle prioit Dieu. Mgr. de Chartre arriva le lendemain de sa mort, dont il étoit très affligé ; il la vit sur son lit, il pria auprès d'elle, et fut édifié de l'air tout céleste qui étoit répandu sur son visage. On rendit à ce prélat un papier qui s'adressoit à lui, et que madame de Maintenon avoit écrit avant sa mort pour lui être remis : c'étoit une recommandation qu'elle lui faisoit, de tenir la main à plusieurs choses pour le bien de la maison quand elle n'y seroit plus, entre autres de se rendre difficile sur les entrées des séculiers, et même des religieuses.

Quand le caveau où l'on devoit mettre le corps de madame de Maintenon fut prêt, on disposa tout pour ses funérailles ; M. Bonnet qui s'étoit toujours signalé à lui donner des marques de son attachement et de sa reconnoissance, se distingua encore dans cette dernière occasion ; il fit venir près de cent prêtres de Saint-Lazare pour faire son service, et dire l'office des morts.

Le jour de cette cérémonie, qui se fit sur le soir, on mit le corps dans un cercueil de plomb, que l'on posa avec la décence convenable, dans le vestibule du chœur, proche la cloche, et on mit le drap mortuaire dessus le cercueil, avec des cierges autour.

A l'heure de l'enterrement, la communauté se rendit près du corps ; les demoiselles se rangèrent dans le grand corridor. MM. de Saint-Lazare et plusieurs curés d'alentour entrèrent deux à deux, en surplis, processionnellement ; monseigneur de Chartres marchoit derrière, en habits pontificaux. M. Bonnet et un de ses assistants étoient aux côtés du prélat ; toutes les religieuses et les demoiselles avoient des cierges. Lorsque le clergé fut près du cercueil, un chantre entonna le *Miserere*, d'un ton

lugubre et dévot, qui auroit excité aux larmes, si elle
n'avoient pas déjà coulé assez naturellement. Les demoiselles passèrent devant, et allèrent prendre leur rang dans
le chœur; on y porta le cercueil dans une marche assez
lente; la communauté le suivoit, et quatre religieuses
portoient les coins du drap mortuaire. Le clergé continua
de chanter le *Miserere*, car nous ne chantâmes rien, et
véritablement, nous ne l'aurions pas pu, car les sanglots
ne nous l'auroient pas permis; le clergé suivoit le corps,
et s'alla placer au haut du chœur, où l'on avoit disposé
des siéges auprès de la grille, et devant les bancs des
Rouges. Le *Miserere* étant fini, on chanta Vêpres des
Morts, après lesquelles, monseigneur de Chartres vint auprès du caveau, accompagné du clergé; alors, quatre de
nos domestiques, portant nos livrées, descendirent le
cercueil dans le caveau; monseigneur de Chartres et le
clergé dirent les prières accoutumées, après lesquelles
ils se retirèrent dans le même ordre qu'ils étoient entrés;
ensuite, la communauté et les demoiselles sortirent du
chœur, plus tristes qu'on ne sauroit dire. Mgr. le duc et
madame la duchesse de Noailles s'en allèrent et revinrent
le lendemain pour le service, qui se fit sur les neuf ou dix
heures, par les mêmes prêtres de Saint-Lazare, et monseigneur de Chartres officiant. Lorsqu'il fut fini, la communauté se rendit dans la salle où elle a coutume de
s'assembler. Mgr. le duc et madame la duchesse y vinrent.
La mère de Glapion, supérieure, portant la parole pour
toutes, les remercia des bontés qu'ils nous avoient témoi-
gnées dans notre malheur, les supplia de nous les continuer et de nous honorer toujours de leur protection. Mgr.
le duc répondit à cela dans des termes qui nous donnèrent
sujet d'espérer qu'il prendroit pour nous, et madame sa
femme, les sentiments qu'avoit eus madame de Maintenon. Nous nous sommes bien aperçues depuis que ce n'a-

32.

voit pas été de simples paroles; les effets s'en étant ensuivis dans toutes les occasions où son crédit et sa bonne volonté nous ont été nécessaires. On lui fit voir, et à madame sa femme, tout ce qui pouvoit encore appartenir à madame de Maintenon, qui n'avoit point été compris dans l'inventaire, pour être des pièces détachées. Il s'y trouva des chapelets de prix; dont ils eurent la bonté de faire présent aux dames du Conseil et à quelques autres anciennes. M. le duc de Noailles voulut garder un écritoire de peu de valeur, parce qu'il avoit servi à madame de Maintenon. Par vénération pour sa mémoire, il voulut aussi se donner la peine de faire faire sa tombe. Pendant qu'on y travailloit, il fit faire son épitaphe, que voici :

CI GIT

Très-haute et très-puissante dame,
Madame Françoise d'Aubigné, marquise de Maintenon,
Femme illustre, femme vraiment chrétienne.
Cette femme forte, que le sage chercha vainement dans son siècle,
Et qu'il nous eut proposée pour modèle
S'il eût vécu dans le nôtre ;
Sa naissance fut très-noble ;
On loua de bonne heure son esprit, plus encore sa vertu.
La sagesse, la douceur et la modestie
Formoient son caractère qui ne se démentit jamais.
Toujours égale dans les différentes situations de la vie,
Mêmes principes, mêmes règles, mêmes vertus,
Fidèle dans les exercices de piété,
Tranquille au milieu des agitations de la Cour,
Simple dans sa grandeur,
Pauvre dans le centre des richesses,
Humble au comble des honneurs,
Révérée de Louis-le-Grand,
Environnée de sa gloire,

Autorisée par la plus intime confiance,
Dépositaire de ses grâces;
Qui n'a jamais fait d'usage de pouvoir
Que par sa bonté.
Une autre Esther dans la faveur,
Une seconde Judith dans la retraite et l'oraison,
La mère des pauvres,
L'asile toujours sûr des malheureux.
Une vie si illustre a été terminée par une mort sainte,
Et précieuse devant Dieu;
Son corps est resté dans cette maison
Dont elle avoit procuré l'établissement.
Elle a laissé à l'univers l'exemple de ses vertus.
Décédée le 15 avril 1719, née le 28 novembre 1635.

Cette tombe coûta deux mille francs. Il y eût contestation entre Mgr. le duc de Noailles et nous, à qui la paieroit. Ce seigneur vouloit absolument que ce fût lui, mais nous lui dîmes de si bonnes raisons pour l'engager à s'en désister, qu'enfin il se rendit; nous fîmes dire pour madame de Maintenon un annuel de messes par messieurs de Saint-Lazare, et donnâmes pour cela cent écus; nous lui fîmes faire aussi des services dans chaque paroisse de nos terres, qui allèrent à six cents francs; et pour ici, outre le service du lendemain de son enterrement, on en fit encore un au bout de huit jours, et un autre au bout de trente. Nous dîmes les sept psaumes tous les jours après vêpres pendant quarante jours, et bien d'autres prières particulières, selon la dévotion de chacune, qui est fort grande quand il s'agit de prier pour elle. Mgr. le duc de Noailles s'est trouvé à ses services, non seulement ces premiers là, mais à ceux des années suivantes quand il l'a pu.

On ne fit point d'oraison funèbre à madame de Mainenon, parce que Mgr. le duc de Noailles, après y avoir pensé, crut qu'il étoit plus à propos de ne le pas faire;

nous aurions voulu que dans son épitaphe on y eût fait une plus grande mention de ce que Saint-Cyr lui doit, et il nous a semblé qu'on touchoit trop légèrement la très grande part qu'elle a eue à son établissement. Nous prîmes la liberté d'en dire notre sentiment avant qu'on la gravât sur la tombe, mais on ne crut pas y devoir rien ajouter, et je pense que la meilleure raison fut qu'il n'y auroit pas eu de place sur la pierre de marbre pour s'y étendre davantage, mais il y en aura toujours assez dans nos cœurs pour contenir, avec des traits ineffaçables, tout ce qu'elle a fait pour cette maison, et pour chacune de nous en particulier. Ce que j'espère qui se transmettra à celles qui, n'ayant pas eu le même bonheur d'être présentes à tout ce qu'elle a fait ici, auront celui de jouir de ses travaux et de ses lumières par le bon ordre qu'elles trouveront tout établi, et les excellents écrits qu'elle nous a laissés, où l'on peut puiser un fonds de raison, de sagesse et de piété, plus propre à nous instruire selon les devoirs de notre vocation, que tout ce que l'on pourroit tirer d'ailleurs. C'est pourquoi nous ne saurions trop les lire, et y conformer notre conduite, nous attachant cependant à en prendre l'esprit pour ne pas tomber dans l'inconvénient de nous en détourner en voulant suivre trop rigoureusement la lettre, qui varie en plusieurs endroits, parce que, comme elle faisoit beaucoup d'essais, surtout au commencement de l'établissement, elle étoit obligée de faire mettre en exécution, tantôt une chose, tantôt l'autre. Elle s'exprimoit, dans ses écrits, selon les diverses lumières qui lui venoient; mais ce qui paroît se contrarier quant à la lettre, présente toujours au fond le même esprit, et elle nous a mises en état de ne nous point embarrasser à faire ce discernement par les règlements qui ont été faits par ses ordres, après beaucoup d'essais, et qu'elle a approuvés et vus pratiquer.

C'est ce qu'elle dit elle-même dans une de ses lettres de 1697, dont voici l'extrait :

« Je vous prie, mes chères filles, de ne vous pas faire un sujet de peine de ce que j'ai écrit pour votre instruction et pour votre soulagement. Ce qui est général sera toujours bon, puisque votre saint évêque l'a approuvé ; mais pour ce qui est positif, considérez que ce sont des lettres que je vous ai écrites, selon les temps et selon les besoins les plus pressants; que vos constitutions et vos règlements sont faits depuis, et que c'est là où il faut vous fixer. Du reste, ne vous embarrassez jamais de mes écrits; prenez-en l'esprit et l'intention ; servez-vous de ce qui est bon et clair; que vos règles passent par dessus ; elles sont faites depuis, et par bien des endroits, des plus respectables. »

VOICI LE TESTAMENT DE MADAME DE MAINTENON.

Ce 14 décembre 1709.

Je desire que tous mes petits livres secrets soient mis entre les mains de ma sœur du Pérou, et je prie monseigneur l'évêque de Chartres de lui permettre de les garder toute sa vie; il y verra les instructions de son prédécesseur.

Signé MAINTENON.

A Saint-Cyr, ce 11 décembre 1718.

Dispositions de ce qui se trouvera ici à moi le jour de ma mort, tant en argent entre les mains de la dépositaire, ou dans mon bureau, qu'en meubles.

Je desire d'être enterrée avec les dames de Saint-Louis.

Je leur donne pour faire dire des messes pour moi, mille livres.

Aux pauvres de mes terres, deux mille livres.

A Launay, mon valet de chambre, trois mille livres.

A mademoiselle Seignemontet, si elle ne fait pas profession dans cette maison, trois mille livres ; et si elle s'y fait religieuse, ces trois mille livres seront mises dans le coffre des demoiselles.

Je donne à mademoiselle de Clavier trois mille livres aux mêmes conditions.

Je donne aux Bénédictines de Moret deux mille livres.

Ces sommes qui se montent, ce me semble, à quatorze mille livres, étant prises sur l'argent qui se trouvera dans ma cassette, à ma mort, je desire que s'il y a quelque chose de reste, qu'il soit partagé entre mesdames de Mailly et de Caylus.

Je donne à madame la comtesse de Caylus un service de vermeil doré, six couverts de même, et un d'or dont je me servois toujours.

Je donne à madame de Caylus, mon lit de campagne, de damas cramoisi, avec le dais et le pavillon; le tout détaillé de la main de mademoiselle d'Aumale.

Je donne à madame de Caylus tout ce que j'ai de vaisselle d'argent, excepté ces articles écrits de ma main que donne à mademoiselle d'Aumale.

Je donne à mademoiselle d'Aumale mon meuble bleu, dont elle a fait le mémoire.

Je donne à mademoiselle d'Aumale les seize articles de ma vaisselle d'argent écrits de ma main.

Je donne à madame la duchesse de Noailles le diamant que je portois toujours.

Je donne à monseigneur l'évêque de Chartres le crucifix sur un fond d'or et noir.

Je donne à monseigneur l'archevêque de Rouen un crucifix sur un velours noir, qui est au chevet de mon lit, et le petit portrait du Roi, qui est au dessous, desirant qu'il soit gardé à jamais par ceux de mon nom, qui le regarderont avec la vénération et la reconnoissance qu'ils doivent.

Mes habits, mon linge, et tout ce qui servoit à ma personne, sera partagé, par madame la supérieure, entre Magdeleine et Fanchon, selon mon projet. (C'étoient ses femmes de chambre.)

Je donne à mademoiselle du Plantadis, une pension viagère de cent cinquante livres, dont elle est payée jusqu'à la fin de cette présente année 1718.

Je donne à mademoiselle du Breuillac une pension viagère de trois cents livres, dont elle est payée pour toute cette année.

Je donne, sur l'argent qui se trouvera ici, cinq cents livres à ma sœur Beauregard.

Le 11 décembre 1718.

Signé Françoise d'Aubigné.

Et au dos :

Je recommande la petite de La Tour à madame la supérieure et à toute la communauté.

Ce 11 février 1719.

Signé Françoise d'Aubigné.

PENSIONS VIAGÈRES.

Sœur de Frémicourt. Moret.	300 livres.
Sœur de Marmoret. Moret.	150
Sœur de Gouay, à Bizy.	150
Mademoiselle du Plantadis.	150
Sœur de Cromo. Varibille.	50
Mademoiselle de Breuillac.	300
	1,100 livres.

Le 20 septembre 1715.

Entre les meubles de damas bleu que madame de Maintenon donne à mademoiselle d'Aumale, il y a six auteuils pour les Dames de Saint-Louis; seize tabourets, aussi de damas bleu; dix-neuf rideaux de bazin d'Inde, etc.

FIN.

TABLE.

                     Pages.

Mémoire sur madame de Maintenon   1
Extrait des lettres de madame de Maintenon à M. l'abbé Gobelin.   40
Lettre de M. l'abbé Gobelin à madame de Maintenon.   50
Extrait des lettres de direction de Monseigneur l'évêque de Chartres à madame de Maintenon.   52
Sur les pauvres.   78
Sur Dieu.   87
Ordre de la journée de madame de Maintenon à Saint-Cyr, après la mort du roi.   100
Dernière maladie de madame de Maintenon.   104
Mémoire de ce qui s'est passé de plus remarquable dans l'établissement de notre maison et depuis jusqu'à présent. Avant-Propos.   113

 CHAPITRE Ier. Ce qui a donné occasion à la fondation de Saint-Cyr.   117
 — II. Translation de la maison de Rueil à Noisy.   125
 — III. Ce qui se passa à Noisy jusqu'au temps de la fondation.   129
 — IV. Ce qui disposa le Roi à faire la fondation.   139
 — V. De la construction des bâtiments.   152
 — VI. De l'ameublement de Saint-Cyr.   157
 — VII. Du noviciat de Noisy.   159
 — VIII. Incident qui pensa retarder nos affaires. Forme de notre habillement, et autres circonstances.   166
 — IX. De la profession des premières Dames.   173
 — X. Ordre et arrangement de Saint-Cyr, on quitte Noisy pour y venir.   185
 — XI. Déménagement de Noisy pour venir à Saint-Cyr.   190

			Pages.
Chapitre XII.		Des confesseurs. De nos occupations. Conduite de madame de Maintenon. Mariage d'une demoiselle.	194
—	XIII.	Etablissement du conseil du dedans et autres remarques.	205
—	XIV.	Ce qui s'est passé sur les tragédies.	217
—	XV.	Madame de Maintenon fait venir ici des confesseurs extraordinaires.	220
—	XVI.	Maladie de madame de Brinon, son voyage de Bourbon et son retour.	226
—	XVII.	Profession de quelques Dames. Messieurs des Missions étrangères viennent diriger l'élection d'une supérieure.	251
—	XVIII.	Nomination de M. l'abbé des Marets à l'évêché de Chartres. Ce que madame de Maintenon fit pour rabaisser la petite vanité des demoiselles. Combien il est nécessaire de les élever dans la simplicité.	263
—	XIX.	On érige une chapelle à l'infirmerie des demoiselles. Etablissement de messieurs de Saint-Lazare pour confesseurs. Sacre de Mgr. l'évêque de Chartres.	279
—	XX.	Ce qui s'est passé ici sur le Quiétisme, et qui étoit madame de la Maisonfort qui l'introduisit ici.	298
—	XXI.	On continue de travailler au changement de notre état séculier en régulier. Bref du Pape à madame de Maintenon. Sa réponse.	315
—	XXII.	Les mères de la Visitation de Chaillot viennent nous faire faire notre noviciat. De quelle manière il se passa. Du choix des premières professes.	330
—	XXIII.	Profession des premières Dames. Election d'une supérieure. Départ de la mère Priolo. Le Quiétisme se réveille. Maladie de la mère Marie-Constance.	362
—	XXIV.	Renouvellement des charges du conseil. Arrivée de la princesse Adélaïde de Savoie en France et à Saint-Cyr.—Profession de quelques Dames et sœurs. On se prépare à renvoyer celles qui étaient attachées au Quiétisme.	381
—	XXV.	Election d'une supérieure. Eloignement des Dames attachées au Quiétisme. Don du Roi de trente mille livres de rente. Mariage de madame la duchesse de Bourgogne. Comme elle se comportoit ici. Professions de quelques Dames et sœurs.	386
—	XXVI.	Nouvelle élection de supérieure. Retour de la mère Marie-Constance à Chaillot. Assiduité	

		Pages.
	de madame de Maintenon aux classes. Changements qu'elle y fit. Profession de quelques Dames. Mort de ma sœur de Saint-Aubin.	413
Chapitre XXVII.	Sacre de M. l'abbé d'Aubigné et de M. de Blois. Réception de mes sœurs de Boissauveur et de Vertrieux de Garnier. Maladie de madame la duchesse de Bourgogne. Mariage de mademoiselle d'Aubigné. Effets de la charité de madame de Maintenon. Mariage de mesdemoiselles de Kasteja et de Normanville. Arrivée de MM. Treille et de Briderai.	425
— XXVIII.	Election d'une supérieure Sa mort : celle de M. le comte d'Aubigné. Election de notre mère de Fontaine. Mariage de madame d'Arvincourt. On nous donne M. Voisin pour chef de notre conseil. Madame de Maintenon prend mademoiselle d'Aumale. Mort d'une de nos sœurs. Profession de quelques Dames.	448
— XXVIII.	Nouvelle élection. Révision des règlements et recueils des instructions de madame de Maintenon. Habits religieux. Mort de Mgr. l'évêque de Chartres, des deux dauphins, de la dauphine, etc.	472
— XXIX.	Election de notre mère de Vertrieux et des conseillères. On nous lit la bulle *Unigenitus*. Le zèle de madame de Maintenon contre les nouveautés. Plusieurs professions de Dames. Mort de trois. Jardin de Fontenay. Mort du roi. Retraite de madame de Maintenon ici.	512
— XXX	Mort de notre mère de Vertrieux. Election de notre mère de Glapion. Plaisirs que madame de Maintenon nous a donnés. Ses charités d'Avon. Ses instructions au noviciat. Deux professions. Maladie de madame de Maintenon. Sa mort.	553

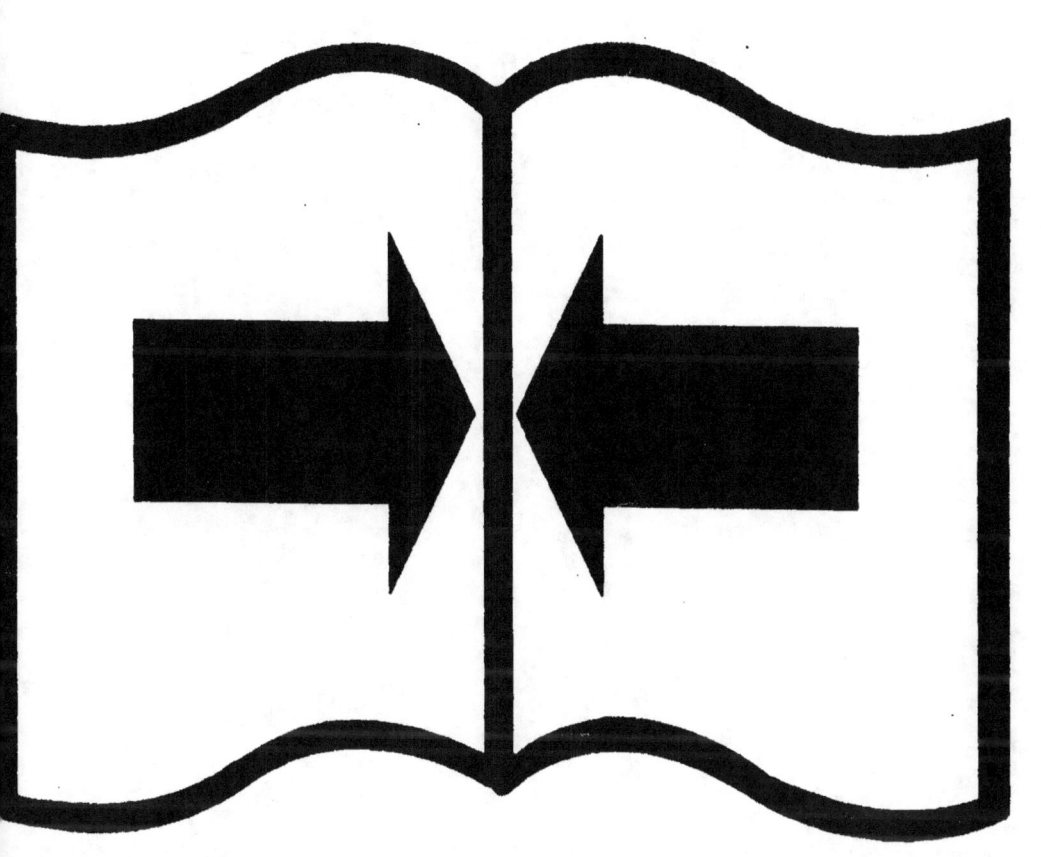

Reliure serrée

www.ingramcontent.com/pod-product-compliance
Lightning Source LLC
Chambersburg PA
CBHW070410230426
43665CB00012B/1311